도산 공화국

도산 공화국
안창호가 세운 민주공화제의 뿌리를 찾아서

초판 인쇄 2025년 11월 05일
초판 발행 2025년 11월 10일

지은이   장태한
교정교열   정난진
펴낸이   이찬규
펴낸곳   북코리아
등록번호   제03-01240호
주소   13209 경기도 성남시 중원구 사기막골로 45번길 14
            우림라이온스밸리2차 A동 1007호
전화   02-704-7840
팩스   02-704-7848
이메일   ibookorea@naver.com
홈페이지   www.북코리아.kr
ISBN   979-11-94299-73-8(03910)

값 23,000원

* 본서의 무단복제를 금하며, 잘못된 책은 구입처에서 바꾸어 드립니다.

도산 공화국

안창호가 세운 민주공화제의 뿌리를 찾아서

장태한 지음

북코리아

일러두기

이 책에 인용된 표현은 원문의 표기를 그대로 따랐음으로, 현대의 표기법과 다를 수 있음을 알립니다.

개정판을 내면서

『파차파 캠프: 미국 최초의 한인타운』은 2018년 출판되었다. 파차파 캠프의 존재가 전혀 알려지지 않았던 상황에서 새로운 역사적 사실을 찾아낸 보석 같은 연구 결과였다. 필자의 연구 결과물로 캘리포니아주 리버사이드시는 파차파 캠프가 존재했던 지역에 '문화 관심지 제1호'를 지정하는 결의안을 2016년 통과시켰고, 2017년 3월 23일 현판식을 개최했다. 마침, 3월 23일은 1904년 도산 안창호가 샌프란시스코에서 리버사이드로 이주한 날이었다.

필자는 2021년 리버사이드시에서 '파차파 캠프' 전시회를 개최했는데 놀랍게도 뉴욕타임스, 로스앤젤레스타임스, NBC뉴스 그리고 공영 TV 방송인 PBS에서 취재하고 보도하여 미국 전역에 큰 관심을 이끌어냈다. 오히려 한인 언론들은 보도에 소극적이었다. 그리고 카네기 멜론재단에서 85만 달러 기금을 받아 샌프란시스코, 버지니아/워싱턴 DC, 뉴저지, 뉴욕, 시카고 등지에서 순회 전시회를 개최하여 파차파 캠프의 역사적 의미를 미국 전역에 알리게 되었다. 필자는 2021년 영문으로도 『파차파 캠프: 미국 최초의 한인타운』을 출판했다.

고려대학교 윤인진 교수가 강의하던 사회학 수업 시간에 초청되어 파차파 캠프 강연을 하던 중 문득 나의 머리를 스치는 의문이 있었다. 혹시 파차파 캠프에서 대한민국 민주주의 제도가 시작된 것이 아닐까?

나는 역사학자가 아니다. 오히려 사회학에 가깝고, 미국 최초의 소수인종학으로 1990년 UC 버클리 대학교에서 박사학위를 취득했다. 내가 만약 역사학을 전공한 학자라면 오히려 대한민국 민주공화제에 대한 글을 쓰지 못했을 것 같다. 사회학적 상상력을 통해 역사를 재구성할 수 있었기 때문이다. 대한민국 역사학계에서는 그 당시 민주공화제가 '대세'였기 때문에 상해임시정부 창립 때 민주공화정을 선포한 것이라고 설명하고 있다. 그리고 1917년 발표된 대동단결선언문이 민주공화제 도입에 큰 영향을 미쳤다고 설명한다. 대동단결선언문의 핵심은 '국민주권론'이다. 즉, 임시정부의 필요성을 제기하고 운영 방안을 제기한 최초의 선언문으로 역사적 의미가 부여되고 있다.

대한민국 역사학계에서는 민주공화정이 중국의 영향을 받아서 도입된 것으로 보는 견해가 우세하다. 그런데 대동단결선언문은 1986년 도산 안창호의 유품에서 발견되어 세상에 알려지게 되었다고 한다. 또한 대동단결선언문에 참여한 14인 중 박용만이 포함되어 있다. 박용만은 미주 한인사회에서 무력 군사 항쟁을 주장한 인물이며, 동시에 신한민보 주필 때 무형정부를 설립하여 해외 한인을 대표하는 정부 설립을 주창했다. 문득, 민주주의는 미국에서 시작되었고 혹시 안창호를 중심으로 파차파 캠프에서 시작된 것은 아닌가라는 생각이 들었다. 특히 당시 파차파 캠프는 '도산 공화국'으로 불렸다는 점을 특이하게 생각했는데, 『파차파 캠프: 미국 최초의 한인타운』을 출판할 때, 그냥 간과하고 지나쳤었다.

그동안 수집했던 자료들을 다시 살펴보기 시작했고, 특히 1911년 11월 23일부터 12월 4일까지 개최된 제3차 대한인국민회 북미총회에서 밤샘 토론해서 통과시킨 21개 의안 문구들을 다시 들여다보기 시작했다. 1912년 대한인국민회는 무형정부를 설립했고 동시에 시베리아, 멕시코, 하와이, 만주 그리고 북미 지역에 112개의 지방회를 설립하여 해외동포를 대표하는 세계적인 조직이 되었다.

대한인국민회 주도로 무형정부가 설립되었고, 대의원 제도가 도입되었으며, 그리고 자율규정 제도인 삼권분립이 완성되었다. 그리고 1911년 말, 리버사이드 파차파 캠프에서 바로 민주공화제가 도입되었다. 그래서 '도산 공화국'으로 불렸던 것이다.

개정판에서는 도산 안창호가 1905년 공립협회를 설립하면서 대의원 제도를 도입했고, 민주주의 제도를 실험했으며, 1911년 제3차 대한인국민회 북미총회를 캘리포니아 리버사이드 파차파 캠프에서 개최하여 21개 의안을 통과시키면서 민주공화제를 완성했다는 것을 설명하고 있다. 또한 대동단결선언문(1917)과 21개 의안을 비교 분석하여 '국민주권설'의 기초가 파차파 캠프에서 시작되었다는 것을 밝히고 있다.

파차파 캠프는 미국 최초 그리고 당시 최대 규모의 가족 중심 한인 공동체였으며, 민주주의 제도를 도입하고 실험하면서 1911년 민주공화제를 완성한 역사적인 공동체이다. 그 중심에는 도산 안창호가 있었다. 도산의 민주적 리더십과 행동하는 리더십이 실현된 공동체가 바로 파차파 캠프이다. 즉, 파차파 캠프의 지도자는 도산 안창호였으며 1919년 상해임시정부의 핵심 역할을 담당한 사람 역시 바로 도산 안창호이다. 동시에 신한민보 주필을 역임한 박용만도 무형정부 설립을 강력히 주장한 인물로, 대동단결선언문 작성에 참여한 14인 가운데 한 명이다.

따라서 지금까지 대한민국 역사학계에서 인정하고 있는 민주공화제 도입의 '중국발' 계보와 달리 이 책에서는 민주공화제의 '미국발' 계보를 주장하고 있다. 지금까지 누구도 언급하지 않은 대한인국민회 제3차 북미총회에서 의결된 21개 의안 조항을 분석하면서 대한민국 민주공화제의 제도화가 시작된 것임을 밝히고 있다.

미주 한인 독립운동사는 대한민국 근현대사의 중요한 부분이지만 지금까지 소홀히 취급되어왔다고 생각된다. 필자의 연구가 대한민국 근현대사를 다른 시각으로 새롭게 조명하는 계기가 되기를 희망한다.

2025년 리버사이드에서

감사의 말

도산 안창호와 초기 한인 이민자들이 설립한 미국 최초의 한인타운 파차파 캠프에 대해 연구하면서 새로운 자료를 찾을 때마다 큰 희열을 느끼고 감동을 받았다. 1908년 뉴욕의 산본 보험회사에서 제작한 지도에 "Korean Settlement"(한인 정착촌)라는 문구를 접한 것이 이 연구의 시작이었다. 이 지도는 1999년 UC 리버사이드 학부생들에 의해 발견되었는데, 필자는 그 당시 별로 관심을 갖지 않았다. 그러다가 2016년부터 다시 관심을 갖고 찾기 시작했다. 처음에는 지도 외에 다른 정보가 없었기 때문에 논문 한 편을 쓰면 다행이라고 생각했다. 그런데 『공립신보』와 『신한민보』에 파차파 캠프에 관한 기사들을 발견하면서 희열을 느꼈다. 본격적인 연구가 시작되는 계기가 된 것이다.

미국 이민 100주년을 기념하는 책자인 『미주한인사회와 독립운동』에 실린 소논문 「리버사이드에서의 도산 안창호의 활동: 1904-1914」에서 재야 사학자인 이선주는 도산의 리버사이드 활동을 서술하면서 파차파 캠프가 미국 최초의 한인타운이라고 주장했다. 그러나 이선주는 구체적인 증거를 제시하지 못했다.

필자는 UC 리버사이드 대학교에서 30여 년 넘게 재직하면서 여러 연구 활동을 해왔음에도 리버사이드에 세워진 파차파 캠프의 존재나 의미를 잘 알지 못했다. 2001년 8월 11일 리버사이드 시내에 도산 안창호 동상이 세워졌는데, 도산 안창호와 가족이 리버사이드에 살았고, 신민회가 1906년 리버사이드에서 발기되었다는 정도로 피상적으로만 알고 있었다. 필자는 2010년 9월 김영옥 재미동포연구소를 설립하고 한인 상인과 흑인 고객 간의 갈등, 로스앤젤레스 폭동, 일본군 성노예 문헌 발굴 등 여러 연구 활동을 해왔다. 그리고 2016년 말부터 리버사이드 파차파 캠프에 대해 본격적인 관심을 갖고 연구를 시작했다.

파차파 캠프에 대한 본격적인 연구를 시작하면서 조금씩 파차파 캠프의 실체를 알게 되었다. 이미 여러 책과 글에서 파차파 캠프에 대해 언급하고 설명한 것을 확인할 수 있었다. 또한 『공립신보』와 『신한민보』에 파차파 캠프에 관한 글들이 상당히 많이 있다는 새로운 사실도 발견했다. 『신한민보』 1910년 10월 5일자에 "리버사이드 지방. 이곳은 미국 올 때에 제일 먼저 창설한 한인의 동리가 될 뿐만 아니라, 우리의 단체를 처음 시작하며 지방회가 제일차로 설립된 곳이더니"라는 기사를 찾고 감격과 희열을 느끼지 않을 수 없었다. 자료 발굴이 활발해지면서 오히려 파차파 캠프에 대한 자료가 너무 많아 책이 지나치게 두꺼워질까 봐 자료를 추려야 했다.

이 책은 많은 사람이 도움을 주어서 완성될 수 있었다. 우선 김영옥 재미동포연구소를 위해 거금을 기부해주신 M & L Hong 재단의 고 홍명기 회장님과 로리 홍 사모님께 진심으로 감사드린다. 그리고 김주연, 김영준, 쟈니 박, 진철희, 노명호, 차한열, 존손, 윤석주, 웨이드 변 등 연구소 후원 이사들의 도움에도 감사드린다.

이 책 출판에 도움을 준 이구홍 전 재외동포재단 이사장, 해외동포연구소의 최유정 님께 감사의 말을 전한다.

연구소 개소 후 지금까지 줄곧 연구에 도움을 준 캐롤 박 박사, 파차파 캠프 연구를 시작할 때 여러 자료를 찾아준 해나 브라운, 그리고 『신한민보』 자료 수집에 도움을 준 윤지아 박사, 『공립신보』와 『신한민보』 자료 수집에 큰 도움을 준 주혜린에게 감사한다. 특히 주혜린과 윤지아는 『공립신보』와 『신한민보』 자료를 수집해주었을 뿐만 아니라, 옛 한국어를 현대어로 표기 및 풀이해주어 큰 도움이 되었다. 주혜린은 마지막 교정 작업까지 도움을 주었으며, 부록을 완성해주었다. 개정판 교정 작업에 도움을 준 김소형 교수에게도 고맙다는 인사를 전하고 싶다.

『도산 공화국: 안창호가 세운 민주공화제의 뿌리를 찾아서』 개정판 출판에 도움을 준 고교 동창 (주)태양 현창수 사장에게 특별히 감사의 말을 전하고 싶다.

마지막으로 올해 100세를 맞이한 아버님 그리고 몇 년 전 이 세상을 떠나신 어머님, 가족 모두와 나의 사랑하는 아내 김정희와 딸 앤지 그리고 손녀딸 이지에게도 감사하다는 말을 전하고 싶다.

차례

개정판을 내면서 5
감사의 말 9
들어가는 말 15

제1장 도산 공화국:
       대한민국 민주공화제의 뿌리를 찾아서   49

　　대한인국민회와 「대동단결선언」 ································· 55
　　파차파 캠프: 미국 최초의 한인타운 ····························· 60
　　대한인국민회 북미총회와 「대동단결선언」 ···················· 71
　　맺는말 ··· 83

제2장 미국 최초의 한인타운:
       리버사이드 파차파 캠프   89

　　민주주의의 씨앗이 뿌려진 파차파 캠프 ························ 95
　　미국 최초의 한인타운, 가족 중심 공동체 ····················· 101
　　초기 미주 한인사회 최대의 한인타운 ·························· 106
　　파차파 캠프 ·· 109
　　한인 노동국(Korean Labor Bureau, 1905) ················· 113

제3장 대한인국민회 북미지방총회 대의회(1911)   139

안창호 환영 ……………………………………………………………… 148
제3차 대한인국민회 북미총회(리버사이드) ………………………… 156
여성 회원들의 참여와 활동 …………………………………………… 171
헤멧 밸리 사건(1913)과 대한인국민회 …………………………… 177

제4장 한인장로선교회와 학교   189

학교 ……………………………………………………………………… 202
국어학교 ………………………………………………………………… 209

제5장 파차파 캠프의 한인 가족들   223

김인수, 리버사이드 노동 주선사 …………………………………… 229
김인수의 실업 활동, 가족들은 리버사이드에 거주 ……………… 233
김인수의 장자 김용련 ………………………………………………… 237
김인수 가족의 자녀들 ………………………………………………… 239
김인수, 김용련 부인 …………………………………………………… 241
아들 김태선 ……………………………………………………………… 248
조카 전경부와 전경무 ………………………………………………… 252
부인의 병과 경제적 곤란 ……………………………………………… 254
전낙청의 자녀들 ………………………………………………………… 255
전낙청이 남긴 문학작품 ……………………………………………… 256
차정석의 리버사이드 지방회 활동 …………………………………… 259
차정석 부인 차정성 …………………………………………………… 262
차정석의 사촌 형제, 차의석 …………………………………………… 264
차의석 부인 차영선(김영선) ………………………………………… 266
북가주에서 쌀농사 …………………………………………………… 269
백신구의 자녀들 ………………………………………………………… 270
아들들의 종군 활동 …………………………………………………… 271
자녀들의 결혼 …………………………………………………………… 272

부인 백광도(손광도) ··· 273
아내 이정경(박정경) ··· 277
남동생 박영섭 ·· 278
박충섭의 자녀들 ··· 279
아내 구애주(박애주) ··· 282
구정섭의 자녀 ·· 284
리버사이드 지방회 활동(1918~1919) ······································· 288
일터와 가족 거주지의 분리 ··· 289
이운경의 자녀들 ··· 291

제6장 도산 안창호 추방(1924~1926): 공산주의자? 297

콩 왕과 찰스 홍 이의 투서 ··· 301
"볼셰비스트 안창호" ··· 302
시카고 대질심문 ··· 306
오스트레일리아로 추방 ·· 316

자료 327
맺는말 351

들어가는 말

『신한민보』는 1940년 3월 10일 도산 안창호의 서세 3주기를 맞아 도산 안창호의 평생을 돌아보았는데, 도산은 자신이 행한 위대한 다른 업적보다 리버사이드에서 귤을 땄던 일 등을 가장 특별하게 기억했다.

"선생은 일찍이 우리와 같이 다뉴바에서 포도를 땄고, 리버사이드에서 귤을 땄으며 또 땅도 파고 채소 장사도 하였습니다. (…) 국가 광복 운동은 본래 민중 역량 요구에 있고, 민중의 역량을 요구하려면 먼저 민중의 사정을 알아야 하고 민중의 사정을 알려면 민중과 생활을 같이하여 그들의 입는 옷을 입고 그들의 먹는 밥을 먹으며 또 그들의 하는 일을 같이 한 연후에 있습니다."

도산이 훌륭한 지도자인 것은 그가 일상생활에서 입는 옷과 먹는 밥과 하는 일이 평범한 동포들과 같았고 그들과 고락을 같이했다는 것에 있다고 했다. 도산은 언행일치를 중요시했고 민중과 함께 동고동락하면서 독립운동을 전개하여 그들의 모범이 되었다.

이 책은 지금까지 도산 안창호 선생의 미주 한인사회에서의 독립운동과 활동 중 거의 알려지지 않았던 부분, 특히 미주 독립운동의 초기 활동에 관한 이야기에 초점을 맞췄다. 안창호 선생이 캘리포니아주의 소도시인 리버사이드에 파차파 캠프를 설립했는데, 이는 당시 미국 최초이며 최대 규모의 한인 정착촌을 건립한 것이었으며, '도산 공화국'으로 불리기도 했다. 처음에 필자는 왜 '도산 공화국'으로 불렸는지 그 의미를 알지 못했지만, 나중에 민주공화제를 도입하고 실험하여 제도화한 곳이 바로 파차파 캠프였다는 사실을 알게 되었다. 즉, 파차파 캠프(도산 공화국)가 미주 한인사회 초기 독립운동의 메카 역할을 했다는 역사적 사실을 발굴한 것이다.

리버사이드는 로스앤젤레스에서 동쪽으로 100킬로미터 떨어진 인구 30만 명의 소도시이다. 필자는 1904년 3월 23일 도산 안창호가 샌프란시스코에서 리버사이드로 이주했고, 그곳에 미국 최초의 한인타운 또는 도산 공화국으로 알려진 한인 공동체를 건립했다는 것을 새로 발견된 사료로 증명하고자 한다. 또한 지금까지 잘 알려지지 않았던 역사적 사실, 즉 안창호가 미국 이민국에 의해 심문당하고 강제로 추방되었던 사실을 분석하려고 한다. 안창호는 왜 미국 이민국에 의해 강제로 추방되었는가? 안창호의 강제 추방에 대한 이유와 과정을 살펴보고자 한다.

따라서 이 책의 주요 목적은 도산 안창호가 처음 미국에 도착한 후 초기에 건설한 파차파 캠프에서의 활동, 그리고 마지막 시기인 1924년부터 1926년까지 미국에서의 활동과 추방 과정을 밝히는 것이다. 도산 안창호와 그가 설립한 흥사단은 '볼셰비스트', 즉 공산주의자 또는 공산주의 단체로 모함을 받았고, 이로 인해 도산 안창호는 1926년 미국 이민국에 의해 강제로 추방당했다. 이러한 과정을 미국 이민국 자료를 토대로 재구성하여 자세히 밝히고자 한다. 따라서 이 책은 도산 안창호 연구의 공백을 메우는 데 기여한다고 생각된다. 또한 도산 안창호의 생애는 미주 한인사, 한국 근현대사, 그리고 독립운동사의 중요한 부분이므로 이 글이 역사를 새롭게 정립하는 계기가 되기를 바란다.

이번 연구는 새로 발굴된 여러 자료와 그동안 연구자들의 관심을 받지 못했던 자료들을 활용해서 논의를 진행했다. 그 자료들이 파차파 캠프의 모습을 재구성하는 데 많은 도움을 주었다.

첫째, 도산 안창호가 1902년 12월 7일 『샌프란시스코 크로니클』 신문과 인터뷰한 기사를 발견했다. 이 전면 인터뷰 기사는 114년 만에 필자가 발굴했는데, 도산 안창호의 미국 입국 과정과 미국에 온 목적 등을 상세히 기록하고 있다. 또한 당시 서양인의 시각으로 본 낙후된 서울의 모습과 문화도 생생히 그려내고 있다.

둘째, 『공립신보』와 『신한민보』의 기사를 분석하여 보다 상세한 당시의 활동을 알 수 있게 되었다.[1] 특히 1905년 창간된 『공립신보』는 파차파 캠프의 초기 모습을 생생히 전하고 있다. 그리고 1909년 창간된 『신한민보』는 1909년 이후 리버사이드 지방회 소식을 활발히 보도하고 있다. 『신한민보』는 파차파 캠프 거주자들의 활동상을 전해줄 뿐만 아니라 파차파 캠프가 미국에 세워진 최초의 한인 마을, 즉 한인 공동체라는 사실을 증명해주었다.

셋째, 1924년부터 1926년까지 3년 동안 기록된 안창호 관련 이민국 파일은 그가 왜 미국에서 추방되었는지를 상세히 알 수 있게 해주었다. 안창호를 '볼셰비스트'로 모함하는 투서가 미국 이민국에 접수되어 미국 이민국은 본격적인 조사와 감시를 했고, 결국 안창호는 1926년 3월 2일 미국 영토에서 추방되었다.

마지막으로 파차파 캠프에 거주했던 한인들과 그들의 후손들이 남긴 책과 글들 그리고 연구자들의 저서를 통해 파차파 캠프의 발

---

[1] 이 책에서 인용한 『공립신보』와 『신한민보』는 국사편찬위원회(www.history.go.kr)에서 제공하는 원문 DB를 대상으로 삼았다. 『공립신보』와 『신한민보』는 가능한 한 원문을 그대로 옮기되 이해의 편의를 위해 현대어 음운 법칙에 따라 표기하거나 고어나 한자어를 풀어 쓴 경우도 있다.

자취를 다시 되새겨볼 수 있었다. 백광선의 *Quiet Odyssey*, 엘렌 전의 *Heartwarmer*, 차의석의 『금산』, 안수산 자서전, 그리고 최봉윤의 *Koreans in America*는 파차파 캠프에 대한 많은 소식을 전해주고 있다. 필자는 이러한 사료들을 발굴하여 검증하고 분석해서 파차파 캠프가 미국 최초이자 당시 최대 규모의 한인 정착촌임을 밝혀냈으며, 파차파 캠프에서 민주공화제를 도입하고 실험해서 제도화했다는 새로운 역사적 사실을 사료로 설명했다.

2017년 3월 23일 미국 캘리포니아주 리버사이드시 철도 옆에 위치한 미국 최초의 한인타운 파차파 캠프를 '문화 관심지'로 지정하는 행사가 열렸다. 그 기념식에는 200여 명의 인사가 참석하여 성황을 이루었는데 리버사이드 시장, 시의원, UC 리버사이드 대학교 학장, 미주 도산기념사업회 회장, 그리고 도산 안창호의 유복자 아들 안필영(랄프), 한인사회의 여러 사람들, 그리고 필자가 참석했다. 또한 2001년 8월 11일 리버사이드시 시청 앞 유니버시티 애비뉴(University Avenue)와 메인 스트리트(Main Street)에서 미주 도산안창호기념사업회(이사장 홍명기) 주최로 도산 안창호 동상 제막식이 열렸다.

로스앤젤레스에서 100킬로미터 동쪽에 위치한 소도시 리버사이드에 왜 도산 동상이 건립되었으며, 리버사이드시는 왜 파차파 캠프를 '문화 관심지'로 지정한 것일까? 그리고 문화 관심지로 지정된 것은 무슨 의미가 있는 것일까? 미주에서 도산 안창호의 업적은 주로 샌프란시스코와 로스앤젤레스에서의 활동이 부각되어왔기 때문에 도산 안창호 전기에는 리버사이드가 거의 언급되지 않거나 '하변(河邊, Riverside의 훈차어)'에서 거주했다는 정도로 소홀히 취급되어왔다. 춘원 이광수는『도산 안창호』에서 리버사이드에 대해 전혀 언급하고 있지 않고, 미주 한인사를 총정리한 최봉윤의 저서『미국 속의 한국인(*Koreans in America*)』에서도 리버사이드로 이주한 한인 노동자들을 1장 미만의 분량으로 간단히 설명하고 있을 뿐이다.² 서울시 강남구에 있는 '도산안창호기념관'과 부속 홈페이지인 도산 안창호 온라인 기념관에서도 리버사이드에 관한 언급은 매우 간략하다. 흥사단 웹사이트도 마찬가지로 캘리포니아주 리버사이드에 대해서는 언급이 거의 없다.³

도산의 영문 평전의 저자 김형찬은 『도산 안창호: 예언자적 애국자의 일대기(*Tosan Ahn Ch'ang-ho: A profile of a prophetic patriot*)』에서 도산의 리버사이드 활동을 총 361장 가운데 3장 분량으로 간단히 소개하고 있다.⁴ 아서 레슬리 가드너(Arthur Leslie Gardner)는 하와이대학교 박사학위 논문(1979)으로 도산 안창호의 국민회 활동을 주제로 한 『한국 민족주의 운동과 안창호, 점진주의자(*The Korean Nationalist Movement and An Chang-Ho, Advocate of Gradualism*)』를 제출했다. 이 연구에서도 도산의 리버사이드 생활은 32장부터 34장에 걸쳐 소략하게 언급되고 있을 뿐이다.⁵ 『사진으로 보는 미주 한인 이민 100년사: 1903~2003』(차종환·민병용 편저),⁶ 『미주 이민 100년: 초기 인맥을 캔다』(민병용)⁷에서도 리버사이드는 별로 중요하게 취급되지 않고 있다.

한편, 이선주는 2003년 발표한 논문 「리버사이드에서의 도산 안창

---

2   Bong-youn Choy, *Koreans in America*, Nelson Halll Press, 1979, 106.
3   도산 안창호 온라인 기념관(www.ahnchangho.or.kr)에는 '도산 연보' 항목에 "1904년 26세, 샌프란시스코에서 리버사이드로 이주. 기독교 경영의 신학 강습소에서 영어와 신학 수업"이라고 나타나 있을 뿐이다. 흥사단 웹사이트(www.yka.or.kr)에도 거의 기록이 없다.
4   Hyung-chan Kim, *Tosan Ahn Ch'ang-ho: A profile of a prophetic patriot*, Tosan Memorial Foundation, 1996, 32-35.
5   Arthur Leslie Gardner, *The Korean Nationalist Movement and An Chang-Ho, Advocate of Gradualism*, Ph. D. dissertation, University of Hawaii, 1979, 30.
6   차종환·민병용(2004), 『사진으로 보는 미주 한인 이민 100년사: 1903~2003』, 미주한인이민100주년기념사업회.
7   민병용(1985), 『미주 이민 100년: 초기 인맥을 캔다』, 한국일보사.

호의 활동: 1904-1914(The Role of Dosan Ahn Chang Ho in Riverside: 1904-1914)」에서 도산 안창호의 생애 중 리버사이드가 매우 중요한 거점이었지만 주목을 받지 못했으며, 파차파 캠프가 미국 최초의 한인타운이라고 주장했다.[8]

실제로 도산 안창호와 가족은 1904년 3월부터 1913년 10월 또는 12월까지 리버사이드에 거주하면서 미주 최초, 그리고 최대의 한인타운인 파차파 캠프, 즉 '도산 공화국'을 설립했다. 그곳에서 안창호는 초기 미주 한인사회 독립운동의 초석을 다졌다. 이선주는 도산 안창호와 가족이 1914년 초에 로스앤젤레스로 이주한 것으로 보았으나 실제로는 1913년 10월 또는 12월 사이에 로스앤젤레스로 이주한 것으로 보인다.

도산 안창호의 초기 미주 독립운동의 메카 역할을 한 곳이 바로 리버사이드의 파차파 캠프이다. 그럼에도 지금까지 도산 안창호가 리버사이드에서 활동했던 일들이 주목받지 못한 이유는 무엇일까? 도산은 리버사이드로 이주한 후, 샌프란시스코에서 창립한 친목회(1903년)를 공립협회(1905년)로 발전시키면서 본부는 샌프란시스코에 설립했다. 1909년 대한인국민회가 창립되었을 때, 발기인들의 상당수는 리버사이드 거주자들이었지만 역시 본부는 샌프란시스코에 세웠다. 리버사이드 거주 한인들은 도산 안창호에게 샌프란시스코로 이주하여 공립협회 본부를 세우고 하와이에서 본토로 이주하는 한인들이 정착할 수 있게 도움을 주도록 요청했다. 그래서 도산 안창호는 샌프란시스코로 이주하여 공립협회 본부를 설치하고 본격적인 활동을 전개하게 된 것이다.

『신한민보』 1914년 2월 5일 "국민회 역사"에서 다음과 같이 공립

8　Sun-joo Lee, 「The Role of Dosan Ahn Chang Ho in Riverside: 1904~1914」, *The Independence Movement and Is Out growth by Korean Americans*, Centennial Committee of Korean Immigration to the U. S., 2003.

협회를 조직한 경위를 밝히고 있다.

"우리 국민회는 처음에 미주 하와이의 두 단체가 합동하여 구체적으로 완전히 결합된 큰 단체로되, 그 원인을 찾아 들어가 보면 상항의 친목회가 비로소 씨를 심었나니, 이는 광무 7년 곧 건국 기원 4236년 서력 1903년에 발생한 일이라. 이때는 북미주에 우리 한인의 자취가 심히 영성하여 재류 동포가 몇 사람에 지나지 못한 고로, 처음에 아홉 사람이 우연히 상항에 모여 한 회를 조직하니, 이것이 곧 친목회라. 당시 모든 사람의 심리를 돌아보건대, 그 힘이 심히 박약하며 또한 안광이 넓지 못하여, 다만 서로 모임을 필요히 알 따름이오, 정치상 의미를 함육이 없거니와, 때는 일아(日俄: 일본과 러시아) 양국의 교섭이 결렬하여 장차 큰 싸움을 준비하며, 우리나라의 정형은 날로 급박하여 천연히 국가의 존망을 근심하는 마음이 스스로 생기는 고로, 개연히 손을 잡아 무리를 합함에 뜻을 두었으니, 이것이 곧 정치사상의 함육이오, 오늘날 국민회 같은 대단체를 창립할 기초로도다. 처음으로 세상에 탄생한 어린 단체가 태평양 언덕에 비로소 고고한 소리를 발하여 3년이 지나도록 그 진보가 극히 알알하더니, 그 후 광무 9년(1905년) 곧 기원 4238년 4월 5일에 안창호 씨가 동지 49인으로 더불어 친목회 범위를 확장하여 공립협회를 조직하고 그 목적 취지를 세상에 광포하니 가로되 '동포를 단합하여 동종을 상보는 의로 정함이라' 하였더라. 당시 미주 재류동포의 정형을 돌아보건대, 의견 충돌과 당파의 알력이 없지 아니한 고로, 당시 당국자는 먼저 이를 융화하기 진력하여 다소간 곡절을 지나 공립협회를 설립하니, 미주 한인이 인도를 얻어 장차 돌아갈 곳 있으며, 공립협회는 동포의 표준이 되어 석판으로 공립신문을 간행하며, 모든 기관을 설비하여 동포의 환란을 구휼하고 생활을 지도하여 해외 한인의 보장의 지위에 처하니, 이로부터 재미한인의 단체가 그 규모를 일층 완비하여 친목회의 어린 태도를 벗어나서 발연히 앞으로 나아가는 정신이 있으며, 그 후로는 하와이와 내지로 좇아 건너오는 동포가 날로 증가하여 전수 회원이 거의 200여 명에 달하니라. 광무 9년(1905년) 11월 17일에 이등박문이 병력으로 5조약을 늑정하니 이는 한국의 주권이 점점 방락하는 때라. 재외한인이 바다를 격하여 모국의 변란을 듣고 강개격앙하여 사람마다 국권회복을 창도하며, 정치사상이 날로 발달하여 국가에 대한 관념이 그 행동을 일치하니, 공립협회는 이 시기를 타서 정당한 방침으로 일시 인물을 지배하여, 동년 12월에 우리버싸이드, 우랫랜쓰, 큐카몽가 등 여러 지방에 지방회를 조직하고 상항에 총회관을 설치하여, 홀로 미주 한인사회의 우이(牛耳)를 잡았으며, 전체 동포는 그 범위 안에서 활동을 가작히 하니, 이는 공립협회가 가장 발흥하던 시대로다. 당시에 동사하던 인사들이 지금까지 그 융성함을 말하더라."

1903년 샌프란시스코에서 한인 9명이 모여 결성한 친목회는 1905년 4월 5일 공립협회로 재조직되었다. 공립협회는 석판으로 『공립신보』를 간행했고, 하와이에서 본국으로 오는 동포가 날로 증가하여 회원이 200여 명에 달했다. 이후 11월 17일 이토 히로부미(伊藤博文)가 5조약을 체결한 것을 기점으로 공립협회는 또다시 확장되었다.

1905년 12월 리버사이드, 레드랜드, 쿠카몽가 등에 지방회를 설립하고 총회관을 샌프란시스코에 설치했는데, 기자는 이 시기를 공립협회가 가장 발흥하던 시대로 평가하고 있다. 리버사이드 이름이 가장 앞에 있어서 지방회 가운데 가장 먼저 설치되었다는 것을 알 수 있다. 당시 함께 일했던 사람들은 아직도 그때의 번성함을 회상한다고 했다.

국민회의 역사를 다룬 이 기사는 1906년에 열린 제1차 대의회로 이어진다.

"광무 10년 곧 기원 4239년 4월 5일에 제1차 연환회(대의회)를 처음으로 열었는데, 회원 명부를 조사하니 각 지방회원이 500여 명이오, 회장을 고 송석준 씨가 투표의 우세를 얻어 전회 사무를 총할하였더라. 여러 날의 사결안을 차례로 진행하고 장차 폐회할 때에 외처에 있는 동포가 여러 대의원을 위하여 금귤 두 상자를 보내었는데, 그 뚜껑을 열고 보니 그 귤을 낱낱이 종이로 싸고 보내는 사람의 이름과 먹을 사람의 이름까지 쓴 고로, 당시 만좌가 모두 감동하여 서로 자기 이름을 찾으며 만강일정으로 사랑을 표하니, 이는 한인사회에 한 큰 기념을 삼을 만한 일이더라."

공립협회가 설립된 다음 해인 1906년 4월 5일 연환회(대의회)가 열렸는데 리버사이드 회원들이 금귤을 보내왔다. 귤이 모두 종이로 싸여 있었고 보내는 사람의 이름과 먹을 사람의 이름까지 쓰여 있어서 그 자리에 있던 사람들이 큰 감동을 받았다고 전하고 있다. 리버사이드 회원들이 공립협회 활동에 얼마나 각별한 관심과 애정을 가지고 있었는지 드러나는 대목이다. 리버사이드와 샌프란시스코는 천여 리 떨어져 있었어도 그 두 지역 사이의 정서적 거리는 매우 가까웠다. 아래의 1906년 4월 14일 기사는 당시 리버사이드가 공립협회 본부인 상항을 얼마나 큰 정성과 열성으로 지원해주었는지를 보여준다.

"홍귤다정(紅橘多情), 연환회 일 예식을 필한 후에 두 회원이 큰 궤짝 한 개를 맞들어 좌중에 가져다 놓고, 그 덮개를 떼니 붉은 귤이 가득한지라. 그 귤개들은 크기가 큰 사발만큼 한데, 개개히 종이로 싸고, 그 종이에다 귤 보낸 사람들의 성명도 쓰고, 혹은 그 귤 받을 사람의 성명도 썼는데, 모든 회원들이 각각 귤개들을 들고 서로 묻기를, 내 이름이 있나 보아라, 뉘 이름을 썼나 보자, 하며 귤 보낸 이들을 향하여 그같이 사랑하는 마음을 탄복하며 은근히 칭찬하기를 마지 아니하더라. 그 좌석에 미국 사람도 있다가 또한 칭찬하며, 그와 같이 크고 좋은 귤은 상항에서 구하기 어렵다 하며 그 귤 온 곳을 묻거늘, 회원들이 대답하기를, 천여 리 밖 리버사이드에 있는 회원들이 선물로 보낸 것이라 하더라."

『신한민보』 1944년 2월 24일자 "국민회 약사"에서도 리버사이드는 지방회 가운데 가장 먼저 이름이 나타나므로 가장 먼저 설립된 지방회라는 것을 알 수 있다.

"국민회의 창립은 1개 단체의 창립이 아니오, 미주 공립협회와 하와이 합성협회의 합동으로부터 미주 하와이, 멕시코, 쿠바 재류 동포를 통일 단결한 큰 단체올시다. 그런 고로 미주 하와이 각 단체 조직의 비롯과 및 발흥을 말하게 되었습니다. (…) 그 후 수년에 하와이로부터 미주에 건너오는 한인이 날로 증가하여 재미 한인의 수효가 많아졌고, 광무 9년 1905년 4월 5일에 이르러 안창호 씨 등 49인이 상항에서 친목회의 범위를 확대하여 공립협회로 개조할 적에, 완전한 정치 단체로 조직하여 국권 만회의 목적을 세우고, 기관지 공립신보를 간행하였으며, 그러나 환난상구의 본의를 잊지 않고, 동포 구제를 가져 강령 중 하나를 삼아 장정에 실어 놓은 것은, 우리가 국외에 있는 까닭이올시다. 그 후 공립협회는 총회를 상항에 두고 리버사이드, 로스엔젤레스, 레드랜드 및 쏠렉과 락스프링 각지 지회를 설치하였으며, 공립신문이 내지에 들어가 널리 전파되었나니, 이것이 공립협회의 발흥시대올시다…."

도산의 리버사이드 생활과 활동에 대해 처음으로 연구한 사학자 이선주는 "도산의 59년 생애에 있어서 이처럼 중요한 리버사이드의 생활과 활동이 그동안 적절한 관심을 끌지 못했으며, 연구의 대상에서조차 제외되어왔다. 이곳의 지명이 하변으로만 알려져 있어 캘리포니아에 있는지 아니면 만주나 시베리아의 어느 벽지에 있는지조차 모르는 이들이 많다"고 밝히며 도산 연구에 있어서 리버사이드는 매우 중요함에도 불구하고 연구 대상에서조차 제외되었다고 주장하고 있다. 이선주는 도산의 미주 활동에서 리버사이드의 중요성을 최초로 제기한 사학자로, 그의 공로는 당연히 인정되어야 한다고 생각하며, 이 책에서도 그의 글을 많이 인용했다.

이선주는 공립협회가 하와이에서 본토로 이주한 한인들에게 세 가지 도움을 주었다고 요약하고 있다.[9]

"첫째, 샌프란시스코 이민국 신체 검사관인 드류 의사의 도움을 받아 배를 타고 건너오는 한인들이 신체검사에서 불합격되어 돌아가지 않도록 하였고, 둘째, 한인 노동자들에게 철도 건설 공사장과 광산, 그리고 농장에서 일할 수 있도록 주선해 주었으며, 셋째, 샌프란시스코에서 480마일 떨어진 리버사이드까지 가는 기차표를 사주고 이동 방법을 알선해 주었다."

이는 도산 안창호와 공립협회가 조직적으로 한인 노동자들을 리버사이드로 이주시키고 그곳에서 한인타운을 건설했다는 것을 암시한다.[10]

『공립신보』 1905년 11월 22일자(창간호)는 "노동호황(勞動好況). 리버사이드 경내에는 내월(12월)부터 귤 따는 일이 있는데, 매일 공가는

---

9   이선주(2003), 「리버사이드에서의 도산 안창호의 활동: 1904-1911」, 『미주한인 사회와 독립운동』, 미주한인이민100주년남가주기념사업회, 188.
10 이선주, 2003: 143-144.

들어가는 말

1원 60전으로 1원 70전까지라. 상항서 륜선을 타고 나성까지 가서 화차를 타고 가면 10원 10전이 들고, 상항서 화차를 타고 바로 가면 13원 75전이 드니, 누구든지 가기를 원하면 선가를 예비해 가지고 오면 편리할 터이오, 또 상항서 화차세 80전을 주고 소금 굽는 데로 가면 매일 공가가 1원 50전이라는데, 일이 좀 어렵다더라"라고 보도했다. 기자는 리버사이드 귤 따기 노동을 소개하고 있다. 귤 따기 노동의 시작 일자와 급료는 물론, 상항에서 리버사이드까지 가는 이동 수단과 그에 따른 비용까지 상세하게 알려주고 있다. 이에 비해 소금 굽은 곳은 돈이 적고 일이 어렵다고 했다.

최봉윤은 "도산 안창호와 공립협회가 샌프란시스코에 도착한 한인들에게 '정직하게 오렌지를 수확하라'는 지침을 내렸다. 그리고 힘이 세고 경험이 많은 노동자들을 먼저 리버사이드로 이주시켜 백인 농장주들의 호감을 사도록 했다. 그래서 보다 많은 한인들이 일할 수 있는 기회를 만들도록 했다"고 주장했다.[11] 리버사이드에 한인 공동체를 건설한 안창호는 1906년 리버사이드 거주 지인들과 함께 리버사이드에서 신민회를 발기했다.[12] 그 후 도산은 1907년 한국으로 돌아가서 신민회 활동을 적극적으로 펼쳤다.

한인들의 미주 이민은 인천 제물포에서 하와이로 1903년부터 1905년까지 약 3년간 있었는데, 이때 약 7,226명이 이주한 것으로 알려져 있다. 이 중 1904년부터 1907년 사이에 약 1천 명의 한인이 하와이에서 본토로 이주했다. 특히 1907년 미국과 일본이 체결한 '신사협정'

---

11 Choy, 1979: 106-107.
12 신용하(1978), 「도산 안창호와 신민회의 창립」, 도산기념사업회, 『안도산전서 하: 연구논문편』, 범양사 출판부, 56-61(이선주, 2003: 113)에서 재인용.

이 발효되기 전에 한인들이 하와이에서 본토로 이주했다.[13]

　신사협정은 한인과 일본인이 하와이에서 미국 본토로 이주하는 것을 금지하는 조약이다. 이 협정이 생긴 이유는 특히 샌프란시스코 백인들이 일본계 인구가 급증하자 정치인들에게 압력을 행사하여 일본인의 이주를 금지했기 때문이다. 직접적인 발단은 1906년 발생한 대지진이다. 대지진으로 많은 빌딩이 무너졌는데, 특히 샌프란시스코 교육국 소속 학교의 절반이 폐쇄되어 학생들은 콩나물 교실에서 수업을 받게 되었다. 이러한 상황에서 백인 학부모들이 일본계 학생들이 자신들의 자녀와 함께 수업받는 것을 목격하고 교육국에 항의했다. 이에 따라 샌프란시스코 교육국은 일본계 학생들이 백인 학생들과 함께 수업받는 것을 금지했다.

　그러나 일본 정부가 이 일에 대해 미국 정부에 정식으로 항의하면서, 이 일은 미국과 일본의 외교 분쟁으로 번질 위기에 처하게 되었다. 당시 미국 대통령 루스벨트는 샌프란시스코 교육위원들을 백악관으로 초청하여 대응책을 강구했다. 그 결과 절충안이 마련되었다. 그것은 이미 샌프란시스코에 살고 있는 일본 학생들이 계속 백인 학생들과 수업받는 것을 허락하는 대신에, 하와이에 거주하는 한인과 일본인이 더 이상 미국 본토로 들어오지 못하도록 이주를 금지하는 것이었다. 그것이 '신사협정'이다. 한편, 이 협정이 발효되면 한인들이 미국 본토로 이주할 수 없기 때문에 그것을 우려해서 협정이 발효되기 전 하와이에 거주하는 한인들이 급히 본토로 이주하게 된 것이다.

　『신한민보』 1910년 11월 2일자도 일본이 한인의 미국 이주를 금지하는 것에 대해 다음과 같이 보도했다.

13　엘렌 전 인터뷰에서 자신의 가족도 신사협정이 발효되기 전 1907년 본토로 이주했다고 밝혔다(1992년 7월 1일자 인터뷰).

"일본 이민 방침. 일본이 미국으로 오는 이민 막는 것은 미국의 호의를 얻고저 함일 뿐만 아니라, 미국으로 오는 길을 터놓으면 한국과 만주로 갈 자가 적을 터인 고로, 미국으로 오는 길을 막고 한국으로만 몰아내니, 그 정책은 이달 태양보 「만한이민 집주책」을 보아도 자세히 알 일이더라."

그리고 또 다른 1천여 명의 한인은 하와이에서의 악조건과 어려운 노동 환경에 불만을 품고 한국으로 돌아간 것으로 알려져 있다. 따라서 1907~1912년 사이 하와이 한인 인구는 꾸준히 감소 추세였다.[14]

도산 안창호는 1907년부터 1911년 조국으로 돌아가 신민회 활동 등 독립운동을 하다가 1911년 9월 리버사이드로 돌아왔다. 경술국치 이후 리버사이드로 돌아온 도산 안창호는 "미주 한인들이 일본 식민 국민이 아닌 한국인의 정체성을 유지하는 것이 매우 중요하다고 강조했고 민주 시민으로서 자생력을 키우고 나라를 위한 개인적 의무를 다하는 것이 중요하다"[15]고 했다. 그러한 관점에서 신한민보는 일본에 대한 전쟁을 선포했는데, 국권회복은 쇠와 피가 아니면 이룰 수 없다고 했다. 그것은 총과 대포로 무장하여 물리적 전쟁을 벌이자는 것이 아니라, 비굴하고 유약한 태도를 배격하고 저항적이고 저돌적인 정신으로 맞서야 한다는 의미이다. 마찬가지로 교육과 자본 축적도 그러한 태도로 해나가야 독립을 쟁취할 수 있다고 했다. 이것이 안창호의 실력 양성론이다.

1909년 3월 17일자 『신한민보』는 "우리나라를 구할 방책은 철혈에 있음"이라는 제목으로 독립을 위해 단합하고 교육을 받으며 자본을 모아 모든 면에서 일본을 이겨 독립을 쟁취해야 한다고 역설했다.

---

14 Choy, 1979: 99.
15 Ellen Thun, 「Heartwarmers: Afterward: Change」, February 25, 1997.

"철은 쇠 철 자니, 천하에 쇠를 모아 병기를 만드는 뜻이오, 혈은 피 혈 자니, 일국의 국민을 단합하여 피를 흘리는 뜻이다. 내가 동서양 고금의 역사책을 열람하건대, 큰일을 처음 시작하고 예전부터 해오던 일을 다시 회복한 자 가운데 철혈의 정략을 쓰지 아니한 자 없도다. (…) 내외의 동포 지사야, 날마다 국권 회복하기를 생각하는 방책이 어디에 있느냐. 부드럽고 겸손한 마음으로 타이르고 타일러서 5적과 7적이 허물을 뉘우치기를 힘쓰는가. 사내종의 얼굴과 계집종의 무릎으로 애걸복걸하는 형색으로 왜인이 스스로 물러가기를 구하는가. 만일 방책이 이와 같으면 어찌 나무에서 물고기를 구하는 것과 다름이 있겠는가. 오늘 나라를 구할 방책은 한 번 말해도 철혈이오, 두 번 말해도 철혈이다. 매국적은 나라를 다 팔고 동포를 다 팔기 전에는 죽지 않을 것이고, 일본인은 토지를 다 빼앗고 생명을 다 죽이기 전에는 죽지 않을 것이다. 그러니 결단코 매국적은 베어야 할 것이고 왜인은 물리쳐야 될 것이니, 매국적을 베고 왜인을 물리치려면 허리에 칼을 차고 손에 총을 들지 않으면 할 수 없으며, 피를 흘리고 목숨을 버리지 아니하면 할 수 없다. 그런 까닭에 나는 말하기를, 철혈, 철혈이라 한다. 우리 민족이 철혈 정략을 실행하여 5년, 혹 10년, 15년 후 활동 대연극에 나가려면 불가불 미리 준비할 것이 없지 못할 것이다. 첫째는 철혈적으로 국민 대단체를 결합할 일이다. 오늘 내외의 수많은 사회를 보건대, 철혈 정신은 조금도 없고 다만 혀끝에 언론과 붓 아래 문자로 일시 회집하여 중언부언한다. 그러다가 매국적의 고시 한 장이면 물결 흩어지듯 하며, 왜인의 호령 한마디면 쥐 달아나듯 하니, 이 같은 보잘것 없고 졸렬한 사람이야 백만 명인들 무엇에 쓰겠는가. 이제는 철혈 정신으로 강개하고 의협한 지사를 단합하여, 홍수가 눈앞에 닥치고 사나운 호랑이가 뒤를 밟더라도 용감하게 곧장 앞으로 나아갈 마음을 배양할 것이다. 둘째는 철혈적으로 청년을 교육할 일이다. 본국의 교육계를 보건대, 제일 큰 세력은 일어를 배워 일본을 친할 마음이고, 그다음은 러시아 말을 배워 러시아와 친하고자 하며, 영어를 배워 영국과 미국을 친하고자 하는 자뿐이다. 와신상담의 마음으로 자국 정신을 배양할 길이 없으니 이제는 철혈 정신으로 청년을 교육하여 국가 사상을 널리 알려야 할 것이다. 셋째는 철혈적으로 실업을 권장할 일이다. 실업은 오늘 우리나라 문명의 제일 중대한 것이다. 깊은 모책과 원대한 생각을 가진 자가 대외에서 급급히 확장하는 중이니, 내가 매우 찬양하고 숭앙하고 사모하고 있다. 실업가 여러분은 모든 실업을 경영할 때에 소소한 사리만 도모하지 말고 철혈 정신으로부터 농업, 공업, 상업으로 확장하면, 몇 년 지나지 않아 경제상의 큰 발전을 얻을 것이다. 이즈음에 철혈 정략이 실시될 것이다. 이상 철혈 정략과 철혈 정략의 예비는 나라를 다스릴 만한 재주가 있는 사람이 정성 스럽게 마음에 새겨 간직할 바이다. 그러니 이 말을 다만, 보통 신문기자의 붓끝에 공허한 말로 지나치지 말고 여러 번 생각하여라. 그래서 만약 이것이 국가의 앞길에 꼭 들어맞는 방책이거든 지금으로부터 시작을 삼아 철혈 정신을 배양하며 철혈 정략을 예비하여라. 그래서 다른 날에 철혈 단체, 철혈 교육, 철혈 실업으로 철혈 정략을 실행하기를 매우 바라는 바이다."

무엇보다 몸을 바치고 피를 흘릴 각오가 있어야 한다. 그 아래에서 단합된 단체를 설립하고, 교육을 해야 하고, 자본을 모아야 한다. 이것이 도산 안창호의 철학이다. 이러한 도산의 철학을 실행한 곳이 바로 리버사이드 파차파 캠프이다. 초기 리버사이드에 정착한 한인들은 단합하여 공동체를 형성했고, 학교를 설립하여 자녀 교육을 했으며, 오렌지 농장에서 성실하게 일했고, 실업회사를 설립하여 자본을 축적했다.

도산 안창호의 두 번째 미국 거주 시기인 1911부터 1919년까지의 기간은 대한인국민회와 흥사단 조직 활동을 왕성하게 벌인 기간이었다. 한국에서 리버사이드로 돌아온 도산 안창호는 나라를 빼앗긴 상태에서 자생력을 가진 민주 시민을 양성하여 나라를 되찾아야 한다는 구상을 했다. 그 뿌리를 바로 리버사이드 파차파 캠프에서 찾을 수 있다.

도산 안창호가 마지막으로 미주에 머물렀던 시기는 1924년부터 1926년까지이다. 비록 짧은 기간이었지만, 그는 캘리포니아를 비롯한 미 서부와 시카고 등 미 중부, 워싱턴 DC 등 동부 일대까지 미 전역을 누비며 동포들을 감화시키고 민족정신을 일깨웠다. 그동안 안창호의 세 번째 미국 체류 행적에 대해서는 방문 기간 동안 흥사단과 대한인국민회 동지들을 만나 독립운동 방략논의와 미주 교민들을 규합한 정도로만 기록되어왔다. 그러나 그의 행적에는 다른 세력의 모함으로 인한 추방 과정이 있었다.

도산 안창호는 이승만, 박용만, 서재필 등과 함께 초기 미주 한인사회의 독립운동을 주도한 대표적인 지도자 중 한 사람이다. 그는 친목회, 공립협회, 대한인국민회, 그리고 흥사단 등을 조직했으며, 미국, 중국, 멕시코, 러시아 그리고 다른 여러 국가를 순방하고 그들과 함께하면서 독립운동을 주도했다.

도산 안창호의 영문 전기 저자 김형찬은 안창호에 대해 다음과 같이 설명한다. "안창호는 일제가 식민화의 야욕을 드러내던 시기인 1895년부터 해방을 맞은 1945년 사이에 활동했던 한국 민족주의 인물 중 근대 민족주의를 발전시킨 가장 위대한 역사적 인물이다."[16] 안병욱은 "안 도산은 위대한 애국자이자 교육자, 철학자, 개척자, 그리고 독립운동의 지도자이다"라고 표현했다.[17]

---

16 Hyung-Chan Kim, *Tosan Ahn Chang-Ho: A Profile of a Prophetic Patriot*, Tosan Memorial Foundation, 1996, XV (preface).

17 Ibid., Forward.

인도의 간디와 중국의 쑨원에 버금가는 안창호는 정신적 지도자였으며 공화국 혁명가였다. 안창호는 헌법 민주주의를 추구했을 뿐만 아니라, 독립전쟁도 이끈 인물이다.[18]

이처럼 학계에서 안창호는 대한민국 역사상 공로가 큰 인물로 평가받고 있으며, 일반 대중에게도 매우 잘 알려져 있는 위인이다. 그럼에도 안창호에 대해 잘못 알려진 역사적 사실들이 많이 있다.

도산이 리버사이드로 돌아온 직후인 1911년 11월 23일 대한인국민회 북미지방총회 대의회가 리버사이드에서 개최되었고, 당시 도산은 샌프란시스코 지방회 대의원 자격으로 참석했다.[19] 그럼에도 왜 리버사이드에서 대한인국민회 북미총회 대의회가 개최되었는지, 그 의미가 무엇인지 제대로 밝혀진 것이 거의 없었다. 도산의 가족은 당시 리버사이드에 거주하고 있었으며, 리버사이드 파차파 캠프의 한인들이 초기 미주 한인사회의 독립운동을 주도했고, 미주 한인사회 지도자인 도산 안창호가 다시 미국에 되돌아왔기 때문에 리버사이드 파차파 캠프에서 대한인국민회 제3차 북미총회가 개최되었다는 것을 이 책을 통해 밝히고자 한다.

이후 도산 안창호는 1913년 10월과 12월 사이에 로스앤젤레스로 이주했고, 그때부터 로스앤젤레스 회원 자격으로 활동했다.[20] 이처럼 도산의 가족은 리버사이드에 거주했지만 도산은 샌프란시스코나 로스앤젤레스 지방회에 속하여 활동했기 때문에 연구자들이 리버사이드에 별로 관심을 갖지 않은 것으로 추측된다.

---

18 Jacqueline Pak, *An Ch'angho and the Nationalist Origins of Korean Democracy*, Ph. D. dissertation, School of Oriental and African Studies, University of London, 1999.
19 『신한민보』, 1911년 12월 11일자.
20 『신한민보』, 1913년 12월 19일자.

리버사이드의 파차파 캠프는 미국 최초이자 최대의 한인타운으로 불릴 수 있는가? 무슨 근거로 그러한 주장을 하는가? 미국으로의 집단 이주는 1903년 1월 13일 하와이로의 이주로 시작되었으며, 미 본토에는 1910년대에 1천 명 미만이 살고 있었다. 따라서 하와이가 미국 최초의 한인타운이 아닐까? 그러나 하와이에 도착한 대부분의 한인 노동자들은 여러 섬의 여러 사탕수수 농장으로 흩어져 거주하면서 농장에서 일하고 살았기 때문에 한인타운을 형성할 수 없었다.[21]

실제로 1903년 하와이 최초의 한인 교회인 한인감리선교회(Korean Methodist Mission)의 명단을 보면 대부분의 주소는 에바(Ewa) 사탕수수 농장이다. 참고로 당시 하와이 지역은 감리교단에서 선점하여 장로교는 선교 활동을 못 했고, 많은 한인 장로교인들이 불만을 나타냈다는 기록도 있다. 동시에 1904년 이전 샌프란시스코에는 약 50명에 못 미치는 소수의 한인이 거주하고 있었다. 대부분은 중국인에게 인삼을 파는 인삼 상인들이었다.[22] 신연자는 자신의 논문에서 "1905년과 1907년 사이에 약 1,000명의 한인들이 하와이에서 샌프란시스코로 이주했다. 샌프란시스코는 임시 거주 지역으로, 한인들은 일자리를 찾아 새크라멘토 또는 리버사이드 지역으로 떠나 노동자로 일했다"고 밝히고 있다.[23] 또한 1906년 샌프란시스코 지진이 발생하여 공립협회 건물이 피해를 입

---

21 유동식(1988), 『하와이의 한인과 교회: 그리스도연합감리교회 85년사』, 그리스도연합감리교회 출판에서 "하와이로 이주한 한인들이 각 섬에 있는 40여 개의 농장으로 분산되어 갔다. 한 곳에 30여 명으로부터 많은 곳은 200~300명까지 집단으로 거주하면서 노동에 종사하게 되었다"고 밝히고 있다.

22 Choy, 1979: 105.

23 Youn-Cha Shin Chey, 「A Historical Profile of San Francisco's Korean Community Development」, *100 Year History of Korean Immigration to America*, The Korean American United Foundation Centennial Committee of Korean Immigration to the United States, Southern California, 2002.

어 본부는 오클랜드로 이주했다. 이것은 당시 샌프란시스코에는 집단 한인 거주 지역이 없었다는 것을 간접적으로 증명한다고 볼 수 있다.[24]

하와이에서 본토로 이주한 한인들은 대부분 가방 한 개만 갖고 왔기 때문에 빈곤과 언어 문제에 직면했다. 하와이에서 한인들은 사탕수수 농장에서 일하면서 영어를 배울 기회가 없었다. 또한 극심한 인종차별로 샌프란시스코에서는 제대로 된 직장을 찾을 수 없었다. 따라서 샌프란시스코는 본토 이주 한인들의 임시 거주지였다. 한인들은 취업을 위해 타 지역으로 이주했기 때문에 한인타운을 형성하지 못했다. 당시 샌프란시스코는 노골적으로 중국인과 아시안을 차별하여 차이나타운 이외의 백인 거주 지역에서는 한인과 아시안이 거주할 수 없었다. 따라서 한인들은 샌프란시스코 차이나타운이나 그 근처에서 살았고, 샌프란시스코에서 한인타운을 형성하는 것은 불가능했다.

1906년 캘리포니아 스트리트(California Street)와 포크 스트리트(Polk Street)에 있던 한인 교회가 1907년 부시 스트리트(Bush Street)와 필모어 스트리트(Fillmore Street)로 이주했는데, 이 지역들은 차이나타운 근처에 위치해 있다. 하와이에서 본토로 건너온 한인 중 일부는 광산업에 종사하기 위해 유타주와 와이오밍주로 이주했고, 일부는 새크라멘토 쌀농사 농장에 농부로 취업했으며, 또 다른 일부는 철도 건설 인부로 일했다. 나머지는 리버사이드의 오렌지 농장에 취업했다.[25]

『공립신보』 1905년 12월 21일자에 따르면, "총회장 안창호 씨가 각 지방에 순찰한 정형이 왼쪽과 같더라. 샌퍼랜드에는 경찰 허승원 씨가 인도하는데, 회원들이 서로 화목하고 서로 사랑하는 것이 친동기 같

---

24 엘렌 전은 필자와의 인터뷰에서 자신의 가족이 하와이에서 샌프란시스코로 이주했는데, 본부가 오클랜드에 있었다고 증언해주었다. 또한 대부분의 한인들은 새크라멘토 근처의 농사일에 종사하러 떠났다고 밝혔다(1992년 7월 1일 인터뷰).
25 Ibid., 106.

고 회를 대하여 존중히 여긴다 하였고, 로스앤젤레스에 정형은 본래 한인이 많지 못하므로, 더 나아가지도 아니하고 물러가지도 아니하였다 하였고, 리버사이드에는 지방회장 김인수 씨가 주장하는데, 회원의 수효가 60여 인에 달하고 그 규모가 날로 진보하며, 겸하여 근검하며 공사에 대하여 열성이 많고, 회중으로서 순검 2인을 칙령하여 잡된 일을 금단하며 위생과 제도를 실효 있게 경찰하니, 변동 새 세계를 이루었고, 래들랜드에는 경찰 안석중 씨가 인도하는데, 그곳 회원들이 지방회 인허가 속히 되지 아니하므로 분격한 마음이 급도에 지냈으나, 이것이 열성으로 좇아 났다 하였고, 규카몽가에 회원들은 단합하기를 힘써 회에 목적을 달코저 한다 하였더라"라고 보도했다.

이를 보면 로스앤젤레스는 본래 한인이 많지 않은 곳으로 1905년 당시 아직 한인타운이 형성되기 전임을 알 수 있다. 따라서 1904년부터 형성되기 시작한 리버사이드의 파차파 캠프가 미국 최초이며, 동시에 최대의 한인타운이라는 설명이 타당하다. 또한 리버사이드의 파차파 캠프가 한인타운으로 인정받을 수 있는 근거는 다음과 같다.

1. 한 지역에 한인들이 모여서 집단 거주 지역을 형성하였으며, 그곳에서 자체적으로 규율과 질서를 만들어 민족 공동체를 형성해나갔다. 한국 민주주의의 씨앗이 뿌려진 곳이 바로 파차파 캠프이다(도산 공화국).
2. 한인 노동국(직업소개소)을 창설하여 이주 한인들에게 취업의 기회를 제공했다. 이에 따라 한인들이 파차파 캠프로 모여들었고, 이것이 한인타운의 형성을 가능하게 했다.[26]

---

26   1905년 3월 5일자 『리버사이드 데일리 프레스(Riverside Daily Press)』 광고에는 주소가 127 코티지 스트리트(127 Cottage Street)였다. 그러다가 10월 20일자에는 주소가 1532

3. 미혼 남성을 중심으로 했던 다른 한인 거주 지역과 달리, 리버사이드의 파차파 캠프는 여성과 아이들이 함께 가족 중심의 공동체를 형성했다. 이곳에서 결혼식, 생일잔치, 강연회 등 한인 공동체 활동이 활발하게 전개되었다. 도산의 가족 또한 리버사이드에 거주했다.[27]
4. 한인들은 한인장로선교회와 학교를 설립하여 예배 활동을 하는 동시에 자녀를 교육할 수 있었고 우리말과 영어를 배울 수 있었다.
5. 도산 안창호의 리더십으로 독립운동의 초석이 다져졌다. 도산은 1905년 공립협회를 창립하고 1906년 신민회를 발기했으며, 1909년 대한인국민회를 설립하고 1913년 흥사단을 조직하는 등 민족 공동체의 구심점 역할을 담당했다. 이러한 활동 아래에서 '도산 공화국'이라는 이름으로 불린 한인타운은 도산의 민주적 리더십, 행동하는 리더십이 실현되는 공동체로서 본보기가 되었다.
6. 리버사이드 거주 한인들은 미국 정부로부터 "미주 한인들은 일본 식민국민이 아니"라는 것을 인정받을 수 있도록 동기를 마련해주었다. 그 결과 미주 한인들은 법적 지위가 인정되어 지속적으로 독립운동을 할 수 있게 되었다.

파차파 캠프, 즉 도산 공화국은 단순히 계절노동자들의 임시 거처가 아니었다. 캘리포니아는 남북으로 길게 형성된 주로서, 노동자들은 계절에 따라 남쪽에서 북쪽으로 이주하면서 일했다. 지금도 주로 남미 출신의 노동자들이 이주하면서 노동에 종사하고 있다. 그들을 임시 계

파차파 애버뉴(1532 Pachappa Avenue)로 바뀌었고, 전화번호도 3677번(Sunset phone Red 3677)으로 나타난다.

27 도산의 장남 필립은 1905년 로스앤젤레스 병원에서 출생했지만 리버사이드에 거주했고, 차남 필선은 1912년 리버사이드에서 출생했다. 또한 도산의 부인 이혜련의 오촌 외숙 김인수의 가족이 리버사이드에 거주했다.

절노동자(seasonal migratory farm workers)로 지칭한다. 20세기 초에는 남미 출신 노동자뿐만 아니라 아시안 이민자들이 임시 계절노동자로 일했다. 따라서 중가주와 북가주에는 임시 노동자 캠프가 있었는데, 그것은 노동자의 이동과 함께 일시적으로 생기거나 사라졌다. 그러나 리버사이드 파차파 캠프는 임시 노동자 캠프가 아니었다는 것이 매우 중요하다.

파차파 캠프에는 미국 최초의 한인 마을이 만들어졌다. 150여 명의 한인이 모여 살았고, 가족을 이루어 공동체를 형성했다. 그곳에서는 각종 행사가 열렸으며, 독립운동이 지속적으로 전개되었고, 종교 활동과 학업 활동이 동시에 이루어졌다.

파차파 캠프는 초기 한인사회의 최초이자 가장 큰 중심지로서 지속적으로 형성되고 운영되었다.

1905년 설립된 한인 공립협회는 샌프란시스코에 본부를 두고 리버사이드와 로스앤젤레스, 프레즈노, 그리고 와이오밍주 록스프링스와 오리건주 유니언 등 서부 일대에 지부를 둘 만큼 성장해 1907년 도산이 국내에 건너가 활동할 무렵에는 무려 600여 명의 회원을 거느리게 되었다.[28] 이선주는 또한 리버사이드가 도산 안창호의 초기 미주 생활의 중심임을 밝히고 있다. 도산 안창호의 장남 필립이 로스앤젤레스 병원에서 출생했을 뿐 부모는 리버사이드에 거주하고 있었으며, 차남 필선은 1912년 리버사이드 병원에서 출생했다고 강조하고 있다.[29]

김형찬은 도산 안창호가 로스앤젤레스에 거주하다가 다시 1911년 리버사이드로 이주했다고 밝히고 있다.

그러나 대한인국민회 북미총회가 도산이 미국으로 다시 온 직후

---

28 이선주, 113; Hyung-chan Kim, 41에서 인용.
29 이선주, 129-130.

리버사이드에서 개최된 것과 더불어 여러 가지를 종합하면, 도산 가족은 리버사이드에 계속 거주하면서 임시로 취업과 노동을 위해 타 지역에 잠깐씩 머물면서 일한 것으로 추측된다.

차의석은 오렌지 시즌이 끝나고 여름에는 근처의 온타리오에서 복숭아 따는 일을 하거나 쿠카몽가에서 포도를 수확하는 일을 했다고 한다.[30] 특히 도산 안창호의 리더십과 한인들을 조직적으로 리버사이드로 이주시킨 공립협회의 계획에 따라 리버사이드 파차파 캠프는 당시 한인들이 세운 최초이자 최대의 한인타운이 되었다. 공립협회와 대한인국민회는 여권이나 공식 문서 없이 샌프란시스코에 도착한 한인들이 샌프란시스코에 상륙하여 정착할 수 있도록 조직적인 체계를 구축하여 도움을 주었다.[31]

공립협회는 또한 조직적으로 한인들에게 취업의 문호를 활짝 열어 주었는데, 일부는 유타 또는 와이오밍 지역으로 이주시켰고 일부는 새크라멘토의 쌀농사 지역 그리고 나머지는 리버사이드로 이주시켰다.

리버사이드 파차파 캠프가 설립된 배경에는 도산 안창호의 리더십이 큰 역할을 담당했다. 도산 안창호는 엄격한 규율을 만들어 질서를 유지하면서 타의 모범이 되는 한인 공동체 건설을 꿈꾸었다. 파차파 캠프는 경찰과 감찰 제도가 있었는데, 질서 유지를 위해 필요할 때는 벌칙을 집행하기도 했다. 1914년 8월 20일자 『신한민보』는 하변 지방회보 소식에서 "본월 8일 통상회에서 처결한 사항이 왼쪽과 같음. 一. 궐임

---

30 Easurk Emsen Charr, *The Golden Mountain*, University of Chicago Press, 1961, 154.
31 『신한민보』1911년 10월 4일자는 "상공부에 청원"이라는 제목으로 "멕시코에서 떠나 하와이로 가는 동포 이근영, 김동현, 김명수, 이병은 네 사람은 현금 상항 천사도(앤젤섬)이 민국에 집류되어 있는 사실은 전호에 기록하였거니와 이민국에서는 워싱턴 상공부의 허락이 있어야 보내겠다고 상공부에 보고하였으며 당자들은 총회 대리인과 연서하여 하와이로 갈 만한 사실을 들어 또한 상공부에 청원이 있는데 그 회답 올 동안에 보증을 세우고 잠시 상륙…"이라고 보도했다.

된 법무원은 구정섭 씨로 선정한 일. 一. 본 지방 구역 안에서 불법의 행동으로 동포 안녕 질서를 문란케 하는 자는 회원과 동포를 불계하고 본회의 정칙을 의지하여 처단케 가결한 일"이라고 보도했다.

도산 안창호가 1904년 3월 23일 리버사이드에 도착한 후 본격적으로 파차파 캠프에 한인 공동체가 형성되기 시작했다. 도산 안창호와 부인 이혜련 여사는 그에 앞서 1902년 샌프란시스코에 도착했는데, 우선 그 입국 과정을 자세히 살펴보기로 하자.

샌프란시스코 도착

도산 안창호는 1902년 10월 14일 부인 이혜련과 함께 샌프란시스코에 도착했다. 결혼 직후 4개월 만에 일종의 신혼여행 비슷하게 미국에 도착했다. 이때는 한인들이 하와이 사탕수수 농장 노동자로 이민 오기 전이다. 그런데 필자는 도산 안창호의 미국 입국 경로와 샌프란시스코 도착에 관해 새로운 자료를 발굴했다.

도산 안창호가 미국에 도착한 직후 현지 유력 신문인 『샌프란시스코 크로니클』지와 1902년 12월 7일 인터뷰를 했는데, 그 전면 인터뷰 기사를 필자가 114년 만에 발굴한 것이다.

파차파 캠프에 거주한 한인들의 입국 경로를 찾다가 우연히 찾은 이 인터뷰 기사를 통해 도산 안창호에 대해 그동안 잘못 알려졌거나 혹은 알려지지 않았던 새로운 사실들이 밝혀지게 되었다.

기자는 안창호보다는 당시 잘 알려지지 않은 한국의 문화와 풍습 등에 더 많은 관심이 있었던 것 같다. 전면 인터뷰 기사의 2/3는 한국에 관한 것이고, 나머지 1/3에서는 안창호가 미국에 오게 된 경위와 목적 등에 관해 서술하고 있다.

도산 안창호는 1902년 10월 14일 하와이, 캐나다 밴쿠버, 시애틀

을 거쳐 부인 이혜련 여사와 함께 샌프란시스코에 도착했다.³²

그런데 김도형은 다음과 같은 의문을 던진다. "안창호 부부가 1902년 10월 7일자로 미국에 입국한 것은 확실한데, 이상한 것은 왜 날짜가 다른 두 개의 인장(stamp)이 찍혀 있을까 하는 점이다. 하나는 'U. S. Immigration Service, OCT 7 1902, Commissioner'라고 하여 1902년 10월 7일 미국 이민국 국장의 인장이다. 또 다른 하나는 'U. S. Immigration Service, OCT 14 1902, Port of San Francisco'라고 하여 1902년 10월 14일 미국 이민국 샌프란시스코 항구의 인장이다."³³ 그 이유는 『샌프란시스코 크로니클』 인터뷰 기사로 밝혀졌다.

『샌프란시스코 크로니클』 전면 인터뷰 제목은 "한국, 잠자는 나라"이다. 우선, 이 인터뷰 기사에서 도산 안창호가 왜 밴쿠버에 도착하여 시애틀을 거쳐 샌프란시스코에 도착하게 되었는지 알 수 있게 되었다. 원래 일정은 하와이에서 샌프란시스코로 가는 것이었는데, 하와이에서 배를 잘못 타게 되었다. 그래서 캐나다 밴쿠버로 갔으며, 그곳에서 다시 배를 타고 시애틀을 거쳐 샌프란시스코에 도착한 것이다. 그래서 김도형이 밝힌 것과 같이 도산 안창호의 여권에는 캐나다 밴쿠버 인장 옆에 1902년 10월 7일 미국 이민국장 인장과 1902년 10월 14일 샌프란시스코 이민국장 인장이 찍혀 있었다.³⁴

---

32   김도형(2015), 「도산 안창호의 '여행권'을 통해 본 독립운동 행적」, 『한국독립운동사연구』 52, 독립기념관 한국독립운동사연구소. 37회 도산학회 정기 연구 발표회에서 2012년 발표된 이 논문에서 김도형은 도산 안창호가 미국에 입국하기 전 캐나다 밴쿠버에 도착 후 시애틀을 거쳐 샌프란시스코에 도착했다고 밝히고 있다. 또한 필자가 발굴한 『샌프란시스코 크로니클(San Francico Chronicle)』(1902년 12월 7일자) 도산 안창호 신문 인터뷰 기사에서도 재확인되었다.

33   김도형(2015), 「도산 안창호의 '여행권'을 통해 본 독립운동 행적」, 『한국독립운동사연구』 52, 독립기념관 한국독립운동사연구소, 10.

34   김도형, 2015: 10.

또한 『샌프란시스코 크로니클』지에 실린 안창호와의 인터뷰를 통해 우리는 당시 미국인이 한국을 어떻게 바라보고 있었는지를 살펴볼 수 있으며, 동시에 도산 선생이 미국으로 이주한 이유와 그의 생각에 대해서도 알 수 있게 되었다.[35]

도산 안창호의 인터뷰 기사에 의하면, 도산 안창호와 부인 이혜련 여사는 평양에서 결혼한 후 4개월 만에 우여곡절 끝에 샌프란시스코에 도착했다. 일종의 신혼여행인 셈이었다. 그러나 샌프란시스코에 도착했을 때는 이미 여비로 가지고 온 돈을 탕진하여 빈털터리가 된 상태였다. 도산 안창호와 부인 이혜련 여사는 샌프란시스코에 안면이 있는 사람이나 친구가 전혀 없었기 때문에 무척 난감한 상황이었고, 더욱이 영어도 못 했기 때문에 도움을 구하기도 어려웠다. 안창호 부부는 샌프란시스코 차이나타운을 배회하다가 우연히 알렉산드로 드류 박사를 만났는데, 그는 한국에서 선교사로 활동한 이력이 있어 도산과 안면이 있었다. 드류 박사는 도산 안창호 부부가 처한 사정을 듣고 그들을 자신의 집인 이스트 오클랜드로 데리고 갔고, 부부는 그곳에서 허드렛일을 도우면서 기거하게 되었다. 지금까지 도산 안창호 부부는 샌프란시스코에 체류한 것으로 알려져 있으나 정확히 표현하자면 이스트 오클랜드이다. 당시는 오클랜드와 샌프란시스코를 연결하는 다리가 건설되기 전이었기 때문에 페리를 타고 샌프란시스코만을 건너야 했다.[36]

도산과 부인을 인터뷰한 『샌프란시스코 크로니클』 기자는 안창호 부부와의 첫 만남을 다음과 같이 설명했다.

---

35 필자는 『샌프란시스코 크로니클』(1902년 12월 7일자)에서 도산 안창호의 전면 인터뷰 기사를 발굴했는데, 이 기사는 2016년 3월 6일자 『중앙선데이』 1면에 보도되었으며, 이후 연합뉴스와 한국의 주요 언론에서 크게 보도했다.

36 '샌프란시스코-오클랜드 베이브리지(San Francisco-Oakland Bay Bridge)'는 1936년 건설되었다.

"어느 날 저녁, 나는 이상한 외국인 부부를 만나기 위해 이스트 오클랜드를 찾아갔다. 부부는 알렉산드로 드류 박사의 집에 기거하고 있었다. 드류 박사는 의사로서, 아내와 아이들과 함께 한국에서 약 8년간 거주하다가 최근에 미국으로 돌아왔다."

기자는 한국에 대한 호기심이 발동하여 이 부부가 왜 한국을 떠나 캘리포니아에 왔는지 알고 싶었다고 밝히고 있다. "드류 박사는 도산을 서울에서 만났었는데, 그를 뛰어난 웅변 능력을 갖춘 똑똑한 젊은이로 기억하고 있었다"고 인터뷰 기사는 전하고 있다.

인터뷰 당시 도산 부부는 영어를 전혀 못 했기 때문에 드류 박사가 통역을 맡았다. 기자는 안창호 부부의 첫인상을 다음과 같이 설명했다. "한국인들이 들어왔는데 미국 옷을 입고 있었다. 남자는 중국인 평균 키보다 조금 컸는데, 일본인 또는 인디언과 비슷했다. 조그만 체구의 여성은 일본인과 매우 흡사했다." 인터뷰는 악수를 하고 서로 소개하면서 시작되었다. 남성은 24세이고 부인은 19세인데, 드류 박사가 '안'으로 소개하면서 '평화'의 의미가 있다고 설명해주었다. 또한 이름에 '행운'의 의미도 있기 때문에 그 자신의 이름이 '행운의 평화'인 셈이었다. 두 사람 모두 기독교인이 되었다." 안창호는 드류 박사에게 통역을 부탁하면서 "기자에게 '나를 찾아와주어서 영광이다'라고 전해달라. 나중에 호의에 대한 답례를 할 수 있기를 바란다"고 말했다. 기자는 안창호의 이러한 정중한 태도에 당황했다.

인터뷰 기사 처음 부분은 한국의 이상한 문화와 풍습에 대해 언급하고 있다. "은자의 왕국 한국에는 이상한 문화가 있다. 결혼은 사랑으로 하는 것이 아니라 부모가 청소년들의 결혼을 결정한다. 결혼식 날까지 신랑과 신부는 서로의 얼굴을 보지 못한다." 당시 유교 관습으로 남녀가 사사로이 어울리는 것이 어려웠던 한국의 모습을 설명하고 있다.

"여자 아이들은 7세가 되면 집 안에서만 생활하며 결혼할 때까지 남자와 접촉할 수 없다. 11세가 되면 자신의 어릴 때 이름이 없어지며 '아가'로 불리게 된다. 결혼을 하면 '누구의 아내'로 불린다."

인터뷰 기사는 또한 도산 안창호와 부인이 미국에 온 것에 대해 다음과 같이 언급했다.

"도산 안창호와 부인은 최근에 미국에 도착했는데 아직 영어를 할 줄을 모른다. 당시의 풍습과는 달리 안창호와 부인은 사랑으로 결혼을 했다. 그들은 결혼 직후 900마일이나 되는 먼 길을 떠나 미국에 도착했다. 여성들은 개인적 자유를 누릴 수 있고 남성들은 자신의 아내를 선택할 수 있는 나라로 온 것이다."

도산 안창호가 부인과 결혼하게 된 경위를 다음과 같이 설명했다.

"내 아내는 평양에 있는 나의 스승의 딸이어서 나는 그녀를 어릴 때부터 봐왔다. 어느 날 내가 서울에서 아이들을 가르치고 있었는데, 그녀를 보게 되었다. 당시에는 자신의 아내를 결혼하기 전에 보면 안 되었지만 나는 새로운 방식을 더 좋아한다."

한국의 지성학석 위지도 자세히 설명하고 있다. "한국은 아시아의 동남쪽 모퉁이에 위치한 반도 국가이며, 반대쪽에는 강국인 일본이 위치하고 있다. 한국은 캘리포니아주 절반 크기인데 뉴욕과 펜실베이니아주를 합친 크기이다. 필리핀의 2/3 크기이기도 하다. 현재 한국에는 약 800만에서 1천만 명이 거주하고 있는 것으로 추정되는데, 그중 15,000명은 일본인, 그리고 중국인 4,000명과 500여 명의 영국인, 미국인, 그리고 외국인이 거주하고 있다. 한국은 농업 국가로 쌀, 밀, 콩, 그리고 기타 농작물을 재배하며 인삼과 담배도 재배한다. 금, 동, 철, 석탄도 풍부하다."

또한 한국인의 종교 활동에 대해서도 언급하고 있다. "한국인들은 미신을 믿으며 유교 국가이다. 불교 인구가 절대 다수로 전국 방방곡곡에 절이 있으며 극소수만이 기독교를 믿는다. 가톨릭 교인이 약 30,000명 정도 있으며 기독교인은 약 1,500명 정도이다. 그렇지만 100명 이상의 기독교 선교사들과 가톨릭 선교사들이 활발한 포교 활동을 전개하고 있다."

한국의 기후에 대해서도 자세히 설명하고 있다. "한국에는 여러 기후가 있다. 남쪽은 섭씨 38도 이상이며 겨울에 북쪽에는 5~9미터의 많은 눈이 내린다. 바람이 심하게 불어 나무들이 바람 부는 방향으로 기울어서 자란다. 7월 중순부터 8월까지 약 6주는 장마 기간이다. 그럼에도 불구하고 한국은 사람이 살기에 좋은 곳이다."

서울에 대한 자세한 설명도 있다. "서울은 '소울'로 발음하는 한국의 수도이다. 약 200,000명이 거주하고 있고 거의 단층집으로 구성된 도시이다. 궁궐 대문만 2층 높이이다. 개천이 서울 시내를 흐르고 있는데 하수구 역할을 하고 있다. 수백 개의 활 모양의 다리가 있는데, 새해 첫 달에 이 다리를 전부 걸으면 다리와 허리 질환으로부터 1년 동안 보호받을 수 있다는 전통적 믿음이 있다. 그래서 어떤 날 밤에는 수천 명이 손전등을 들고 다리를 건너는 모습을 볼 수 있다."

당시 양반들이 누리던 첩 제도에 대해서도 설명하고 있다. "양반들은 자신들이 부양할 수 있는 만큼 첩들을 거느릴 수 있다. 첩들은 집안 청소만 하고 예쁘게 꾸미고 자신의 남자를 기다리면 된다. 노예도 마음대로 살 수 있다. 그러나 양반집 규수는 절대 남에게 모습을 보이면 안 되기 때문에 하루 종일 집 안에 있어야 한다. 밤 8시 이후에야 비로소 다른 여성과 함께 바깥출입이 허용된다."

기자는 또한 여성들이 머리를 예쁘게 가꾸며 평소에 깨끗하게 자신을 유지한다고 쓰고 있다. 중국 여성과 달리 발을 묶지 않으며 양말을 신는다고 하고 있다. 한국 남성들에 대해서도 언급하고 있는데, "한국 총각들은 여성의 모습과 흡사하다. 총각들은 마치 미국의 소녀들처럼 긴 머리를 땋았다. 한국에 도착한 외국인들은 긴 머리의 총각들과 여성들의 모습을 혼동하기도 한다."

샌프란시스코 기자는 안창호 부부를 인터뷰하면서 이처럼 많은 지면을 한국의 기후, 지리, 풍습, 문화 그리고 종교 등을 소개하는 데 할애했다.

기자는 이혜련 여사에게 "미국에서 가장 특이한 것이 무엇인가?"라고 질문했다. 여사는 미국 여성들이 쓰고 있는 모자라고 답변했다. "여성들이 밖에 나갈 때 모자를 쓰는 것을 본 것이 나에게는 큰 놀라움이었다. 여기는 모든 것이 새롭고 이상하다. 내가 살던 곳에서는 볼 수 없었던 것들이다." 기자가 "어떻게 미국 옷을 입고 있는지" 질문하자, 이혜련 여사는 웃으면서 "매우 좋아한다"고 답변했다. 옆에서 듣고 있던 도산 안창호가 말했다. "그녀는 뭍에 오른 물고기처럼 어울리지 않는다. 나는 높은 칼라의 미국 옷을 입으면 목이 꽉 조여 마치 죄인처럼 느껴진다. 내가 한국에 있을 때 농사를 짓고 있는 농장에 양복을 입고 갔는데, 그들은 내가 한국인임을 몰라보았다. 그들은 양복을 한 번도 본 적이 없었기 때문이다. 내가 '괜찮아, 괜찮아' 하고 한국어로 안심시켰으나 그들은 나를 보자 황급히 도망쳤다." 안창호가 웃으면서 이야기하자 이혜련 여사도 웃느라고 거의 울 뻔했다고 한다.

도산 선생은 『샌프란시스코 크로니클』 기자와의 인터뷰에서 "우물 안 개구리인 조국을 위해 교사가 되는 것"이 자신의 꿈이라고 포부를 밝혔다. 당시 25세였던 도산은 인터뷰에서 "어렸을 땐 서양인을 악당이라고 생각했지만, 서울에서 구세학당을 다니면서 서양인을 본 뒤

달라졌다. 동포를 도우려면 외과의사가 되는 게 좋겠지만 마음이 약해 수술을 집도할 자신이 없었다"며 "교사가 장래의 꿈"이라고 말했다. 인터뷰를 마친 뒤 샌프란시스코 크로니클 본사를 견학한 도산은 "죽은 사람이 다시 살아난 느낌"이라고 소감을 밝혔다. 도산은 이후『공립신보』(1905),『신한민보』(1909) 등 신문을 창간했는데, 그때의 견학을 통해 신문의 중요성을 깨달은 것이 아닐까 추측된다. 기자가 도산 안창호와 부인과 함께 사진을 찍겠다고 하자 안창호는 드류 박사와 한참 무언가 대화를 나누었다. 잠시 후 드류 박사가 일어나서 사진을 가지고 왔는데, 드류 박사와 부인이 함께 찍은 사진이었다. 그 사진을 본 후 안창호는 안도하는 모습이었다. "우리 나라에서는 존경받는 여성은 남자와 함께 사진을 찍지 않는다. 그러나 미국 문화는 우리와 다르니, 나의 아내를 무시하는 것이 아니라면 사진을 함께 찍겠다."

도산 안창호는 샌프란시스코에 도착한 직후, 여비가 탕진되었으며 언어도 불통하여 문화적 단절을 경험했다. 그렇게 차이나타운을 배회하다가 우연히 드류 박사를 만나 겨우 숙식을 해결할 수 있었다. 도산은 선진국의 문화와 기술을 배워 조국의 재건과 독립을 위해 싸우겠다고 스스로 다짐하면서 미국 생활을 시작하게 된 것이다. 그러나 샌프란시스코는 도산 안창호와 아시안 이민자들에게는 기회의 땅이 아니었다. 극심한 인종차별과 반아시안 정서로 인해 아시안 이민자들은 아시안들만 주거하는 지역에서 소외된 채 살 수밖에 없었으며 취업의 기회도 거의 없었다. 차의석은 샌프란시스코에 도착해 예배를 보는 도중 누군가 창문으로 돌을 던진 사건을 기억하고 있다.[37]

그것은 당시의 노골적인 인종차별, 즉 아시안 차별 상황을 잘 보여주고 있다. 도산 안창호는 경제적 어려움에 직면하게 되었고, 당장의 생

---

37 Easurk Emsen Charr, *The Golden Mountain*, University of Chicago Press, 1961, 138.

활고를 해결하고자 기회의 땅 남가주에 위치한 리버사이드로 이주한다. 그리고 그곳에 미국 최초, 그리고 최대의 한인타운을 건설했다. 한인 동네가 처음으로 생긴 리버사이드. 당시에는 파차파 캠프, 또는 도산공화국으로 불렸던 미국 최초의 한인타운 그곳으로 가본다.

제1장

도산 공화국

대한민국 민주공화제의 뿌리를 찾아서[1]

들어가는 말

'도산 공화국'을 들어보신 적 있나요? 1911년 11월 23일부터 12월 4일까지 캘리포니아주 리버사이드시에 위치했던 파차파 캠프에서 개최된 제3차 대한인국민회 북미총회에 참석했던 강명화가 파차파 캠프가 도산의 지도력에 힘입어 훌륭한 민족공동체로 성장하고 있는 모습을 보고 감동해서 붙인 이름이다. 필자는 처음에 『파차파 캠프: 미국 최초의 한인타운』을 출판하면서 '도산 공화국'을 간과하고 별로 중요하게 생각하지 않았다. 그런데 1919년 상해임시정부가 어떻게 갑자기 '민주공화제'를 선포한 것인지 관심을 갖게 되었다. 1948년 대한민국은 상해임시정부의 법통을 이어간다고 선언했으니 매우 중요한 사안이다. 그래서 다시 추적하기 시작했다. 필자는 상해임시정부가 선포한 '민주공화제'

---

1 「민주공화제의 미국발 계보: 대한인국민회와 대동단결선언」은 『사회과학연구』 29(1), 2021: 128-167에 발표했음을 밝힌다.

의 기원을 사회학적 상상력²과 기록을 중시하는 역사학³의 관점을 접목시켜 새로운 관점에서 추적하고 정리하기 시작했다. 1919년 4월, 상해에서 대한민국임시정부를 설립하면서 임시의정원에서 의결한 대한민국 임시헌장 1조는 "대한민국은 민주공화제로 함"이다. 민주공화제의 핵심은 주권이 국민에게 있고 주권의 운용이 국민의 의사에 따라 이루어지는 것으로 행정부, 입법부, 사법부의 삼권분립 원칙에 의해 운영되는 제도를 의미한다.

그런데 박찬승은 다음과 같은 의문을 제기했다. "1910년까지 국내에서 공화제를 주장하는 사람은 거의 없었다. 그런데 어떻게 9년 만에 이러한 상황이 초래되었을까?"⁴ 더구나 1919년 민주공화제를 도입하면서 '민주공화제'에 대한 토론은 거의 없었다⁵는 것 또한 의문이다. 박찬승은 그 이유가 공화제 임시정부는 이미 대세였기 때문이라고 다음과 같이 설명하고 있다. "신용하는 이미 1880년대 이후에 개화파는 서양의 입헌국가 사상을 받아들여 입헌군주제를 지향하고 있었으며 … 애국계몽운동기에 이르러 신민회는 국권회복과 동시에 입헌공화국의 수립을 운동의 목표로 설정하였다고 보았다. 그리고 이러한 움직임들이 밑거름이 되어 1919년 대한민국임시정부가 공화제를 채택하게 되었다고 설명하였다. 이러한 신용하의 주장이 학계의 정설이 되다시피 하였고 학계에서도 대체로 수용하고 있다."⁶ 또한 신용하는 신민회가 1906년

---

2   Mills C. Wright, *The Sociological Imagination*, Oxford University Press, 1959.
3   윤경로는 "역사는 사료에 의해서만 말해질 수 있으며, 사료에 의해서만 정당성을 갖는 법"이라고 주장했다. 도산사상연구회 편(1997), 「도산연구의 새 지평을 위한 사례연구」, 『도산사상 연구』 4. 서울, 227.
4   위의 글, 305.
5   박찬승(2008), 「한국의 근대국가 건설운동과 공화제」, 『역사학보』 200, 305.
6   위의 글, 306.

리버사이드에서 발기되었다고 한 점도 주목할 필요가 있다.[7] 전종익도 신민회의 기관지인 『대한매일신보』(1910년 2월 22일자부터 3월 3일자까지)에 게재된 신채호의 "20세기 신국민"에서 입헌공화제를 가장 이상적인 국가상으로 제시했다고 설명하고 있다.[8] 장규식은 "리버사이드 한인타운은 한말 국권회복운동을 선도한 대표적 민족운동단체인 신민회의 요람이었다"고 설명하면서 통용장정 제1장 2절에 "본회의 중앙총회소는 미국 캘리포니아주 리버사이드에 둔다"라는 점을 들어 원래 리버사이드에 신민회의 본부를 두려 했다고 주장했다.[9]

1917년 상하이에서 신규식, 박은식, 신채호, 조소앙 등 14명의 명의로 해외 각지에 있는 크고 작은 단체의 대표자 회의인 민족대동대회를 열어 독립운동의 최고 기관으로 임시정부를 설립하자고 주장한 「대동단결선언」에 의해 민주공화제 수용이 더욱 확고해졌다는 것이 일반적인 추세이다.[10] 「대동단결선언」은 '국민주권론'을 확고히 하는 의미를 갖고 있다고 박찬승은 설명하고 있다.[11] 서희경두 "대동단결선언"은 '일제로부터의 독립의 선언'일 뿐만 아니라 '국민주권을 행사하기 위한 정부의 수립', 곧 민주공화제 수립을 지향하였다"라고 밝히고 있다.[12] 한국 역사학계에서는 「대동단결선언」 발기인 14인의 대부분이 북경과 상해에서 활동했다는 점을 들어 1911년 중국혁명을 외적 요인으로 꼽고

---

7 신용하(1978), 「도산 안창호와 신민회의 창립」, 도산기념사업회, 『안도산전서 하: 연구논문편』, 범양사 출판부, 56-61(이선주, 2003: 113)에서 재인용.
8 전종익(2017), 「대한민국임시정부 이전 정치체제 구상」, 『법사학연구』 56, 226-227.
9 장규식(2020), 「리버사이드 한인 타운과 북미 한인사회의 형성」, 『역사문화연구』 76, 147-148.
10 14인은 신규식, 박은식, 조소앙, 신채호, 윤세복, 신석우, 한진교, 신헌민, 조성환, 이일, 김성, 홍위, 신무, 박기준, 그리고 박용만.
11 박찬승, 2008: 334.
12 서희경(2013), 「대한민국 '민주공화제'의 기원」, 63.

있다. 신주백은 "선언에 동참한 사람은 대부분 중국 관내 지역에서 활동하던 인사였다"며 중국에서 활동했던 인사들이 주도해서 만든 선언문이라는 설명을 하고 있다.[13]

박찬승은 「한국의 근대국가 건설운동과 공화제」라는 논문에서 1880년대부터 1919년 대한민국임시정부 수립과정을 살펴보면서 다음과 같이 정리했다. "한국에서 공화제 수용은 한말 신민회의 수용, 1910년대 중국혁명의 영향, 그리고 「대동단결선언」을 거쳐 1919년 대한민국임시정부 수립으로 이어진 것"으로 대체로 정리하고 있다.[14] 전종익은 "조선말의 실학자들은 중국을 통해 들어오는 서구문물을 접하면서 서구정치체제의 존재와 운영에 대해 이미 상당 수준의 인식에 도달해 있었다"고 주장한다.[15] 박찬승은 또한 "입헌군주제론이 공화제론으로 옮겨가는 결정적인 계기를 만든 것은 1910년 대한제국의 국망과 1911년 중국의 신해혁명이었다"고 설명하고 있다.[16] 그러나 박찬승은 미주 한인사회에서 주장하고 실행에 옮겼던 '무형정부' 설립론은 주목하지 않았다. 전종익도 "1910년 강제병합 이후 독립운동은 국권회복을 위해 구체적인 운동이념과 방향을 고민하게 되었고 국민주권론을 받아들였다고 설명하면서 미국의 한인회를 중심으로 공화제 정부 수립을 모색해야 한다는 주장이 시작되었다"고 설명하고 있다.[17] 전종익은 특히 1909년 『신한민보』에 사설을 게재한 이상설의 국민주권론에 주목

---

[13] 신주백(2017), 「1910년 전후 군주제에서 민주공화정체로 정치이념의 전환: 공화론과 대동론을 중심으로」, 170.

[14] 박찬승, 2008: 307.

[15] 전종익, 2017: 223.

[16] 박찬승, 2008: 341.

[17] 전종익(2017), 「대한민국임시정부 이전 정치체제 구상」, 『법사학연구』 56, 219-248.

했고,[18] 미국 대한인국민회의 무형국가론이 임시정부의 건설로 연결될 수 있다고 설명하고 있다.[19] 그러나 전종익은 "국민회는 정부라기보다는 미주 한인들의 자치활동을 위한 단체에 해당하는 것이었고 이를 임시정부 수립으로 보는 것은 무리"라고 주장하고 있다.[20] 그러나 필자는 "1911년 대한인국민회는 중앙총회를 신설하면서 해외 한인을 대표하는 '무형정부'를 설립한다"고 발표한 점에 주목하면서 전종익과는 다른 결론에 도달한다. 즉, 대한인국민회는 단순히 미주 한인들의 자치활동을 한 일반 단체가 아닌 해외 한인을 대표하는 '무형정부'를 조직하고 활동했다는 점을 부각시켜 강조하고 싶다.

우선, 전종익이 주목하고 박찬승이 설명한 1910년 대한제국 국망과 1911년 중국혁명 시기와 비슷한 시점에 미국에서 도산 안창호를 구심점으로 대한인국민회와 기관지인 『신한민보』가 무형국가론을 수용했다는 점을 부각시켰다. 특히, 당시 신한민보 주필이었던 박용만이 「대동단결선언」 발기인 중 1인이었으며, 박용만을 통해 상해로 전달되었을 가능성에 주목했다. 즉, 미주 한인사회에서는 이미 1911년 민주공화제 도입을 정식으로 통과시켰으며 실행에 옮겼고, 대한인국민회를 주도했던 안창호와 박용만의 영향으로 1917년 「대동단결선언」으로 연결되었을 가능성이 있으며, 1919년 상해임시정부의 민주공화제 도입으로 이어졌다는 것을 제기하고자 한다.

특히, 신민회는 1906년 미국 리버사이드 파차파 캠프에서 안창호를 중심으로 발기되었고, 1907년 한국에서 조직되었다는 점도 결코 간과해서는 안 된다고 생각된다. 중국 공산혁명에 참여했던 김산은 "자신

---

18 위의 글, 2017: 225-226.
19 위의 글, 2017: 237.
20 위의 글, 2017: 237-238.

에게 가장 영향을 미친 두 번째로 중요한 인물이 안창호라고 밝히면서 안창호는 공산주의자는 아니지만 공산주의를 반대하지 않았다고 설명했다."[21] 즉, 안창호는 '통합'을 강조하면서 독립운동을 위해 사회주의자도 수용했다는 것을 의미한다. 따라서 안창호는 무장 독립투쟁을 주장한 사회주의 또는 공산주의파의 지지도 얻었을 가능성이 크다. 그런데 「대동단결선언」에 관해 세 가지 주목할 점이 있다.

첫째, 「대동단결선언」 원본이 독립기념관에 기증된 안창호의 유품에서 발견되었다는 것이다. 따라서 안창호와 대한인국민회 그리고 「대동단결선언」은 연계가 있을 가능성이 매우 크다.

둘째, 1911년 대한인국민회 북미총회에서 통과된 21조 의안과 「대동단결선언」 내용이 매우 흡사하다는 점도 주목해야 한다. 삼권분립에 의한 국민주권설이 주된 내용이다.

셋째, 「대동단결선언」에 서명한 14인 중에 박용만이 있다는 점이다. 나중에 자세히 설명하겠지만, 임시정부 건설론을 가장 강력히 주장하고 초안을 작성한 사람은 바로 박용만이다. 따라서 「대동단결선언」 내용과 1910년대 초반부터 대한인국민회에서 추구해온 임시정부 건설론 그리고 무형정부 수립 내용과 유사한 것에 주목할 필요가 있다.

따라서 '민주공화제'에 대한 토론이 거의 없이 상해임시정부와 대한민국 정부가 이를 도입한 이유는 미국에서 1905년 공립협회가 설립되었고 1906년 리버사이드에서 신민회가 발기되어 1907년부터 한국에서 신민회 활동을 했으며, 1909년 설립된 대한인국민회에서 이미 '민주공화제'를 도입하고 제도화하여 실험하고 실행에 옮겨 검증된 제도로 이미 대세가 된 것이기 때문이라는 가능성을 주장한다.

---

21 Nym Wayles and San Kim, *Song of Ariran: A Korean Communist in the Chinese Revolution*, San Francisco: Rampart Press, 1941, 118-121.

지금까지 발표된 민주공화제에 대한 논문들은 민주공화제 개념과 도입 과정에 초점이 맞추어져 있고, 「대동단결선언」으로 상해임시정부의 민주공화제 도입이 확고해졌다는 점을 강조하고 있다.[22] 또한, 별다른 이견 없이 민주공화제를 수용한 이유는 내적과 외적 (중국) 요인이 있다고 했으나 미주 한인들이 주도하고 대한인국민회가 실행에 옮긴 민주공화제에 대해서는 크게 주목하지 않았다. 지금까지는 1911년 중국혁명의 영향과 1919년 상해임시정부로 이어지는 '중국발' 계보가 중요시되어왔으나 필자는 미국에서 1905년 공립협회 설립, 1909년 이후 대한인국민회 활동, 1911년 대한인국민회 북미총회에서 '중앙총회' 신설로 이어지는 '미국발' 계보를 중시하면서 그것이 1917년 「대동단결선언」으로 이어졌다고 주장하는 바이다.

필자는 미주 한인사회에서 주창한 임시정부 건설론과 1911년 대한인국민회 북미총회에서 통과된 21조 의안과 대한인국민회 중앙총회 신설을 중점으로 살펴보고 「대동단결선언」과의 연계성을 다루고자 한다.

대한인국민회와 「대동단결선언」

신주백은 "「대동단결선언」은 당시 해외에서 활동하던 민족운동의 주요 지도자 대부분이 서명한 문서로서, 1917년 당시 민족운동가들의 정치

---

22 윤대원(2001), 「한말 일제 초기 정체론의 논의 과정과 민주공화제의 수용」, 『중국현대사상연구』 12, 53-75; 이영록(2010), 「한국에서의 민주공화국의 개념사: 특히 공화 개념을 중심으로」, 『법사학 연구』 42, 49-83; 정상호(2013), 「한국에서 공화 개념의 발전 과정에 대한 연구」, 『현대정치연구』 6(2), 5-28; 신주백(2017), 「1910년 전후 군주제에서 민주공화정체로 정치이념의 전환: 공화론과 대동론을 중심으로」, 『한국민족운동사연구』 93, 150-182; 박찬승(2008), 「한국의 근대국가 건설운동과 공화제」, 『역사학보』 200, 305-344; 서희경(2013), 「대한민국 민주공화제 헌법의 자생적 뿌리」, 『내일을 여는 역사』, 16-34.

사상과 민족운동 방법을 이해하는 데 아주 중요한 문헌이다. 선언에 따르면, 여러 민족운동 단체가 대동단결하여 장래 계획을 협의할 수 있는 통일기관을 결성하고, 이 기관을 발전시켜 임시정부를 수립하며, 임시정부를 중심으로 항일운동을 벌여 독립을 획득한다는 전망을 제기하였다"고 그 중요성을 강조하고 있다.[23] 또한 대동단결론은 대동세계라는 전통적인 이상사회론에 뿌리를 두고 있다고 주장하고 있다.[24] 즉,「대동단결선언」이 1919년 도입된 민주공화제를 이해하는 데 가장 중요한 문건이라는 것이다. 지금까지는「대동단결선언」과 미주 한인사회의 임시정부 건설론과 무형정부 건설론을 연계시키지 못했다.

김도훈은 '임시정부 건설론'을 설명하면서 1905년부터 1910년대 초반까지 미주 한인사회에서 독립운동 단체의 통합운동에 주목했는데,[25] 이 논문은 미주 한인사회가 추구한 '민주공화제'의 제도적 확립과「대동단결선언」과의 연계성에 초점을 맞추어 설명한다. 임시정부 수립 운동은 대한제국이 망할 무렵인 1910년부터 본격적으로 시작되었는데, 대한인국민회 북미총회 기관지인 『신한민보』는 1910년 7월 6일자 사설에서 "현 정부가 일본에 투항한 지가 이미 오래되었은즉, 우리는 인민의 정신을 대표하여 우리의 복리를 도모할 만한 정부를 세울 것임을 천명했다."[26] 또한 이미 1905년 4월 5일 설립된 공립협회는 삼권분립에 의한 한인 자치기관으로 활동하면서 일제의 간섭에 대항하고 있

---

23 신주백(2003),「민족운동세력의 공화주의. 공존의식의 변화에 관한 시론」,『세계의 일본연구』4, 국제일본문화연구센터, 4: 2-13.
24 위의 글, 5.
25 김도훈(1999),「1910년대 초반 미주한인의 임시정부 건설론」,『한국근현대사연구』10, 246-270.
26 "슬프다 나라가 죽어도 그 백성은 아픈 줄을 알지 못하는가",『신한민보』1910년 7월 6일자.

었다고 밝혔다.[27] 김도훈은 또한 1905년 설립된 공립협회와 대한인국민회 (1910)가 주도적으로 임시정부 건설론을 주도했다고 밝히고 있다.[28] 공립협회는 본부를 샌프란시스코에 두었으나 공립협회 설립을 주도한 주축 세력은 바로 리버사이드에 거주했던 한인들이라는 점도 주목해야 한다.[29]

김정인(2017)은 "1910년대에 임시정부 수립 운동을 전개한 독립운동세력이 내놓은 해외 한인 자치를 위한 규범이나 장정 속에 포함된 헌법적 원리들은 1919년 임시정부가 내놓은 임시헌장에 고스란히 반영되었다"고 밝히고 있다.[30] 따라서 미주 한인사회에서 1905년부터 추구한 삼권분립에 의한 자치기관과 임시정부 건설론 그리고 「대동단결선언」 내용을 자세히 분석할 필요가 있다.

먼저 「대동단결선언」과 대한인국민회에서 통과시킨 임시정부 건설론 그리고 1911년 12월 4일 대한인국민회 북미총회에서 통과된 21조 의안 내용을 비교하면서 연계성을 찾아보자

방선주는 대한민국 정부 설립과정을 다음과 같이 설명하고 있다. "일본이 한국을 정복하자마자 미국에 본적을 두고 있던 국민회에서 우리야말로 한민족의 정통성을 이어받은 가 정부라고 주장하고 나서 민중의 호응을 받았고, 또 그 흐름을 탄 인사들이 상해망명정부 결성에 참여하여 이 망명정부가 4반세기 존속하였다가 대한민국으로 이어진다"고 설명하고 있다.[31]

27　김도훈(2004), 「안창호와 이강」, 도산학회, 『도산학연구』 10, 서울: 도산학회, 135.
28　김도훈, 1999: 246-247.
29　장태한(2018), 『파차파 캠프: 미국 최초의 한인타운』, 성안당, 14.
30　김정인(2017), 『독립을 꿈꾸는 민주주의: 민주주의 개념으로 독립운동사를 새로 쓰다』, 서울: 책과함께, 26.
31　방선주(1989), 「박용만 평전」, 『재미한인의 독립운동』. 춘천: 한림대학교 아시아문화연

"융희황제가 3보(토지·인민·정치)를 포기한 8월 29일은 즉 우리들 동지가 3보를 계승한 8월 29일이니, 이때 순간도 멈추거나 쉼이 없음이라. 우리들 동지는 완전한 상속자니 그(융희)의 황제권 소멸의 때가 즉 민권 발생의 때요, 구한국 최종의 하루는 즉 신한국 최초의 하루이니, 어찌 연관 없겠는가. 우리의 한은 처음부터 한인의 한이오, 비한인의 한이 아니라. 한 인간의 주권 수수는 역사상 불문법(명실상부의 뜻)의 국헌이오. 비한인에게 주권 양여는 근본적 무효요, 한국민성(한국민의 성정)의 절대 불허하는 바이라. 고로 경술년 융희황제의 주권 포기는 즉 우리 국민 동지에 대한 묵시적 선위(권위를 양도함)이니 우리 동지는 당연히 3보를 계승하여 통치할 특권이 있고, 또 대통을 상속할 의무가 있도다."[32]

또한 방선주는 「대동단결선언」에 부록으로 제의의 강령이라는 것이 7개의 항목으로 나누어져 있는데, 그 내용을 분석하면서 박용만이 주장한 것이 그대로 반영되었다고 주장하고 있다. "그 '제의' 전부가 혹은 강하게 혹은 약하게 박용만이 주장하던 것임을 발견할 수 있다. 즉 1, 5, 6은 그가 1908년 덴버에서 열렸던 애국동지회에서 이야기되었던 것이고 2, 3, 4, 5는 그가 1911년에 목청 높이 외쳤던 사항들임에 틀림없다"고 밝히고 있다.[33] 제의의 강령 7개 항목은 다음과 같다.

1. 해외각지에 현존한 단체의 대소은현 막론하고 결합통일하여 유일무

구소, 45.

32 「대동단결선언」, 『한국학논총』 9, 1987, 4 수록; 신주백(2017), 「1910년 전후 군주제에서 민주공화정체로 정치이념의 전환: 공화론과 대동론을 중심으로」, 『한국민족운동사연구』 93, 170에서 인용.

33 방선주, 1989: 95.

이의 최고기관을 조직할 것.
2. 중앙총본부를 상당한 지점에 위치하야 일절한족을 통치하며 각 지지부로 관할 구역을 명정할 것.
3. 대헌을 제정하여 민정에 합한 법치를 실행할 것.
4. 독립평등의 성권을 주장하여 동화의 마력과 자치의 열근을 방제할 것.
5. 국정을 세계에 공개하여 국민외교를 실행할 것.
6. 영구히 통일적 유기체의 존립을 공고키 위하여 동지자 간의 애정을 수양할 것.
7. 위 실행방법은 기성한 각 단체의 대표와 덕망이 유한 개인의 회의로 결정할 것.[34]

이러한 「대동단결선언」 내용은 미주 한인사회에서 1910년대부터 이미 임시정부 건설론[35]을 꾸준히 제기했고, 대한인국민회가 삼권분립에 근거한 대의회와 자치규정 그리고 의무금 등을 제도화하고 실행해 온 내용들과 흡사하기 때문에 「대동단결선언」과 대한인국민회와의 연계성은 높다. 즉, 대한인국민회와 리버사이드에 1900년대 초부터 설립된 미주 한인 최초의 한인 동네인 파차파 캠프 및 타 지역의 미주 한인사회는 이미 민주공화제를 제도화하여 실천하고 있었다. 장규식도 "주목할 점은 이러한 안창호의 독특한 민족운동론과 국민국가 구상의 원형이 리버사이드 한인타운에서의 '안도산 공화국' 실험을 통해 마련되었다는 사실이다."[36] 파차파 캠프는 엄격한 규율을 제정하고 위반하는

---

34 위의 글, 95.
35 김도훈(1999), 「1910년대 초반 미주한인의 임시정부 건설론」, 『한국근현대사 연구』 10, 246-270.
36 장규식, 2020: 150.

사람들에게는 벌금을 내게 했는데, 『신한민보』 1911년 12월 11일자 기사는 "하변동의 자치 규정"이라는 제목으로 상세히 보도했다(별첨 자료 2). 1910년대부터 미주 한인들은 민주 자치규정을 제도화하여 실천하고 있었다. 따라서 「대동단결선언」에 이러한 내용들이 반영되었으며, 추후 상해임시정부 수립 때 별다른 이견이나 토론 없이 민주공화제를 수용할 발판을 제공한 것이다.

파차파 캠프: 미국 최초의 한인타운[37]

「대동단결선언」과 대한인국민회 제3차 북미총회에서 의결된 21조 의안과의 연계성을 알기 위해서는 1911년 제3차 대한인국민회 북미총회가 리버사이드의 파차파 캠프에서 열린 배경을 이해할 필요가 있다. 1902년 10월 14일 샌프란시스코에 도착한 안창호 부부는 그곳에서 약 1년 6개월 거주했는데, 필자가 114년 만에 발굴한 『샌프란시스코 크로니클』지(1902년 12월 7일자)에 실린 안창호와의 인터뷰를 통해 김도형이 제기한 의문에 대한 답변을 알게 되었다. "안창호 부부가 1902년 10월 7일자로 미국에 입국한 것은 확실한데, 이상한 것은 왜 날짜가 다른 두 개의 인장(stamp)이 찍혀 있을까 하는 점이다. 하나는 'U. S. Immigration Service, OCT 7 1902, Commissioner'라고 하여, 1902년 10월 7일 미국 이민국 국장의 인장이다. 또 다른 하나는 'U. S. Immigration Service, OCT 14 1902, Port of San Francisco'라고 하여, 1902년 10월 14일 미국 이민국 샌프란시스코 항구의 인장이다."[38] 그

---

37 파차파 캠프에 관한 내용은 장태한, 『파차파 캠프: 미국 최초의 한인타운』과 Chang, Edward T. and Hannah Brown, "Pachappa Camp: The First Koreatown in the U.S.," *California History*, 2018: 46-56에서 인용했음을 밝혀둔다.
38 김도형(2015), 「도산 안창호의 '여행권'을 통해 본 독립운동 행적」, 『한국독립운동사연

이유는 『샌프란시스코 크로니클』 인터뷰 기사로 밝혀졌다. 원래 일정은 하와이에서 샌프란시스코로 가는 것이었는데 하와이에서 배를 잘못 타게 되었다. 그래서 캐나다 밴쿠버로 갔으며, 그곳에서 다시 배를 타고 시애틀을 거쳐 샌프란시스코에 도착한 것이다. 그래서 김도형이 밝힌 것과 같이 도산 안창호의 여권에는 캐나다 밴쿠버 인장 옆에 1902년 10월 7일 미국 이민국장 인장과 1902년 10월 14일 샌프란시스코 이민국장 인장이 찍혀 있었던 것이다.[39]

또한 우리는 당시 미국인이 한국을 어떻게 바라보고 있었는지를 살펴볼 수 있으며(별첨 자료 3), 동시에 도산 선생이 미국으로 이주한 이유와 그의 생각에 대해서도 알 수 있게 되었다.[40] 1902년 도산 안창호와 부인 이혜련 여사는 샌프란시스코에 도착했을 때 여비를 탕진하여 빈털터리 상태였다고 인터뷰에서 밝히고 있다. 다행히 샌프란시스코 차이나타운을 배회하다가 우연히 길에서 한국에서 선교사로 2년간 근무할 때 안면이 있었던 알렉산드로 드류 박사를 만났고, 드류 박사는 이스트 오클랜드의 자신의 집으로 도산 내외를 데리고 가 그곳에서 집사로 일하며 기거할 수 있게 해주었다고 한다. 도산 선생은 "우물 안 개구리인 조국을 위해 교사가 되는 것"이 자신의 꿈이라고 포부를 밝혔다. 당시 25세였던 도산은 인터뷰에서 "어렸을 땐 서양인을 악당이라고 생각했지만, 서울에서 구세학당을 다니면서 서양인을 본 뒤 달라졌다. 동포를 도우려면 외과의사가 되는 게 좋겠지만 마음이 약해 수술을 집도할

구』 52, 독립기념관 한국독립운동사연구소, 10.

39 김도형, 2015: 10.
40 필자는 『샌프란시스코 크로니클』지(1902년 12월 7일자)의 도산 안창호와의 전면 인터뷰 기사를 발굴했는데, 이 기사는 2016년 3월 6일자 『중앙선데이』 1면에 보도되었으며, 이후 연합뉴스와 주요 한국 언론에서 크게 보도했다. San Francisco Chronicle, "Corea the Sleeping Land: Its Queer People, Strange Customs and Coming Awakening," December 7, 1902.

자신이 없었다"며 "교사가 장래의 꿈"이라고 말했다. 인터뷰를 마친 뒤 샌프란시스코 크로니클 본사를 견학한 도산은 "죽은 사람이 다시 살아난 느낌"이라고 소감을 밝혔다. 도산은 이후 『공립신보』(1905년), 『신한민보』(1909년) 등 신문을 창간했는데, 이때 견학을 통해 신문의 중요성을 깨달은 것이 아닌가 추측된다.

샌프란시스코에서는 당시 극심한 반아시안 정서와 노골적인 인종차별 때문에 아시안은 제대로 된 직장을 구하기가 힘들었고, 안창호 부부는 경제적으로 생활이 어려웠다.[41] 그래서 온화한 날씨로 오렌지 농업이 부흥하여 당시 미국 최고의 부촌을 형성하고 있던 리버사이드로 일자리를 찾아 1904년 3월 이주했다.[42] 즉, 도산 안창호는 리버사이드로 이주하여 생활고를 해결하려고 했던 것이다. 1900년대 초 리버사이드는 이미 한인들이 거주하고 있었는데, 당시 오렌지 농장을 주축으로 미국 최고의 부촌을 형성하면서 호황을 누리고 있었고 취업의 기회가 많았기 때문에 한인들이 모여들었다.[43] 리버사이드 시내 근처에 위치한 페어몬트(Fairmont) 공원은 1898년 세워졌는데, 1890년대 당시 "세계에서 가장 위대한 공원"이라는 칭송을 받기도 했다.[44]

도산은 1904년 3월 23일 기차로 리버사이드에 도착한 직후 하루에 2.50달러를 버는 허드렛일을 하는 직업을 찾을 수 있었다.[45] 도산 안창호가 무일푼으로 리버사이드에 도착했을 때 이강과 정재관이 마중을

---

41 Ronald Takaki, *Strangers from a Different Shore*, Boston: Little Brown, 1998.
42 Joan Hall, *A Citrus Legacy*, Riverside California: High Grove Press, 1992.
43 위의 글, 1992.
44 Patricia Stewart, *Fairmont Park: Riverside's Treasure*, Riverside, Ca., 2005.
45 Hyung-chan Kim, *Tosan Ahan Chang-Ho: A Profile of a Prophetic Patriot*, Seoul, Korea: Tosan Memorial Foundation, Seoul, 1996, 33.

나왔고,⁴⁶ 도산은 장경과 다른 사람들에게 여비를 빌려서 기차로 리버사이드에 도착한 것으로 알려져 있다.⁴⁷ 도산의 막내아들 안필영(랄프)은 어머니 이혜련 여사의 오촌 외숙인 김인수가 리버사이드에 거주하고 있었고 도산을 리버사이드로 오도록 권유했다고 필자에게 전해주었다.⁴⁸ 김인수는 최초로 리버사이드에 정착한 인물 중의 한 사람이며, 초기 파차파 캠프 운영을 책임진 중요한 인물이다. 엘렌 전은 도산 안창호가 샌프란시스코에서 친목회를 조직하고 흩어져있는 한국인들을 한 곳에 모여 살게 했다고 설명하고 있다. "흩어진 한국인들을 한 곳에 모아 그들이 직업을 갖고 생활하며 좀 더 나은 환경에서 살게 했다. 한국인들 서로가 서로를 돕고 살면서 문제를 해결했다. 공동체 생활이었다. 안창호는 한인 가족들을 리버사이드 파차파 캠프로 모이게 했다. 파차파 캠프는 1913년 한파로 직업을 잃게 되었지만 10년 동안 파차파 캠프는 공동체 생활을 실험했던 곳이다."⁴⁹ 1913년 한파로 직업을 잃은 한인 노동자들과 가족들이 타 지역으로 떠났지만, 파차파 캠프는 한인사회의 중심 역할을 하면서 1918년까지 지속적으로 유지되었다.

『신한민보』 1910년 10월 5일자는 "리버사이드 지방 이곳은 미국(에 한인들이) 올 때에 제일 먼저 창설한 한인의 동리가 될 뿐만 아니라, 우리의 단체를 처음 시작하며 지방회가 제일차로 설립된 곳이더니 그동안에 고난도 많이 당하고 주재하는 이도 자주 바뀌어 지탱하여 보존할 기약이 없더니, 지금은 김인수(1864-1949) 씨의 가족이 다시 이곳으로 와서 그 자제 용련 씨가 주무하여 동포들을 인도할 터인데, 가옥을

---

46 이선주, 2003: 138.
47 Ibid., 33.
48 2017년 7월 12일 안필영(랄프)에게서 온 이메일.
49 Ellen Thun, "Today's Summit Meeting; Yesterday's Pyongyang," *Korea Times*, August 14, 2000.

현방사고저(?) 언론 중이옵고(살 가옥을 구하느라 흥정 중이라는 뜻으로 보임), 회관 가세 부족은 김인수 씨가 대신 담당하여 아무쪼록 한인의 근거지를 유지하기로 결심하오니 사회와 개인에 모두 다행스러운 일이 되었사오며, 신문사를 위하여 불과 7-8명 동포의 의연금이 20원이온데, 김용련 씨가 담임하여 수송할 터이옵고"라고 보도했는데, 김인수와 아들 김용련이 초기 리버사이드 한인타운 설립 및 운영의 중심 역할을 한 것으로 보인다. 특히, 도산 안창호가 한국에서 신민회 활동을 하고 자주 타 지역을 순방할 때 이혜련 여사에게 큰 도움을 주었다고 막내아들 랄프는 증언해주었다. 김인수는 그 후 중가주의 델라노(Delano)로 이주하여 큰 농장을 운영했고 아들은 리버사이드에 남아서 농사를 지었는데, 김용련의 딸 바이올렛(Violet)은 교사로 근무하다가 은퇴했다.[50] 이는 "리버사이드 한인타운은 미주 한인이 제일 처음 세운 동네이며 대한인국민회 지방회가 최초로 조직된 곳"임이 확인된 것이다. 대한인국민회 본부는 샌프란시스코에 두었지만 실질적으로 인적 그리고 재정적 지원을 제일 많이 한 곳이 바로 리버사이드 한인타운에 거주했던 한인들이다. 차의석도 자신의 자서전 『금산』에서 리버사이드가 미국 최초의 한인 거주지라고 밝히고 있다. "모두 온화한 날씨, 취업, 그리고 생활 조건에 만족해했다. 이곳이 수 년 동안 미국 최초로 한인들이 거주한 지역이 된 것은 결코 우연이 아니다. 그 후 근처의 레드랜드, 업랜드, 클레어몬트 지역에도 한인 거주지가 형성되었지만 한인이 가장 많이 거주한 곳은 리버사이드였다."[51]

　리버사이드의 파차파 캠프가 미국 최초의 한인타운이라는 주장의

50　랄프 안, 2017년 7월 18일 필자에게 이메일 메시지로 설명을 보내왔다.
51　Easurk Emsen Charr, *The Golden Mountain: The Autobiography of a Korean Immigrant 1895-1960*, Urbana and Chicago: University of Illinois Press, 1961, 153.

근거는 무엇인가? 미국으로의 집단 이주는 1903년 1월 13일 하와이로의 이주로 시작됐으며, 미국 본토에는 1910년대에 1천 명 미만이 살고 있었다. 따라서 하와이가 미국 최초의 한인타운이라는 설명이 가능하다. 그러나 하와이에 도착한 대부분의 한인 노동자들은 여러 섬의 여러 사탕수수 농장으로 흩어져 거주하면서 사탕수수 농장에서 일하면서 살았기 때문에 따로 한인타운을 형성할 수 없었다.[52] 실제로 1903년 하와이 최초의 한인 교회인 한인감리선교회(Korean Methodist Mission)의 명단을 보면 대부분의 주소는 에바(Ewa) 사탕수수 농장이다. 참고로 당시 하와이 지역은 감리교단에서 선점하여 장로교는 선교활동을 못 했고 많은 한인 장로교인들이 불만을 나타냈다는 기록도 있다. 동시에 샌프란시스코는 소수의 인삼 상인들이 경쟁 관계에서 거주하던 곳이었고, 본토로 이주한 한인들은 극심한 인종차별로 샌프란시스코에서는 제대로 된 직장을 찾을 수 없었다. 따라서 샌프란시스코는 본토 이주 한인들의 임시 거주지였으며, 취업을 위해 타 지역으로 이주했기 때문에 한인타운을 형성하지 못했다. 1904년 말 또는 1905년 초부터 형성된 리버사이드의 파차파 캠프가 미국 최초의 한인타운이라는 근거는 다음과 같다.[53]

1. 한 지역에서 한국인들이 모여서 집단 거주 지역을 형성하면서 자체적으로 규율과 질서를 유지하면서 민족 공동체를 형성했다. 한국 민주주의의 씨앗이 뿌려진 곳이 바로 파차파 캠프이다. (도산 공화국)
2. 직업소개소를 창업하여 이주 한인들에게 취업의 기회를 제공하면서

---

52 유동식(1988), 「하와이의 한인과 교회: 그리스도연합감리교회 85년사」, 그리스도연합감리교회 출판. "하와이로 이주한 한인들이 각 섬에 있는 40여 개의 농장으로 분산되어갔다. 한 곳에 30여 명으로부터 많은 곳은 2, 3백 명까지 집단으로 거주하면서 노동에 종사하게 되었다"고 밝히고 있다.
53 장태한(2018), 『파차파 캠프: 미국 최초의 한인타운』, 성안당, 25-26.

한인들이 모여들어 한인타운 형성이 가능했다.⁵⁴
3. 미혼 남성 중심의 타 지역 한인 거주 지역과는 달리 여성과 아이들이 함께 가족 중심의 공동체를 형성하면서 결혼식, 생일잔치, 강연회 등 활발한 한인 공동체 활동을 전개했다. 도산의 장남 필립은 1905년 로스앤젤레스 병원에서 출생했으나 리버사이드에 거주했고, 차남 필선은 1912년 리버사이드에서 출생했다.
4. 한인장로선교회를 조직하여 예배 활동과 자녀 교육 그리고 영어 공부를 할 수 있게 되었다.
5. 도산 안창호의 리더십으로 독립운동의 초석을 다지면서 1905년 공립협회를 창립하고, 1906년 신민회를 발기했으며, 1909년 대한인국민회와 1913년 흥사단을 조직하는 민족 공동체 역할을 담당했다. 도산 공화국이라는 이름으로 불린 한인타운은 민주적 그리고 행동하는 리더십의 본보기가 된다.
6. 리버사이드 거주 한인들이 "일본 식민국민"이 아니며 미주 한인으로서의 법적 지위를 인정받을 수 있는 직접적 동기를 마련해주었고, 미주 한인들은 지속적으로 독립운동을 할 수 있게 되었다.

한인 집단 거주 지역이었던 리버사이드 한인타운을 사람들은 '파차파 캠프' 또는 '안도산 공화국'으로 불렀다고 한다. 첫 번째 이름은 그때 미국인 소유주로부터 총 2.96에이커의 땅을 임대해서 17동을 지어 모여 살았던 한인 집단 거주지의 주소가 1532 Pachappa Avenue였기 때문이고,⁵⁵ 두 번째 이름은 1911년 대한인국민회 북미지방총회 회장이

---

54 1905년 3월 5일자 *Riverside Daily Press* 광고에는 주소가 127 Cottage Street였다가 10월 20일자에는 1532 Pachappa Ave. Sunset phone Red 3677로 바뀌었다.
55 민병용(1986), 『미주이민 100년: 초기 인맥을 캔다』, 서울: 한국일보사출판국, 202-203.

었던 강명화가 이곳을 방문해 도산의 지도력에 힘입어 훌륭한 민족공동체로 성장하고 있는 모습을 보고 감동해서 붙인 것이다.[56] 이선주는 민병용의 『미주한인 100년: 초기 인맥을 캔다』를 인용하여 Pachappa Avenue가 Commerce Street로 바뀌었는데, 현재 바뀐 주소는 4430 Commerce St.라고 밝히고 있다.[57] 그러나 리버사이드시 역사보존팀의 도시계획 부설계사인 스콧 왓슨에게 확인해본 결과 현재의 정확한 주소는 3096 Cottage Street로 밝혀졌다. 원래 주소인 1532 Pachappa Avenue는 1932년 4532 Pachappa Avenue로 바뀌었고, 1952년에는 길 이름이 4532 Commerce Street로 바뀌었는데, 후에 남가주 가스회사가 그 근처 토지를 전부 매입하여 건물을 지으면서 주소가 3096 Cottage Street로 통합되었다. 그 때문에 아쉽게도 초기의 모습은 전혀 보존되지 못하게 되었다.[58] 이번 연구를 통해 파차파 캠프의 정확한 위치와 주소를 밝혀낸 것도 큰 성과이다. 파차파 캠프의 정확한 위치는 북쪽으로 Cottage, 동쪽으로 Howard Ave., 남쪽으로 Cottage와 Plesant 중간, 그리고 서쪽으로 파차파 애비뉴(현재는 Commerce St.)로 추산된다. 1908년 뉴욕의 산본 회사에서 제작한 리버사이드 보험 지도에는 'Korean Settlement'로 표시했는데(본서 88 참조),[59] 당시 한인타운에서 거주했던 백광선(Mary Paik Lee)에 의하면,[60] "약 20개의 실용적인 디자인으로 지어

---

56 이선주, 2003: 129. 필자는 강명화가 1919년 6월 17일 멕시코에서 미국 애리조나주 더 글러스로 입국한 기록을 발견했는데, 직업은 의사로 적혀 있다.
57 이선주, 2003: 131; 민병용, 1986.
58 스콧 왓슨(Scott K. Watson)은 리버사이드시 역사 보존을 담당하는 도시계획 부설계자이다.
59 Insurance Map of Riverside, Ca (New York: Sanborn Map Company, 1908), 48.
60 파차파 캠프가 있었던 땅은 현재 남가주 캘리포니아가스회사(Southern California Gas Company)와 모빌석유회사(Mobil Co.), 그리고 미국 최초의 한인타운으로 리버사이드시에서 인정한 주소는 3096 Cottage St.인데, 남가주 캘리포니아가스회사 소유로 3096

진 목조 건물은 모두 1층이다. 커뮤니티센터와 두 세대용 건물은 1.5층이다. 대부분의 목조 건물은 직사각형이며 3개의 건물은 정사각형, 또 다른 건물은 L 모양이다. 모두 창문이 한 개 있다. 5채는 창문 가리개가 있으며 12채는 타일 굴뚝이 있다. 2개의 건물에는 스토브 파이프가 있었지만 다른 2개 건물은 굴뚝이 없다."[61] 이 목조 건물들은 일종의 판자촌으로 열악한 환경을 그대로 보여주고 있다. 한인들이 1904년부터 거주하기 시작했고, 1930년대에는 멕시칸 거주 지역으로 바뀌었다.

안창호는 파차파 캠프를 민주주의 한인 공동체로 생각하고 있었다. 1905년 한인 노동국을 설립하여 한인 노동자들이 쉽게 취업할 수 있는 제도를 마련하여 한인 이민자들이 리버사이드 파차파 캠프에 정착했다(별첨 자료 4).[62] 도산 안창호는 자녀 교육의 중요성을 인식하고 있었기 때문에 학교를 설립하고 학생들에게 민주주의 교육을 했다. "팀이 함께 움직여야 한다. 야구 규정으로 시작한다. 아이들은 팀워크를 빨리 배웠다. 돈을 번 사업가는 투자를 하고 일반인들은 자립심과 협동심을 갖도록 권유했다. 도자기 사업, 출판사, 신문사 등을 민주주의 원칙에 따라 서로 협력하여 운영하는 것이다."[63] 한인 공동체는 경찰과 감찰관 제도를 도입하여 자치적으로 운영되었고, 민주주의 절차를 중시하

Cottage Street에 공식 표지판이 세워졌다.

61 Mary Paik Lee, *Quiet Odyssey: A Pioneer Korean Women in America*, Seattle: University of Washington Press, 1990, 15.

62 한인 노동국과 오렌지 농장에 대해서는 다음 문헌 참조. Vince Moses, 2000, "Oranges and Independence: Cornelius Earl Rumsey and Ahn Chang Ho: An Early East-West Alliance in Riverside, 1904-1911," *Riverside Museum Associates Newsletter*, June; *Riverside Daily Press*, "Korean Labor Bureau" March 22 and October 20, 1905; *Riverside Daily Press*, January 8, 1906.

63 Ellen Thun, "Heartwarmers: Afterward; Changes," *Korea Times*, February 25, 1997, 18.

면서 대한 독립을 위해 열정을 쏟아부었다. 파차파 캠프는 단순히 한인 노동자들의 임시 거주 지역이 아니었다. 당시 캘리포니아의 계절노동자들은 계절에 따라 이동하면서 노동하고 수확이 끝나면 다른 곳으로 이동했는데, 임시 거주지를 형성하여 숙소로 사용하다가 다른 곳으로 떠났다. 임시 거주지는 숙소 외에는 별다른 역할을 하지 못했다. 그러나 리버사이드에 형성된 한인타운은 임시 주거 지역이 아니었으며 초기 미주 한인사회의 중심지 역할을 하면서 미국 최초의 한인타운으로 성장한 것이다. 즉 한인들은 커뮤니티센터를 만들어서 고된 일이 끝나면 모여서 예배를 드렸고, 결혼식, 생일잔치, 토론회, 강연회 등도 개최되었다. 또한 공립협회와 대한인국민회 리버사이드 지방회를 중심으로 독립운동에도 적극적이었으며, 1906년 신민회 발기도 리버사이드에서 했다.[64] 그리고 대한인국민회와 흥사단이 창단되었을 때 도산 가족은 리버사이드에 거주했다. 다만 본부는 샌프란시스코에 설립했다. 따라서 리버사이드의 파차파 캠프는 도산 안창호의 미주 지역 독립운동의 메카 역할도 담당했다.

    1911년 가을, 안창호가 가족들이 있는 캘리포니아주 리버사이드로 돌아온 후 대한인국민회는 조직을 재정비하여 본격적인 활동을 전개하게 되며, 리버사이드는 당시 미주 한인 독립운동의 중심지 역할을 하면서 1911년 11월 23일부터 제3차 대한인국민회 북미총회가 리버사이드에서 개최되었다. 도산 안창호가 한국에서 활동하는 동안

---

[64] 신용하(1978), 「도산 안창호와 신민회의 창립」, 도산사상연구회 편, 『안도산전서 하』. 서울: 범양사 출판부, 52; 이선주, 2003: 113에서 인용. 신용하에 의하면 도산이 이강과 임준기 등 한인 공립협회 회원들에게 대한신민회의 창립을 발의하고, 대한신민회의 취지서와 대한신민회 통용 장정을 초안했다고 설명했다. 이 단체는 국권회복운동에 목적을 두고 있었으므로 반드시 본국에서도 발기하여 조직되어야 한다는 데 합의하고, 신달원, 박영순, 이재수 등이 여비와 조직활동자금을 마련하여 도산을 한국에 대표로 보냈다.

(1907~1911) 하와이의 합성협회와 국민회가 합병하여 1909년 국민회의를 설립했으나 지도자 부재로 활동은 위축된 상태였다.⁶⁵ 『신한민보』 1909년 2월 10일자에는 국민회의 통합 소식을 다음과 같이 전하고 있다. "이번 2월 1일에 북미주에 있는 공립협회와 하와이에 있는 합성협회가 서로 합동하여 하나의 큰 회를 조직하고 그 회명을 개혁하여 대서 특필하였으니 일컫기를 국민회이다. 오늘 국민회가 있는 각 지방에서 합회를 경하하는 의식을 거행하였다. 북미 지방 국민회 회원은 범 800여 명이고 하와이 지방 국민회 회원은 범 1,000여 명이다. 블라디보스토크 지방을 통계하면 연 3,000 단체의 대한인국민회가 해외에서 우리의 단군 기원 4242년 2월 1일에 성립하였더라." 이때 통합된 국민회 헌장에 이미 중앙정부 설립에 대해 명시했다는 점도 주목해야 한다.⁶⁶ 1910년 5월 북미주에 있는 공립협회와 하와이에 있는 합성협회가 샌프란시스코를 중심으로 활동하던 동보국회와 통합하면서 '대한인국민회'로 명칭을 바꾸었다.

장규식은 리버사이드 한인사회가 서간도와 밀접한 관계를 맺고 있었다고 다음과 같이 설명하고 있다. "1914년 리버사이드 지방회에서 서간도 독립운동 기지에 세워진 신흥학교에 의연금을 전달한 데서 살필 수 있듯이, 실제 리버사이드 한인타운과 서간도 독립운동 기지는 끈끈한 유대관계를 맺고 있었다."⁶⁷ 또한 장규식에 의하면 "안창호는 리버사이드에서의 '안도산 공화국' 실험을 밀산과 서간도에서의 독립운동 기

---

65 Hyung-chan Kim, 1996: 85. 김형찬은 도산이 미국으로 돌아왔을 때 대한인국민회 회원의 숫자가 줄어들었고 지도자 부재로 대한인국민회에 대한 일반인들의 관심이 현저히 떨어졌다고 지적했다.

66 방선주, 1989: 46-48.

67 장규식(2020), 「리버사이드 한인 타운과 북미 한인사회의 형성」, 『역사문화연구』 76, 151-152.

지 건설로, 이상촌 건설로 이어나갔다." 1910년대 민족운동의 트렌드였던 국외 독립운동 기지 건설이 리버사이드 한인타운에서의 '안도산 공화국' 실험을 그 모델로 삼고 있었다는 것이다. 한인타운을 모태로 성립한 공립협회-국민회는 미주를 넘어 국외 한인사회 전반에 걸친 네트워크를 구축하는 과정에서 한인타운에서의 디아스포라 실험을 모델로 태동실업회사를 설립해 중국 흑룡강성 밀산에 독립운동 기지를 건설하려 했다.[68]

대한인국민회 북미총회와 「대동단결선언」

1911년 11월 23일 캘리포니아주 리버사이드의 파차파 캠프에서 개최된 제3차 대한인국민회 북미총회에서 임시정부 건설론과 무형정부 건설론이 전격 통과되었는데, 의결된 21조 의안 내용과 1917년 「대동단결선언」은 매우 흡사하다.

「대동단결선언」을 요약하면 1) 주권행사의 의무·권리는 국민에게 있다는 국민주권설, 2) 일제에 구속되어 있는 국내의 동포 대신 해외의 동지가 그 책임을 감당해야 한다, 3) 주권을 가지고 국가적 행동을 실천하는 데 있어서 약 1백만 명의 해외동포에게 50만 원의 연 수입을 거두어 공동기업을 운영하면 재정을 충당할 수 있다, 4) 통일기관·통일국가, 원만한 국가의 3단계 요령을 제시했다. 이 내용들을 1911년 12월 4일 캘리포니아주 리버사이드시의 파차파 캠프에서 개최된 제3차 대한인국민회 북미총회에서 통과되고 실행에 옮긴 21조 의안과 비교해보자.

「대동단결선언」의 첫 번째 조항은 "주권행사의 의무·권리는 국민에게 있다는 기틀이라. 이러한 관계를 알고 어찌 그 성질을 연구함이 없

---

68 장규식, 2020: 151.

겠는가." 이렇듯 대의회 제도를 도입하면서 대의원을 선출하고 대의원은 인민을 대표해서 법을 제정하는 역할을 한다고 명시한 것이다. 대한인국민회 북미총회 대의회 의결안 제19항은 "각 임원을 투표하여 뽑음이 아래에 기록함과 같다"고 명시했는데, 대한인국민회 북미총회 총무 이일, 서기 송종익, 재무 송종익, 법무원 강번, 학무원 조성환, 구제원 류성숙, 외교원 이일 등이 선출되었다. 안창호는 실업기본공채 연구위원과 세칙 제정 기초위원으로 선출되었다.『신한민보』1911년 12월 11일자는 리버사이드에서 10여 일 동안 개최된 대한인국민회 북미총회 소식을 "국민회의 신서광. 대의회 결안을 치하함"이라는 제목으로 다음과 같이 자세히 전했다. "11월 22일에 국민회 북미 지방 총회장이 소집한 대의회는 12월 4일에 의안 결정을 전부 마쳤다. 그러하니 전후 10여 일 세월이 대의원의 이상적 연구에 들어가 소마한 것이다. 우리 국민의 전체가 국가 민족의 복리를 모두 이 대의회에 부치고 어찌 되는 경향을 알지 못하여 눈을 씻고 전부 의안이 발표되기를 기다렸다. 이제 대의회의 소집을 가져 일반 동포에게 전하는 것이 마치 구름 속에 묻어두었던 태양을 만리장천에 내어놓는 것과 같이 온 세계가 광명하며 만물이 고운 빛을 더한다. 그리하여 사람마다 손을 치며 즐겁게 맞이하는 소리가 천지를 진동한다." 즉, 대의회는 앞으로 대한인국민회가 나아가야 할 방향을 결정하는 의사 기관임을 밝힌 것이다.

「대동단결선언」의 두 번째 조항은 "일제에 구속되어 있는 국내의 동포 대신 해외의 동지가 그 책임을 감당해야 한다"이다. 대한인국민회 제3차 북미총회에서 통과된 21조 의안 안건 중 제1항부터 5항은 모두 중앙총회에 관해 설명하고 있다. 1911년 대한인국민회는 중앙총회를 신설하여 해외 한인을 대표하는 무형정부를 설립한다고 발표했고, 1912년 실제로 중앙총회를 신설하여 해외 한인을 대표하는 기관을 발족시켰다. 사실상 대한민국 무형정부 설립을 의미하고 있다. 대한인국민회 북미총회는 미주 지역 지방회를 총괄하는 기관이고(멕시코 메리다 포함), 중앙총회는 미주 지역은 물론 중국과 러시아 등 극동 지역을 포함한 해외의 모든 지방회를 총괄하는 기관으로, 나라로 치면 중앙정부를 의미한다. 중앙총회를 신설하면서 대한인국민회 북미총회 본부는 로스앤젤레스로 이전했고, 중앙총회는 샌프란시스코에 세워 두 기관을 분리했다.[69] 그런데 대한인국민회 중앙총회는 1909년 2월 1일 국민회를 창설했을 때부터 이미 설립할 것을 헌장에 명시했다.[70] 헌장에는 중앙총회의 역할에 대해 2장에서 자세히 설명하고 있는데 회장, 부회장, 총무, 서기, 재무, 학무원, 법무원, 외교원 각 1인을 임명하고 회장과 부회장은 선거로 선출하며 각종 권한과 의결권을 갖는다고 명시하고 있다.[71]

"중앙총회"에 대해『신한민보』는 1909년 6월 2일자에서 "중앙총회 사무임시 대판"이라는 제목으로 처음 보도했고, 그 후에는 "임시 중앙총회"에 대해 여러 차례 보도했다.[72] 1909년 대동보국회와 합병하면서 국민회는 대한인국민회로 개명되면서 중앙총회를 미국에서 노령으로 이전하려는 계획을 세웠으나 현지 사정으로 수포로 돌아갔다. 중앙총회가 가까이 있어야 모든 면에서 편리하다고 생각을 바꾸어 미국에 중앙총회를 설치하기로 변경됐다고 1910년 9월 28일자『신한민보』가 보도했다.『신한민보』1910년 10월 16일자에 중앙총회장 선거 소식이

---

69 『신한민보』1911년 12월 4일자는 대한인국민회 북미총회를 로스앤젤레스로 옮긴다고 다음과 같이 보도했다. "지방 총회를 로스앤젤레스로 옮기며 사무의 번거함을 덜어버리는 것이 국외에 자리를 잡은 혹자는 소극적 주의로 잘못 생각하기 쉬울 터이다. 그러나 본회는 처음부터 적립한 기본금이 없으며 오직 회원의 의무금과 동포의 연보를 가지고 오늘까지 유지하여 온 터이다. 오로지 아는 것은 나라일이라면 몸을 바침에 뉘우침이 없는 우리 동포가 국민회를 사랑함에 바다가 마르도록 그 마음이 변치 않으리라는 것이다."
70 방선주, 1989; 46-49.
71 위의 글.
72 『신한민보』1909년 6월 9일, 16일, 7월 14일, 10월 13일 등

보도되었으며, 1911년 5월 24일자에선 "무형한 국가의 성립을 찬성"한다는 내용이 보도되었다. 즉, 미주 한인사회는 이미 1905년부터 무형정부 설립에 대한 토론이 시작되어 1911년 3월경 중앙총회를 설립하고 총회장을 선출했지만 조직구성을 하지 못한 유명무실한 단체였다. 1911년 12월 4일 대한인국민회 제3차 북미총회에서 중앙총회 설립을 공식화했고, 제도적 기반을 마련했으며, 1912년 11월 8일 샌프란시스코에서 개최된 회의에서 정식으로 대한인국민회 중앙총회가 설립되어 윤병구를 회장으로 선출했다.[73]

김도훈(1999)은 「1910년대 초반 미주한인의 임시정부 건설론」이라는 논문에서 1905년부터 1910년대 초반까지 미주 한인들이 해외한인단체 통합을 주도했는데, "북미 최초의 정치단체인 공립협회는 1907년부터 통일연합론에 바탕한 통일연합기관을 조직하고자 했다." 또한 통일연합기관 설치가 마무리되자, "국민회는 이미 1909년 헌장 제1장 제3조에 본회의 계급은 중앙총회와 지방총회와 지방회의 세 가지로 구분했고 제1장 제4조 제1항에 중앙총회는 일정한 위치가 없고 시의의 편리함을 좇아둠"을 명시하여 중앙총회 설립을 기정화했다."[74] 그러던 중 1910년 6월 일제의 '합방론'이 미주에 전해지자, 대한인국민회는 일제에 투항한 융희황제를 대한제국 군주로서 전면 부인하는 한편, 새로운 국민국가를 건설하고자 했다. 그리하여 1910년 10월 대한인국민회를 국민을 대표하는 임시정부로 수립하고, 입법, 사법, 행정 삼권분립에 의한 자치제도를 실시하자는 내용의 임시정부 건설론을 천명한 것이다. 이 발표는 국내외를 막론하고 한인 최초로 국민국가에 바탕한 임시정

---

73 Hyung-chan Kim, 1996: 85-86.
74 『신한민보』 1909년 3월 24일자; 방선주, 1989: 46-48에서 인용.

부 건설을 제창한 혁명선언이었다.[75]

대한인국민회 중앙총회 신설을 가장 강력히 주장한 사람은 바로 박용만이다. 박용만은 1911년 국민개병설을 주장했는데, 국민국가라는 개념을 중시하여 현대적 국민은 의무를 이행할 줄 알아야 한다고 강조하면서 그 의무 중에서도 병역의 의무가 필수라는 주장을 했다.[76] 대한인국민회 북미총회는 여론을 수렴하기 위해 1911년 1월 박용만이 『신한민보』 주필로 취임한다고 선언했다.[77] 박용만은 먼저 사회조직인 대한인국민회를 정치조직인 무형국가로 건설할 것과 조선 독립을 회복하기 위해 무형한 국가를 먼저 설립해야만 국권회복이 가능하다고 주장했다. 이 무형국가를 설립하기 위해서는 첫째, 일반 국민단체를 정치적 제도로 조직하고, 둘째, 정치조직과 사회조직을 구별하며, 셋째, 모든 권리를 일반 동포에게 요구해야 한다고 했다.[78] 박용만은 이 무형국가의 건설이 마땅히 미주와 하와이 한인으로부터 시작해야 한다고 주장했다.[79] 또한 박용만은 정치적 조직의 완전한 제도는 "첫째, 외국에 나온 조선민족을 마땅히 무형국가와 무형한 정부 아래 통일할 일, 둘째, 완전한 헌법을 정하여 일반 한인이 법률상 공민이 될 일, 셋째, 사람마다 의무를 담당하고 권리를 이용하게 할 일, 넷째, 정치적 구역을 나누어 행정기관이 효력을 얻게 할 일, 다섯째, 중앙총회로 권리를 모아

---

75 김도훈(1999), 「1910년대 초반 미주 한인의 임시정부 건설론」, 『한국근현대사 연구』 10, 269.
76 방선주(1989), 「박용만 평전」, 『재미한인의 독립운동』, 춘천: 한림대학교 아시아문화연구소, 29.
77 『신한민보』 1911년 1월 11일자; 김도훈, 1999: 258에서 인용.
78 『신한민보』 1911년 4월 5일자 논설 "조선독립을 회복하기 위하여 무형한 국가를 먼저 성립할 일".
79 『신한민보』 5월 3일자 논설; 김도훈, 1999: 259에서 인용.

법률을 의지하여 호령이 실행케 할 일"로 규정했다.[80] 이러한 박용만의 주장이 1911년 12월 4일 통과된 21조 의안에 대부분 반영되었고, 또한 1917년 「대동단결선언」과 연계되어 1919년 상해임시정부 민주공화제 도입으로 연결된 것이다. 박용만은 임시정부 설립의 목적을 다음과 같이 설명했다. "첫째, 오늘은 우리 사회에서 우리 회원만 관할하나 장차는 바다 밖에 나온 한인을 다 관할하자 함이요, 둘째는 의무와 권리를 분간하여 자치제도를 실행하자는 것"이라고 했다.[81] 또한 "국민회의 중앙총회를 조직한다 하여도 이미 만들어놓은 법률도 없고 무슨 차례를 정한 것도 없이 다만 총회장 하나만 뽑아놓았으니 대저 총회장은 무슨 법률에 빙거하여 일을 처판하며 무슨 권리를 가지고 일을 행하며 재정은 어디서 얻으며 명령은 누구에게 전하리오"라고 물었다."[82] 박용만은 허울뿐인 중앙총회의 제도적 확립을 적극 주장한 것이다. 이러한 박용만의 주장이 적극 반영되어 1911년 12월 4일 대한인국민회 북미총회는 21조 의안을 통과시켰고, 그 핵심은 대한인국민회 중앙총회의 '제도화'였다.

1911년 12월 4일 대한인국민회 중앙총회를 설립하여 대한민국 무형정부 설립을 공식화하면서 정부 기관은 국가 사무를 지휘하고 명령하는 기관임을 공표한 것이다. 『신한민보』 1911년 12월 4일자 3면에 21조 대의회 결의안을 소개하고 있는데, 제1항은 "『신한민보』 출판권을 중앙총회에 양여할 일", 제2항은 "『신한민보』에 소속한 활찬제구의 일습을 아직 일 년간 중앙총회에 차여할 일", 제3항은 "본 총회에서 수봉하는 의무금 중 오백 원을 중앙총회에 수납할 일", 제4항은 "원동 각 지방회는 중앙총회의 직접 관할 밑으로 옮길 일" 등 대한인국민회 중앙

---

80 박용만, 1989: 60.
81 위의 글, 259.
82 『신한민보』 5월 10일자 논설.

총회가 대한인국민회 북미총회를 관할하는 상위기관임을 중시하고 있다. 『신한민보』1911년 12월 4일자에서 "원래 중앙총회는 전부 국민회를 통할하는 기관이고, 한 나라 정체로 말하면 일체 법령을 발하는 중앙정부이다. 행정상 머리가 되어 국가 정무를 지휘하고 명령함에 그 권능이 절대적이다"라고 보도하고 있다.

여기서 중요한 것은 대의원들이 입법 활동을 하고 중앙총회, 즉 무형정부에서 행정 명령을 내려 시행하고 자율규정을 제정하여 위법 행위자에게는 형벌을 가하는 삼권분립 제도의 형태가 확립되었음을 의미하는 것이다. 또 『신한민보』1911년 12월 4일자에선 "그런 까닭에 해외 동포의 정치사상이 발달하는 때에 대의원의 안광이 먼저 이를 살펴 중앙총회의 위망을 보유하자는 의론이 발하였다. 이것은 본 회의 헌장을 의지하여 정무의 권능을 중앙에 모을 뿐 아니라 일천 칸 넓은 집에 가장 힘을 쓰는 들보를 공경하는 것이다. 또한 원동의 각 지방을 관할하며 기관보를 발행하는 것은 단체의 혈맥을 연결하여 요무의 경기에 정신을 관통하는 것이니 반도 정국의 다사한 때를 당하여 가히 폐할 수 없는 일이다"라고 보도했다.

「대동단결선언」의 세 번째 조항은 "주권을 가지고 국가적 행동을 실천하는 데 있어서 약 1백만 명의 해외동포에게 50만 원의 연수입을 거두어 공동기업을 운영하면 재정을 충당할 수 있다"고 했다. 제3차 대한인국민회에서 통과된 21조 의안에는 중앙총회는 세금을 걷어 재정을 확보하는데, 그동안 내던 각종 의무금을 통합하여 연액 5원, 즉 연회비 5원으로 정했고 1년 예산을 편성한다는 방침도 세웠다. 21조 의안 중 제6항은 "의무금과 회금을 합병하여 년에 5원으로 정할 일" 그리고 제7항은 "각 지방회의 자치 경비는 매 회원에게 월 연금 10전씩 받을 일"을 확정하여 일종의 행정부가 부과하는 세금을 걷는 활동을 명시했다. 『신한민보』1911년 12월 4일자는 중앙정부의 역할에 대해 다음과 같이 보도했다. "대개 인민의 산업은 한 나라의 근본이다. 만일 민력이 피곤하면 어찌 그 정부를 보존하겠는가. 가령 전력을 다하여 단체를 존립할지라도 한국의 독립 회복은 장정 첫머리에 표방한 목적인데 길러 놓은 실력이 없으면 무엇으로 군국대사를 처분하겠는가. 그런 까닭에 각 항 의무금을 합병하여 연액(=한 해 동안의 총금액) 5원에 정하였으니 회원의 부담이 전보다 얼마만큼 가벼워졌다. 그뿐 아니라 전회(=전체 회의)의 세입 경상부는 5원 의무금을 가지고 예산을 편제하였으니 1년도 회무에 관한 지출이 간략함을 좇아 여액을 적립할지로다."

중앙총회는 또한 예산을 투입하여 확고한 재정을 확보한다는 방침도 세웠다. 즉 재정을 확보하여 농업, 상업, 또는 공업과 수산업 같은 생산 경제 사업을 추진하는 발판을 마련한다는 것이다. 『신한민보』 1911년 12월 4일자는 이렇게 보도했다. "이로부터 재정부의 사무를 정돈하여 각 년 미감한 문부를 청장하거니와 나머지 돈을 모와 큰일을 경영하는 것은 국가 제도의 굉장한 규모가 아니라 힘이 부치고 형편에 끌려 여러 해 달아두었던 실업 문제를 다시 제출하여 캘리포니아주 서편 옥야천리에 실업 기관을 열어놓고 황금세계에 적극적 활동을 시험할 것이다. 그러하니 기본금을 적립하자는 의안이 가결됨이 어찌 우연한 일이라 하리오." 제20항은 "1912년도 예산안을 다음과 같이 승인함"이라고 명시했는데 아주 자세하게 의무금, 교육금, 구제금, 여비, 봉급, 사무 소비, 통신, 사무용품비 등 항목별로 예산이 자세히 책정되었다.

또한 중앙총회는 교육부를 신설하여 청년 교육을 실시한다고 밝혔다. "보아라. 우리의 경애하는 교육부는 차차로 적립하는 금액이 침침히 드리웠던 장막을 헤치고 찬란한 빛을 흘리며 삼한 청년을 거두어 영웅 아이를 기를 것이다. 동포 제군이 만구일성으로 이를 환영하는 때에 반드시 기회를 얻어 그 방편을 의논하려니와 우리의 무형한 정부를 위하여 실업 교육의 전도를 하례함에 성심을 일치함이 가하도다." 즉, 중

앙총회는 무형정부의 세금으로 재정을 확보하고 각종 사업을 추진하는 기관임을 밝힌 것이다.[83]

참고로 『신한민보』 1910년 7월 20일자는 "재미동포의 자치력"이라는 제목의 논설에서 미주 한인들이 경제적 부를 축적하기 위해 노동자에서 농업과 사업으로 경제력을 확대할 필요성을 강조했는데, 특히 청인들과 일인들이 장기간 사업을 꾸준히 하여 성공한 사례와 비교하면서 한인들은 일자리를 찾아 곳곳으로 돌아다니며 철로를 타는 데 비용을 쓰고, 시간조차 낭비한다고 자성하면서 한곳에 정착하여 동포사업을 통해 생활터전을 마련하고 조국의 독립에도 기여하자고 제안했다. 이는 1908년 미국과 일본이 체결한 '신사협정'으로 일본인들의 미국 신규 이민이 금지되자 일본계 미국인들이 일본으로 돌아가는 것을 포기하고 미국에서 생업 터전을 마련하는 수단으로서 "노동자에서 토지를 소유한 농민으로"라는 전략으로 바꾼 것과 흡사하다고 하겠다.[84] 『신한민보』 1910년 11월 2일자 보도에 일본 이민 정책과 일본의 일본인 만주 이주 계획과 연계시켜 다음과 같이 보도한 것이 흥미롭다. "일본 이민 방침 - 일본이 미국으로 오는 이민을 막는 것은 미국의 호의를 얻고저 할 일뿐만 아니라 미국으로 오는 길을 터놓으면 한국과 만주로 갈 자가 적을 터이고 미국으로 오는 길을 막고 한국으로만 몰아놓으니 그 정책은 이달 1만 이민 집주칙을 보아도 도저히 알 일이다." 이는 일본계 미국인들은 '신사협정'을 조국인 일본 정부가 일본계 미국인들을 버린 것으로 간주해 일본으로 돌아가는 것을 포기하고 미국에서 미국인으로 살아간다는 전략을 세운 것을 의미한다. 그들은 미국에 정착

---

83 『신한민보』 1911년 12월 4일자.
84 Ronald Takaki, *Strangers from a Different Shore*, New York: Back Bay Books, 1989, 27-57.

하는 수단으로 '노동자'에서 '땅을 소유하는 농민'으로 생활터전을 바꾸기 시작했고 일본인들의 토지 소유에 반발한 캘리포니아주 백인들은 1913년 '외국인 토지 소유 금지법'을 제정하기도 했다.[85] 미주 한인들도 1910년 한국이 일본의 식민지가 되자 미국에 빨리 정착하여 사업으로 성공해 조국의 독립에 기여한다는 새로운 전략을 세웠으며 『신한민보』는 이러한 정책을 보도하고 장려한 것인데, 대한인국민회 중앙총회가 이러한 정책들을 수립하고 실행하는 행정부 역할을 한 것이다.

「대동단결선언」의 네 번째 조항은 "통일기관·통일국가, 원만한 국가의 3단계 요령을 제시"한 것이다. 대한인국민회 북미총회에서 통과된 21조 의안에는 이러한 내용이 없다. 그러나 1913년 대한인국민회는 미국 정부로부터 사실상(de facto) 미주 한인을 대표하는 단체로 인정받게 되었다. 소위 '밸리 사건'으로 알려진 한인 추방 사건으로 캘리포니아주 리버사이드 카운티의 조그만 마을 헤멧에서 살구 농장으로 일하러 갔던 리버사이드 거주 한인 11명이 백인 폭도들에 의해 일본인으로 오인받아 추방당하는 사건이 발생했다(별첨 자료 5).[86] 이 사건으로 미국과 일본의 외교 분쟁 조짐이 생겼고 대한인국민회가 일본 정부의 간섭을 적극적으로 차단하면서 미국에 거주하는 한인들의 법적 지위도 확보된 초기 미주 한인사에 매우 중요한 전환점이 된 사건이 되었다.[87]

---

85 Alien Land Law로 알려진 외국인 토지 소유 금지법은 "미국 시민이 될 자격이 없는 사람들이 캘리포니아주에서 토지를 리스하거나 소유하는 것을 금지"했다.

86 Richard S. Kim, *The Quest for Statehood: Korean Immigrant Nationalism and U.S. Sovereignty 1905-1945*, New York: Oxford University Press, 2011.

87 미주 한인 독립운동에 관해서는 다음 문헌 참조. Edward T. Chang and Woo Sung Han, *Korean American Pioneer Aviators: The Willows Airmen*, Langham: Lexington Books, 2015; Bong-youn Choy, *Koreans in America*, Nelson Hall Press, 1979; Hyung-chan Kim, *Tosan Ahn Chang Ho: A Profile of a Prophetic Patriot*, Tosan Memorial Foundation, 1996; Chang, and Carol Park, *Korean Americans: A Concise History*, Riverside: Young Oak Kim Cent Edward T. for Korean American History, UC

『신한민보』는 헤멧 사건의 전말을 자세히 보도했는데, 이 사건을 빌미로 일본 정부는 미국 거주 한인들이 "일본 식민국민"이라고 주장하면서 그들을 보호할 책임이 있다고 미국 정부에 공식 항의하여 이 사건은 미-일 외교 분쟁 조짐을 보였다. 일본 정부는 헤멧 밸리 사건이 발생하자 이것을 미국과 일본 관계를 보다 동등한 관계로 이끌기 위해 또다시 미국 정부에 항의하면서 외교 분쟁으로 번질 가능성이 컸다. 당시 국무장관 윌리엄 제닝스 브라이언은 이 사건이 미국과 일본의 외교 분쟁으로 번지는 것을 우려하면서 사건의 진상조사를 지시했다.

그러나 대한인국민회 북미총회장 리대위가 미 국무장관 앞으로 다음과 같은 전보를 보냈다. "가주 남방 하변에서 우리 동포 11인이 6월 25일 살구를 따러 갔다가 백인에게 축출당한 사건으로 미국 정부에 일본 공사와 교섭이 된고로 본 총회에서 미국 정부에 그 사실을 들어 말한 후에 일인과 상관이 없게 해 달라"[88]는 전보를 보냈고, 이후 『신한민보』는 7월 4일자 보도에서 이 사건이 마무리된 것을 다음과 같이 보도했다. "일본이 한국을 합병하기 전에 한국을 떠났으므로 한인은 일인과 상관이 없다고 하여 헤멧 사건을 일본 정부와 교섭치 말라." 동시에 미 국무장관 브라이언은 미국에 거주하는 한인들이 "일본 식민국민이 아님"을 공표하면서 대한인국민회가 미국에 거주하는 한인들을 대표하는 기관이라고 사실상 확정했다. 이로써 미국에 거주하고 있던 한인들의 대표 기관은 일본 정부가 아닌 대한인국민회가 되었다. 이것은 미주 한인 독립운동사에 매우 중요한 역사적인 사건이다. 즉, 미주 거주 한인들은 만주나 러시아 거주 한인들과 달리 일본 정부의 간섭을 받지 않고 자유롭게 독립운동을 지속적으로 전개할 수 있게 된 것을 의미한다.

Riverside, 2019.

[88] *Los Angeles Times*, July 2, 1913; *The Hemet News*, July 4, 1913.

만주와 러시아 영토에 거주하던 한인들을 지켜준다는 명목으로 일본이 일본 군대와 경찰을 파견해서 한인들을 압박하고 독립운동을 탄압했던 것과는 매우 비교된다. 즉, 이 사건은 미국에 거주하는 한인들에게 사실상(de facto) 한국인의 법적 지위를 부여해줌으로써 미주 한인들은 일본인이 아닌 한국인으로 살아갈 수 있었고, 만주나 러시아 영토에서 독립운동을 하면서 일본 군대와 경찰의 탄압을 받았던 동포들과 달리 미주 한인들은 일본의 간섭 없이 독립운동을 적극적으로 전개할 수 있었다. 이는 초기 미주 한인사에서 가장 중요한 사건의 하나라고 생각된다.

1916년 대한인국민회는 미국 이민국으로부터 정식 허가장을 받아 본토로 이주하는 한인들이 쉽게 샌프란시스코에 정착할 수 있는 발판을 마련했다. 당시 미국 이민국은 중국인의 이민을 억제하고 통제하기 위해 앤젤섬에 이민국을 설치하고 중국인의 이민을 엄격하게 심사하고 있었다. 그런데 본토로 이주한 한인들은 중국인에 비해 쉽게 샌프란시스코에 내려 정착할 수 있었다. 1916년 3월 9일자『신한민보』는 대한인국민회가 이민국으로부터 허가장을 받았다고 다음과 같이 보도했다. "이민국 허가장 – '북미총회장이 교체된 후 동양인으로부터 미주에 건너오는 동포 인도에 관한 특권을 계속 보유할 일을 상항 이민국에 교섭하여 이민국 커미셔너가 허가장을 발급'." 당시 대한민국은 일본의 식민지였음에도 미국에 거주하는 한인들은 "일본 식민국민"이 아니라 사실상 "한인"으로 인정받았고, 동시에 대한인국민회는 미주 한인을 대표하는 행정 기관으로 인정받고 독립운동 활동을 지속적으로 전개할 수 있는 발판을 구축했다.

| 맺는말 |

이 장에서는 지금까지 제기된 1911년 중국혁명의 영향과 1919년 상해 임시정부로 이어졌다는 민주공화제의 '중국발' 계보를 보완하여 1905년 공립협회, 1909년 대한인국민회, 1911년 대한인국민회 북미총회로 이어지는 민주공화제의 '미국발' 계보를 제시했다. 특히, 1909년부터 미주 한인사회에서 안창호를 구심점으로 삼는 대한인국민회와 기관지 『신한민보』가 임시정부 건설론과 민주공화제 도입을 적극 지지했으며, 지금까지 전혀 주목받지 못한 1911년 캘리포니아주 리버사이드 파차파 캠프에서 개최된 제3차 대한인국민회 북미총회에서 의결된 21조안 그리고 1917년 「대동단결선언」 내용을 비교하여 연관관계를 증명했다는 성과를 창출했다고 생각한다. 장규식은 "리버사이드 한인타운에서의 디아스포라 실험은 북미 한인사회에 국한되지 않고 퍼져나가 한인 민족운동 전반의 새로운 이정표를 제시하였다"고 밝히고 있다.[89] 즉, 민주공화제의 '미국발' 계보를 새롭게 제시했다. 미주 한인사회가 주장한 임시정부 건설론이 리버사이드에서 1911년 11월 23일부터 시작하여 12월 4일 새벽 3시에 폐막한 제3회 대한인국민회 북미총회에서 반영되어 21조 의안이 통과되었고 1912년 정식으로 무형정부인 대한인국민회 중앙총회가 설립되었다. 그리고 21조 의안 내용과 흡사한 조항들이 1917년 「대동단결선언」에 그대로 반영됐다는 것을 밝혔다. 특히, 주목할 것은 통과된 21조 의안 중 대한인국민회 중앙총회 신설을 매우 비중 있게 다뤘는데, 대한인국민회 중앙총회는 '무형정부'의 공식적인 수립을 의미하며, 민주공화제 삼권분립 제도의 모습이 갖추어지기 시작한 시점으로 볼 수 있다. 대한인국민회 중앙총회는 해외 한인들을 대표하는 중앙정부 또는 무형정부 역할을 담당했다. 또한 대의회와 대의원들

---

[89] 장규식, 2020: 154.

이 입법부 활동을 했으며, 대한인국민회와 각 지역의 지방회는 자치규정을 두고 법을 위반하면 엄중한 벌칙을 가했고, 대한인국민회 중앙총회는 행정부로서 정책을 수립하고 실행하는 역할을 담당하면서 삼권분립의 형태를 갖추게 된 것이다. 이러한 결정 사안들은 1917년 상해에서 발표된 「대동단결선언」 내용과 매우 흡사하다.

또한, 중앙총회 설립과 무형정부 설립을 주장한 박용만이 「대동단결선언」 14인 중의 한 명이며 「대동단결선언」 내용이 박용만이 평소 주장하던 내용과 매우 흡사하다는 것은 그를 통해 미국발 임시정부론이 상해로 전달되었을 가능성이 있다. 1911년 12월 4일 대한인국민회 북미총회에서 통과된 21조 의안이 「대동단결선언」으로 연계된 것이 사실로 인정받는다면 상해임시정부 민주공화제 도입의 초석을 다진 것이 된다. 사회학적 상상력과 기록을 중시하는 역사학적 관점을 접목하여 더 넓게 1948년 제정된 대한민국 민주공화제의 토대로도 인정받을 가능성을 제기하고자 한다.

'도산 공화국'으로 불리던 파차파 캠프의 실체를 살펴볼 필요가 있다. 파차파 캠프는 왜, 언제, 누구에 의해 설립됐는가? 파차파 캠프는 지금까지 거의 알려지지 않았는데, 그 역사적 의미는 무엇인가? 파차파 캠프에 살던 한인들은 누구이고, 그들은 어떻게 살아왔으며, 어떻게 독립운동에 기여했을까? 도산 안창호의 지도하에 파차파 캠프는 민주적인 절차로 운영되었고, 여성들 또한 남성들과 동등한 주체로 인정받고 독립운동에 기여하게 된다. 이제 본격적으로 파차파 캠프로 가보자.

주제어: 민주공화제, 박용만, 대동단결선언, 대한인국민회 중앙총회, 안창호, 삼권분립, 대한민국임시정부

참고문헌

김도형(2015). 「도산 안창호의 여행권을 통해 본 독립운동 행적」. 『한국독립운동사연구』 52. 독립기념관 한국독립운동사연구소.

김도훈(2004). 「안창호와 이강」. 『도산학연구』 10. 서울: 도산학회.

＿＿＿(1999). 「1910년대 초반 미주한인의 임시정부 건설론」. 『한국근현대사 연구』 10, 246-270.

김정인(2015). 『민주주의를 향한 역사: 시대의 건널목』. 서울: 책과함께.

＿＿＿(2017). 『독립을 꿈꾸는 민주주의: 민주주의 개념으로 독립운동사를 새로 쓰다』. 서울: 책과함께.

대한민국문교부 국사편찬위원회 편찬(1988). 『한민족 독립운동사3』.

도산사상연구회 역(1993). 「변혁기의 개혁운동과 도산사상」. 『도산사상연구』 2. 서울: 연구사.

도산학회(2004). 『도산학연구』 10. 서울: 도산학회.

『미주 한인의 민족운동』(2003). 서울: 연세대학교 국학연구원 편.

박찬승(2008). 「한국의 근대국가 건설운동과 공화제」. 『역사학보』 200, 305-344.

반병률(2019). 『통합임시정부와 안창호, 이동휘, 이승만: 삼각정부의 세 지도자』. 서울: 신서원.

방선주(1989). 『재미한인의 독립운동』. 춘천: 한림대학교 아시아문화연구소.

서희경(2013). 「대한민국 민주공화제 헌법의 자생적 뿌리」. 『내일을 여는 역사』, 16-34.

신용하(1978). 「도산 안창호와 신민회의 창립」. 도산기념사업회. 『안도산전서 하: 연구논문편』. 범양사 출판부, 56-61.

신주백(2017). 「1910년 전후 군주제에서 민주공화정체로 정치이념의 전환: 공화론과 대동론을 중심으로」. 『한국민족운동사연구』 93, 150-182.

＿＿＿(2003). 「민족운동세력의 공화주의. 공존의식의 변화에 관한 시론」. 『세계의 일본연구』 4. 국제일본문화 연구센터, 2-13.

안병욱(1986). 「대한민국 임시정부와 안창호」. 이만근 엮음. 『도산여록』. 서울: 흥사단 출판부.

유재천(1993). 「도산 사회사상의 현대적 구현」. 도산사상연구회 역(1993). 변혁기의 개혁운동과 도산사상. 『도산사상연구』 2. 서울: 연구사, 73-98.

윤경로(1997). 「도산연구의 새 지평을 위한 사례연구」. 도산사상연구회 편. 『도산사상연구』 4.

윤대원(2001). 「한말 일제 초기 정체론의 논의 과정과 민주공화제의 수용」. 『중국현대사상연구』 12, 53-75.

이봉원(2010). 『대한민국 임시정부 바로 알기』. 서울: 정인출판사.

이선주(2003). 「리버사이드에서의 도산 안창호의 활동: 1904-1911」. 『미주한인사회와 독립운동』. 미주한인이민100주년남가주기념사업회.

이영록(2010). 「한국에서의 민주공화국의 개념사: 특히 공화 개념을 중심으로」. 『법사학 연구』 42, 49-83.

이준식(2010). 「도산 안창호와 사회주의」. 『도산학 연구』 13. 도산학회, 227-231.

장규식(2020). 「리버사이드 한인 타운과 북미 한인사회의 형성」. 『역사문화연구』 76, 121-160.

_____(2010). 「도산 안창호와 초기 미주 한인사회의 자취를 찾아서」. 『도산학 연구』 13. 도산학회, 250-289.

장태한(2018). 『파차파 캠프: 미국 최초의 한인타운』. 성안당.

장태한 역(2016). 『외로운 여정』. 고려대학교 출판부.

장태한·윤지아 역(2019). 『미주 한인사』. 고려대학교 출판부.

전종익(2017). 「대한민국임시정부 이전 정치체제 구상」. 『법사학연구』 56, 226-227.

정상호(2013). 「한국에서 공화 개념의 발전 과정에 대한 연구」. 『현대정치연구』 6(2), 5-28.

차종환·민병용(2004). 『사진으로 보는 미주 한인 이민 100년사: 1903-2003』. 미주한인이민100주년기념사업회.

홍선표(2011). 『재미한인의 꿈과 도전』. 연세대학교 출판부.

『공립신보』.

『신한민보』.

Chang, Edward T. and Carol Park. *Korean Americans: A Concise History*. Riverside: Young Oak Kim Center for Korean American History. UC Riverside, 2019.

Chang, Edward T. and Woo Sung Han. *Korean American Pioneer Aviators: The Willows Airmen*. Langham: Lexington Books, 2015.

Chang, Edward T. "Pachappa Camp: The First Koreatown in the U.S." *California*

History, 2018.

Charr, Easurk Emsen. *The Golden Mountain*. University of Chicago Press, 1961.

Choy, Bong-youn. *Koreans in America*. Nelson Hall Press, 1979.

Hall, Joan. *A Citrus Legacy*. Riverside California: High Grove Press, 1992.

Kim, Hyung-chan. *Tosan Ahn Chang Ho: A Profile of a Prophetic Patriot*. Tosan Memorial Foundation, 1996.

Kim, Richard S. *The Quest for Statehood: Korean Immigrant Nationalism and U.S. Sovereignty 1905-1945*. New York: Oxford University Press, 2011.

Lee, Mary Paik. *Quiet Odyssey*. University of Washington Press, 1990.

Moses, Vince. "Oranges and Independence: Cornelius Earl Rumsey and Ahn Chang Ho: An Early East-West Alliance in Riverside. 1904-1911". *Riverside Museum Associates Newsletter*, June 2000.

Riverside Daily Press. "Korean Labor Bureau" March 22 and October 20, 1905.

Riverside Daily Press. January 8, 1906.

San Francisco Chronicle. "Corea the Sleeping Land: Its Queer People, Strange Customs and Coming Awakening." December 7, 1902.

Takaki, Ronald. *Strangers from a Different Shore*. Boston: Little Brown, 1998.

파차파 캠프 지도(Korean Settlement)

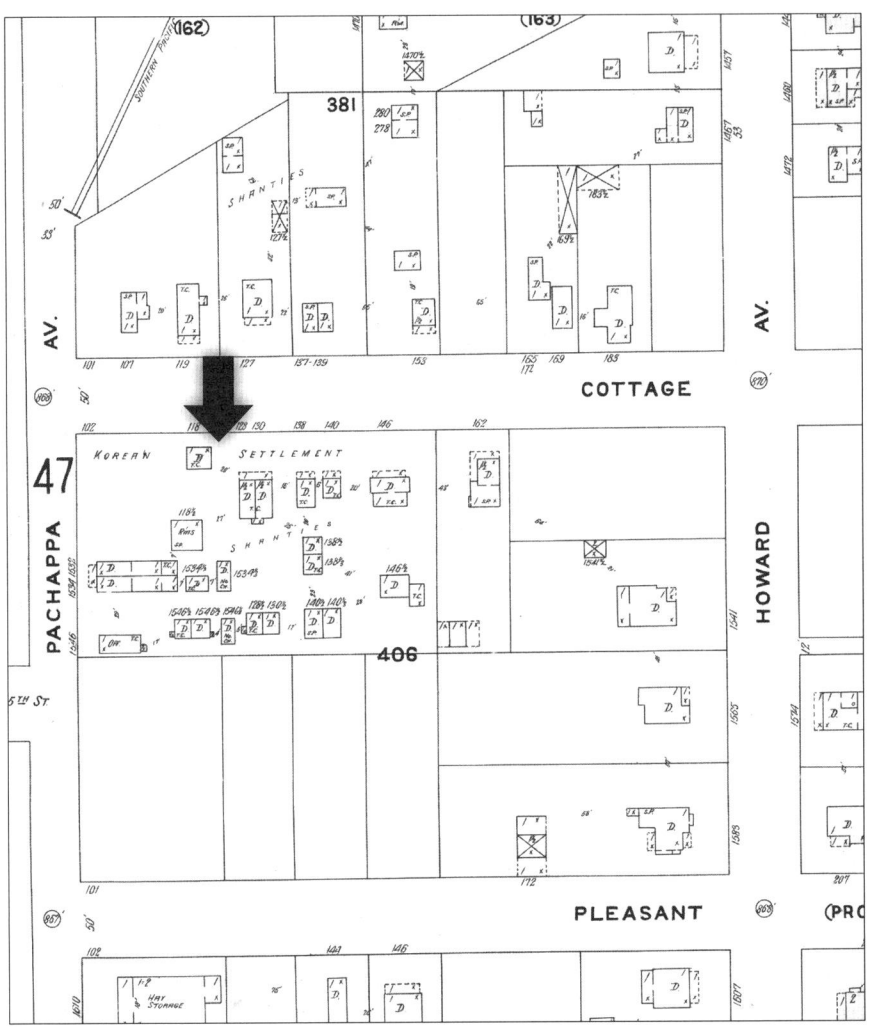

1532 Pachappa Ave Insurance Map of Riverside, CA Published by Sanborn Co., NY-1908
(사진 출처: UC 리버사이드 대학교 도서관)

제2장 미국 최초의 한인타운

리버사이드 파차파 캠프

도산 안창호와 부인 이혜련 여사는 이스트 오클랜드와 샌프란시스코에서 약 1년 6개월간 거주했다. 샌프란시스코에는 당시 극심한 반아시안 정서와 노골적인 인종차별이 있었다. 그래서 그곳에서 아시안은 제대로 된 직장을 구하기가 힘들었고 경제적으로 생활이 어려웠다.[1] 한인과 아시안 이민자들은 식당이나 이발소 같은 개인 업소나 여타의 공공시설에서 서비스를 받지 못하고 쫓겨났다. 식당 입구에는 "중국인 출입 금지"라는 문구가 걸려있었으니, 노골적으로 인종차별이 심했던 시기이다.

서울대학교 총장을 역임했던 장리욱 박사는 사신이 경험했던 인종차별을 다음과 같이 설명하고 있다. "어느 날 식당에 들어가서 점심 주문을 하기 위해 테이블에 앉아 있었다. 손님이 별로 없었는데도 웨이트리스는 나의 테이블에 오지 않았다. 한참 후에 젊은 안내원이 나에게 다가와서 낮은 목소리로 '우리는 당신에게 점심을 팔 수 없다. 동양인에게

---

1   Ronald Takaki, *Strangers from a Different Shore*, Little Brown, 1998.

점심을 팔면 백인 손님들이 오지 않는다'라고 말했다."² 이처럼 차별이 심했기에 한인들은 일자리를 찾아 1904년부터 리버사이드로 이주하기 시작했다.³ 그곳은 오렌지 농업이 발달하여 당시 미국 최고의 부촌을 형성하고 있었고, 인종차별이 심하지 않았으며, 날씨가 온화했다. 도산 안창호 역시 일자리를 찾아 리버사이드로 이주하여 생활고를 해결하려고 했던 것이다.

1900년대 초에 이미 리버사이드에 한인들이 거주하기 시작했다. 리버사이드는 당시 미국 최고의 부촌으로 호황을 누리고 있어서 취업 기회가 많았다.⁴ 리버사이드 시내 근처에 위치한 페어몬트(Fairmont) 공원은 1898년에 세워졌는데, 1890년대 당시 "세계에서 가장 위대한 공원" 중의 하나라는 칭송을 받기도 했다.⁵ 또한 리버사이드에는 글렌우드 호텔(Glenwood Hotel, 현재는 미션 인 호텔)이 있는데, 역대 미국 대통령 10명이 방문하여 숙박한 명성 있는 호텔이다. 리처드 닉슨 대통령도 이 호텔에서 결혼식을 올렸고, 부시 대통령도 방문하여 기금 모금을 했다. 지금도 추수감사절부터 연말까지 미션 인 호텔 전체를 각종 색깔의 전구로 치장하여 화려한 조명을 비추는 '라이트 쇼'를 하는데, 이것을 보려고 수십만 명의 관광객이 리버사이드 미션 인 호텔로 관광을 오는 명성 있는 호텔이다.

리버사이드가 19세기 말 미국 최고 부촌의 하나가 된 이유는 오렌지 농장 산업이 발달했기 때문이다. 1871년 서부 최초로 리버사이드에 오렌지 나무가 심어졌는데, 리버사이드 오렌지는 특히 '네이블 오렌지'

---

2   Choy, 1979: 109-110.
3   Joan H. Hall, *A Citrus Legacy. Riverside*, High Grove Press, 1992.
4   ibid.
5   Patricia Stewart, *Fairmont Park: Riverside's Treasure*, Fairmount Park Citizens Committee, 2005.

로 불리는 것으로 유명하다. 이 네이블 오렌지 나무는 1873년 리버사이드에 최초로 심어졌고, 온화한 날씨와 네이블 오렌지 산업이 발달하면서 인구가 증가하기 시작했다. 그러나 최대의 문제는 사막 지역인 리버사이드에서 물을 지속적으로 사용하는 것이었다. 물 부족 문제는 1887년 게이지 수로(Gage canal)를 완성함으로써 해결할 수 있었다.[6] 수로가 완성되면서 리버사이드 오렌지 산업은 번창했고 많은 일자리가 창출되면서 한인 노동자들도 리버사이드로 오게 된 것이다.

이처럼 리버사이드는 부촌으로서 한인, 중국인, 일본인, 그리고 멕시코인 노동자들에게 취업의 문호가 활짝 열려 있었다. 그 때문에 한인과 아시안 이민자들에게 리버사이드는 기회의 땅이었다. 1908년 뉴욕의 산본 보험회사에서 제작한 지도는 당시 한인 이민자들이 살고 있던 지역의 위치를 확인해주기 때문에 귀중한 자료이다. 지도에는 파차파 캠프가 있는 지역에 "Korean Settlement(한인 지역)"라고 적혀 있다. 1908년 당시에 파차파 캠프는 한인 이민자들이 살고 있는 지역으로 알려져 있었는데, 이미 1907년 리버사이드 파차파 캠프에는 한인 200여 명 이상이 모여 살았고, 한인타운이 형성되어 있었다.[7]

이제 도산 안창호가 1904년 리버사이드로 이주하면서 한인 동네가 형성된 과정을 살펴보기로 하자. 도산 안창호는 자신의 경제적 어려움을 해결하고자 리버사이드로 떠나, 1904년 3월 23일 도착했다. 그리고 허드렛일을 하는 일자리를 찾을 수 있었는데, 급료는 하루에 2달러

---

[6] Joan Hall, *A Cirtrus Legacy, Riverside*, California: Highgrove Press, 1992, 38.
[7] 『공립신보』(1907년 6월 7일자)에 따르면, 리버사이드의 공립협회 회원은 150명이었다. 부인들과 자녀들을 합치면 충분히 200명이 넘는 규모임을 알 수 있다.

50센트였다.[8] 도산 안창호가 무일푼으로 리버사이드에 도착했을 때, 이 강과 정재관이 마중을 나왔다.[9] 도산은 장경과 다른 사람들에게 여비를 빌려서 기차로 리버사이드에 도착한 것으로 알려져 있다.[10] 특히 장경은 도산을 리버사이드로 이주하게 한 징검다리 역할을 한 인물로 짐작된다고 이선주는 밝히고 있다.[11] 그러나 도산의 막내아들 안필영(랄프)은 어머니 이혜련 여사의 오촌 외숙인 김인수가 리버사이드에 거주하고 있었고, 그가 도산을 리버사이드로 오도록 권유했다고 필자에게 말해주었다.[12] 김인수는 최초로 리버사이드에 정착한 인물 중의 한 사람이며, 초기 파차파 캠프의 운영을 책임진 중요한 인물이다.

『공립신보』(1905년 12월 6일자)는 도산 안창호를 환영하기 위해 리버사이드에서 열린 기념식을 다음과 같이 보도했다. "환영 총회장. 지나간 예배 삼일 오후 7시 30분에 리버사이드 지방회에서 총회장 안창호 씨를 위하여 환영회를 열었다. 송백과 화초로 회관 내외를 보기 좋게 단장하였고 지방 회장 김인수 씨가 예식을 거행하였다. 김성무, 오대영, 이정래, 이경숙 제씨가 재미있는 연설과 애국가를 화답하였고, 또 미국 부인 두 분이 미국 국가와 다른 노래로 화답하였다. 본국 손님이 50여 인이오, 미국 손님이 10여 인이 참석하였다더라." 김인수가 리버사이드 지방회장으로서 예식을 거행했고, 1905년 11월 리버사이드 공립협회 회원이 70명이었던 점에 비추어 참석할 수 있는 사람 대부분이 참석한 것으로 보인다.

---

8 Hyung-chan Kim, *Tosan Ahn Ch'ang-ho: A profile of a prophetic patriot*, Tosan Memorial Foundation, 1996, 33.
9 이선주, 138.
10 Ibid., 137.
11 Ibid., 138.
12 2017년 7월 12일 안필영(랄프)에게서 온 이메일.

이선주는 1905년 조직된 한인 공립협회는 리버사이드 파차파 캠프 거주자들이 주요 구성원이라고 밝혔다. "파차파 캠프 거주자들을 주요 구성원으로 삼아 조직된 한인 공립협회의 핵심 일꾼들은 도산에게 '우리가 생활비를 부담하겠으니 하와이에서 건너오는 동포 이주민들에게 직업을 알선해 달라. 그리고 그들이 공동체를 형성하는 것을 도와 달라. 그러기 위해 샌프란시스코에 올라가 활동해 달라'고 요청하였다."[13] 즉 하와이에서 샌프란시스코로 이주한 한인들이 미국 본토에서 안정적으로 살아갈 수 있도록 돕는 역할을 도산 안창호에게 맡긴 것이다. 그래서 공립협회 본부가 샌프란시스코에 설립된 것이다.

한편, 공립협회 회원 송현주는 하와이에서 본토로 이주하려는 한인들이 곤경에 처하자 직접 개입하여 문제를 해결했다. 『공립신보』(1906년 8월 25일자)에 송현주가 일본 영사에게 항의하여 여행 허가증을 받아내 공립신보사에 맡겼으니 찾아가라는 광고가 실렸다. 송현주는 당시 하와이 이민국에서 일했던 인물이다. "삼가 말씀드리는 것은, 제가 하와이의 이민국에서 사무를 볼 때에, 일본 영사가 화륜선 회사에 어울려 한통속이 되어 본국 동포의 여행 허가증을 내어주지 아니하므로 저와 뻬섭 씨가 담판하고 그 여행 허가증을 각 주에 전하였습니다. 그러다가 아직까지 전하지 못한 여행 허가증 15장을 공립신보사에 맡기고 광고하오니, 여행 허가증을 찾아가시는 동포는 한 사람마다 광고비와 우표비를 아울러 20선씩을 신보사로 보내고 찾아가십시오. 여행 허가증 찾아갈 여러 사람의 성명을 왼쪽에 기재함."[14] 이 기사를 통해 하와이에서도 일본 영사의 방해로 한인들의 본토 이주가 힘들었고, 공립협

---

13 이선주(2003), 「리버사이드에서의 도산 안창호의 활동: 1904-1911」, 『미주한인사회와 독립운동』, 미주한인이민100주년남가주기념사업회, 147.

14 15명 명단은 '한창생, 백공세, 이성우, 김명섭, 김종옥, 이선창, 장기남, 오진국, 김창현, 엄용섭, 한홍주, 김시경, 이현세, 이내수, 홍석규'이다. '누약류 송현주 알림'

회에서 문제를 해결하여 한인들이 본토로 이주할 수 있었다는 것을 알 수 있다.

공립협회는 샌프란시스코에 도착한 한인들을 리버사이드 파차파 캠프로 보냈다. 그리고 한인들이 그곳에서 오렌지 수확하는 일을 하면서 공동체 생활을 하도록 하는 계획을 수립하고 발판을 마련해주는 역할을 했다. 하와이에서 샌프란시스코에 도착한 한인들은 대부분 영어도 못 했고 무일푼 상태였기 때문에 공립협회의 도움이 매우 절실했다. 공립협회는 한인 노동자들이 샌프란시스코에서 리버사이드까지 이동하는 데 필요한 기차 여비, 점심 등을 제공해주었다. 이처럼 공립협회는 한인들이 리버사이드 파차파 캠프로 이주하는 데 결정적인 도움을 주었다.

최봉윤은 공립협회와 안창호가 조직적으로 리버사이드에 한인타운을 만드는 계획을 수립하고 실행했다고 밝히고 있다. "공립협회는 힘이 세고 경험이 많은 노동자들을 리버사이드로 보내는 계획을 세웠다. 한인들에게 '리버사이드에 도착하면 백인 농장주들에게 선금을 요구하지 말고 거주지부터 형성하라'고 했다. 또한 공립협회는 조직을 정비하여 한인 노동자들 10명이 한 팀으로 운영되도록 했다. '우리가 가진 것은 정직밖에 없다. 농장주가 보고 있든 아니든 시간을 낭비하지 말고 우리는 열심히 일을 해야 한다. 그래야 우리는 오늘 일하고 내일도 일할 수 있다. 우리가 열심히 일해서 농장주들이 우리를 신임하면 우리의 친구인 김씨, 이씨 또는 박씨도 일자리를 찾을 수 있다. 그러면 한인 노동자들 모두가 언제 어디서든 일자리를 찾을 수 있다'."[15]

이처럼 도산 안창호의 지침에 따라 리버사이드 한인들은 파차파 캠프 공동체를 형성했고, 열심히 일하면 다른 한인들에게도 도움이 된

---

15 Choy, 1979: 106.

다는 생각으로 정직하고 성실하게 오렌지 수확하는 일을 했다. 한인 노동자들이 백인 농장주들의 신임을 얻어 노동시장에서 일인보다 선호되고 있다는 『공립신보』의 기사가 이 같은 정황을 뒷받침해준다.[16]

민주주의의 씨앗이 뿌려진 파차파 캠프

『공립신보』 1905년 11월 22일자(창간호)에 공립협회 총회장 안창호가 리버사이드를 시찰했다는 보도가 있다. "공립협회 총회장 안창호 씨가 지난 7월에 이곳에 와서 공립협회에 범백사위를 주야로 뇌심갈력 하더니, 그러한 결과로 지금은 회부가 차례로 확장이 되어 총회 조직도 되고 총회 회관도 세우고 회부가 거의 정돈이 된 고로, 이달 23일에 이곳서 떠나 리버사이드로 가서 그곳 회부를 시찰할 터이라더라." 그리고 1905년 12월 리버사이드 공립협회 회원이 이미 70명이라는 보도를 통해 리버사이드 지역이 당시 최대 규모의 한인타운을 형성했다는 것을 알 수 있다.

『공립신보』 1905년 12월 21일 총장순찰(總長巡察) 기사는 다음과 같다. "총회장 안창호 씨가 각 지방에 순찰한 정형이 왼쪽과 같더라. 샌퍼랜드에는 경찰 허승원 씨가 인도하는데, 회원들이 서로 화목하고 서로 사랑하는 것이 친동기 같고 회를 대하여 존중히 여긴다 하였고, 로스앤젤레스에 정형은 본래 한인이 많지 못하므로 더 나아가지도 아니하고 물러가지도 아니하였다 하였고, 리버사이드에는 지방회장 김인수 씨가 주장하는데, 회원의 수효가 60여 인에 달하고 그 규모가 날로 진보하며, 겸하여 근검하며 공사에 대하여 열성이 많고, 회중으로서 순검 2인을 칙령하여 잡된 일을 금단하며 위생과 제도를 실효 있게 경찰하

---

16 『공립신보』, 1906년 4월 14일자.

니, 변동 새 세계를 이루었고, 레드랜드에는 경찰 안석중 씨가 인도하는데, 그곳 회원들이 지방회 인허가 속히 되지 아니하므로 분격한 마음이 급도에 지냈으나, 이것이 열성으로 좇아 났다 하였고, 규카몽가에 회원들은 단합하기를 힘써 회에 목적을 달코저 한다 하였더라."

1905년 12월 총회장 안창호가 각 지부를 순찰하고 그곳들의 정황을 평한 기사가 실렸다. 그중 리버사이드는 회원 수가 60여 인에 달하고, 근검하며 공적인 일에 열성이 많다고 평했다. 또한 리버사이드는 순검 2인이 있어 잡된 일을 금단하며 위생과 제도를 경찰한다고 했는데, 리버사이드는 1905년 이미 규율에 따라 도시 위생과 질서를 관리하고 있었다. 이러한 바탕이 있어서 1911년에 자치 규정이 매우 구체적으로 제정될 수 있었다.

파차파 캠프는 엄격한 규율을 제정하여 위반하는 사람들에게는 벌금을 내게 했다. 『신한민보』 1911년 12월 11일자 기사는 "하변동의 자치 규정"이라는 제목으로 상세히 보도했다.

"자치는 스스로 다스림이니 스스로 서는 지경에 들어가는 문이라. 인류의 자치 문제가 생긴 때에 또한 속박의 화가 등 뒤에 있어, 만일 자치하는 능력이 없으면 스스로 어지러우며 질서가 문란하고 정신이 와해하여 남에게 다스림을 받느니, 야만이 문명에게, 노예가 주인에게, 짐승이 사람에게 무릎을 꿇어 눈치를 보며 잔명을 보전하나니라. 사람이 야만이 아니오, 노예가 아니오, 짐승이 아닐진대 어찌 인생의 낙취를 잃고 일생을 근심과 탄식함에 보내리오. 그런 고로 나라나 고을이나 저 자나 개인이나 모두 자치 제도가 있어서, 적은 무리든지 많은 무리든지 법률 범위 안에 약속이 완전한 후에 가히 한 나라를 다스려 인민이 생존하느니, 당당한 대국민이 오늘까지 자치 제도를 조직하지 못함이 과연 부끄러운 일이로다.

간절히 생각건대, 미주에 재류한 동포가 생업의 추향을 인하여 한 곳에 모여 있는 때가 오래지 못한 까닭으로 재류 지방에 공동한 규모를 지키지 못하였으며, 이로 인하여 패류의 출몰함이 동포의 안녕 복리를 방해하는 일이 없지 아니하였나니, 미주 한인의 영예를 손상함이 심히 두려운지라. 시냇물이 넘치다가 강물이 넘치고 바닷물이 넘쳐 생명이나 재산을 쓸어가지고 도도히 흘러가면 이를 막을 자가 그 누구이뇨.

본 지방회는 국민회의 한 지회요, 헌장을 받들어 한 지방을 거느림에 책임이 중대한지라, 동포의 현황을 살펴 전전긍긍함을 말지 아니하는바, 11월 18일에 특별회를 열고 현시 정형을 침작하며 예론을 거두어 왼쪽에 자치 규정을 공포하노니, 이를 가져 완전한 제도라 할 수는 없으되, 종래로 혹화를 받던 폐해를 막음에 먼저 착수함이라. 본 지방 하변동에 거류하는 일체 동포는 모두 이 규정에 복종할 의무가 있느니, 서로 인도하며 서로 권면하여 각근히 지켜 행함을 바라노라.

약장

제1조 본 지방에 거류하는 조국 동포의 타락함을 건져 공동한 행복을 구하며 지방 자치를 실행하기 위하여 왼쪽에 기록한 약장을 정한 일
제2조 술을 금지할 일
제3조 노름을 금지할 일
제4조 아편을 금지할 일
제5조 쟁투를 금지할 일
제6조 이상에 약정한 규정을 범하는 자가 있으면 자치부 벌칙에 처할 일

벌칙

제7조 (술) 처음 범하는 자에게는 권유하고 벌금 50전, 두 번 범하면 견책하고 벌금 1원, 세 번 범하면 견책하고 벌금 3원을 증수할지오,

3차 이상은 엄중한 벌에 처할 일

제8조 (노름) 처음 범하는 자에게는 견책하고 벌금 2원 50전, 두 번 범하면 벌금 5원, 세 번 범하면 벌금 10원을 증수할지오, 3차 이상은 엄중한 벌에 처할 일

제9조 (아편) 이왕부터 아편을 빨던 자이면 본 지방에 들어오는 날부터 1개월 약정하고 아편을 끊게 하며 기한이 넘도록 짐즛 범하면 엄중한 벌에 처할 일

제10조 (쟁투) 말로 싸우는 자에게는 권유와 견책을 행하며, 구타하기까지 이르면 손을 걸은(손찌검을 한) 자에게는 견책하고 벌금 5원, 체면을 보유하여 이를 피치 않고 마주 달려드는 자에게는 견책하고 벌금 2원 50전을 증수할지오, 심한 지경에는 엄중한 벌에 처할 일

(쟁투에 대한 중벌은 축출하거나 혹 지방 경무서에 교섭함)

직원

제11조 본 규정을 실행하기 위하여 본 지방 국민회 평의회로써 자치 위원 3인을 선정하여 자치부 사무를 집행케 할 일

(자치 위원은 어느 지방회원을 물론하고 상당한 자격을 취하여 선거함.)

제12조 일반 동포를 단속하며 자치 위원을 협찬하기 위하여 동포의 선택으로 경찰 2인을 둘 일

제13조 자치 위원의 임기는 2개월, 경찰의 임기는 1개월로 정할 일.

제14조 임원이 범법한 자를 사사로 용서하여 은휘하는 자에게는 범죄자 해당한 벌에 갑절 되는 벌에 처할 일

준행방법

제15조 자치 위원과 경찰이 사무를 집행하되 본 지방 동포의 전체가 합동 처리할 일

제16조 본 규정을 일반 동포가 힘써 지키기 위하여 규정 동맹 안에 각히 친수로 이름을 적어 넣을 일

제17조 본 지방에 노동 주선인은 자치 위원의 조사와 승낙을 얻은 자에게만 노동을 허락할 일

제18조 본 지방에 새로 들어온 동포는 자치 위원을 면회하여 동중 규례를 자세히 물어보고 이를 준행할 일

제19조 벌금은 자치 위원이 증수하여 본 지방 국민회 재무에게 전수할 일

제20조 본 규정은 11월 18일에 발포하여 동월 20일부터 시행할 일

부칙

제21조 자치 기관이 완전히 설립된 후에는 본 규정에 가감이 있을지니 자치 위원이 이를 본 지방 평의회에 제정하여 수시 반포할 일

건국 4244년 11월 8일
대한인국민회 하변동 지방회
자치 위원 김인수 김성삼 이상규
경찰 안리영 조갑석"

리버사이드 지역 농포들은 질서 있는 마을을 만들기 위해 스스로 엄격한 규정을 만들고 실천했다. 규정의 시행에 있어서는 동포 전체가 합동으로 처리하도록 했는데, 특히 개인들에게 자치 규정에 직접 손으로 이름을 적어 넣도록 하는 것은 자치 규정의 실현이 자치 위원과 경찰의 실천에 국한된 것이 아니라, 리버사이드 동포 모두에게 달려있다는 것을 확인시켜주었다. 또한 이 규칙은 리버사이드 지방 거주민들의 행위 원칙이므로 새로 온 동포들은 이 규례를 배워 알고 있어야 했다.

일자리도 조건 없이 주선해주는 것이 아니라, 자치 위원의 승인을 받은 사람에게만 기회가 주어지도록 했다. 이처럼 리버사이드회 회원들은 지역 공동체의 질서와 안녕을 위해 자발적으로 규율을 제정하고, 리버사이드 지역 공동체가 합리적이고 투명하게 운영되도록 했다.

리버사이드는 자치 규정을 제정하고 실천하여 타 지역의 모범이 되었다.『신한민보』1912년 2월 5일자 기사는 다음과 같다. "각 지방이 모범을 삼을 일. 리버사이드에서 타락한 동포를 건지기 위하여 자치제도를 실행함은 원근이 다 아는 바이어니와, 다시 들은즉, 그간에 규칙을 범한 자가 있는 고로, 자치위원과 특별경찰이 잠시도 쉬지 않고 주야로 따라다니며 열심으로 경찰한 결과로, 이로부터 해지에 종종한 폐습을 숙청하였으니, 치안을 유지하면 행복이 따라 이를지라. 그런 고로 특별경찰 조갑석 씨의 근로를 치하하며, 또는 각처 동포에게 간절히 바라노니, 리버사이드를 모범하여 동중 규칙을 실행함에 엄려한 수단을 씀이 가할까 하노라."

리버사이드 사람들은 자신들 단체가 더 큰 단체를 구성하는 작은 단위로서, 그것의 상위 조직에 대해 의무와 권리를 지니고 있다는 사실을 인식하고 있었다. 그렇기 때문에 지역의 규율을 제정하고 실천하는 것을 넘어서, 북미총회의 자치 규정을 공부하는 것을 하나의 관습으로 삼아, 한 달에 한 번씩 열리는 리버사이드 지방회 통상회의 전에 함께 배우고 가르쳤다.『신한민보』1915년 4월 29일자 내용이다. "자치 규정을 공부. 하변 지방회에서는 매월 통상회를 모일 때마다 개회하기 십분 전으로 위시하여 그 십분 동안은 지방 학무원이 회원들에게 북미 총회 자치 규정을 가르친다 하더라."

파차파 캠프는 자치 규정과 규율을 도입하여 공동체를 설립했다. 즉, 민주 절차를 도입하고 실험한 곳이 바로 파차파 캠프라는 설명이 가능하며, 이때부터 파차파 캠프에서는 민주주의의 씨앗이 뿌려진 것이다.

미국 최초의 한인타운, 가족 중심 공동체

리버사이드 한인 공동체 파차파 캠프는 도산 안창호와 공립협회의 계획으로 설립된 한인 동네였고, 초기 한인사회 독립운동의 메카 역할을 담당했다. 공립협회와 도산 안창호가 '하와이-샌프란시스코-리버사이드'라는 이주 경로를 구상하고 조직적으로 실행에 옮긴 것이다. 도산 안창호는 이러한 한인 공동체를 구상하여 '가족' 중심의 공동체를 리버사이드 파차파 캠프에 건설하고자 했던 것으로 추측된다. 당시 한인사회는 물론 아시안 아메리칸 사회가 대부분 총각 사회였던 것과 달리 리버사이드 파차파 캠프는 여성과 아이들을 포함한 가족 중심으로 공동체가 형성된 것도 결코 우연이 아니다.

공립협회는 하와이에서 샌프란시스코에 도착한 한인 노동자들을 마중 나왔고, 빨리 정착할 수 있도록 도움을 주었다. 또한 한인 노동자들이 타 지역에 취업할 수 있도록 지원해주었다. 리버사이드로 가는 한인들이 정착할 수 있도록 기금을 모아 기차 여비를 마련해주고 점심 도시락도 준비해주었을 뿐 아니라, 기차 기관사에게 한인들이 내릴 기차역도 미리 말해두었다고 한다.[17]

리버사이드 파차파 캠프에 미국 최초의 한인타운이 형성된 것은 분명히 안창호의 지도력과 공립협회의 조직적 도움, 그리고 활짝 열린 취업 문호와 온화한 날씨 등이 복합적으로 작용해서 가능했다. 가족 중심의 한인타운, 즉 한인 공동체가 리버사이드 파차파 캠프에 형성된 것은 어쩌면 1920년대 안창호가 세우려고 했던 이상촌의 실험을 파차파 캠프에서 먼저 시도한 것은 아닌지 의문을 던져본다. 엘렌 전은 도산 안창호가 샌프란시스코에서 친목회를 조직하고 흩어져 있던 한국인들을 한곳에 모여 살게 했다고 설명하고 있다. "흩어진 한국인들을 한

---

17   Ibid., 106-107.

곳에 모아 그들이 직업을 갖고 생활하며 좀 더 나은 환경에서 살게 했다. 그곳의 생활은 한국인들 서로가 서로를 돕고 살면서 문제를 해결하는 공동체 생활이었다. 안창호는 한인 가족들을 리버사이드 파차파 캠프로 모이게 했다. 많은 한인 노동자들은 1913년 한파로 직업을 잃게 되었다. 그러나 파차파 캠프는 10년 동안 공동체 생활을 실험했던 곳이다."[18] 1913년 한파로 직업을 잃은 한인 노동자들과 가족들이 타 지역으로 떠났지만 파차파 캠프는 한인사회의 중심 역할을 하면서 1918년까지 명맥을 유지했다는 것도 이번 연구를 통해 확인할 수 있었다.

『신한민보』1910년 10월 5일자는 리버사이드가 미국에서 최초로 형성된 한인 동네임을 확인해주는 보도를 했다. "리버사이드 지방. 이곳은 미국 올 때에 제일 먼저 창설한 한인의 동리가 될 뿐만 아니라, 우리의 단체를 처음 시작하며 지방회가 제일차로 설립된 곳이더니, 그동안에 고난도 많이 당하고 주재하는 이도 자주 바뀌어 지탱하여 보존할 기약이 없더니, 지금은 김인수 씨의 가족이 다시 이곳으로 와서 그 자제 용련 씨가 주무하여 동포를 인도할 터인데, 가옥을 사고자 연방 논의 중이며, 회관 가세 부족은 김인수 씨가 대신 지급하여 아무쪼록 한인의 근거지를 유지하기로 결심이오니, 사회와 개인에 모두 다행스러운 일이 되었사오며, 신문사를 위하여 불과 7~8명 동포의 의연금이 20원이 온데, 김용련 씨가 담임하여 수송할 터이옵고"라고 보도했다. 김인수와 아들 김용련이 초기 리버사이드 한인타운 설립 및 운영의 중심 역할을 한 것으로 보인다.

특히 도산 안창호가 한국에서 신민회 활동을 하고 자주 타 지역을 순방하여 자신의 가족들을 돌보지 못했을 때, 김인수가 이혜련 여사

18　Ellen Thun, "Today's Summit Meeting; Yesterday's Pyongyang," *Korea Times*, August 14, 2000.

에게 큰 도움을 주었다고 막내아들 랄프가 증언해주었다. 김인수는 그 후 중가주의 델라노(Delano)로 이주하여 큰 농장을 운영했고, 장남 김용련은 리버사이드에 남아서 농사를 지었다. 김용련의 막내딸 바이올렛(Violet)은 교사로 근무하다가 은퇴했는데, 2018년 현재 리버사이드에 거주하고 있다.[19] 김인수는 1905년 미국으로 이주했고, 리버사이드에 거주한 후 1909년 타 지역으로 이주했다가 1910년 다시 리버사이드 파차파 캠프로 돌아와서 초기 한인타운 형성에 크게 기여했다.

1909년 7월 7일자 『신한민보』 보도에 의하면 "7월 3일 리버사이드 지방회장 차정석 씨의 청원을 접한즉, 본 지방에서 동포의 노동을 주선하던 김인수 씨가 타처로 이거하매, 외인 교제와 범백 주선할 사람이 없사오니, 총회에서 가히 감당할 만한 이를 파송하여 수다 동포를 환산하는 지경에 이르지 말게 하라 하였으므로 (…) 장차 김응규 씨를 파송하겠으되, 그 씨가 이왕 상관하던 철도 회사에 아직 마치지 못한 일이 있는 고로 끝나기를 기다려 기송하고저 하오니…"라고 했다. 즉 리버사이드에서 노동 주선사로 활동하던 김인수가 타 지역으로 이주하게 됨에 따라 새로운 한인 노동 주선사가 필요하다는 보도이다. 총회에서는 김응규를 대신 보내겠다고 했다. 1915년 4월 29일자 『신한민보』는 "리버사이드에 있는 김인수 씨의 부인은 만 리 해외에 나와서 고국 생각이 없지 않을 터인데, 근일은 본국에 있는 그의 모친께서 세상을 떠났다는 소식을 듣고 더욱 슬퍼한다 하니, 우리는 멀리 위로함을 말지 않노라"라고 보도했다. 1930년 미국 인구조사에 의하면, 김인수는 그 후 오렌

---

[19] 랄프 안(필영)이 2017년 7월 18일 필자에게 이메일 메시지로 설명을 보내왔다. 바이올렛 김은 2018년 리버사이드에서 사망했다. 따라서 그녀는 리버사이드에서 출생했고 리버사이드를 떠나지 않은 역사적 증인이다. 필자는 사망하기 몇 달 전 바이올렛 김과 인터뷰를 했고 그녀가 남긴 많은 유품을 UC 리버사이드 대학교 도서관에 기증했는데, 많은 사진과 편지 그리고 노트북이 있다.

지카운티 샌타애나로 이주하여 농장을 운영했고 1949년 사망했다.

이처럼 리버사이드 한인타운은 미주 한인이 제일 처음 세운 동네이며, 대한인국민회 지방회가 최초로 조직된 곳임이 확인되었다. 대한인국민회 본부는 샌프란시스코에 두었지만, 실질적으로 인적·재정적 지원을 제일 많이 한 곳이 바로 리버사이드 파차파 캠프이다. 차의석도 자신의 자서전 『금산』에서 리버사이드가 미국 최초의 한인 거주지라고 밝히고 있다. "모두들 그곳의 온화한 날씨와 일자리, 그리고 생활 조건에 만족해했다. 이곳이 미국 최초로 수년 동안 한인들이 거주한 지역이 된 것은 결코 우연이 아니다. 그 후 근처의 레드랜드,[20] 업랜드, 클레어몬트 지역에도 한인 거주지가 형성되었지만, 한인이 가장 많이 거주한 곳은 리버사이드였다."[21]

리버사이드가 미주 한인들에게 각별한 의미를 지닌다는 것은 지방회관 폐쇄 관련 기사에서도 나타난다. 기자는 '리버사이드 지방회관'이 기념적이라고 보도했는데, 그 이유는 지방회관의 역사가 오래 되었기 때문이다. 리버사이드 지방회관이 위치한 '1532 파차파 애버뉴'라는 주소가 한인들에게 큰 의미를 지녔던 것이다. 그리고 북미총회가 관할한 지방회 가운데 가장 먼저 생긴 지방회라는 의미에서 북미총회의 발상지라고도 평했다.

1918년 1월 31일자 『신한민보』는 "기념적 리버사이드 지방 회관"이라고 보도하면서 리버사이드 지방회가 북미총회의 발상지임을 밝히

---

20 1909년 안석중과 그의 아들 하비가 이끄는 레드랜드의 한인 지도자들은 레체 캐니언에 200에이커의 땅을 매입하여 한인들을 이주시켜 '한인 거주지'를 형성하려고 했다. 그러나 1912년 그 땅이 매각되면서 한인타운 설립 꿈은 실패했다. 1913년 외국인 토지법이 통과된 후, 한인들은 더 이상 토지를 소유할 수 없게 되었다.

21 Easurk Emsen Charr, *The Golden Mountain: The Autobiography of a Korean Immigrant 1895-1960* (Edited by Wayne Patterson, 2nd edition), University of Illinois Press, 1996.

고 있다. "북미총회의 발상지가 어디냐 하면 리버사이드요, 리버사이드의 명예가 어디 있느냐 하면 1532 파차파 애버뉴에 10여 년간 병이 없이 서 있는 지방회관이라. 그러므로 북미총회 관할하에 부속된 한 국민회 분자치고 누구나 모두 리버사이드 지방회관에 대하여 공경도 하고 사랑도 하는 터인데 최근 같은 지방으로부터 오는 통신을 거한즉 매우 섭섭한 일이 많도다.

그 통신을 간략히 기록하건대 이 아래와 같으니 '본 지방 재류인의 수효는 성년자가 15인가량이오, 부인이 10인이오, 소아가 20명이니 도합 45인이라. 그러나 직무와 의무를 다하는 자는 9분의 1이 되지 못하므로 매월 통상회에 출석하는 자가 불과 4, 5인이오, 많이 모인다는 예배회에도 남녀 소아를 다 합해서 겨우 15인이라. 이렇게 영성한 힘을 가지고 지방회를 유지하기 불능하므로 이달부터 회관을 폐지하고…' 하였더라. 이전에 로스앤젤레스에도 이와 같은 경우가 있어서 회관을 폐지하기로 하였다가 '투 올리버 코트(2 Oliver Court, 로스앤젤레스 지방회 주소)'란 몇 글자를 차마 버릴 수 없어서 계속 유지하기를 꾀하였나니, 지금 리버사이드의 '1532 파차파 애버뉴'도 또한 이와 같이 중하게 보기를 바라노라. 리버사이드는 로스앤젤레스보다도 역사가 더 오래고 공적이 더 많은 곳이라 하노라."

대한인국민회 북미총회의 발상지는 리버사이드이고, 모두가 공경하고 사랑하는 지방회이며, 로스앤젤레스보다 오랜 곳이고 역사적인 곳임을 『신한민보』는 밝히고 있다. 그리고 기자는 리버사이드 지방회관 폐쇄 논의에 대해 리버사이드 지방회관의 오랜 역사와 공적을 상기시키며 회관이 계속 유지되기를 바라는 논조이다. 실제로 1918년 초까지는 리버사이드 지방회관이 폐쇄되지 않았으나,[22] 1918년 말에 지방회관

---

22 『신한민보』, 1918년 2월 14일자, "회관 폐지는 풍설"

이 폐쇄되고 다른 곳으로 이전하게 된다.

초기 미주 한인사회 최대의 한인타운

초기 미주 한인사회의 최초, 최고, 그리고 기념적인 대한인국민회 지방회는 바로 리버사이드의 파차파 캠프이다. 리버사이드 파차파 캠프가 미국에서 형성된 최초이자 최대의 한인타운 또는 한인동네라는 사실은 『신한민보』 보도와 여러 객관적 자료들을 통해 확인이 가능하다. 리버사이드 파차파 캠프에 거주했던 한인 인구는 정확하지 않으나 『공립신보』(1905년 12월 21일자)는 공립협회에서 실시한 회원 조사에서 "지난 11월(1905년 11월)에 조사한 회원의 수효가 상항 지방회에 소관된 회인이 103인이오, 리버사이드 지방회에 소관된 회인이 70인이오, 12월에 새로 든 회원의 수효는 아직 조사하지 못하였더라"고 보도했다. 즉 이미 1905년 리버사이드 파차파 캠프에 거주한 한인의 숫자가 공립협회 회원(남성만 회원 가능)이 70명, 그리고 가족(여성과 아이들)을 합치면 100명이 넘는 것을 의미한다.

『공립신보』 1906년 12월 22일자에 "북미 우거한인 개황"이라는 제목으로 당시 본토로 이주한 한인 숫자와 공립협회 가옥, 개인 가옥 숫자를 보도했다.

인구가옥

광무 10년 연종까지 미국 내지에 건너온 동포가 1,300여 명인데 주접하는 공사 가옥은 왼쪽에 구별 표와 같다. 생업은 철로 역사와 광산 역사와 과실 농장 역사와 채원 역사고 그 밖에는 서양 여관과 사가에서 방옥 소쇄하기와 식공 동절을 도와주는 일이다. 학업계는 대학교 생이 6인이고, 보통 주학생이 70인가량이고, 야학생이 100여 인이더라.

공동가옥

- 공립협회의 속한 집이 7인데 오클랜드에 2이고, 로스앤젤레스에 1이고, 리버사이드에 1이고, 레드랜드에 1이고, 락스프링스에 1이고, 보이스에 1이다.
- 대동교육회에 속한 집이 2인데 로스앤젤레스에 1이고, 새크라멘토에 1이다.
- 한인예수교회에 속한 집이 2이니 샌프란시스코에 1이오, 로스앤젤레스에 1이다.

사접가옥

- 여관 영업하는 집이 3인데 새크라멘토에 1이고, 로스앤젤레스에 1이고, 쏠트레이크에 1이다.
- 사사로이 우접한 집이 16인데 리버사이드에 5이고, 레드랜드에 3이고, 로스앤젤레스에 1이고, 업랜드에 1이고, 샌퍼랜드에 1이고, 프레즈노에 1이고, 샌라도에 1이고, 댄버에 1이오, 네브라스카에 1이오, 뉴욕에 1이더라.

『공립신보』 보도에서 본토로 이주한 한인이 1,300명이며 대부분 철도 공사, 광산일, 농장일, 그리고 허드렛일로 생업을 유지하고 있었다는 것을 알 수 있다. 또한 낭시 리버사이드에 개인 가옥이 제일 많았다는 것도 알 수 있다. 리버사이드에 여관이 없었다는 것은 임시 노동자들의 거처가 아님을 간접적으로 설명해주고 있다.

또한 1907년 6월 7일자 『공립신보』는 협회요록의 "회원조사" 항에서 "공립협회 회원 수는 상항 291명, 그리고 하변 150명"이라고 보도했다. 샌프란시스코 회원 중 환국한 회원이 16명이며 사망한 회원이 2명이었다. 로스앤젤레스 회원은 127명이고, 레드랜드 회원은 52명, 그리고 록스프링스 회원은 34명으로 확인해주었다. 즉, 1907년 신사협정이 발효되어 본토로 이주하는 것이 금지될 것을 우려하여 많은 한인들이 하와이에서 샌프란시스코와 리버사이드로 이주한 것으로 보인다. 파차파 캠프의 한인타운은 지금까지 알려진 규모보다 거의 4배 가까이 많은 한인들이 거주한 것이 확인되었다. 1907년 공립협회 회원이 150명인데, 부인과 자녀들을 합치면 200명이 훨씬 넘는다. 오렌지 수확 기간에는 100명 이상의 한인 노동자들이 리버사이드로 몰려왔기 때문에 300명 이상 거주했다는 것을 의미한다. 이것은 리버사이드가 미주 최초, 그리고 최대의 한인타운을 형성했다는 것을 의미한다. 리버사이드에 근접한 레드랜드 지방회원까지 합치면 샌프란시스코와 비슷한 한인 인구가 인랜드 지역에 거주하고 있었다는 것을 의미한다. 실제로 파차파 캠프에 거주했던 한인들이 근처 레드랜드, 업랜드, 그리고 클레어몬트에 일하러 갔다가 다시 리버사이드로 오는 사례가 많았다.

필자가 확인한 한인장로선교회 명단과 『신한민보』에 거론된 한인들의 이름을 합하면 200여 명이다. 1906년 현지 신문인 『리버사이드 데일리 프레스』는 당시 50여 명의 한인 청소년들이 교회와 주일학교를 다니고 있다고 보도했다.[23] 청소년들만 50명이 넘는다면 당시 리버사이드 거주 한인 인구는 이미 200명이 넘는 것으로 추측된다. 분명한 것은 대부분의 한인이 오렌지 농장일과 허드렛일을 쉽게 구할 수 있는 부촌인 리버사이드로 이주했고, 파차파 캠프는 초기 한인들의 거점 지역, 즉 베이스캠프 역할을 하면서 당시 최초이자 최대의 한인타운을 형성한 것이다. 오렌지 수확 기간에는 100명의 노동자를 구한다는 광고가 있는데, 최대 300명까지 파차파 캠프에 한인들이 거주했다는 것을 알 수 있다.[24]

---

23 *Riverside Daily Press*, January 8, 1906.
24 『신한민보』 1912년 12월 9일자, "광고. 삼가 말씀드리는 것은, 본인이 금년에 귤(오렌

파차파 캠프

한인 집단 거주 지역이었던 리버사이드 한인타운을 사람들은 "파차파 캠프" 또는 "안도산 공화국"으로 불렀다고 한다. 첫 번째 이름은 한인 집단 거주지의 주소가 1532 파차파 애버뉴(1532 Pachappa Avenue)였기 때문에 길 이름을 따서 '파차파 캠프'로 명명한 것이다. 한인들이 터를 잡은 그곳은 미국인 소유주로부터 임대한 땅으로 면적이 2.96에이커였는데, 17개 동에 한인들이 모여 살았다.[25] 두 번째 이름은 1911년 대한인국민회 북미지방총회 회장이었던 강명화가 지은 것이다. 그는 도산의 지도력에 힘입어 훌륭한 민족공동체로 성장하고 있는 리버사이드 한인타운의 모습을 보고 감동하여 이름을 붙였다.[26]

그런데 1911년 대한인국민회 북미총회 회장은 황사용이다. 강명화는 북미총회 부회장이었다. 중앙 총회장은 최정익이었다.[27] 일제 강점기인 1911년 '공화국'이라고 불릴 정도로 파차파 캠프는 민주주의 원칙에 따라 법과 규칙을 만들고 절차에 따라 법을 집행하여 질서를 유지했다. 민주주의의 씨앗이 뿌려진 곳이 파차파 캠프라고 해도 과언이 아닌 듯하다.

이선주는 또한 민병용의 『미주이민 100년: 초기 인맥을 캔다』를 인용하여 "파차파 애버뉴(Pachappa Avenue)가 커머스 스트리트(Commerce

---

지) 따는 일을 많이 얻었으나, 일꾼이 부족하오니 첨위 동포는 할 수 있는 대로 와서 저를 도와주시기를 바라나이다. 일꾼은 85명으로부터 100명까지 쓰겠으며, 공전은 아홉 시에 2원씩이며, 일은 이달부터 시작하오며, 일 기한은 여덟 달에 맞추오니, 금전에 주의하시는 동포는 속히들 오시옵소서. 12월 7일 김용년 고백. 1532 Pachapa Ave, Riverside, Cal"

25 민병용(1986), 『미주이민 100년: 초기 인맥을 캔다』, 한국일보사 출판국, 202-203.
26 Hyung-chan Kim, 102; 이선주, 129. (필자는 강명화가 1919년 6월 17일 멕시코에서 미국 애리조나주 더글러스로 입국한 기록을 발견했다. 그의 직업은 의사로 적혀 있다.)
27 『신한민보』, 1911년 12월 11일자.

Street)로 바뀌었는데, 현재 바뀐 주소는 4430 커머스 스트리트(4430 Commerce Street)"라고 밝히고 있다.²⁸ 그러나 리버사이드시 역사보존팀의 도시계획 부설계사인 스콧 왓슨에게 확인해본 결과, 현재의 정확한 주소는 3096 코티지 스트리트(3096 Cottage Street)로 밝혀졌다. 원래 주소인 1532 파차파 애버뉴(1532 Pachappa Avenue)는 1932년 4532 파차파 애버뉴(4532 Pachappa Avenue)로 바뀌었다. 그리고 1952년에는 길 이름이 바뀌어 4532 커머스 스트리트(4532 Commerce Street)가 되었다. 후에 남가주가스회사가 그 근처 토지를 전부 매입하여 건물을 지으면서 주소가 3096 코티지 스트리트로 통합된 것이다. 따라서 아쉽게도 초기의 모습은 전혀 보존되지 못하게 되었다.²⁹ 이번 연구를 통해 파차파 캠프의 정확한 위치와 주소를 밝혀낸 것도 큰 성과 중의 하나다.

파차파 캠프의 정확한 위치는 북쪽으로 코티지 스트리트, 동쪽으로 하워드 애버뉴(Howard Avenue), 남쪽으로 코티지 스트리트와 플레전트 스트리트(Plesant Street)의 중간, 그리고 서쪽으로 파차파 애버뉴(현재는 Commerce Street)인 것으로 추정된다. 그곳은 1908년 뉴욕의 산본회사에서 제작한 리버사이드 보험 지도에도 'Korean Settlement(한인 거주 지역)'으로 표시되어 있다. 지도는 1908년 이전부터 그 지역에 이미 한인들이 거주하여 한인 거주 지역으로 인정받고 있었다는 것을 증명하고 있다.

당시 리버사이드 파차파 캠프에 거주했던 백광선(Mary Paik Lee)에 의하면,³⁰ "목조 건물 약 스무 채가 있었는데, 모두 한 층짜리였고, 외형

---

28 이선주, 131; 민병용, 1986.
29 스콧 왓슨(Scott K. Watson)은 리버사이드시 역사 보존을 담당하는 도시계획 부설계자이다.
30 파차파 캠프가 있었던 땅은 현재 남가주가스회사(Southern California Gas Company)와 모빌석유회사(Mobil Oil Company)가 있는 곳이다. 그리고 미국 최초의 한인타운으

이 실용적인 형태였다. 커뮤니티센터와 두 세대용 건물은 한 층 반짜리였다. 대부분의 목조 건물은 직사각형이었고, 세 채의 건물은 정사각형, 또 다른 건물은 알파벳 엘(L) 자 모양이었으며, 모두 한 개씩의 창문이 있었다. 다섯 채는 창문 가리개가 있었고, 열두 채는 타일 굴뚝이 있었다. 두 채의 건물에는 스토브 파이프가 있었지만, 다른 두 채의 건물에는 굴뚝이 없었다."[31] 이 목조 건물들은 일종의 판잣집으로, 당시 한인들의 열악한 거주 환경을 그대로 보여주고 있다. 한인들이 이곳에 1904년부터 거주하기 시작했고, 1930년대에는 멕시칸 거주 지역으로 바뀌었다. 차의석은 "이곳 남가주는 날씨가 화창하고 오렌지 농장과 옛 친구들이 주변에 있어 나는 행복했고 안정감을 느꼈다. (…) 빨간색의 오두막들로 이루어진 이곳은 14가와 철도길 사이에 위치해 있다"[32]고 했다. 파차파 캠프는 일종의 판자촌으로, 철도 바로 옆에 위치하여 매우 시끄러운 환경이었고, 백인 주거 지역으로부터 분리된 공간이었다.

엘렌 전도 비슷하게 기억하고 있다. "파차파 캠프는 유니언 퍼시픽 철도(Union Pacific Railroad) 회사 직원들이 사용하던 곳이었다. 그곳은 이삼십 채의 빨간 판잣집들로 이루어져 있었고, 집 한 채에는 방이 세 칸 있었다. 그곳에서 부인들과 자녀들이 함께 생활했기 때문에 가족들이 사용할 수 있도록 확장할 수 있게 되어 있었다. 유니언 퍼시픽 철도 회사 관리자들이 사용했던 이 층짜리 건물은 위층에는 방이 서너 개가 있었고, 아래층에는 부엌과 식당이 있었다. (…) 파차파 캠프에는 후추나무가 흔하게 있었는데, 나뭇가지는 축 처진 데다가 빨간 딸기 같은 열매

로 리버사이드시에서 인정한 주소는 3096 코티지 스트리트(3096 Cottage Steet)인데, 그곳은 남가주가스회사 소유이다. 3096 코티지 스트리트에 공식 표지판이 세워졌다.

31 Insurance Map of Riverside, Ca (New York: Sanborn Map Company, 1908), 48.
32 Easurk Emsen Charr, *The Golden Mountain*, University of Chicago Press, 1961, 151.

가 나무에서 떨어져서 약간 음침했다. 리버사이드는 항상 더웠고 먼지가 날렸으니, 결코 아름다운 모습은 아니었다. 그러나 우리는 파차파 캠프의 후추나무를 최고의 것으로 기억하고 있다."[33]

전낙청의 딸 엘렌 전은 가족이 하와이에서 샌프란시스코를 거쳐 리버사이드 파차파 캠프로 이주한 상황을 생생하게 밝히고 있다. "우리 가족은 하와이에서 단지 옷 가방만 들고 리버사이드 파차파 캠프로 이주했다. 그곳은 철도역 근처에 위치해 있었기 때문에 쉽게 찾을 수 있었다. 파차파 캠프에는 약 스무 채의 조그마한 집들이 있었는데, 모두 똑같이 빨간색 페인트로 칠해져 있었다. 그 집들은 예전에 철도 건설 인부들이 사용하던 건물로, 철도가 완공된 이후 버려졌다고 한다. 한인들은 이곳에 1904년부터 이주해와서 정착하기 시작했다. (…) 곧 '한인 노동국'이라는 한글 간판이 보였고, 우리는 드디어 목적지에 도착한 것을 알았다. 누군가가 나와서 우리 가족을 맞이해주었는데, 그는 우리가 올 것을 미리 알고 있었던 것 같았다. 그는 우리 가족을 방 세 칸짜리 집으로 안내했다. 그곳에는 침대도 있었다. 우리는 '더 이상 지푸라기 위에서 자지 않아도 된다'며 기뻐했다. 또한 등유 난로와 램프가 있었고 부엌에는 쌀과 식기들이 있었다. 그리고 김치도 있었다. 어머니는 감격하여 얼굴을 돌리고 눈물을 흘렸다. 사람들은 우리에게 정말 친절했다."[34] 엘렌 전은 "비록 판자촌의 조그마한 집이었지만, 하와이에서의 생활보다는 훨씬 좋은 환경이었다. 그곳에 이미 한인들이 정착해서 살고 있었고, 사람들이 우리를 위해 정성스럽게 쌀과 김치를 준비해주었다"고 회상했다. "열악한 환경이었지만 하와이보다는 좋은 환경"이라는 설명은

---

33 "Reviewing Our Past: Tracing Family Histories. Excerpt from November 1995 Video Shoot with Ellen Thun," Korean American Museum, December 1996.

34 Ellen Thun, "Heartwarmers," *Korea Times*, January 4, 1995.

왜 한인들이 하와이에서 샌프란시스코로 이주했고 또다시 리버사이드로 이주하여 정착했는지를 알 수 있게 하며 하와이 한인들의 노동과 주거 환경이 얼마나 열악했는지를 설명해주고 있다.

한인 노동국(Korean Labor Bureau, 1905)

1904년 3월 도산 안창호가 리버사이드로 이주했는데, 이미 도산 안창호의 지인들이 그곳에 거주하면서 오렌지 농장에서 일하고 있었다.[35] 파차파 캠프는 한인들의 조직적 이주로 만들어졌고, 한인들은 안창호의 리더십과 공립협회의 계획 아래 리버사이드로 이주했다. 당시 캘리포니아주 농장주들은 대부분 노동 알선사를 통해 노동자들을 구했는데, 리버사이드도 예외는 아니었다. 리버사이드 오렌지 농장주들 역시 노동 알선사를 통해 노동자들을 구했다. 오렌지 농장주들은 백인 노동자보다 아시안 노동자들을 선호했는데, 그 이유는 아시안 노동자들은 임금이 쌌고 더 열심히 일했기 때문이다. 리버사이드 농장에서 오렌지를 수확하는 일은 결코 쉽지 않았으나 그들은 긴 시간 일해도 불평하지 않았다.[36]

그러나 당시 캘리포니아주 대부분의 노동 알선사들은 거의 일본계가 독점하고 있었다.[37] 하와이는 임금이 낮고 일이 고되며 근무환경이 열악했다. 그래서 좀 더 나은 삶을 찾아 많은 일본인이 하와이에서 샌프

---

35 Calvary Presbyterian Church Records, June 29, 1905: 265에 따르면, 3명의 한국인이 1904년 리버사이드에 도착했다. 그리고 그 가운데 여러 명이 이미 한국에서 장로교인들이었고, 다음번에 교회에 출석할 예정이라고 했다.

36 Choy, 1979: 106.

37 Cletus E. Daniel, *Bitter Harvest: A History of California Farmworkers, 1870-1941* (1st Edition), Cornell University Press, 1981, 74.

란시스코와 시애틀 지역으로 이주했다. 하와이에서 샌프란시스코나 시애틀로 이주한 일본 노동자들은 일본계 노동 알선사들의 도움으로 숙식을 제공받았고 일자리도 소개받았다. 그 대가로 노동 알선사들은 노동자들로부터 숙식비와 취업 알선 수수료를 청구하여 이윤을 챙겼다. 또한 여러 서비스를 제공하면서 통역비, 서비스비 등을 청구하여 이중으로 이윤을 추구했다.

일본 노동 알선사들은 당시 일본 커뮤니티의 제왕으로 불렸다. 즉, 일본계 노동 알선사와 이민 노동자들은 일종의 갑과 을의 관계로 노동 알선사들은 일본 노동자들을 착취의 대상으로 삼아 쉽게 부를 축적할 수 있었다. 일본 노동자들은 같은 민족인 일본계 노동 알선사들로부터 각종 착취를 당했지만 아무런 저항도 할 수 없는 위치였다. 일본계 노동 알선사는 일본 사회에서 막강한 영향력을 행사하던 집단이었기 때문에 노동자들은 그들을 상대로 제대로 항의할 수 있는 처지가 아니었다. 또한 일본 노동 알선사들은 주로 일본인 노동자들에게만 취업 기회를 제공했고, 한인들에게는 취업의 문호를 개방하지 않았다. 한인 노동자들은 차별을 당해 구직에 어려움을 겪고 있었던 것이다.

이러한 상황을 파악한 도산 안창호는 한인 노동국(Korean Labor Bureau)을 창립하여 한인들에게 취업의 문호를 열어주었다. 이것이 타 지역의 한인들이 리버사이드로 이주해오는 결정적인 계기가 되었다. 1905년 3월 한인 노동국의 주소는 127 코티지 스트리트(127 Cottage Street, 현재의 3065 Cottage Street)였다.[38] 『리버사이드 데일리 프레스』 신문 광고에 "한인 직업국 오렌지 수확 노동자(Korean Employment Bureau Orange Pickers)"라는 제목으로 가사 도우미와 노동자를 빠르게 제공할 수 있다고 광고하고 있다. 그러나 같은 신문의 10월 광고에는 "한인 노

---

[38] *Press Daily Press*, 1905년 3월 22일자 광고.

동국(Korean Labor Bureau)"으로 이름이 바뀌었고 광고 내용은 오렌지 수확 노동자, 집안 청소부, 정원사를 빠르게 제공할 수 있다고 했다. 그리고 주소도 바뀌었는데 근처의 큰 빌딩, 바로 파차파 캠프로 알려진 1532 파차파 애버뉴(1532 Pachappa Avenue)였다.[39]

『공립신보』는 창간호에서부터 리버사이드를 귤 따는 곳으로 소개하며 일자리 소식을 전하고 있다. 『공립신보』1905년 11월 22일자(창간호)에는 다음과 같은 기사가 실렸다. "리버사이드 경내에는 내월(12월)부터 귤 따는 일이 있는데, 매일 공가는 1원 60전으로 1원 70전까지라. 상항서 륜선을 타고 나성까지 가서 화차를 타고 가면 10원 10전이 들고, 상항서 화차를 타고 바로 가면 13원 75전이 드니, 누구든지 가기를 원하면 선가를 예비해 가지고 오면 편리할 터이오, 또 상항서 화차세 80전을 주고 소금 굽는 데로 가면 매일 공가가 1원 50전이라는데, 일이 좀 어렵다더라." 『공립신보』는 귤 따기 노동을 소개하며 급료는 물론, 리버사이드로 이동하는 방법과 비용을 구체적으로 알려주고 있다. 소금 굽는 곳은 일이 어렵다는 말도 전했다.

또한 『공립신보』(1905년 12월 6일자)는 "솔트레이크 철로 역소에서 동포 7인이 일전에 리버사이드로 돌아왔는데, 솔트레이크 등지에 눈이 많고 한기가 심하여 노동이 곤란하다더라"라고 보도했다. 여기에서 "리버사이드로 돌아왔다"는 표현을 쓰고 있다. 즉, 리버사이드가 당시 한인들의 베이스캠프 역할을 했던 것이다. 또한 절도 일이 어려웠던 것을 알 수 있다. 같은 날 『공립신보』(1905년 12월 6일자)는 "전후에도 말하였거니와 리버사이드에 지금 귤 따기가 시작되었는데, 공가는 매일에 1원 70전씩이오, 그곳에 있는 김렴수 씨가 귤 딸 사람 백 명을 모집하는 중이라더라"라고 보도했다. 이처럼 리버사이드의 김인수가 주도하는 귤

---

39 *Press Daily Press*, 1905년 10월 20일자 광고.

따기 노동은 다른 일에 비해 좋은 일자리로 당시 한인들에게 소개되고 있었다.

한인 노동국이 설립되면서 백인 농장주들이 한인들을 고용하기 시작하자 일본인들이 반발했다. 『공립신보』(1906년 4월 14일자)는 일본인들의 반발에 대해 다음과 같이 보도했다. "리버사이드라 하는 곳은 그전에 일본 사람들이 각 노동에 권리를 가졌더니 자작년 이래로 한국 사람들이 그곳에 가서 노동하기를 시작하였다. 그런데 한인이 간 후에는 미국 사람들이 각별히 한인을 좋아하고, 일이 있으면 먼저 한인을 불러 일을 시키고, 한인이 부족한 경우에는 일인을 불렀다. 이로부터 일인이 시기가 나서 과수원 농장 주인에게 묻기를, '어찌하여 한인을 일인보다 더 중요하게 여기는가' 한즉, 농주의 대답이, '한인은 부지런하고 성실함으로 인하여 그러하노라' 하매, 일인이 할 대답이 없어 물러와 다시 한인의 노동을 주선하는 사람을 찾아와서 말하기를, '그대가 어찌하여 우리의 이익을 빼앗느냐' 한즉, 한인의 대답이, '우리가 너희 이익을 빼앗은 것이 없고 다만 농장주인과 소청대로 일하여 줄 뿐이라' 하니, 일인이 또한 물유하여 가더라고 하더라." 일본인들이 반발하자 한인들은 '우리는 농주가 청한 바대로 열심히 일하는 것일 뿐'이라고 하며 일본인들의 반발을 일축한 것이다. 도산 안창호가 강조한 성실과 근면 그리고 정직으로, 한인들은 백인 농장주들로부터 인정받게 되었고, 손쉽게 취업할 수 있게 된 것이다.

그런데 위의 기사에서 『공립신보』는 "자작년(재작년)"부터 한인들이 리버사이드에서 노동하기 시작했다고 보도했다. 그러므로 한인 노동자들이 이미 1903년부터 리버사이드에서 오렌지 수확 노동을 하고 있었고 1904년 후반기에 한인 노동국이 이미 설립되어 1905년부터 본격적인 활동을 전개했을 가능성도 크다고 생각된다. 그러나 1905년 현지 신문에 한인 노동국 광고가 게재된 것을 생각하면, 적어도 1905년에 한인 노동국이 설립되었다는 것은 확실하다. 그러니 일단 1905년을 한인 노동국이 설립된 해로 잠정적 결론을 내리면서, 추후 자료가 발견되면 1904년으로 정정할 수 있을 것이다.

한인 노동국이 설립되면서 많은 한인이 일자리를 찾아 리버사이드로 오게 되었다. 그런데 한인 노동국 설립 배경에는 재미있는 스토리가 있다. 도산 안창호가 리버사이드로 이주한 후 코넬리어스 럼지라는 인물을 알게 되었다. 그는 알타 크레스타 그로브(Alta Cresta Grove)라는 이름의 농장을 운영하고 있었는데, 도산과 친분이 쌓이게 되면서 도산에게 선뜻 1,500달러를 빌려주었다. 그로 인해 도산이 한인 노동국을 설립할 수 있었다는 것이다.[40]

엘렌 전은 오렌지 농장 주인이 한인 노동자들과 가족들을 교회로 초대해서 저녁을 대접해주었다고 쓰고 있다. 여기서 엘렌 전이 언급한 교회는 리버사이드 갈보리 장로교회이며, 코넬리어스 럼지는 이 교회의 장로로 활발한 신앙생활을 한 인물이다. "한인 노동자들과 농장주는 서로 잘 지내는 관계였지만, 저녁식사에 초대하는 일은 흔치 않기에 한인 노동자들은 그 까닭을 궁금해했다. 농장 주인은 한인 노동자들이 자신의 농장에서 오렌지 수확하는 일을 시작한 후부터 매년 이득이 늘었기 때문에 감사의 답례로 저녁에 초대한 것이라고 말했다. 저녁 식사 후, 갈보리 장로교회 목사가 일어나서 참석자 전원에게 성경과 찬송가 서적을 주었다. 안창호는 주빈석에 앉아 있었는데, 흐뭇하다는 표정으로 환하게 웃었다. 평소 안창호는 잘 웃지 않는 편이었다. 안창호는 한인들에게 '내 것을 딴다고 생각하면서 오렌지를 정성껏 따라'고 했는데

---

40 Vince Moses, 「Oranges and Independence: Cornelius Earle Rumsey and Ahn Chang Ho; An Early East-West Alliance in Riverside, 1904-1911」, *Riverside Museum Associates News Letter*, June 2000.

농장주 역시 '여러분들은 마치 자신의 나무라고 생각하면서 정성껏 오렌지를 수확해주었다'고 감사해했다."[41]

『공립신보』1906년 6월 30일자 기사에서 "우대한인"이라는 제목으로 다음과 같이 보도했다. "리버사이드라 하는 지방에서 6월 하순에 미국 사람들이 그 시방에 거류하는 모든 한인을 청하여 연회를 배설하고 접대하는 예를 행할새, 연회 대표자가 설명하기를, '여러 나라 사람이 이 지방에 와서 거류하는 중에, 한국 사람이 특별히 품행이 단정하고 근실한 것을 보고 친감하 하는 뜻을 표하며, 친절한 의를 더욱 두터이 하기를 위하여, 이같이 청하여 같이 화락함이라' 한 후에, 그곳 목사는 종교의 질실함을 증거하고, 교사들은 학업의 근실함을 증거하고, 농주들은 노동의 근실함을 증거하고, 그 타 제씨들은 술 먹지 않고 노름하지 않는 것과 자기 나라 동포끼리 친목하여 단체를 조직하고 본국을 위하는 뜻이 많음을 증거하고, 또한 한국 사람을 대하여 도와주기를 힘쓰노라 하매 한인 중에 이정래 씨 등 몇 사람이 답사하고 풍류와 음식을 거듭하고 즐거이 놀다가 헤어졌다더라." 목사, 교사, 농주 등 여러 미국인은 한인이 성실히 일하고, 금주하고, 노름도 하지 않으며, 조국의 독립운동에 전념하고 있고, 기독교인이며, 공부도 열심히 했기 때문에 한인들을 신뢰하고 선호했다. 당시 백인들은 중국인이 노름을 좋아하고, 그들의 거주 구역에는 창녀촌이 있으며, 조직범죄가 성행한다고 생각했다. 그래서 상대적으로 안창호의 지침을 충실히 수행한 한인 노동자들을 선호했던 것이다.

한인 노동자들은 코넬리어스 럼지 소유의 알타 크레스타 농장에서 일한 것으로 알려져 있다. 또한 한인들이 루이스(F. D. Lewis) 소유의 튜틴(F. M. Tutin) 농장에서 일하고 있다는 『리버사이드 데일리 프레스』의

---

41 Ellen Thun, 「Heartwarmers」, *Korea Times*, February 1, 1995, 3.

보도도 있다.[42] 또한 전낙청이 리버사이드 서쪽 지역의 글렌에이본(Glen Avon)에 위치한 농장에서 일했다고 엘렌 전이 밝혀주었다. 그 농장은 치과의사인 프레드 마우어(Fred Mauer)가 소유하고 있었다. 그런데 1913년 한파로 농장이 심한 피해를 입어서 마우어 박사는 농장을 폐쇄하고 로스앤젤레스로 이주해서 치과를 개업했다고도 했다.[43] 리버사이드 한인들이 일했던 오렌지 농장은 지금까지 확인된 바로는 알타 크레스타와 튜틴이다. 프레드 마우어 소유의 농장 이름은 아직까지 확인되지 않았다. 한파로 농장 문을 닫은 것으로 보아 소규모 농장이었을 가능성이 크다.

특히 크리스마스 직전부터 시작되는 오렌지 수확 시즌에는 한인 노동자들이 리버사이드로 몰려왔다. 차의석은 "포도 시즌이 끝나자마자 나는 신 씨 가족과 함께 오렌지 시즌이 시작되는 리버사이드로 이주했다. 오렌지 시즌은 크리스마스 직전부터 약 10주 동안 계속되었다. 나는 나의 지인과 옛 친구들이 많이 거주하고 있는 리버사이드에 온 것이 매우 기뻤다. 나의 오랜 친구 오 씨, 안창호 선생, 그의 부인 이혜련 여사, 그리고 이혜련의 삼촌이며 리버사이드 캠프의 보스이자 가장 유명한 인물인 김인수"[44]라고 회상했다. 도산 안창호가 타 지역을 순방하면서 독립운동에 전념하는 동안 김인수가 이혜련 여사의 삼촌으로서 이혜련 여사를 돌본 장본인이라는 것이 다시 한번 확인되었다. 차의석 역시 오렌지 산업이 호황을 누리던 1905년부터 1913년까지 리버사이드 미주 한인 공동체의 중심 역할을 했다는 것이 확인되었다.

『신한민보』 1938년 6월 2일자의 보도를 통해 볼 때, 김인수는 이혜

---

42 *Riverside Daily Press*, January 6, 1906.
43 Ellen Thun, 「Heartwarmers」, *Korea Times*, March 1, 1995, 3.
44 Charr, 1961: 150-151.

런에게 '오촌 외숙'이고, 이혜련의 오촌 외숙은 이혜련 어머니의 사촌을 의미한다. "… 베이커스 필드를 지나 델리노 평원에 이르니, 연하게 푸른 포도 잎을 비추는 햇빛이 정히 정오 12시이다. 99호 신작로를 떠나 사잇길로 들어가니, 살구나무와 복사나무의 녹음이 푸른 구름과 같은 속에 가려 있는 수간초옥은 김인수 씨의 포도 농원이다. 김인수 씨는 델리노 지방회 집행위원장이오, 안 부인의 오촌 외숙인데 우리 일행을 위하여 점심을 준비하더라. (…) 홀연히 도산의 옛 동산을 생각하며, '내명년 다시 오면 이나마 있을 게랴'를 읊으며 보니, 백발이 소소한 김인수 씨가 꽃밭 속에 들어가 감두화를 꺾어 그 손녀 수산 양을 주더라…."

리버사이드 파차파 캠프는 한인 공동체 생활의 중심 역할을 했고, 한인들은 시즌에 따라 잠시 근처의 업랜드, 레드랜드, 클레어몬트 등에서 일하고 다시 리버사이드로 돌아오기도 했다. 또한 다른 계절노동자들은 계절에 따라 중가주와 북가주로 이주했다가 본부 역할을 한 리버사이드로 다시 이주해 오렌지 산업에 종사하기도 했다. 파차파 캠프는 한인 노동국을 통해 일자리를 계속 공급해주었다. 파차파 캠프는 여성과 아이들을 포함한 가족들이 함께 거주했던 곳으로 미국 최초이자 최대의 한인타운이었다. 차의석은 파차파 캠프를 다음과 같이 설명하고 있다. "멕시칸, 흑인, 일본인들이 살던 이곳에 지금은 한인들이 살고 있다."[45] 원래 중국인 철도 건설 노동자들이 살던 곳이라고 백광선과 엘렌 전이 설명한 것과는 차이가 있어 좀 더 확인이 필요한 대목이다.

한인 노동국(1905)이 설립된 이후 한인들이 더 많이 모여들기 시작했는데, 도산 안창호와 안면이 있는 사람이거나 동향 사람들이 모인 듯하다. 도산 안창호와 친분이 있는 차의석과 신 씨 가족은 하와이에서 샌

---

45 Charr, 1961: 151.

프란시스코를 거쳐 프레즈노에서 포도를 따다가 1905년 리버사이드에 정착했다. 그들은 하와이에서 같은 배를 타고 샌프란시스코에 온 오 씨 가족들과 리버사이드에서 재회했다. 또한 차의석의 사촌인 차정석 가족도 1906년 리버사이드로 이주하여 정착했다.[46] 차정석과 관련된 가장 초기의 기록은 1907년 5월 『공립신보』이다. 『공립신보』 1907년 5월 10일자 "하변회 보고"에서 총회를 위한 의연금 1원을 냈다. "차의석 씨의 군대 경력, 군의대에 종군타가 해방. 미시시피의 통신을 거한즉, 우리 학생 차의석 씨는 작년 4월 15일에 자원 종군하여 버지니아 미국 육군부 군의대에 복무하다가, 휴전 조약 이후에 작년 12월 28일 미국 육군부의 명령으로 영광스러운 종이를 얻어 가지고 군무에서 해방하였다더라"라고 『신한민보』 1919년 3월 13일자는 보도하고 있다.

파차파 캠프에 거주하고 있던 한인 노동자들은 대부분 리버사이드나 그 근처의 오렌지 농장에서 일했다. 일부는 당시 최고의 호텔이었던 글렌우드(현재 이름은 미션 인, Mission Inn)에서 일했고, 카페테리아 같은 곳에서 주방 일을 하거나 백인 가정에서 허드렛일을 하는 경우도 있었다. 당시 캘리포니아주에서 일하던 대부분의 아시안 노동자들은 소위 "seasonal migratory farm worker"로 알려져 있다. 이는 계절에 따라 이동하면서 농장에서 일하던 계절 이주 노동자들이었다.[47] 따라서 리버사이드 거주 한인 노동자 중 일부는 오렌지 농사가 끝나면 다른 곳으로 이

46　Easurk Emsen Charr, *The Golden Mountain: The Autobiography of a Korean Immigrant 1895-1960* (Edited by Wayne Patterson, 2nd edition), University of Illinois Press, 1996, 151.

47　갈보리 장로교회(Calvary Presbyterian Church)의 한인 선교회(Korean mission) 명부록을 보면, 한인들이 타 지역으로 떠났다는 기록들이 남아 있다. 가령 김정삼은 1905년 6월 29일 등록했는데, 1906년 3월 29일 근처의 업랜드로 떠난 것으로 기록되어 있고, 이치완과 부인도 1907년 4월 28일 등록했다가 1년 후인 1908년 4월 8일 핸포드로 떠났다고 기록되어 있다.

주했다. 리버사이드 한인타운은 최소 100명에서 최대 200여 명 이상의 한인이 거주하며 타운을 형성했고, 도산 안창호가 1913년 10월 로스앤젤레스로 이주할 때까지 독립운동의 메카 역할을 했다고 볼 수 있다.[48] 『신한민보』 기사에 의하면 1913년 리버사이드 근방의 병원에서 신병 치료 후 자택인 로스앤젤레스로 이주했다고 보도했다. 따라서 안창호는 1913년 10월에는 이미 로스앤젤레스로 이주한 것이 밝혀진 것이다.

특히 1913년 1월에 몰아친 한파로 리버사이드 오렌지 농장은 심각한 타격을 입었고 농장들이 문을 닫으면서 일자리를 잃은 한인 노동자들도 더 이상 리버사이드에 머물 수 없었다. 어찌 됐든 리버사이드 파차파 캠프는 도산 안창호의 초기 미주 독립운동의 중심 역할을 했고, 초기 미주 한인 독립운동의 메카로 볼 수 있다고 생각된다. 물론 도산 안창호 가족들은 1904년부터 1913년까지 리버사이드에 거주했지만, 도산 안창호는 미국 전역은 물론 세계 방방곡곡을 순회하면서 독립운동을 전개했다.

『신한민보』 1910년 7월 20일자는 "재미 동포의 자치력"이라는 논설을 게재했는데, 일부를 옮기면 다음과 같다.

"개인의 독립은 즉 국가의 독립이라 하였으니 과연 그러하도다. 그 몸을 자립하게 된 연후에야 능히 그 집을 자치할 것이오, 그 몸과 그 집이 자립하게 되면 그 나라는 자연 독립국이 아니 될 수 없나니, 그런 고로

---

[48] 1913년 10월 안창호는 리버사이드 부근 안식교 병원에서 치료했다. 이에 관한 『신한민보』 1913년 10월 10일자 기사는 다음과 같다. "안쎄 내상. 리버사이드 부근에 있는 안식교 병원에 들어가서 신병을 치료하던 안창호 씨는 그 몸을 일주일간 의사의 손에 맡겨 의약을 시험하고 로스앤젤레스 자택에 돌아와 수일 조섭하다가 본월 2일에 상항에 들어와 동포를 심방하고 작일 새크라멘토 지방으로 향하였는데 들으니 부근 각 농장 동포들을 심방한 후에 다시 상항으로 돌아올 예정이라더라."

오늘 세계에 그 나라를 독립케 하지 못한 인민은 사람마다 천대하여 문명한 인류사회에 동등권을 허하지 아니하는지라. 그 무슨 연고이뇨. 다름 아니라 그 나라를 독립케 하지 못할 때에는 그 백성이 개인의 독립심과 단체의 자치력이 부족타 함이로다. 내가 오늘에 재미 동포의 자치력을 말하고자 할 때에 그 장점만 말할 것이 아니라 그 단점도 또한 말하고자 하노라.

대저 우리가 이왕에 문 닫고 들어앉았을 때에는 20세기의 새 풍조가 일찍 우리에게 미치기를 더디게 하였으나, 한번 집을 떠나 주야가 바뀌고 인정물태와 정법풍속이 판이한 이 나라에 몸이 미침에 환연히 깨닫기를 남보다 먼저 하여, 일변으로 단체를 결합하고 자치를 확립하였으니 천 명이 차지 못하는 단체에 기관 신문까지 발행하기는 세계인에 드문 일일 뿐 아니라, 매양 조국의 비운을 분개히 생각하고 동포의 지식을 계발할 만한 서적을 간행하며, 일변으로 교육과 실업을 장려하며 할 수 있는 대로 국민의 무기를 고동하며 힘이 미치는 대로 외교를 주의하여, 자치하는 요령을 거의 다 얻었다 하여도 지나치는 말이 아니니, 이 어찌 재미 동포의 특색이라 하지 아니하리오. 그러나 이는 다만 표면적으로 관찰하는 데 불과하거니와, 그 단점을 말할진대, 마음이 견확치 못하여 장구한 사업을 감내치 못하며 열심이 박약하여 식기를 쉽게 하니, 이는 내가 들띄워놓고 하는 말이 아니라 그 실제 사례를 두어 가지 말하리라.

재미 동포 중에 큰 재산을 가진 자 누구이뇨, 없도다. 이는 견확한 마음이 부족하여 한 곳에 자리를 정하지 못하고 어제 동에 있다가 오늘 서로 가며, 오늘 남으로 갔다가 내일 다시 북으로 돌아가며 왔다 갔다 하는 동안에 세월을 잃어버리는 것은 고사하고, 여간 수중에 있던 재물은 철로 회사에 주고 말지니, 무슨 겨를에 사업을 성취하며 재산을 붙잡을 수 있으리오. 저 청인과 일인을 볼 지경이면 행용하는 말이 여

차한 황금세계에 왔다가 재산을 붙잡지 못하는 자는 병신이라 하나니, 멀리 볼 것 없이 오늘 샌프란시스코항에 사오 층 누각이 공중에 솟으며, 황룡기를 펄펄 날리는 상점은 청인의 생발 공사가 아니면 생창 회사라. 그 이들의 내력을 알 것 같으면 모두 두 주먹만 가지고 왔던 자이며, 버클레이에 감자 왕과 프레스노에 신천은행은 모두 일인의 재산가이 아닌가. 이 자들도 당초에 두 주먹만 가지고 오기는 일반이었지만 능히 견확한 마음으로 장구한 사업을 감내한 결과로 오늘에 저와 같은 성공이 있는지라. 슬프구나, 우리 동포는 오늘까지 이와 같은 성공이 없지마는 내일에 능히 이와 같기를 기약할진대 못할 바 없다 할지나, 지금 형편으로는 다만 망연할 뿐이로다."

이 사설에서는 재미 동포가 그간 이룩해온 자치력을 칭찬하면서 한편으로 단점도 지적했는데, 한인이 재산을 축적하지 못하는 것을 자치력 부족의 한 사례로 들었다. 한인들은 이곳저곳으로 돌아다니며 일하느라 재산을 모으지 못하지만, 반면에 청인과 일인들은 오랫동안 꾸준히 노력하여 재력을 쌓을 수 있었다고 평했다. 이와 같은 차이는 마음의 문제로, 견확한 마음이 있거나 없는 차이라고 진단했다. 즉, 한인은 열심히 하고자 하는 마음이 금방 달아올랐다가 식어버리기 때문이다. 그러나 동시에, 이 사설은 한인이 한 가지 사업에 장구한 시간과 노력을 쏟지 못했던 것은 비단 마음의 문제가 아니라, 땅이 없어 정착하지 못했기 때문이라는 사실을 보여준다. 당시 한인들이 계절 이주 노동자로서, 철로를 타는 데 재물을 쓰고 세월을 쓰느라 자본을 축적할 만한 시간과 돈을 확보하지 못했던 것이다. 따라서 땅을 사서 한곳에 정착하는 것은 개인과 나라의 자치력을 키우는 데 매우 중요하다고 생각되었다.

1907년 신사협정 이후로 일본인의 미국 이주가 금지되자, 일본 커뮤니티에서도 땅을 사서 농업에 종사하여 미국 사회에 정착하자는 캠페인이 전개되었다. 그래서 많은 일본인이 캘리포니아의 농토를 빌리거나 구입하게 된다. 그래서 1913년 캘리포니아 주정부는 외국인 토지 소유 금지법을 통과시키는데, 이것은 바로 일본계를 겨냥한 차별적 법이었다. 한편, 한인들은 떠돌이 이주 노동자 신세에서 벗어나 한인 공동체를 건설하여 미국 사회에 정착을 시도했고, 그 실험이 시작된 곳이 리버사이드 파차파 캠프이다. 초기에는 대부분의 한인이 계절 이주 노동자로 이주하면서 노동했으나 보다 안정된 삶을 영위하도록 하기 위해 농업이 적극 권장되었다. 1907년 신사협정이 발효된 직후, 일본인 사회에서는 농업을 장려했고, 땅을 구입하여 미국 사회에 정착할 것을 적극 장려했다. 이것은 한인사회가 미국 사회에 정착하는 수단으로 농업을 적극 권장한 것과 비슷하다고 생각된다.

『신한민보』는 1910년 10월 5일자에 "동포에게 농업을 권함"이라는 사설을 게재했는데, 스탁톤에 거주하고 있는 박승철이 쓴 글이다.

"묻노라 우리 동포여, 조국을 떠나 외양에 나온 지 몇 해나 되었으며, 본래 무슨 목적을 품었는지는 말하지 않아도 응당 알 바이나, 내가 잠깐 말하고자 하는 것은, 서력 1884년 한국과 미국 간에 통상 조약을 정한 이후로부터, 우리 한인이 미국에 내왕함이 없지 않았으나, 그러나 1901년에 이르러 비로소 우리들이 3400여 마일 태평양을 멀리 건너 하와이에 처음 발자취가 미쳤으니, 모두 농민의 신분으로 왔을 뿐 아니라, 적수공권으로 그 루루초초한 형색을 볼 때에 누가 손으로 가리키며 코로 웃지 않았으리오마는, 그러나 우리는 항산심이 전혀 없는 자가 아니오, 문명 진보에 목이 마른 자이다. 어찌 일편단심의 맺힌 피가 없으리오. 적막한 섬 중에서 고초를 견디면서 어떤 동포는 안토중천으로 아직껏 그 섬을 떠나지 못하며, 어떤 동포는 차차 신선한 기운을 향하여 깊은 골짜기에 있던 꾀꼬리가 교목으로 옮겨오듯 우리가 다시 한번 행장을 묶었으니, 이는 곧 북미합중국이라.

　그런즉 지나간 8, 9년 동안에 강산은 곳곳이 생소하고 인종은 면면히 수상한데, 고혈한 종적이 위험한 철로 역장이며 광막한 들과 기구한 광산에 우리의 발자취가 아니 미친 곳이 없었으니, 저간 풍찬노숙의 고황은 피차에 동정을 표하여 서로 위로하려니와, 그러나 혹이 묻기를, '그대들이 각각 무슨 목적을 성취하였는가' 할 지경이면 제군은 무엇이라 대답할는지 알 수 없으나, 나는 대답하기를, '아홉 길을 싸는 산에 한 삼태 흙을 아직 모으지 못하였다' 하리로다. 어찌하여 그러냐 하면, 학업에 종사하는 이는 막론하고 우리의 노동자 사회에 몸을 둔 자는 꿈에도 보지 못하던 금전 푼이나 손에 쥐이면, '허허 이만하면 고국에 돌아가서, 왜놈 아니 오는 태백산 밑에라도 들어가서, 일간두옥 수묘양전을 두고 농우 한 머리면, 밭 갈아 밥 먹고 나무하여 불 넣고, 따뜻한 온돌에 누웠으면 태상공이 부럽지 않으리라' 하고 자포자기하여 거연히 황금세계를 하직하고 금산 부두를 작별하여 '나는 간다, 나는 간다, 북미주야, 잘 있거라' 하고 저 흑암천지 인간지옥으로 들어가니, 이 어찌 계교가 잘못되고 독장이의 구구가 아닌가.

　내 이제 나의 소경을 가지고 나의 사랑하는 동포 제군에게 한마디 고하고자 하는 것은, 내가 작년 11월분에 네바다주 모압파라 하는 곳으로부터 캘리포니아주 스탁톤에 비로소 와서, 동지 5, 6인으로 더불어 농장 한 곳을 세우고 수다한 우리 동포와 기타 백인들까지 한곳에 모아 가지고 지금껏 재미가 많게 지내니, 우리 노동자의 행복이 이에서 더할 수 없을지라. 또한 이 미국은 동서양의 부원이 진진한 황금세계이며 그중 캘리포니아는 농산물이 으뜸 되는 곳이며, 이 스탁톤은 옥야철리의 천백만 명의 농업 자본가가 거생하는 곳이니, 만일 우리가 황금을 부러워할진대 농업으로 유일 목적을 삼을지며, 농업을 주의할진대 캘리포니아로 올지며, 캘리포니아에 있을진대 스탁톤만 한 곳이 없다 하노니, 농업가 동포여, 후일에 큰 자본가가 되고 싶거든 빨리 이곳으로 올지어다. 오늘날 이곳에 농업 기초를 정하는 것이 급선무라 하노니, 이런 기회를 범홀히 여기면 이는 황금을 마다하는 자라.

바라건대 동포 제군은 제성갈력 하여 한번 시험하기를 바라노라. 큰 자본가들은 미상불 농업으로 시작하지 않은 자 없으니 한인인들 어찌 이런 사업이 없으리오. 세월이 많다 하지 말고 속히 농업 생활의 맑은 지취를 얻으며 황금만능의 큰 세력을 한번 붙잡아 보시오."

이 사설은 한인들에게 스탁톤으로 이주하여 농업에 종사해서 재력을 모으고 성공하자는 제안이다.

리버사이드에도 토지를 구입하거나 빌려서 농장을 경영했던 한인들이 있었다. 『신한민보』 1912년 6월 17일자는 "하변동의 실업. 리버사이드에 있는 동포 정동심, 조갑석 양 씨는 실업에 착수하여 웨스트 리버사이드에 있는 밭 15에이커를 6년 계약으로 세득하여 일년 감과 딸기 등의 채소 농원을 경영하기로 방금 기구를 준비하는 중이라 하더라"고 다음과 같이 보도했다. 『신한민보』 1923년 6월 14일자 "남캘리포니아 우리 동포의 영업 발달. 리버사이드. 박충섭(채소 농원) 약 15에이커."

한편, 리버사이드에서 운영하던 농원을 팔기 위한 광고도 실렸다. 『신한민보』 1919년 10월 14일자는 수년 동안 큰 이익을 보았으나 일하기 힘이 들어 내놓는다고 선했다. "농장 사시오. 본인이 수년 농사에 대단한 이익을 보았사오나 인부를 별로 쓰지 아니하고 주야로 일을 하므로 너무 곤하여 팔고저 하오니 좋은 기회를 놓치지 마시고 사시오. 중국인도 사려고 하오나 타국인에게 팔기는 참 아깝기로, 이에 광고합니다. 땅은 18에이카인데 세는 매년 명년부터 120원씩이오. 물은 이 땅에 달린 것이매 8일 만에 한 번씩 오는데 150인이요, 있는 곡식으로 말하면 옥수수와 메주콩과 닭 감자와 닭 먹이 수수와 감자와 각양 채소가 구비한데 매우 잘 되었사오며, 말이 3필이오, 소가 2필이온데 큰 소 하나는 우유를 매일 5, 6낄런씩 짭니다. 도야지가 41머리오, 닭과 터키 병하여 130머리오, 마차가 2틀이오, 가구가 구비하오며, 마초(헤이)가 10여 톤이오, 거름(비료)이 많이 있으며, 집도 좋고 모든 것이 구비합니다. 리버사이드 허승원. R. F. D. Box J, W. RIVER SIDE, CAL"

『신한민보』1914년 4월 30일자는 "남방 동포 근실"이라는 제목으로 다음과 같이 보도했다. "가주 남방에 산재한 동포가 여러 백 명에 달하는데, 외처로 노동하러 간 동포도 적지 아니하거니와, 특별히 모여 있는 곳으로 말하면 로스앤젤레스 지방에 4, 50명 동포가 있어 재미있게 지내며, 싼다아나 지방에 여러 형제가 있어 농업을 근실히 하며, 클레몬트에 20여 명 남녀 동포가 있어 공부와 농업을 근실히 하며, 업플랜드 임준기 씨의 노동 주선소에 40여 명 동포가 있어 귤 따는 일을 근실히 하며, 리버사이드에 30여 명 동포가 있어 박충섭 씨가 주선하는 귤 따는 일과, 여관에서 일하는 형제도 많이 있고, 가족 살림하는 집도 4, 5가가 되어 매우 재미있더라." 즉 리버사이드에는 여전히 가족 살림하는 집이 4, 5가구이며 파차파 캠프가 유지되고 있다는 기사이다.

한편, 『신한민보』1916년 10월 5일자는 "신도 학생의 갈 만한 곳, 리버사이드 오렌지 풍년"이라는 기사를 보도했다. "리버사이드 박충섭 씨는 본사에 글을 보내였으되, '리버사이드 금년 오렌지는 최유한 대풍작이올시다. 동짓달 그믐에는 일을 시작할 터이니, 동양으로부터 새로 건너오는 학생, 겨울 안에 입학하지 못할 이와, 명년에 입학하려는 이는, 모두 이곳으로 지시함이 매우 좋은 것은, 돈 벌고 야학하면 명년에 입학할 학비와 어학을 짱병으로 준비할 수 있다' 하였더라." 리버사이드 오렌지 풍년으로 학생들이 일하여 학비와 어학을 준비할 수 있는 좋은 기회가 있다는 사실을 알리고 있는 것이 주목된다.

박충섭은 노동 알선사로 일하면서 다음과 같은 광고를 『신한민보』 1916년 12월 7일자에 게재했다. "노동 광고. 각처에 계신 동포 여러분은 반드시 리버사이드 명년도 노동 형편이 어떠할 것을 아시기 원하실 듯하여 노동 형편대로 앙고하오니 아시옵소서. 지나간 몇 해 동안에는 오렌지가 잘 되지 아니한 고로 항상 노동이 시원치 못하더니, 명년도 오렌지는 매우 잘 된 가운데, 새로 맡은 팩킹 하우스가 많은 고로 지난달부터 노동이 흔하여 심히 바쁜 고로, 이전에 이곳 계시던 동포들의 주지를 알기 원하오니, 이 광고를 보시고 속히 오시와, 오렌지 도급 일과 날일을 맡아, 이곳에서 연래 맡아 하던 일자리를 남에게 돌아가지 않게 하시고, 돈도 많이 버시기로 주의하시옵소서. 이 밖에 무이 사탕 일도 주선하는 중이올시다. 리버사이드 노동 주선인 박충섭. C. S. PARK, 1523 Pachappa Ave, Riverside, Cal." 물론 파차파 캠프 주소가 1532인데 1523으로 잘못 표기되었다. 안창호가 로스앤젤레스로 떠난 이후에도 한인 노동국은 여전히 활발한 노동 주선 역할을 담당했다. 파차파 캠프는 여전히 한인 공동체로 지속되었다는 것을 알려주는 또 다른 증거라고 볼 수 있다.

    안창호는 파차파 캠프를 민주주의 한인 공동체로 생각하고 있었다. 도산 안창호는 자녀 교육의 중요성을 인식하고 있었기 때문에 학교를 설립하고 학생들에게 민주주의 교육을 했다. "'팀이 함께 움직여야 한다'는 야구 규정으로부터 지도를 시작하여 아이들은 팀워크를 빨리 배웠다. 돈을 번 사업가는 투자를 하고 일반인들은 자립심과 협동심을 갖도록 권유했다. 도자기 사업을 벌이고 출판사, 신문사 등을 설립하여 민주주의 원칙에 따라 서로 협력하여 운영하도록 하였다. 경찰과 감찰관 제도를 도입하여 한인 공동체가 자치적으로 운영되도록 하였고, 민주주의 절차를 중시하면서 대한 독립을 위한 열정을 쏟아냈다."[49]

---

49   Ellen Thun, 「Heartwarmers: Afterward; Changes」, *Korea Times*, February 25, 1997,

파차파 캠프는 단순히 한인 노동자들의 임시 거주 지역이 아니었다. 당시 캘리포니아의 계절노동자들은 계절에 따라 이동하면서 노동을 하고, 수확이 끝나면 다른 곳으로 이동했는데, 임시 거주지를 만들어 숙소로 사용하다가 다른 곳으로 떠났다. 임시 거주지는 숙소 이외에는 별다른 역할을 하지 못했다. 그러나 리버사이드에 형성된 한인타운은 임시 주거 지역이 아니었으며, 초기 미주 한인사회의 중심지 역할을 하면서 미국 최초의 한인타운이 된 것이다. 즉, 커뮤니티센터를 만들어서 고된 일이 끝나면 한인들은 모여서 예배를 드렸고, 결혼식, 생일잔치, 토론회, 강연회 등도 개최했다.

『신한민보』 1917년 11월 15일자는 리버사이드에서 열린 정인영 모친의 회갑연을 알렸다. "리버사이드 통신을 거한즉, 당지 정인영 씨의 모부인은 인간 오복의 제일 되는 높은 나이를 누려 10월 21일 만 60의 회갑을 당한지라. 그 영랑 정인영, 정지영 씨와 동부인은 당일 오후 3시 30분에 성대한 수연을 설행하였는데, 잔치의 설비는 한국의 풍미와 미국의 단장을 섞어서 화려 풍비하게 꾸몄고, 내빈은 당지 전체 동포와 또 부근에 재류한 남녀 동포가 참여하여, 정부인의 완전한 복명을 축하하였더라." 또한 박충섭과 이정경의 신혼잔치가 벌어지기도 했다. 『신한민보』 1915년 8월 5일자는 "리버사이드에서 다년 노동 주선에 종사하는 박충섭 씨는 내지로서 산도한 이정경 여사로 더불어 7월 28일에 본항 한인 예배당에서 혼인 예식을 행하고, 그 밤에는 본항 일반 부인 신사를 청하여 연회를 성대히 열었으며, 본월 1일에는 그 신부를 대동하고 본항을 떠나 남방으로 행하여 리버사이드에 가서 본월 7일에 당지 동포와 외국 빈객을 청하여 다시 성대한 잔치를 할 예정이라더라"라고 보도했다.

또한 공립협회와 대한인국민회 리버사이드 지방회를 중심으로 독

18.

립운동에도 적극적이었으며, 1906년 신민회 발기도 리버사이드에서 했다.[50] 신용하는 "도산이 이강과 임준기 등 한인 공립협회 회원들에게 대한신민회의 창립을 발의하고, 대한신민회 취지서와 대한신민회 통용 장정을 초안하도록 하였다"고 설명했다. 이 단체가 국권회복운동에 목적을 두고 있으므로 반드시 본국에서도 발기하여 조직되어야 한다는 데 합의하고, 신달원, 박영순, 이재수 등이 여비와 조직 활동 자금을 마련하여 도산을 한국에 대표로 보냈다. 그리고 대한인국민회와 흥사단이 창단되었을 때, 도산 가족은 리버사이드에 거주했다.[51] 다만, 본부는 샌프란시스코에 설립했다. 따라서 파차파 캠프는 도산 안창호의 미주 지역 독립운동의 메카 역할도 담당했던 것을 알 수 있다.

또한 이선주는 "도산과 가족들이 정확히 언제 리버사이드를 떠나 로스앤젤레스로 이사했는지는 분명히 알려지지 않았으나 1914년 초 로스앤젤레스로 이주한 것으로 추측된다"고 말했다. 필자는 『신한민보』1913년 12월 19일자 "로스앤젤레스 지방회보"에서 신입 회원 2명, 그리고 안창호를 포함한 12명이 로스앤젤레스 지방회 이주 회원으로 등록한 것을 확인할 수 있었는데, 기사는 다음과 같다. "본년도에 새로 입회한 회원은 2인인데 이성만, 허승만 양 씨요, 본 지방회로 이명한 회원은 12인인데 조갑석, 이광운, 맹정희, 계옥룡, 이영서, 강낙구, 추승렵, 염만석, 윤지한, 안창호, 박진섭, 박윤하 제씨요." 바로 도산과 가족들이 1913년 12월에 로스앤젤레스로 이주한 것이 확인되었다. 1913년 1월에 발생한 강추위로 오렌지 산업은 큰 타격을 입었고, 일자리가 크게 줄어들자 한인 노동자들도 타 지역으로 이주하기 시작했다.

---

50 신용하(1978), 「도산 안창호와 신민회의 창립」, 도산기념사업회, 『안도산전서 하: 연구논문편』, 범양사 출판부, 52(이선주, 2003: 113)에서 재인용.

51 위의 글.

엘렌 전은 1913년 한파에 대해 언급하고 있다. "1913년 2월 강추위로 오렌지가 모두 얼어버렸다. 삼촌은 일자리를 잃었고 산타아나강 밑쪽으로 이사했다. 삼촌은 날품팔이 노동자로 일하여 겨우 연명할 수 있었다."[52] 1913년 강추위로 리버사이드 오렌지 산업은 큰 타격을 입었다. 1911년 2,200,000상자, 1912년 1,400,000상자를 수확했던 리버사이드의 과일 생산량이 1913년에는 334,800상자로 크게 줄었고[53] 이러한 피해를 줄이기 위해 1914년 현재의 UC 리버사이드 대학교의 전신인 '새로운 실험실(New Experiment Station)'이 생겼다. 그리고 도산도 1913년 12월 리버사이드를 떠나 로스앤젤레스에 정착한 것이다.

1915년에는 리버사이드에 노동이 극히 귀하다고 보도했다. 그래서 거주 한인들이 노동 주선인인 박충섭에게 빚을 지고 있다고 했다. 『신한민보』 1915년 4월 29일자는 "지금 하변에 주재한 형제들은 이곳에 노동이 극귀함을 인하여 사람마다 노동 주선하는 박충섭 씨에게 빚을 지고 있으며, 또한 박 씨는 30여 명 동포의 뒤를 대기에 골몰하여 재정이 넉넉지 못하니, 이때를 당하여 동포들이 비록 의무금을 내이고저 할지라도 돈을 거둘 수 없으니 이것이 한 문제라 한다"고 보도했다. 1915년 8월에는 일자리를 찾아 리버사이드 회원들이 다수 타처로 이주했다. 그래서 지방회를 정지하게 되었다. 『신한민보』 1915년 8월 5일자는 "본 지방회장 이학현 씨의 보고를 거한즉, 당지 회원들은 사업의 형편을 따라, 타처로 많이 나간 고로, 1개월간 회무를 정지한 일"이라고 보도했다.

1916년 여름, 기자는 남가주 순행기에서 리버사이드가 재미 한인

52　Ellen Thun, 「Personal note」, June 3, 1991.
53　Kim Jarrell Johnson, 「Back in the Day: Recalling the Big Freeze of 1913」, *Press Enterprise*, January 7, 2015.

사회의 발상지라고 했다. 그러나 리버사이드의 현재가 과거만큼 흥성하지 않은 듯하여 일종의 북받침을 느꼈다.『신한민보』1916년 7월 20일자는 "동일 하오 3시에 리버사이드에 이르니, 동포 10여 인이 있어 다 사업에 근검하여 그 생활이 사족하니, 실로 위하여 다행한 일이더라. 내가 그 밤을 지나며 묵묵히 생각하니, 리버사이드는 재미 한인사회의 발상지라. 간절히 사랑함을 말지 아니하거니와, 지금과 예전에 느낌이 없지 아니하더라"고 실었다.

대한인국민회 리버사이드 지방회는 1917년 재정난으로 운영에 큰 어려움이 있었다.『신한민보』1917년 6월 14일자 "리버사이드 지방회보"는 "6월 1일 통상회에 의결한 사항이 왼쪽과 같으니 一. 신헌모, 노정민 양 씨가 입회한 일 一. 본 지방회 채무 모금의 부족액을 연보한 일 一. 현금 노동의 시기를 인하여 회원의 이거가 빈번함으로 4개월간 휴회하기로 한 일.「다만 총회의 긴급한 공문이 있는 때에는 임시 특별회를 소집함」"이라는 보도를 했다. 리버사이드 지방회에 채무가 있었고 노동 때문에 회원들이 타 지역으로 이주하여 4개월간 휴회한 것을 알 수 있다. 1918년 7월 4일자『신한민보』는 "정기 통상회를 지낸 일이 왼쪽과 같으니, 一. 지방 회원 다수가 다른 지방으로 옮겨갔음을 인하여 인원이 흠결된 고로 집회를 임시 정지하기로 한 일. (다만 특별한 일이 있는 때에는 이에 한정치 말고 모이기로 함) 一. 국어학교는 6월 21일에 방학케 한 일 一. 재무보고에 하였으되 본 지방회의 작년도 빚진 것을 다 갚고 여액이 4원 12전인데 여기다 1916년의 회비 4원 58전을 더하면 본 지방회의 빚진 것은 실상 8원 70전이라 한다"라고 보도했다. 대부분의 한인이 타 지역으로 이주하여 리버사이드 파차파 캠프는 더 이상 한인타운으로서 역할을 하지 못하게 되었다는 것을 알리는 기사이다.

1919년 4월 15일자『신한민보』의 "각 지방 독립의연 수전위원 명단"에 리버사이드는 빠져있다. 이 기사에는 리버사이드를 제외한 샌프란시스코, 새크라멘토, 맨티카, 다뉴바, 맥스웰, 로스앤젤레스, 업플랜드, 산타바바라 등 각 지방명과 해당 지방의 수전 위원이 나타난다. 그동안 각종 모금 활동에 적극적이었던 리버사이드 지방회가 1918년 이후 쇄락하여 더 이상 한인타운으로서의 기능을 하지 못하게 되었다고 암시해주는 또 다른 증거이다.

리버사이드 파차파 캠프는 도산이 미국에 도착한 직후 자신의 꿈을 시험해본 미국 최초의 한인 정착지이며, 당시 최대의 한인타운을 형성하고 있었다. 도산 안창호는 우선 한인 이민자들에게 생활고를 해결할 수 있도록 한인 노동국을 설립하여 취업의 문호를 활짝 열어주었다. 그래서 한인들이 몰려들기 시작했으며, 파차파 캠프는 타 지역과 달리 가족 중심의 공동체가 형성되었다. 도산 안창호는 민주주의 절차에 따라 엄격한 규율과 질서를 요구했으며, 타 인종에게 모범이 되도록 근면과 정직을 강조했다. 파차파 캠프는 민주주의의 씨앗이 뿌려진 역사적 장소임을 다시 한번 상기할 필요가 있다. 또한 한인장로선교회와 학교를 설립하여 신앙생활을 하면서 자녀 교육도 할 수 있도록 했다. 또한 파차파 캠프 한인들은 토론회도 조직하고 열띤 토론도 했다.『신한민보』1909년 5월 5일자에 의하면 "동일 리버사이드 통신을 거한즉 본 지방회원 제씨가 지식을 교환하기 위하여 거월 17일부터 토론회를 조직하고 임원을 선정함이 여좌하니, 회장 윤진오, 서기 차정석, 학무 백신구 제씨라 한다"고 보도했다.

도산 안창호는 1903년 샌프란시스코에서 친목회를 조직했다. 이후 이것을 리버사이드 한인들을 중심으로 공립협회로 발전시키면서 본부는 샌프란시스코에 두었다. 그러나 회원의 다수는 리버사이드에 거주하고 있었다. 1907년에는 조국의 독립을 위해 비밀 조직인 신민회를 결성하고 활동했다. 그러나 한국으로 가기 전인 1906년 이미 리버사이드에서 신민회를 발기했다. 리버사이드는 또한 공립협회 창립 후 최초의 지방회가 설립된 지역으로, 초기 미주 한인 독립운동의 거점 역할을 했던 곳이다. 『신한민보』 1945년 7월 26일자 "지방소식. 구정섭 회갑연의 성황"에서 리버사이드에 최초의 지방회가 설립되었다고 밝히고 있다. "구정섭 씨는 평북 사람이오, 1884년 6월 4일에 출세하였고, 1905년에 하와이로 왔고, 6년에 상항에 상륙하였습니다. 때는 공립협회의 초창시대요, 공립협회의 첫 지방회가 리버사이드에 설시되었습니다. 구정섭 씨는 이때로부터 공립회원이 되었고, 그 후 국민회원이 되었으며…."

파차파 캠프는 전기와 수도가 없는 아주 열악한 거주 공간이었다. 펌프로 지하수를 끌어올려 식수를 해결했고, 철도 바로 옆에 위치하여 매우 시끄러웠으며, 판자로 지어진 건물들은 낡아서 추운 바람이 솔솔 들어왔다. 그럼에도 파차파 캠프 한인들은 조국의 독립을 위해 활발한 기금 모금 활동을 했으며, 공립협회와 대한인국민회 활동에 적극적으로 참여했다. 안중근 의사의 이토 히로부미 암살 소식을 듣고 밤낮으로 대책 회의를 하면서 기금 모금을 했으며, 조국이 일본의 식민지가 되었다는 소식에 일본을 규탄하는 집회도 개최했다.

그럼에도 리버사이드의 파차파 캠프는 지금까지 실체가 밝혀지지 않았으며, 그 중요성을 인정받지 못했다. 파차파 캠프에는 1907년 이미 200명 이상의 한인이 거주했고, 오렌지 수확 기간에는 300명 이상이 거주했다. 이 책에서는 파차파 캠프에 미국 최초 그리고 최대의 한인타운이 형성되었다는 것을 밝히고 있다. 초기 미주 독립운동의 메카 역할을 한 리버사이드 파차파 캠프의 발자취를 도산 안창호의 행적과 더불어 퍼즐을 맞추듯 더듬어가 본다.

112년 전 리버사이드 '파차파 캠프(3096 리버사이드 코티지 스트리트)' 사적지 지정을 알리는 현판이 2017년 3월 24일 영구 설치되었다(사진 출처: 김영옥재미동포연구소).

오렌지를 따는 도산 안창호 선생의 모습
(사진 출처: 남가주대학교 동아시아도서관)

제3장　　　　**대한인국민회
　　　　　　북미지방총회 대의회(1911)**

　　파차파 캠프는 초기 미주 한인사회 독립운동의 중심지 역할을 담당했다. 앞서 언급했듯이 1905년 공립협회 설립의 중심지였으며, 공립협회와 그 연속인 대한인국민회의 첫 번째 지방회가 설립된 곳이자, 1906년 신민회를 발기한 곳이며,[1] 1911년 대한인국민회 북미지방총회 대의회가 열렸던 곳이 바로 리버사이드 파차파 캠프이다. 공립협회는 1905년 리버사이드와 샌프란시스코 거주 한인들이 주축이 되어 1905년 4월 5일 설립되었다.

　　『공립신보』는 1906년 4월 14일자 사설을 통해 공립협회 설립 기념식을 다음과 같이 설명했다. "지나간 4월 5일 공립협회 창립한 날인 고로, 이날을 기념하기 위하여 각처 회원들이 즐거움으로 경하하였는데, 상항 지방회에서 지낸 정황은 여러 회원과 미국 찬성원이 다 보이고 부회장 임치정 씨가 예식을 거행하는데, 총회 부회장 송석준 씨가 축사하

---

[1] 신용하, 「도산 안창호와 신민회의 창립」, 도산기념사업회, 『안도산전서 하: 연구논문편』, 범양사 출판부, 1978, 52.

니 축사에 대개는 '황천이 묵우하심으로 원방에 손 노릇 하는 우리 무리가 동종 상보하는 목적을 정하고 공립협회를 성립하여 날로 새롭고 달로 더하여 일주년을 지나매 공립한 자 300여 인이로다. 슬프다, 저 조상 나라를 생각하매 피가 끓고, 동포를 돌아보니 눈물이 옷깃을 적시는도다. 비옵나니 황천은 더욱 돌아보사 우리 회원들로 상심 낙담하는 지경에 이르지 않게 하옵시고, 열심과 의기를 다하여 본회 목적을 달하며, 본회 큰 의가 만세에 빛나게 하옵심을 삼가 고하옵나이다' 하였고, 김관유, 이원길, 이석원 삼 씨가 애국가를 부르니 애국가에 대지는 '무궁화 삼천리 화려강산 대한 사람 대한으로 길이 보전하세' 하였고, 공립관 사무원 방화중 씨가 연설하니…" 공립협회 창립 1주년을 맞이하여 기념식이 열렸고, 『공립신보』가 자축하는 사설을 실은 것이다.

공립협회와 하와이의 합성협회가 합병하여 1909년 2월 1일 국민회를 조직했다. 당시, 북미 지방 국민회 회원은 800명이고 하와이 지방 국민회 회원은 1천 명이었다. 『신한민보』 1909년 2월 10일자는 블라디보스토크 지방을 합하면 전체 회원 수는 약 3천 명이라고 "국민회 성립을 하례함"이라는 제목으로 보도했다. 특히, 두 단체가 통합하여 힘을 합친 것은 매우 축하할 경사라고 치하했다.

"아름답구나, 국민회의 성립함이여, 전일에 없던 단체를 결합한 것이며, 장하도다, 국민회의 회명이여, 광위한 사업의 전도가 무궁하리니, 우리는 해회의 일찍이 없었던 단체의 성립을 치하하는 당시에 무궁할 전도를 심축함을 게으르게 못할 바이다. 나누면 천하의 지극히 큰 물건이라도 적고 약하고 쇠하고 망할 것이며, 합하면 천하의 지극히 적은 물건이라도 크고 강하고 성하고 흥할 것이다. 우리 동포의 미국으로 도항하던 지난 날 지난 일을 생각하면 하염없는 눈물이 지금까지 옷깃을 적시는구나. … 치하하노라 국민회여, 축수하노라 국민회여, 담임이 크고 책망이 중한 국민회여, 무궁한 전도에 무궁할 희망을 성취할 국민회여,

물러오지 말지어다 국민회여, 나아갈지어다 국민회여, 죽기로 작정한 국민회여, 살기를 도모하는 국민회여, 노예를 벗고 주인의 자리를 회복할 국민회여, 한 창자 더운 피와 한 줌 찬 눈물로 대성질호하여 이천만 대한 동포를 부르는 국민회여. 여원여원 하여보소, 상천아 도우소서, 여원여원 하여보소. 단군 이래 4242년을 상전하는 대한 국민 만만세, 단군 기원 4242년 2월 1일에 대단체를 성립한 국민회 만세." 대한인공립협회가 국민회로, 또다시 대한인국민회로 발전했다.

공립협회와 대한인국민회 본부는 샌프란시스코에 설립되었으나, 이 두 단체에 적극적으로 참여한 회원 중 상당수는 리버사이드 파차파 캠프에 거주하고 있던 한인들이었다. 또한, 미국에서 대한인국민회 지방회가 제일 먼저 생긴 곳이 바로 리버사이드의 파차파 캠프라는 것을 『신한민보』는 전해주고 있다.[2] 파차파 캠프 한인들은 공립협회와 대한인국민회 활동에 적극적으로 참여했을 뿐만 아니라 파차파 캠프 현지에서도 활발한 독립운동을 전개했다. 리버사이드 거주 한인들은 공립협회 본부를 샌프란시스코에 세우면서 도산 안창호에게 샌프란시스코로 이주해서 한인들을 도와줄 것을 당부했다. 즉, 하와이에서 본토인 샌프란시스코에 도착하는 한인들이 정착할 수 있도록, 또한 그들이 리버사이드로 이주할 수 있도록 돕기 위해 도산 안창호를 샌프란시스코로 이주시킨 것이다.

1909년 2월 1일 하와이의 합성협회와 샌프란시스코의 공립협회가 통합하여 국민회가 창립되었고, 그 후 대동보국회와도 통합하면서 대한인국민회가 되었다.

1909년 국민회가 창설된 후, 리버사이드 지방 관련 기사를 몇 개 옮겨보면 아래와 같다.『신한민보』1909년 4월 7일자 보도에 "리버사

---

2 『신한민보』, 1910년 10월 5일자, "안위원의 순행기"

이드 지방회장 차정석 씨의 보고를 근거하니 본월 3일 통상회의 결안은 왼쪽과 같다. 신입회원은 백신구 씨오, 평의원은 5명을 상치하기로 의정 후 김인수, 이치환, 백신구, 김기만, 김윤각 씨가 선발되었다고 한다"라고 전했다. 그리고 『신한민보』 1909년 4월 14일자 보도에 "본월 13일에 리버사이드 지방회장 차정석 씨의 보고를 근거하니 본월 10일 특별회의 신임 임원은 왼쪽과 같다. 회장 차정석, 부회장 백신구, 총무 이응호, 서기 백신구, 재무 김기만, 학무 이응호, 법무 김인수, 구제 김윤각, 대의원 이치완, 이응호라 한다"고 했다. 기사에 실린 인물들은 리버사이드 거주 한인들이고, 이들이 활발한 활동을 전개한 곳이 바로 리버사이드 파차파 캠프이다.

『신한민보』 1909년 5월 5일자 보도에 의하면 "국민회 리버사이드 지방회에서 내지 함경남도 문천군 기근에 대하여 구휼금 30여 원을 우선 수취하고, 동포에게 의연을 청하는 발기가 있기로, 본보 제3면에 게재하거니와, 우리 동포의 자선한 마음으로 응당 힘을 합하여 죽는 때에 임한 동포를 증구하기에 다소를 아끼지 않을 듯하더라"라고 전했다. 기사는 리버사이드 지방회에서 함경남도 문천군 기근에 대한 구휼금 30여 원을 우선 거두어들이고, 또다시 동포들에게 기금 모금을 요청한다는 내용이다. 리버사이드에서 본국 동포 구휼 활동에 앞장선 것이다. 한편, 파차파 캠프에서는 1909년 4월 17일 토론회를 조직하여 활발한 토론 활동을 전개했다. 또한 "동일 리버사이드 통신을 거한즉, 본 지방회원 제씨가 지식을 교환하기 위하여 지난 달 17일부터 토론회를 조직하고 임원을 선정함이 왼쪽과 같으니, 회장 윤진오, 서기 차정석, 학무 백신구 제씨라 하다"를 보면, 토론회를 조직하여 활발한 지식 교류 활동도 전개했음을 알 수 있다.

『신한민보』 1909년 7월 7일자 보도에 의하면 "7월 3일 리버사이드 지방 회장 차정석 씨의 청원을 접한즉, 본 지방에서 동포의 노동을 주선하던 김인수 씨가 타처로 이거하매 외인교제와 범백 주선할 사람이 없사오니, 총회에서 가감한 이를 파송하여 수다 동포를 환산하는 지경에 이르지 말게 하라 하였으므로 7월 6일에 북미총회에서 답복하되, 귀 청원의 사의는 듣기에 심히 민망하여 장차 김응규 씨를 파송하겠으되, 해씨가 이왕 상관하던 철도회사에 미료한 일이 있는 고로 끝나기를 기다려 기송코저 하오니, 우선 부근에 있는 동포 중에서 임시 간사케 하여 환산할 지경에 이르지 말게 하라 하다"라고 했다.

『신한민보』 1909년 7월 14일자에는 "7월 6일 래들랜드(리버사이드의 오기) 지방회장 차정석 씨의 보고서를 접한즉, 본회 법무원 겸 평의원 김인수 씨 사면한 대에 윤진오 씨가 양임을 피선한 일. 본 지방에서 김인수 씨가 노동 주선하던 가옥은 본 지방회관으로 정하여 사업을 계속케 한 일"이라고 했다. 김인수는 리버사이드 법무원 겸 평의원이었으며, 리버사이드에서 노동을 주선했던 인물인데, 1909년 7월 7일 타처로 이주했다. 그의 부재로 인해 동포들이 흩어져버리게 될 위험이 있다고 생각될 정도로, 노동 주선자로서 그의 역할은 컸다. 앞서 지적한 바와 같이 김인수와 그의 장남 김용련은 안창호가 타 지역 방문차 부재시 파차파 캠프를 이끌어간 인물들로 김인수는 이혜련 여사의 오촌 외숙이다.

『신한민보』 1909년 8월 18일자는 "8월 12일에 리버사이드 지방회장 차정석 씨의 보고서를 거한즉, 본 지방에 현류 회원이 영성하여 통상회를 열지 못하였으나, (…) 一. 본 지방회원 전학봉 씨는 자원 퇴회함"이라고 했다. 이 시기에 차정석은 지방 회장으로서 계속 리버사이드에 있었으나 회원 수가 적어져서 통상회의를 열지 못했다.

『신한민보』 1909년 11월 10일자 보도에 "리버사이드 지방회장 차정석 씨의 10월 13일 보고 내에, 본 지방회원 제씨가 회관을 유지하기 위하여 의연금을 각출하였기 씨 명과 금액을 개록 보고라 하다. 이원갑

5원, 김창률 5원, 윤진오 3원, 김기만 5원, 김윤각 3원, 차정석 2원, 최국신 2원, 이치완 2원 반, 박귀호 2원, 백신구 1원, 김관유 1원, 전시중 1원, 이응호 1원, 김창성 75전, 장두학 1원, 최덕규 50전. 이상 합 35원 75전"이라고 했는데, 리버사이드 동포들이 지방 회관 유지를 위해 의연했다는 내용이다. 이처럼 리버사이드 동포들은 지방회 유지 활동에 적극적으로 호응했다.

『신한민보』 1909년 12월 8일자는 "하변 지방회보, 신입회원. 거주 성함은 왼쪽과 같다. '정도만(원적: 황해도, 문화군, 연감2. 현주: 미국, 가주, 하변), 장춘경(원적: 충청도, 진천군, 연감2, 현주: 미국, 가주, 하변)'"이라고 보도했는데, 정도만과 장춘경이 회원으로 가입했다. 파차파 캠프로 한인들이 계속 들어왔음을 알 수 있다. 장춘경은 곧 노동 주선인으로 활동했고, 약 1년간 지속했다. 『신한민보』 1909년 12월 9일자 내용은 다음과 같다. "광고(廣告), 본인이 이곳에서 노동 주선을 하옵는데, 귤 따는 컨트락할 일과 기타 농장일이 많사오니, 누구시든지 노동에 주의하시는 동포는 속속히 오시옵소서. 일 공가는 9시에 1원 8(0)전이옵고, 도급은 가량 없소이다. 리버사이드 노동 주선. 장춘경 고백."

『신한민보』 1910년 1월 12일자는 신한민보사 가옥 창건을 위한 동맹원 모집 찬성원 명록과 금액을 다음과 같이 보도했다. "동맹찬성원 명록, 리버사이드 공동회석(회장 차정석), 윤진오 30원, 정도만 30원, 김윤각 30원, 백신구 30원, 이석원 30원, 차정석 30원, 임준기 30원, 최대선 30원, 김달로 30원, 장춘경 30원, 김창성 30원, 최국신 30원, 김경완 30원, 김순학 30원, 이병주 30원, 전락청 30원, 임지성 30원, 이응호 30원, 김창헌 30원, 김기만 30원." 리버사이드 동포들은 신한민보사를 위한 활동에 적극적이었다. 한편, 1910년 3월 23일자 "하변 지방회보"는 재정 상황을 게재했는데, "하변 지방회 합 수입금 37원 32전, 합 지출금 28원 47전, 실재금 8원 85전"으로 파차파 캠프 거주 한인들이 지속적으로 활동을 전개했다는 것을 알 수 있다.

1910년 5월 11일자 『신한민보』는 "레드랜드 지방회 화재에 대하여 경보를 접문하던 즉시에 각 회원이 성력대로 연조를 모집하여 우선 부송한 금액이 70여 원이오, 총회에서 위임한 위문 대표는 이치환 씨로 택정하여 파송하다"라고 보도했다. 레드랜드 화재 모금에 참여한 리버사이드 동포의 이름과 금액도 신문에 게재되었다.[3]

『신한민보』 1910년 5월 18일자는 "학생을 도와줌, 클레어몬트 학생 양성소에서 경비가 항상 부족하되, 금년에는 더욱 심하더니, 다행히 리버사이드와 업플랜드와 롬폭 동포들이 많이 연조하였음으로 여전히 공부하게 되었다더라"라고 보도했다. 리버사이드 동포들은 클레어몬트 학생 양성소를 위해서도 연조했다. 리버사이드 지방회는 사회와 국가를 위한 각종 연조 활동에 활발하게 참여했으나, 이때는 지방회의 재정이 아주 넉넉했던 것은 아니다. 『신한민보』 1910년 6월 15일자 "하변지방회보, 본월 4일 통상회의 재정보고는 여좌. 당삭수입금이 16원 40전, 각항용하금 18원 40전, 실부족금 1원 80전"으로 회계 장부는 적자 상태였던 일도 있었다.

『신한민보』 1910년 10월 5일자는 안석중의 지방 순행기를 게재했다. 이 기사에서 리버사이드는 제일 먼저 창설한 한인 마을이며, 첫 번째 지방회라는 사실을 말했다. 그리고 그동안 주장하던 사람이 바뀌어서 위태로웠던 이곳에 김인수가 돌아왔다는 소식을 전했다. "안위원의

---

3 『신한민보』 1910년 5월 11일자에 레드랜드 화재에 연조한 리버사이드 지방회 사람들 명단이 있다. "광고. 화재에 구제한 여러분 하변. 박충섭 10원, 차정석·마춘봉·이치완 각 5원, 이병억·클레어몬트 학생 양성소·장춘경·이석원 각 3원, 장원국(두 번째) 2원, 김순학·전낙원·김기만·김용연·장한조·임우성·이병두·이원갑·김창성·오남식·전학봉·김진행·김윤옥 각 2원, 이응호 1원 50전, 최대선·양국환·정도만·백신구·한경서·김석준·이경숙·김달로·이두성 각 1원(미완)"

순행, (…) 12. 리버사이드 지방. 이곳은 미국 올 때에 제일 먼저 창설한 한인의 동리가 될 뿐만 아니라, 우리의 단체를 처음 시작하며 지방회가 제일차로 설립된 곳이더니, 그동안에 고난도 많이 당하고 주장하는 이도 자주 바뀌어 지보할 기약이 없더니, 지금은 김인수 씨의 가족이 다시 이곳으로 와서 그 자제 용련 씨가 주무하여 동포를 인도할 터인데, 가옥을 현방 사고저 언론 중이옵고, 회관 가세 부족은 김인수 씨가 체당하여 아모쪼록 한인의 근거지를 유지하기로 결심이오니, 사회와 개인에 모두 다행이 되었사오며, 신문사를 위하여 불과 7, 8인 동포의 의연금이 20원이온데, 김용련 씨가 담임하여 수송할 터이옵고"라고 보도했다. 기자는 "불과 7, 8인 동포의 의연금이 20원"이라고 전했는데, 김인수가 돌아온 후 리버사이드 지방회가 더욱 활기를 띠고 동포들이 사회를 위한 활동에 열성적으로 참여했음을 알 수 있다.

파차파 캠프 거주 한인들은 조국의 독립을 위해 활발한 모금 활동을 전개하여 독립운동에 적극 참여했다. 1909년 10월 26일 안중근 의사가 이토를 암살했다는 소식을 파차파 캠프 한인들이 듣게 되었고, 파차파 캠프는 또다시 미주 한인 독립운동의 중심지가 되었다. 엘렌 전은 그 당시를 다음과 같이 회상했다.

"파차파 캠프는 다시 활동의 중심지가 되었다. 한인장로선교회 건물에서 거의 매일 밤마다 회의가 열렸고, 안중근 의사를 돕기 위한 기금 모금이 활발히 전개되었다. 전낙청도 마차를 살 수 있는 금액을 내겠다고 약속했는데, 부인이 너무 많다고 불평했지만 개의치 않았다. 그 당시 대부분의 부인들이 남편들이 독립운동에 참여하는 것에 불평은 했지만 큰 의미는 두지 않았다. 안중근 의사의 행동에 대해 한인 그 누구도 은혜를 갚을 수 없다는 것을 잘 알았기 때문이다. 거의 매일 밤 모임에서 연설과 기금 모금 행사가 열렸다."⁴ 파차파 캠프 한인들은 안중근 의사의 이토 저격 사건 소식을 듣고 적극적으로 독립운동에 참여한 것이며, 파차파 캠프가 그 당시 미주 한인 독립운동의 중심 역할을 했다는 것을 잘 보여주고 있다.

또한 엘렌 전은 한국에서 망명한 학생들이 파차파 캠프에 도착하면서 더욱 적극적으로 독립운동 활동이 전개되었다고 전하고 있다. "안중근 의사는 재판에서 혼자서 한 행동이라고 주장했고, 체포된 한인 지도자들은 풀려나게 되었다. 이 사건 이후 리버사이드로 망명객들이 오기 시작했다. 그들은 대부분 학생들이었는데, 기회가 생겨 한국을 탈출해서 리버사이드까지 온 것이라고 밝혔다. 이 소식을 듣고 파차파 캠프 한인들은 더욱 고무되어 독립운동에 더욱 적극적으로 참여하게 되었다."⁵

1910년 나라를 빼앗겼다는 소식을 접한 파차파 캠프 한인들은 일본의 만행을 규탄하기 위해 '망국일' 행사를 거행했다. "집회가 시작되면서 참석자들은 자리에 앉았고 여성들은 자리를 떠났다. 애국가로 행사는 시작되었다. 미스터 송은 애국가를 힘차게 부르면서 참석자들도 함께해줄 것을 기대했지만 참석자들의 얼굴에는 체념의 모습이 보였다. 누군가가 갑자기 '만세, 만세'를 외쳤다. 그러자 참석자 모두 '만세, 만세'를 외치기 시작했다. 여기저기서 울음이 터지면서 울음바다가 되었다. 눈물 때문에 기노는 '우리 아버지'를 시작으로 끝내지도 못했다. 아버지는 '우리를 구원해 주세요'라고 기도했다. 다음은 양반 출신인 임씨의 차례였는데 그는 다음과 같이 기도했다. '만약 안 선생이 여기 있

---

4   Ellen Thun, 「Heartwarmers: Current Topic Board; Assassination」, *Korea Times*, November 26, 1996. 전낙청은 엘렌 전의 아버지이다.
5   Ellen Thun, 「Heartwarmers: Annexation」, *Korea Times*, January 28, 1997.

다면 기죽지 말고 머리를 들고 독립운동을 하라고 했을 것이다. 우리는 우리가 해야 할 일이 무엇인지 잘 알고 있다. 우리는 대한 독립을 위해 싸워야 한다. 우리에게는 다른 선택의 여지가 없다. 우리의 지도자들이 곧 돌아올 것이다. 안 도산도 곧 올 것이다. 해외에 살고 있는 우리는 조국의 독립을 위해 싸울 것이다.'"[6] 당시 안창호는 한국에서 신민회 활동을 하고 있었고 그가 돌아오기를 간절히 바라는 마음을 그대로 담고 있다. 1910년 나라를 빼앗긴 후 안창호는 긴 여정을 끝내고 가족들이 살고 있는 캘리포니아 리버사이드로 다시 돌아온다.

안창호 환영

『신한민보』 1911년 9월 13일자는 안창호가 미국에 들어와 상항에 도착하리라는 소식을 전했다. "안창호 씨 도미. 민족의 정신을 대표하여 조국의 역사를 광복코저 동서 내외에 무한한 풍상을 무릅쓰고 다니는 안창호 씨는, 원동으로부터 유럽 각국을 유력하고 일작 9월 3일 미국 뉴욕항에 무사 상륙하여 그곳서 한 주일쯤 체류하고 직히 상항에 내착할 예정인데, 상항에 거류하는 일반 동포는 성대한 환영을 준비한다더라."

1911년 9월 27일자 『신한민보』는 안창호가 미국에 돌아온 것에 대한 환영과 기대를 다음과 같이 보도했다.

"안창호 군을 환영함, 미산 청년. 오늘은 우리가 우리의 사랑하고 신앙하던 안창호 씨를 환영하는 기쁜 날이라. 우리가 안창호 씨를 환영할 때에 몇 가지 환영할 만한 이유를 알아야 될지니, 씨는 평등 박애주의를 품은 사람이라. 그런 고로 씨가 일국 제왕을 대할 때나 촌로 농민을

---

6 Ibid., 1997.

만날 때에 대접하는 예절이 한결같으며, 생면부지를 대할 때나 죽마붕우를 만날 때에 사랑하는 정의가 한결같으며, 여순구 대포 소리 들을 때나 소상강 비파 소리 들을 때에 탄연한 마음이 한결같으므로, 어느 지방을 가든지 어느 사람을 교제하든지 뜨거운 정성으로 환영치 아니하는 이가 없도다.

또한 해씨의 주창으로 인하여 우리 사회에 기초를 확정하였으며, 해씨의 고동으로 인하여 우리 형제의 애국성을 배양하였을뿐더러, 예전 동씨의 광명정대하던 품행과 평등 박애하던 정의를 생각할진대, 동씨는 과연 우리 국민의 좋은 친구라.

우리 동포는 응당 뜨거운 혈성으로 동씨를 환영할 줄 믿으며, 동씨가 우리 국민의 좋은 친구만 될 뿐 아니라 좋은 친구 중에도 과연 애국지사라. 사람마다 나라를 사랑하노라 하지마는, 실상 나의 나라를 나의 집과 같이 사랑하며 나의 몸과 같이 사랑하는 이는 전국을 떨어 놓고 볼지라도 몇 사람 되지 못할지라. 그런 중에 씨는 몸도 없고 집도 없는 사람이라.

이것을 생각할진대, 우리 국민은 응당 뜨거운 혈성으로 동씨를 환영할 줄 믿으며, 씨가 애국지사만 될뿐더러 애국사 중에도 과연 모험 남자라. 저 일인의 세력이 반도를 덮었지만은 능히 그 범위를 헤치고 무인지경같이 다니면서 동지를 규합한 이가 그 누구이며, 일인의 경찰이 도처에 있었지만은 능히 그 함정을 들치고 탄탄대로 같이 종횡하면서 청년을 고동한 이가 그 누구이뇨. 이러한 모험 남자는 서양 문명 사기에서도 수십 장을 넘기기 전에는 구할 수가 없도다.

그런즉 우리 국민은 과연 뜨거운 혈성으로 동씨를 환영할 줄 믿으며, 씨가 모험 남자 뿐 외라 모험 남자 중에도 과연 모범할 만한 인물이라. 세상에 아무리 큰 인물이라고 칭찬을 듣던 자라도 해가 가고 달이 오게 되면 필경은 불합한 거동과 부족한 행위와 부당한 결점이 없는 사람이 없지마는, 지약부귀가 능히 마음을 음란케 못하며, 빈천이 능히 그 지조를 옮기지 못하며, 권리가 능히 그 기운을 굴복지 못할 만한 이는, 우리가 안창호 씨를 증거하리로다.

우리 국민은 과연 뜨거운 혈성으로 동씨를 환영할 줄 믿으며, 씨가 모범의 인물이 될 뿐 아니라 모범 인물 중에도 과연 시종이 여일한 대장부라. 어떤 동포가 우리나라의 유지인사를 평론하여 왈, '우리나라에는 10년 열성이 없다' 하였지마는 안 씨의 애국 열성으로 말하면 넉넉히 이 사람의 평론하던 도수를 지났다 증거하리로다. 동씨의 행하는 곳에는 이탈리에 화산이 터지는 듯하며, 천병만마가 적마관을 들이치는 듯하며, 한번 동할 때에는 장강대하가 곤곤 장류하듯, 한번 멎을 때에는 태산반석이 탁연 특립한 듯, 머리에는 대한 일월을 항상 이고, 손에는 태극기장을 항상 잡았도다. 그런즉 우리 국민은 이러한 대장부를 응당 뜨거운 혈성으로 환영할 줄 믿노라.

그런즉 우리는 동씨를 우리 국민의 좋은 친구로 환영도 하며, 동씨를 애국지사로 환영도 하며, 동씨를 모험 남자로 환영도 하며, 동씨를 모범의 인물로 환영도 하며, 동씨를 시종이 여일한 대장부로 환영하되, 우리 해외 동포에게 한마디 부탁할 말씀은 다름이 아니라, 동씨가 저같이 나라를 위하여 일신을 희생하여 수전도 하고 육전도 하고 산전도 하므로 입이 타고 혀가 모자라지다가 이제 미주로 건너온 것은, 참말 속담에 환토인생이라.

이와 같이 고생한 것이 다 내지 동포의 깨지 못한 때문인즉, 우리는 아무쪼록 그 저간 잘못하던 것을 후회하고 공평한 마음과 관후한 성질과 정직한 주의를 가지면, 동씨는 우리의 환영을 기뻐하리로다. 만약 그렇지 못하면 동씨는 파란의 고수사고가 될지며, 법국의 맥마한이 되리니 ― 고수사고와 맥마한은 다 혁혁한 명예가 있는 영웅으로 자기의 나라를 위하여 적국과 싸우다가 자기 나라 국민의 형세가 점점 퇴축하므로 다시 전정에 희망이 없음을 보고는 그만 순절하기 위하여 매번 싸움에 먼저 선봉으로 나아가다가 필경은 다 중상을 입고 말에서 떨어지다 ― 열성이 많고 이목이 민첩한 우리 동포들은 응당 씨를 환영할 때에 씨의 장래 활동에 대하여 한마음으로 찬조하기를 스스로 정할 줄 믿는 바이로다."

안창호가 미주 한인사회의 지도자로서 앞으로 조국의 독립에 이바지할 것을 기대하고, 동포들이 안창호에게 호응하여 함께 열심히 활동하기를 바라는 환영사이다. 즉, 그동안 지도자 부재로 위축되었던 대한인국민회 활동이 안창호가 돌아와 활기를 띨 것을 기대하는 환영사이다.

1911년 10월 4일자 『신한민보』는 안창호의 연설 전문을 게재했다.

"내가 이곳을 다시 향하여 고국을 떠날 때에 마음이 대단히 아프고 비창한 것은 우리의 동지들이도다. 위태한 함정에 빠져 무진한 고초를 당한 중에 나는 홀로 위험을 피하여 떠나옴이라. 서백리아 만 리 길에 어느 곳 강산이 나의 수심을 보태지 않았으리오마는, 한번 뉴욕항에 닻을 내리고 미주 대륙을 흘러 이곳까지 올 때에, 지나는 곳마다 우리 동포의 정황을 살펴보니, 무한히 기쁘고 즐거운 마음이 생겼소이다.

그 기쁘고 즐거운 것은 무엇이오. 내가 이곳을 떠난 지 다섯 해 동안에 우리 동포들이 각 방면으로 점점 나아가 변하고 또 변하여, 전일에는 학생이 없었으되 오늘에는 대학교 생이 있으며 중학교 생이 있으며 소학교 생이 많으니, 이는 학생계의 변한 것이오, 전일에는 실업에 착수한 것이 없었으되 오늘에는 처처에 농장이 있으며 상점이 있으며 회사가 조직되어 장래의 무궁한 희망을 두었는지라, 이는 실업계의 변한 것이오, 전일에는 나의 집이 없었으며 주자로 인쇄하는 신문이 없었으되 오늘에는 나의 집에서 나의 주자로 선명한 신문이 발간되어 동서양에 널리 파전되니, 이는 신문계의 변한 것이오, 전일에는 통일한 단체가 없었으되 오늘에는 미주 하와이 멕시코와 원동 각지에 있는 동포의 단체는 모두 국민회 이름 밑에 통일한 정신을 가졌으니, 이는 단결력의 변한 것이라.

심지어 남녀 동포의 체격과 행동까지 언어 의복 제도까지 일층 변하여, 나서면 헌헌한 장부의 기상을 가졌고, 들면 유한한 숙녀의 태도를 가졌으니, 이는 풍속 습관의 변한 것이오, 그중에도 더욱 기쁜 것은 동방에 있는 학생들이 하절 방학 동안을 이용하여 병학교를 세우고 상무의 정신을 련단함이라. 이 어찌 오 년 전과 금일의 크게 변천됨이 아니리오. 그런 고로 나는 무한히 기쁘고 즐거운 마음이 생겼다 하나이다.

사람이 혹 말하되 재미 동포의 열성이 이왕보다 늙었다 하니, 아니오, 아니오, 내 생각에는 결단코 그렇지 않소. 우리가 처음 이곳에 올 때에 적수공권의 맨주먹만 들고 온 사람 6, 7백 명이 무슨 사건 무슨 사건에 연조한 재물이 얼마나 많으며, 어떤 사업 어떤 사업에 기울인 정성이 얼마나 높은가. 실로 일인과 청인은 적은 수효의 사람으로 이와 같이 큰일을 차리지 못하였을 것이오, 또한 오늘에 사업의 진취하는 것을 보면 날마다 늘어가고 달마다 자라간다 함은 가하거니와, 열성이 늙었다 함은 결단코 겉으로 보는 생각이오, 실상을 알지 못하는 말이라.

내가 실로 말씀하노니, 당초에 미주로들 건너오실 때에 혹이 다른 민족과 같지 못할까 은근히 걱정하고 근심하였더니, 오늘에 이와 같이 발전된 것은 여러분이 모두 변하기를 잘하였으므로, 범사에 남만 못한 일이 없을 뿐 아니라 남보다 나을 희망이 있는 것이 아닌가. 그런 고로 나는 제군의 열성과 변천됨을 심간에 새기어 깊이 하례하나이다. (중략)

우리가 서로 얼굴을 대하여 입을 벌리게 되면 피차에 통곡만 하여도 시원치 않으나, 그러나 나는 오늘 저녁에 제군에게 대하여 내지 형편을 말할 때에 다만 기쁜 소식만 전코자 합니다. 나라가 망하고 민족이 멸할 지경에 무슨 기쁜 소식이 있으리오마는, 그러나 실로 기쁜 일이 있소이다.

나라가 망한 것은 세상에서 혹 임금의 죄라 혹 오적칠적의 죄라 하나, 그러나 이천만 인구와 삼천리 강토를 어찌 이완용 송병준 몇 사람의 힘으로 팔아먹을 수가 있겠소. 그 밑에 이름 없는 이완용 송병준이가 많은 연고로 나라가 망하였으니, 누구누구 할 것 없이 한국 민족 된 자는 다 망국의 죄가 있소. 나도 한국 인종인 고로 내가 곧 망국한 죄인이오. 그러나 전일의 나라를 망한 자는 곧 금일에 나라를 회복할 자이니, 이제 여러 방면으로 보건대 현재 활동과 장래 경영에 대하여 무궁한 희망이 있으니 이것이 나의 전코자 하는 기쁜 소식이오.

혹자는 한국에 있는 교인도 모두 일인의 세력 범위로 들어갔다 말하나, 결단코 그렇지 아니하오. 이는 모두 일인의 신문상에 정책변으로 하는 말이오, 그 실상은 조국 정신이 제일 풍부한 인격을 찾으려면 모두 교회 안에 있소. 그이들의 하는 일은 모두 나라 잃은 자로 하여금 나라 찾는 자를 다시 만들기에 진력합니다.

국중에 제일 유공한 자는 교인이라고 나는 담보라도 하겠소이다. 교인 중에서 일인의 심복이 된 자 있다 하나 이는 본래 교인도 아니오, 장래 교인도 아니오, 이는 일인이 교인의 내정을 알고자 하야 은밀히 정탐군으로 하여금 교회의 세례를 받게 한 자이니, 그 거동을 보면 참 교인과 같이 찬미를 하며 기도를 하여 남의 이목을 속이되, 제 어찌 구주의 뜻을 몸 받은 참 교인을 농락할 수야 있겠소.

참교인들은 과연 금일에 대단히 유공한 동포들로 아시오. 또 혹자는 말하되 일본의 개명이 한국보다 먼저 되었다 하나, 나는 한국의 개명이 먼저 되었다 합니다. 왜 그런고 하니 개명하는 길이 둘로 나뉘어 일인은 정치상으로 물질적 개명은 한인보다 먼저 되었다 하나 지어 도덕상으로 정신적 개명은 결단코 일인이 한인을 따를 수 없으니 우리가 이제 물질적 방면으로 힘을 더 쓰는 지경에는 소위 일인의 문명은 뿌리가 없는 꽃과 같을 뿐이니 어찌 뿌리를 박고 피는 꽃을 따를 수 있소.

또는 교인은 동족을 건지기에 다른 사람보다 몇 갑절 더 힘쓸 증거를 말하오리다. 향자에 인도 사람을 위하여 교회에서 의연을 청할 때에 어떤 부인은 자기의 비녀까지 뽑는 것을 내가 목도하였소. 보지 못하는 인도인을 위하여서도 이렇듯 하거늘 눈으로 보는 동포의 도탄을 건지는 일에야 오죽할 리가 있겠소.

그런 고로 우리 동포 중에 애국심이 제일 많기는 교인이라 합니다. 우리의 동지 중에 현금 고난을 받는 자 많으나, 그러나 신진 청년들은 모두 막지 못하고 꺾지 못할 열심을 가진 자 많은 터이오, 그런 고로 일본 사람들은 겉으로는 길이 정하지 못하니 무엇이 어떠하니 하지마는, 그중에도 지식이 있는 자는 우리 동포의 정신상 발달되는 것을 크게 겁내는 중이외다. 우리는 일인의 노예 됨만 한하지 말고, 남자나 여인이나 늙은이나 젊은이를 물론하고 각각 일인과 싸움할 준비를 급급히 할세다.

그 준비는 무엇이오, 대포인가 군함인가. 아니오, 아니오, 우리가 급급히 준비할 것은 젊은이든지 늙은이든지 여인이든지 남자이든지 각각 자기의 하는 일을 일인과 비교하여 일본 사람보다 앞에 설 생각을 두고 낫게 할 뿐이라. 공부를 하여도 일인보다 앞서게 하고, 농사를 하여도 일인보다 앞서게 하고, 장사를 하거나 노동을 하거나, 어천백사에 모두 낫게 할 지경이면, 그날이 곧 승전하는 날인 줄 아시오. 남녀노소의 우리 동포들은 어서 바삐 이와 같은 전쟁을 준비하시오.

이와 같은 전쟁을 준비하는 요소는 학식과 자본 두 가지에 있소이다. 한편으론 재물을 생산하며, 한편으론 지식을 양성한 연후에야, 우리의 만족한 일이 있으리다. 사람 수효의 적은 것도 한하지 말으시오.

아메리카 역사로 말하면 일백여섯 사람이 건너와 오 년간에 진취한 것과 같이, 잘 변천하고 또 변천하기를 쉬이지 말고 우리의 단체를 날로 확장하옵세다. (손뼉 소리가 집을 움직이다)"

안창호는 자신이 한국에서 지난 5년 동안 신민회 활동을 하던 시기에 미주 한인사회도 많은 발전을 한 것을 치하하면서 동시에 독립전쟁을 준비해야 한다고 역설했다. 그러나 독립전쟁은 대포나 군함으로가 아니라 실력을 양성함으로써 이루어야 한다는 주장이다. 일본을 이기기 위한 방략의 가장 중요한 요소는 학식과 자본 두 가지에 있으며, 공부를 해도 일인보다 잘하고, 장사나 노동도 더 잘해야 한다고 역설한 것이다. 안창호는 무력 항쟁으로 독립을 쟁취하는 것은 어렵다고 판단하고, 학식을 연마하고 자본을 축적하여 일본보다 실력을 향상시켜 독립을 쟁취할 것을 주장한 것이다.

전낙청의 딸 엘렌 전은 안창호가 1911년 리버사이드로 돌아온 후의 상황을 다음과 같이 전하고 있다. "안창호는 샌프란시스코에서 대한인국민회 일을 돌보고 기차를 타고 로스앤젤레스에 도착했다. 이혜련 여사와 필립이 로스앤젤레스로 마중을 나갔다. 이혜련 여사는 '내가 바느질과 빨래를 해서 300불을 벌었다'고 남편 안창호에게 자랑했다. 안창호는 '이건 정말 기적이다. 독립운동의 동지인 이갑이 병을 얻어 함께 미국에 왔는데, 다행히 병은 치료했으나 병상에 누워있는 신세가 되었고 돈도 없는 상태이다. 대한인국민회 기금도 거의 고갈 상태인데, 내가 이 돈 300불을 이갑에게 보내도 될까. 이 돈은 그가 더욱 필요로 한다. 나도 이제 노동을 해서 돈을 벌 예정이다'라고 말했다. 이혜련 여사는 이갑에게 돈을 보내는 것에 동의를 했다."[7] 이것은 안창호의 동지애

---

7   Ibid.

를 잘 알 수 있는 스토리라고 생각된다. 안창호가 리버사이드로 다시 돌아온 후 대한인국민회는 조직을 정비하고 활발한 독립운동을 전개하면서 안창호의 미주 독립운동의 전성기를 맞이하게 된다.

제3차 대한인국민회 북미총회(리버사이드)

이선주는 "도산의 두 번째 리버사이드 생활"에 대해 "도산은 귀국한 뒤에도 한인 공립협회가 국민회로, 다시 대한인국민회로 발전한 일에 대해 끊임없이 보고를 받고, 또 중요한 사안들을 지도했을 것이다"라고 언급하고 있다. 그러나 이선주는 1911년 11월 리버사이드에서 개최된 대한인국민회 북미총회 대의회에 대한 언급은 하지 않았다. 주로 로스앤젤레스로 이주한 후 대한인국민회의 재건 활동과 흥사단 창립에 대해 많은 부분을 할애하고 있다.[8] 그러나 필자는 1911년 리버사이드에서 개최된 대한인국민회 북미총회가 시사하는 의미가 매우 크다고 생각한다. 북미총회가 리버사이드에서 개최된 이유는 무엇이며, 그 역사적 의미는 무엇인가? 또한 삼권분립에 의한 민주주의 제도를 도입하고 제도화한 제3차 대한인국민회 북미총회 21개 의안에 대한 역사적 의미와 상해임시정부가 선포한 민주공화정과의 연계성에 주목할 필요가 있다.

    대한인국민회는 도산 안창호가 한국에서 활동하는 동안 지도자 부재로 상대적으로 위축된 상태였다. 1911년 9월 도산 안창호가 뉴욕에 도착한 후, 샌프란시스코와 로스앤젤레스를 거쳐 가족이 있는 리버사이드로 돌아온 후 대한인국민회는 다시 활발한 활동을 전개하게 된다. 도산의 두 번째 미국 거주 시기인 1911년부터 1919년 사이 도산 안창호는 대한인국민회 활동을 매우 활발히 전개했는데, 그곳이 바로 리버

---

8   이선주, 2003: 168-184.

사이드였다.

    1911년 11월 22일자『신한민보』는 대한인국민회 북미총회 대의회가 특별히 리버사이드에서 개최된다고 보도하고 있다.[9] "재명 22일은 북미총회 소관 각 지방 대의원이 리버사이드에 회집하여 통상 의회를 열고, 과거 일 년간의 사업 성적을 조사하며 미래 일 년간의 행할 일을 작정하는 날이라. 본보는 일반 동포를 대표하는 언론 기관이 되어 한마디 부탁이 없지 못할지니, 대개 대의회는 정법의 기초를 세우는 기관인즉, 모든 회무의 전도 발전 여부와 재미 동포의 이해휴척이 전혀 이 대의회서 터를 잘 잡고 못 잡는 데 매였나니, 크고 중한지라, 대의원의 책임이여, 이와 같이 중대한 책임을 가진 대의원 제군은 응당 원대한 모책과 총혜한 안목을 갖추어 예비한 숙산이 있을지니, 본 기자는 붓끝을 다듬고 이 대의회가 끝마치기를 기다려 그립 안한 조건을 세상에 공포할 때에, 각 대의원의 현명한 정략을 또한 세상에 자랑코자 하노니, 제군은 우리의 기약하고 바라는 바를 저버리지 말을진저." 즉, 대의원들이 책임감을 갖고 회의에 임하여 대한인국민회 정책 수립을 해야 한다는 논지이다.

    1911년 도산 안창호가 한국으로부터 미국에 도착한 직후, 최초로 열리는 대한인국민회 북미총회 대의회는 샌프란시스코나 로스앤젤레스가 아닌 리버사이드에서 개최되었다는 것에 주목할 필요가 있다. 이것은 도산 안창호 가족이 리버사이드에 거주하고 있었고, 또한 리버사

---

9   『신한민보』1911년 11월 8일자는 "대의회는 해마다 년종에 소집함이 일정한 규모이더니 본 년도에는 특별히 년래 적체한 문부를 조사하며 기타 회무 처리에 여러 가지 방면으로 필요한 일이 많은 고로 1개월을 당겨 본월 20일에 소집하기로 해총회에서 소관 각 지방에 통첩하였는데 소집 위치는 하변동으로 정하였다더라"고 보도했다. 그러나 총회는 11월 22일 개최되었다.

이드 파차파 캠프가 당시 최대의 한인타운을 형성하면서 미주 독립운동의 중심지 역할을 하고 있었기 때문이다.

1911년 11월 20일자 『신한민보』는 "하변 지방에 대의회 준비. 국민회 하변동 지방회는 금년도 대의회가 해지방에서 소집이 되는 고로, 특별히 주인 되는 예수를 다할 뿐 아니라, 각처 대의원에게 간친한 성의를 표하기 위하여, 응접위원은 김인수 씨, 간사위원은 차정석 씨로 택정하여, 일반 대의원을 편리토록 응접 주선할 터이라더라"고 보도했다. 리버사이드 지방회는 특별히 리버사이드에서 개최되는 대한인국민회 북미총회를 위해 만반의 준비 태세를 갖추고 대의원들을 맞이했다. 1911년 리버사이드에서 열릴 대의회 준비를 위해 응접위원은 김인수, 간사위원은 차정석이 역할을 담당했다.

1911년 대한인국민회 북미총회 대의회 당시 의장과 대의원은 다음과 같다. 안창호는 이때 샌프란시스코 대의원 명의로 참석했다. 『신한민보』 1911년 12월 11일자는 "금번 대의회의 결안. 부록. 본(제3회) 대의회는 총회장 각하의 명령으로 원정한 일자에서 한 달을 전기하여 소집됨. 11월 23일 하오 2시 개회, 12월 4일 상오 2시 반 폐회. 참석한 대의원은 여좌함. (ㄱㄴㄷ 순서). 의장(총회 부회장) 강명화, 대의원(시카고) 강번, 대의원(클레어몬트) 김종혁, 대의원(리버사이드) 김인수, 대의원(레들랜드) 이치완, 대의원(쌔크라멘토) 이병익, 대의원(로스앤젤레스) 박재형, 대의원(샌프란시스코) 안창호, 대의원(로스앤젤레스) 조성환, 대의원(리버사이드) 차정석"이라고 보도했다.

1911년 12월 5일자 『신한민보』는 "대의회의 임박"이라는 제목으로 대한인국민회는 공화국 체제를 의지하며 헌법을 중시하는 조직임을 공표했다. "우리 국민회는 완전한 헌법 공화의 제도를 의지하여 조직한 단체인 까닭에 지방 총회의 중대한 권리는 온전히 대의회에 있다 할 것이다. 대의회는 지방 총회에 대하여 자치 규정을 제정하며, 임시의 안을 성립하며, 총회 임원을 선정하며, 명년도 예산을 정하는 여러 가지 권한이 있다. 그러므로 매년 한 차례씩 회집하여 유익한 일을 많이 만들어 오늘까지 회규를 존중하며 그 처결한 의안을 준수하기로 힘쓰는 바이다. 지금 또한 연말을 맞이하여 새로 의회를 모아 내년에 시무할 사건을 정할 때가 가까워졌다. 그러니 새로 선출되는 의원들은 응당 우리 총회의 명년 사업에 대하여 생각이 없지 않을 터이다. 그러나 더욱이 권고할 말은 매사를 미리 예비하여 생각하는 것이 회석에 당도하여 임시로 의안을 만드는 것보다 좋을 줄로 믿는다. 또한 우리 총회에 경비를 적게 들도록 하는 것이 좋을 것이다. 이는 다 의원 되신 여러분이 생각할 바이거니와 다만 그 의향을 가지고 총회로 걸음하기를 바란다." 대의원들이 민주주의 절차에 따라 규정을 제정하고, 안건을 통과시키며, 총회 임원을 선출하고, 예산을 정하는 권리가 있다는 의회 공화주의를 공표한 것이다.

　　1911년 12월 11일자 『신한민보』는 총회 소식을 자세히 보도했다. 대의회는 11월 23일 오후 2시에 개회하여 12월 4일 오전 2시 반에 폐회했다. 1911년 12월 11일자 『신한민보』 보도는 다음과 같다. "내년도 경영의 중요한 업무에 중대한 입안을 제출한 국민회 대의회는 소집한 정기를 따라 11월 22일에 북미 9개 지방 대의원이 리버사이드에 회집하였다. 23일 오후 2시에 정식 개회식을 행하고 10여 일 연구 토론하여 21조 의안을 결정하고 12월 4일 오전 3시에 폐회하였다. 그런데 금년 대의회는 정치적 식견이 뛰어난 정치가들이 참여했을 뿐 아니라 대의장 이하 각 의원의 의견이 고루 흡수되어서 화목한 기운이 융융하며 규모가 엄숙하였다. 그래서 여러 해 산 같이 쌓여 있던 사건을 하나도 유감이 없이 차례로 처리하였다고 한다."

　　『신한민보』에서 제안한 대로 대의원들이 책임감을 갖고 리버사이드 파차파 캠프에 머물면서 대한 독립운동을 위한 열띤 토론을 전개하고 의안들을 통과시킨 것이다. 10여 일 동안 토론하고 새벽 3시에 폐회한 것에서 그 당시의 열정을 느낄 수 있으며 그저 놀라울 뿐이다. 또한 "국민회 북미 지방 총회장 황사용 씨는 대의회 21조 의안 전부를 승인하고 리버사이드 동에서 수일 체류하다가 며칠 전 8일에 샌프란시스코로 돌아왔다고 한다. (…) 올해 대의회는 중대한 문제가 많은 까닭에 의회에서 특별히 중앙 총회장 최정익 씨의 참석을 청하였다. 당일 환영회를 열 때에 예포를 연이어 발사하고 예의와 도리가 정중하여 일체 의식이 찬연하였다. 부근 각 지방 회장이 모두 참석하여 몇 해 만에 처음 보는 성황이 있었다고 한다. (…) 이번 대의회는 앞부분에 쓴 것과 같이 각처 대의원이 모두 출석하였고, 각 지방 회장까지 참여하여 자리가 원만하였다"고 했다.

여기서 주목되는 대목은 북미 지방 총회장(황사용)과 북미 각처의 대의원들은 물론, 중앙 총회장(최정익)과 부근 각 지방의 지방회장들 모두 리버사이드에서 개최된 대한인국민회 북미총회 대의회에 참석했다는 것이다. 이들은 거의 2주일간 체류하면서 각종 안건을 토론하고 결정했다. 이것은 도산 안창호가 한국에서 리버사이드로 다시 돌아온 후 대한인국민회 활동이 활기를 띠면서 안정을 찾기 시작한 것을 의미하며, 당시 리버사이드 한인타운이 도산의 미주 독립운동의 중심에 서 있었다는 것을 증명한다.『신한민보』1917년 12월 20일자 명년 의회에 대한 의견(二) 기사에 리버사이드 북미총회 대의회 관련 내용이 나타난다. 이 기사는 내년 북미총회 대의회에는 대리 의원에게 의탁하지 말고 각 지방 대의원이 직접 참여할 것을 부탁하는 글로 "북미총회 대의회 역사를 보건대, 제4회 대의회를 리버사이드에 모일 때에, 처음 굉장한 성황을 보였고, 그 후로는 금년까지 각 지방회 대의원들이 거의 다 상항에 있는 회원에게 대리를 위탁하였으니, 북미총회 대의회 소집은 한 비인 이름뿐이오, 실상 없다 할지라." 4회는 3회를 잘못 쓴 것으로 보인다.

북미총회 대의회의 역사를 되짚는 과정에서 리버사이드 대의회가 4회 (3회)임에도 대의회의 시작점이자 시초인 것으로 서술하고 있고, 그때 가 가장 굉장한 성황을 보였다고 하고 있다. 그 후로는 각 지방 대의 원들이 대리를 위탁하고 직접 참여하지 않았다는 것이 확인되었는데, 1911년 리버사이드 북미총회의 의미를 다시 한번 알 수 있다.

대한인국민회 북미총회 대의회가 개최되었을 때 찍은 것으로 추정 되는 사진이 남아 있는데, 김형찬은 "이것은 둘째 아들 필선이 태어나 기 전인 1911년에 찍은 사진으로, 대한인국민회 리버사이드 지방회 설 립 때 찍은 것으로 추정된다"고 밝히고 있다.[10] 그러나 대한인국민회 리 버사이드 지방회는 공립협회가 만들어진 1905년 이미 미주에서 제일 먼저 설립되었고, 이것이 1909년 대한인국민회 설립 직후 리버사이드 지방회로 이어졌다. 그렇기 때문에 이 사진은 1911년 11월 대한인국민 회 북미총회 대의회가 열린 것을 기념하는 사진이 분명하다.

『신한민보』 1911년 12월 11일자는 리버사이드에서 10여 일 동안 개최된 대한인국민회 북미총회 대의회 소식을 "국민회의 신서광. 대의 회 결안을 치하함"이라는 제목으로 다음과 같이 자세히 전했다. "11월 22일에 국민회 북미 지방 총회장이 소집한 대의회는 12월 4일에 전부 의안의 결정을 마쳤다. 그러하니 전후 10여 일 세월이 대의원의 이상적 연구에 들어가 소마한 것이다. 우리 국민의 전체가 국가 민족의 복리를 모두 이 대의회에 부치고 어찌 되는 경향을 알지 못하여 눈을 씻고 전 부 의안이 발표되기를 기다렸다. 이제 대의회의 소집을 가져 일반 동포 에게 전하는 것이 마치 구름 속에 묻어 두었던 태양을 만리장천에 내어 놓는 것과 같이 온 세계가 광명하며 만물이 고운 빛을 더한다. 그리하여 사람마다 손을 치며 즐겁게 맞이하는 소리가 천지를 진동한다." 즉, 대

---

10   Hyung-chan Kim, 1996: 95.

의회는 앞으로 대한인국민회가 나아가야 할 방향을 결정하는 의사 기관임을 밝힌 것이다.

『신한민보』1911년 12월 11일자는 대의회에서 열띤 토론이 있었고 21개 안건이 통과되었다는 것을 다음과 같이 보도했다. "그러나 의회는 인민의 의견을 대표하여 한 나라의 정법을 세우는 기관이다. 그 의안이 민심과 정체를 짐작하여 한편으로 가볍거나 무거움이 없이 공평한 결안이 있은 후에 가히 전국의 행복을 준다. 그런 까닭에 국가 흥망의 관계가 밀접하므로 영국이나 미국같이 국가의 기초가 견고한 나라에서라도 대의회를 소집하면 정당의 화경 같은 눈이 여러 가지 방면을 탐조하여 심력이 피곤함을 사양치 아니한다. 그러하니 하물며 무너진 나라를 다시 세우려는 우리는 신가 생명을 한배에 실어놓고 만경창파에 길을 찾아 기관을 운전함에 종종한 의심과 두려움이 없지 않을 것이다. 그러하니 당일 대의원의 고심 경영이 그 어떠하였겠는가. 황황한 21건의 안이 차례로 결정되어 총회의 승인을 얻었으니 그 완전함이 반점이라도 흠결이 없는 것을 가히 알겠구나. 국민회의 태극장을 헤치고 만세 복음을 환영하는 우리는, 그 신성하고 정중함을 공경하여 숙연히 받들어 행하는 것이 동포의 손을 이끌어 문명한 궤도에 오르는 표준이고 또한 전체의 복리를 구함에 당연한 의무라 할 것이다. 크도다. 이 의안은 우리의 화복진퇴를 인도하는 기틀이라. 이러한 관계를 알고 어찌 그 성질을 연구함이 없겠는가"라고 보도했다. "의회는 인민의 의견을 대표하여 한 나라의 정법을 세우는 기관"이라는 것은 바로 대한인국민회가 의회 민주주의를 지향한다는 것을 분명히 한 것이다.

대한인국민회 조직에 대해서도 자세히 보도하면서 국민회가 "한국의 무형한 정부"임을 공표했다. "원래 중앙총회는 전부 국민회를 통할하는 기관이고, 한 나라 정체로 말하면 일체 법령을 발하는 중앙정부이다. 행정상 머리가 되어 국가 정무를 지휘하고 명령함에 그 권능이 절대

적이다. 그러한 까닭에 프랑스 같은 나라는 중앙정부를 감독하는 일도 있고 존엄한 위망이 없으면 정령을 행함에 도저히 효과를 얻기 어려운 것이다. 오늘날 국민회는 한국의 무형한 정부로 인정하며 중앙총회에 대한 체면론이 없음이 어찌 우리의 유감이 아니겠는가."

또한 중앙총회는 중앙정부 역할을 담당하는 기관이며, 멀리 원동과 각 지방을 관할하고 기관보를 발행하는 조직이라고 다음과 같이 밝히고 있다. "그런 까닭에 해외 동포의 정치사상이 발달하는 때에 대의원의 안광이 먼저 이를 살펴 중앙총회의 위망을 보유하자는 의론이 발하였다. 이것은 본회의 헌장을 의지하여 정무의 권능을 중앙에 모을 뿐 아니라 일천 칸 넓은 집에 가장 힘을 쓰는 들보를 공경하는 것이다. 또한 원동의 각 지방을 관할하며 기관보를 발행하는 것은 단체의 혈맥을 연결하여 요무의 경기에 정신을 관통하는 것이니 반도 정국의 다사한 때를 당하여 가히 폐할 수 없는 일이다."

1911년 리버사이드에서 개최된 대한인국민회 북미총회 대의회에서 중요한 사항들이 결정되었다. 먼저, 북미 지방 총회의 기관지 『신한민보』를 중앙총회의 기관보로 삼도록 했다. 또한 샌프란시스코에 있었던 중앙총회와 북미 지방 총회 가운데 북미 지방 총회를 로스앤젤레스로 옮기기로 결정했다. 이것들은 중앙총회의 위상을 높이기 위한 결정이었다. 중앙총회는 단순히 대한인국민회를 총괄하는 기관이 아닌 해외동포를 대표하는 '무형정부'를 의미한다고 선포한 점을 다시 한번 상기할 필요가 있다.

또한 의무금과 기부금으로 운영되던 것을 의무금 하나의 항목으로 통합하여 연액 5원으로 결정했고, 예산도 연회비 5원에 맞추어 조정했다고 보도했다. 또한 기본금 적립 항목을 신설하여 장차 실업회사를 세워 자본을 축적하는 방안도 마련했다. 이것은 후에 북미실업주식회사를 설립해서 공동투자를 통한 동포들의 경제력 향상을 도모하는 방안으로 실현되었고, 북미실업주식회사를 발기하는 일에 앞장선 인물이 안창호와 김인수이다. 또한 교육의 중요성을 강조하면서 교육부도 만들어 장차 인재를 양성하겠다고 선언했다.

"지방 총회를 로스앤젤레스로 옮기며 사무의 번거함을 덜어버리는 것이 국외에 자리를 잡은 혹자는 소극적 주의로 잘못 생각하기 쉬울 터이다. 그러나 본회는 처음부터 적립한 기본금이 없으며 오직 회원의 의무금과 동포의 연보를 가지고 오늘까지 유지하여 온 터이다. 오로지 아는 것은 나라 일이라면 몸을 바침에 뉘우침이 없는 우리 동포가 국민회를 사랑함에 바다가 마르도록 그 마음이 변치 않으리라는 것이다. 대개 인민의 산업은 한 나라의 근본이다. 만일 민력이 피곤하면 어찌 그 정부를 보존하겠는가. 가령 전력을 다하여 단체를 존립할지라도 한국의 독립 회복은 장정 첫머리에 표방한 목적인데 길러 놓은 실력이 없으면 무엇으로 군국대사를 처분하겠는가. 그런 까닭에 각 항 의무금을 합병하여 연액 5원에 정하였으니 회원의 부담이 전보다 얼마만큼 가벼워졌다. 그뿐 아니라 전회 경상부는 5원 의무금을 가지고 예산을 편제하였으니 1년도 회무에 관한 지출이 간략함을 좇아 여액을 적립할지로다. 이로부터 재정부의 사무를 정돈하여 각 년 미감한 문부를 청장하거니와 나머지 돈을 모와 큰일을 경영하는 것은 국가 제도의 굉장한 규모가 아니라 힘이 부치고 형편에 끌려 여러 해 달아두었던 실업 문제를 다시 제출하여 캘리포니아주 서편 옥야천리에 실업 기관을 열어놓고 황금세계에 적극적 활동을 시험할 것이다. 그러하니 기본금을 적립하자는 의안이 가결됨이 어찌 우연한 일이라 하리오. 보아라. 우리의 경애하는 교육부는 차차로 적립하는 금액이 침침히 드리웠던 장막을 헤치고 찬란한 빛을 흘리며 삼한 청년을 거두어 영웅 아이를 기를 것이다. 동포 제군이 만구일성으로 이를 환영하는 때에 반드시 기회를 얻어 그 방편을 의논하려니와 우리의 무형한 정부를 위하여 실업 교육의 전도를 하례함에 성심을 일치함이 가하도다."

이 글을 기록한 신한민보 기자가 만세를 불렀다는 보도도 특이하며, 신망이 있는 인물이 선거에서 당선되었다고 보도했다. "이상에 논술한 몇 가지 안건은 21조 전부 의안의 양양한 대문장을 편찬한 요령이다. 그 시설과 경영이 광원하고 주밀하여 국가 전도를 근심하던 전체 동포가 오늘부터 마음을 놓고 이를 밟아 행함에 어떠한 결감이 없을 것이다. 그런 까닭에 다시 동포 여러분을 위하여 하례한다. 그리고 몇만 톤 군함을 운전하려면 단련이 많은 항해자를 요구한다는 말과 같이, 행정부의 임원 조직이 또한 중요한 문제가 되어 경세의 인물을 기다림이 정히 급하였다. 그런데 당일 선거에 우세를 얻은 여러 분은 중망이 돌아감에 영예가 혁연하므로 미주 9개 지방회의 기관을 운전할 사람으로 탁발함이 부끄럽지 아니한 것이다. 본 기자는 이 글을 기록하다가 붓을 던지고 일어나 소리를 발하여 크게 만세를 부르노니 국민회 만세—만세—만~세—"

앞서 언급했듯이 리버사이드 파차파 캠프에서 개최된 제3차 대한인국민회의 북미총회에서 중앙총회를 신설하면서 '무형정부' 설립을 공포했는데, 이는 해외동포를 대표하는 무형정부임을 선언한 것이다. 동시에 지방총회는 로스앤젤레스로 이전하여 중앙총회와 분리하면서 중앙총회의 위상을 높이고 의무금을 부과하여 정부 재정을 조달하고 대의원 제도를 도입하여 민주주의 제도를 도입한 것을 알 수 있다.

안창호는 북미총회 대의회가 끝난 후, 서남가주를 순행하고 샌프란시스코로 돌아왔다고 전했다. 그리고 12월 19일 하와이로 떠날 예정이라고 『신한민보』는 보도했다. "상항 지방회 대의원 안창호 씨는 금번 대의회에 참여하여 10여 일 각 대의원으로 더불어 정견을 발휘하고, 시국에 다사한 때를 당하여 사방에 분망함을 사양할 수 없는 고로, 현금 서남가주 각 지방을 순행하고 급히 상항에 돌아와, 본월 19일에 발정하여 하와이로 향할 예정이라더라." 즉 안창호는 1913년 9월 한국을 떠나 미주에 도착했는데, 뉴욕-샌프란시스코-로스앤젤레스를 경유해 리버사이드에 도착했다. 그는 리버사이드에서 가족과 함께 지내며, 대한인국민회 북미총회 대의회에 참석했으며, 곧 타 지역 순방길에 나섰다. 도산 안창호가 리버사이드에서 가족과 함께 보낸 시간은 매우 짧았던 것이다.

전낙청의 딸 엘렌 전은 안창호가 대한인국민회 활성화를 위해 회원들에게 단합하여 독립운동에 전념할 것을 연설했다고 전해주고 있다. "안창호는 '일본이 모든 것을 막아버렸다. 모든 것을 말이다. 너무 슬프다. 일본은 우리보다 힘이 세다. 우리는 모든 것을 빼앗겼다. 나는 집에 돌아오면서 울분을 터뜨렸다. 그러나 이제 우는 것은 끝났다. 이제부터 시작이다. 해외에 살고 있는 우리가 시작할 때가 온 것이다. 우리는 대한 독립을 위해 노력할 것이다'라고 연설했다."[11]

엘렌 전은 다음과 같은 이야기도 전해주었다. "안창호는 전낙준의 아들인 전경부와 전경무에게 '자네들은 나라 일을 할 것인가?'라고 물었고 그들은 고개를 끄덕이며 '그렇다'고 대답했다. 그러자 안창호는 '너희들은 공부를 끝내고 돌아와서 사람을 위해 일해라. 독립을 위해 싸워라'라고 말했다. 안창호는 일어나서 무엇인가를 경부에게 건넸는데, 그것은 비단 스카프였다. 안창호가 그것을 펼치자 태극기가 모습을 드러냈다. 안창호는 '나는 여기저기 돌아다녀야 하니 네가 잘 보관해라. 네가 대한 독립 후 조국에 돌아가면 다시 제자리에 놓아두어라'라고 말

11　Ellen Thun, 「Heartwarmers: Afterward: Change」, *Korea Times*, February 25, 1997.

했다."¹²

여기서 중요한 것은 안창호가 미국에 도착한 후, 대한인국민회 재정비 작업을 하면서 대한인국민회 북미총회 대의회가 리버사이드 파차파 캠프에서 개최되었다는 점이다. 도산 안창호가 한국에서 신민회 활동을 전개하면서 상대적으로 미주 지역의 대한인국민회 활동은 상당히 위축되어 있었다. 그러나 도산 안창호가 다시 미국에 온 후, 리버사이드 파차파 캠프를 중심으로 대한인국민회 조직을 재정비하여 활발한 활동을 다시 할 수 있게 된 것이다. 새로운 도약을 위해 삼권분립에 의한 민주주의 제도를 도입하고 무형정부를 설립하여 독립국가임을 공표했고, 모든 분야에서 힘을 키워 일본과의 전쟁을 선포한 것이다.

그러나 1913년 1월, 한파로 리버사이드에서 성업 중이던 오렌지 농장 산업이 큰 타격을 받게 된다. 한인 노동자들도 직장을 잃게 되면서 많은 한인이 중가주와 타 지역으로 이주했고, 파차파 캠프에 거주하는 한인 인구가 감소하기 시작한다. 많은 농장들이 한파로 심한 피해를 입었고, 재기하지 못한 농장들은 폐쇄하기도 했다. 따라서 한인 노동자들도 삶의 터전을 잃게 되면서 타 지역으로 이주한 것이다. 도산 안창호 가족도 1913년 12월 로스앤젤레스로 이주했다. 필자는 도산 안창호 가족이 로스앤젤레스로 이주하면서 파차파 캠프가 더 이상 제 역할을 하지 못한 것으로 추측했으나, 파차파 캠프는 1918년 말까지 한인타운으로 왕성한 활동을 지속한 것을 확인할 수 있었다. 파차파 캠프는 대한인국민회 리버사이드 지방회가 1918년 11월 근처의 다른 곳으로 이주하면서 한인타운으로서의 역할을 더 이상 할 수 없게 되었다.

1917년 9월 6일자 『신한민보』는 "리버사이드 지방회는 8월 29일

---

12   Ibid.

제8회 국치 기념일을 거행하였는데, 재류 동포의 전수 30여 명이 출석하여 침통한 예식을 거행했다"[13]고 보도했다. 1917년에도 리버사이드 파차파 캠프에는 아직도 30여 명의 한인이 집단 거주하면서 활동을 전개한 것을 알 수 있다. 그러나 1917년부터 대한인국민회 리버사이드 지방회는 재정적으로 어려움에 처한다. 『신한민보』는 1917년 6월 14일자에 "회보. 하변지방회"에서 "一. 본 지방회 채무보급의 부족액을 바쳤다. 一. 현금 노동의 시기로 인하여 회원 이거가 빈번하므로 4개월간 휴회하기로 하였다"고 보도했다. 그러나 이때까지도 리버사이드 지방회 활동이 완전히 끊긴 것은 아니었다. 1917년 11월 29일자 『신한민보』는 리버사이드 지방회 임원 선거 내용을 게재했다. "하변 지방회. 11월 2일 체임회에 본 지방회 명년도 임원을 왼쪽과 같이 투표 선정하였으니, 회장 구정섭, 부회장 정인영, 총무 최재덕, 서기 김창만, 재무 곽룡주, 학무 곽룡주, 법무원 박일우, 구제원 량철, 대의원 김순학."

1918년 1월 31일자 『신한민보』는 "기념적 리버사이드 지방회관"이라는 제목으로 1532 파차파 애버뉴에 있는 리버사이드 지방회관의 폐쇄 위기 소식을 전했다. "북미총회의 발상지가 어디냐 하면 리버사이드요, 리버사이드의 명예가 어디 있느냐 하면 1532 파차파 애버뉴에 10여 년간 병이 없이 서 있는 지방회관이라, 북미총회 관할하에 부속된 한 국민회 분자치고 누구나 모두 리버사이드 지방회관에 대하여 공경도 하고 사랑도 하는 터인데 최근 같은 지방으로부터 오는 통신을 거한즉 매우 섭섭한 일이 많도다. 그 통신을 간략히 기록하건대 이 아래와 같으니 '본 지방 재류인의 수효는 성년자가 15인가량이오, 부인이 10

---

13 『신한민보』, 1917년 9월 6일자, "하변 지방의 국치 기념…참통한 예식의 순서. 一, 국가…일동 二, 기도…김순학, 三, 취지 설명…주석 최윤호, 四, 창가…정부인, 伍, 국치기념사…김순학·곽룡주, 六, 창가…아해들, 七, 국치를 셋을 준비…주석, 八, 총회관 가옥채를 위한 연조, 九, 기도·폐식".

인이오, 소아가 20명이니 도합 45인이라. 그러나 직무와 의무를 다하는 자는 9분의 1이 되지 못하므로 매월 통상회에 출석하는 자가 불과 4, 5인이오, 많이 모인다는 예배회에도 남녀 소아를 다 합해서 겨우 15인이라. 이렇게 영성한 힘을 가지고 지방회를 유지하기 불능함으로 이달부터 회관을 폐지하고…' 하였더라"고 보도했다. 『신한민보』 1918년 1월 31일자는 "기념적 리버사이드 지방회관"이라고 보도하면서 리버사이드회가 북미총회의 발상지이나 그 영성함으로 인해 폐쇄 논의가 있다는 소식을 전하며 안타까움을 표했다.

1918년 2월 14일자 『신한민보』는 리버사이드 지방회관 폐쇄 위기 보도에 리버사이드 한인들이 반박했다는 기사를 보도했다. "하변 지방회관 유지 곤란은 본보 전호에 게재한바, 이제 동 지방회 총무 최재덕 씨의 변명을 보건대 이하와 같더라. '귀보 전보에 게재한 하변 지방회 사실은 누구의 오전인지 알 수 없거니와, 우리 하변 지방회의 열심 있는 회원은 매우 불만족히 생각하나이다. 이곳은 연래 '오렌지' 흉년을 인하여 사람이 많이 모여 있지 못하거니와, 모여 있는 동포는 실로 국민회에 대하여 열정을 기울이나니, 소수의 사람으로 지방회관을 이만큼 유지하여 오는 것은, 스스로 자랑할 만한 일이올시다. 연래의 져 오던 지방회의 빚을 근래에 다 갚았고, 국어학교를 계속하며, 매주일 모이는 사람은 노소를 병하여 무려히 20여 인에 달합니다. 아무런들 역사가 오래된 우리 지방회관을 어찌 폐지하오리까?' 하였더라. 본보는 이 통신을 의지하여 전차 통신을 한 풍설에 돌리고, 하변 지방회원의 역사관념이 건전한 것을 공경하노라"라고 보도했다.

『신한민보』 1918년 2월 14일자는 리버사이드에서 있었던 2월 1일 국민회 창립 기념행사를 보도했다.

"하변 지방회. 재류 남녀 동포 23인이 당일 식장에 출석하여 동 지방회장 구정섭 씨 주례 하에 왼쪽과 같은 예식을 순서로 거행하였다더라. 1. 개회…주석 구정섭, 2. 국가…일동, 3. 취지…주석, 4. 창가…아해들, 5. 축사…이운경, 6. 사현금…최재덕, 7. 축사…누구나, 8. 우리 하변 지방회 역사…김순학, 9. 창가…김태선, 10. 애국가…일동, 11. 삼호만세, 12. 폐식 다과"

지방회가 운영에 어려움을 겪고 있었으나, 여전히 리버사이드 재류 남녀 동포 23인이 행사에 참석하여 활동하고 있었다.

그러나 대한인국민회 리버사이드 지방회는 회관 유지가 어려울 정도로 재정적 압박을 받고 있었고, 결국 역사가 오랜 지방회관을 폐쇄할 수밖에 없었다. 『신한민보』는 1918년 4월 18일자 "회보. 리버사이드 지방회"에서 "4월 4일 통상회를 경유한 사항이 왼쪽과 같다. 一. 국어학교 직원을 왼쪽과 같이 새로 정하였다. 교장 박일우, 교사 최재덕, 재무 정인영. 一. 회관을 유지할 수 없으므로 교회 방을 얻어 쓰기로 하였다"고 보도했는데, 지방회 회관과 교회를 통합했다는 것을 의미한다. 『신한민보』 1918년 12월 12일자에 의하면 "하변 지방회 11월 10일 통상회를 경유한 일이 왼쪽과 같으니, (…) 지방회관은 1532 파차파 애버뉴에서 1158 바인 스트리트로 옮긴 일"이라고 보도했다. 1918년 12월 대한인국민회 리버사이드 지방회관이 1532 파차파 애버뉴(1532 Pachappa Avenue)에서 근처에 위치한 1158 바인 스트리트(1158 Vine Street)로 이전한 것이다. 『신한민보』 1919년 7월 15일자 "각 지방 국민회 사무소" 보도에서 "리버사이드 지방회관. 1158 VINE ST, RIVER SIDE, CAL."로 나타난다. 지방회관 이동 후 리버사이드 지방회는 점차 쇠락했고, 파차파 캠프는 더 이상 한인타운으로서의 역할을 하지 못하게 되었다.

여성 회원들의 참여와 활동

역사가들은 독립운동사를 주로 남성의 시각으로 기록했기 때문에 여성들의 역할은 상대적으로 미흡하게 취급되었다. 『공립신보』 1905년 12월 21일자에 한인 여성들이 자전거를 타고 다닌다는 재미있는 기사가 실렸다. "인인자행거. 리버사이드와 레드랜즈에 한인들은 무비 자행거를 타는데 근일에는 한국 부인들도 자행거를 잘 탄다더라." 여성들이 자전거를 타고 다녔다는 것은, 그들이 한국의 전통사회에서 왔다는 점을 생각하면, 그 당시로는 획기적인 것이다. 이 기사를 통해 파차파 캠프의 개방적인 삶의 모습을 간접적으로 그려볼 수 있다.

초기 미주 한인사회는 대부분 젊은 총각 중심의 사회였으나 일부는 결혼하여 가족과 함께 도착했다. 또한 1910년 이후 사진신부 약 800~1,000명이 미국으로 이주한 것으로도 알려져 있다. 그들은 남편과 함께 하와이 사탕수수 농장에서 일하며 가사도 돌보고 자녀들을 키우는 역할을 담당했다. 미국 본토로 이주한 한인 여성들 역시 농사일을 하거나 가사 노동을 하면서 가족의 경제적 안정에 큰 기여를 했다. 여성들이 초기 미주 한인사회의 경제적 그리고 사회적 안정에 결정적 기여를 했다는 것이 인정되어야 한다.

이반석은 정지영의 부인으로, 리버사이드 주일학교에서 아이들을 가르치는 교사로 활동했다. 『신한민보』 1915년 4월 29일자는 "리버사이드 한인들은 노동한 여가에 도덕을 숭상하기 위하여 매주일에 그곳 회당에 성경학교를 열고 성경을 가르치는데, 장년은 15인이 모이는데, 근일 한국서 가제 건너온 장로 하도원 씨가 가르치고, 아이들은 10인이 공부하는데, 그곳 있는 정지영 씨의 부인 이반석 씨가 가르친다 하더라"고 전했다. 이반석은 리버사이드에서 교육 활동을 했을 뿐만 아니라 가정의 심리적·경제적 안정에 기여했다. 이반석의 장례를 보도한 기사에서 그는 가정을 이룩하여 아이를 낳아 길렀으며, 가장을 도와 영업활동을 했고, 공익을 위해 희생했던 사람으로 나타난다. 『신한민보』 1939년 3월 30일자는 "정부인의 별세와 장의. 부인은 본래 평양 이씨 규문의 숙녀로, 1915년에 미국에 와서 정지영 씨와 결혼하여 만족한 가정을 이룬지 29년 동안에 3남 2녀를 길러 모두 상당히 가르쳤고, 또한 그 가장을 도와서 영업에 종사할 때에는 공익을 위하여 아낌없이 희생한 일이 많았으므로, 정지영 씨는 늘 말하기를, '그이는 우리 집의 공 있는 사람이라' 하였더라"고 보도했다.

차정성은 차정석의 부인으로, 1906년부터 5년간 리버사이드에 거주했다. 차정성의 장례 보도에서 그의 평생을 요약했는데, 그는 부군과 분투 생활을 했고, 교회와 사회를 위해 노력했으며, 주변 사람들과 원만한 관계를 맺었다고 전했다. "차부인 정성 씨는 향년이 59세오, 원적은 평양 동촌이며, 1902년에 차정석 씨와 결혼하였고 1905년 봄에 그 전해에 하와이에 온 남편을 찾아 하와이로 왔고 1906년에 그 남편과 같이 미국에 들어와서 약 5년간 리버사이드에 있었고, 패사디나에 거류하였음이 29년이며, 2년 전에 상항으로 이거한 것이 생평 약력이오, 부인은 반생을 미국에 있는 동안 그 남편과 분투 생활을 같이하는 동시 교회와 사회를 위하여 노력을 더하였고, 아울러 처세가 평화로워 린리의 경의를 받고 있다가 이제 세상을 떠나매 친척 친우가 다 같이 애도하고 남편 차정석 씨는 부인과 청년에 결혼하여 멀리 바다를 건너와서 같이 늙는 가운데 다만 한 가지 유감 되는 것은 자녀가 없어 슬하가 비인 것이오, 이로 말미암아 쓸쓸한 백발이 서로 의지하고 있다가 외로운 남편을 두고 먼저 가매 내조를 잃어버린 차정석 씨는 다시 마음을 둘 곳이 없고 그 경상을 보는 친척 친우는 씨를 위하여 더욱 부인의 서세를 슬퍼한다더라. 상항 통신."

리버사이드 여성들은 독립운동에도 적극적으로 참여했는데, 그들의 희생과 기여는 제대로 인정받지 못했다. 특히 리버사이드 한인타운은 타 지역과 달리 여성과 자녀들이 함께 거주하는 가족 중심 공동체였기 때문에 여성들의 역할이 더욱 중요했다. 샌프란시스코에 도착한 한인들에게 공립협회에서 취업의 문호를 개방했는데 일부는 유타, 와이오밍, 그리고 기타 지역으로 이주했고 나머지는 리버사이드로 이주시켰다는 기록이 있다. 도산 안창호와 공립협회는 의도적으로 당시 최대의 부촌인 리버사이드로 가족들을 이주시킨 것으로 추측된다.[14]

한편, 초기 리버사이드 여성들은 신한민보사에 연조함으로써 독립에 기여했다. 1909년 송찬봉의 어머니가 1원, 안부인 혜련이 1원, 차부인이 1원, 임보패가 1원을 냈다. 안부인 혜련은 안창호의 부인 이혜련인데, 당시 리버사이드에 거주하고 있었다. 차부인은 차정석의 부인일 것이고, 임보패는 임준기의 맏딸이다. 『신한민보』 1909년 6월 30일자는 "감하의연(感荷義捐). 본사 경비가 경갈하여 군졸이 극도에 달하였더니 리버사이드 지방에 있는 첨동포가 다수한 의연금을 모집하여 보내었고 (…) 그 방명과 금액을 좌에 게재하여 감사한 뜻을 사례하노라. 송찬봉 자친 1원, 이응호 10원, 안부인 혜련 1원, 김윤각 2원, 차부인 1원, 전학봉 2원, 임보패 1원, 김달노 2원, 김성삼 5원, 전시중 2원, 장봉석 5원, 이석원 1원, 윤경옥 5원, 윤진오 5원, 차정석 1원, 박기호 5원, 백신구 1원, 김용련 5원, 마영준 1원, 전낙청 3원, 김창성 1원, 이원갑 2원, 김병칠 1원, 이치완 2원, 김인수 1원, 김기만 10원, 이옥형 3원, 김창헌 반원, 박경근 1원"이라고 보도했다.

리버사이드에 거주하는 부인 송치삼이 신한민보사에 연조한 일은

---

14 필자는 도산 안창호가 파차파 캠프를 한인 공동체로 형성하려는 의도가 있었다고 생각한다. 또한 도산 안창호가 1920년대에 건설하려던 이상촌과는 어떤 관계가 있는지 추적할 필요도 있다고 생각된다.

특별히 단독으로 보도되었는데, 그는 곤고함에도 불구하고 5원을 기부했다. 『신한민보』 1909년 11월 24일자 보도 내용은 다음과 같다. "송부인의 특연. 리버사이드에 있는 송부인 치삼 씨는 신문을 사랑함이 극진하여 자기의 곤고함을 돌아보지 아니하고 본사에 대하여 5원 금을 특별히 연조하였으니 후의를 감사하노라."

한편, 리버사이드 여성들은 다른 여성들과 친밀한 관계를 맺고 서로 도움을 주고받았다. 이경의가 병원에 들어가게 되었을 때, 이경의를 알고 있던 박지섭의 부인이 신한민보를 통해 소식을 듣고 의연금을 보내왔다. 먼 곳에 있음에도 이 여성은 잊지 않고 부인을 도왔고, 이경의는 그에 대한 고마움을 신한민보를 통해 전했다. 『신한민보』 1918년 3월 14일자는 "어진 박지섭 씨 부인, 리경의 씨의 느낌. 현금 리버사이드 병원에 누워 있는 리경의 씨는 유타 트리몬톤에 재류하는 박지섭 씨 부인의 사적을 기록하여 보내며 본보에 게재함을 요구하였더라. 박지섭 씨 부인은 백인이고 그 천성이 어진 부인이라. 4, 5년 전 박 씨로 더불어 결혼한 후 감밀한 가정의 행복을 누리는 나마에 가장의 뜻을 순종하여 무릇 한인에게는 자기 동족과 같이 친절히 대접함으로 부근 재류 한인의 칭송을 많이 받았더라. 이 사적을 기록한 이경의 씨도 또한 그 후의를 받은 사람 가운데 한 아이라. 작년에 씨가 트리몬톤으로부터 가주로 돌아올 때에, 부인이 여행 중에 있음으로 이별을 고하지 못하고 돌아와 일향 병중에 누워 있어 양지 소식이 끊어졌었는데, 일작 동 부인은 돌연히 금화 10원을 보내며 말하기를, '신한민보를 의지하여 당신의 병든 소식을 듣고 이 돈을 보내노라' 한지라. 이경의 씨는 이 같은 후의를 받고 길이 느낌을 말지 않는다더라"고 보도했다.

1918년 이후 리버사이드 지방회 활동이 위축되지만, 오히려 여성들이 대한인국민회 정식 회원으로 등록하면서 적극적으로 독립운동에 참여하기 시작한다. 대한인국민회 북미총회장 이대위는 1918년 1월 21일 여성 동포들의 국민회 입회를 허락하는 훈시를 발표했다. 『신한민보』 1918년 1월 24일자의 보도 내용이다. "여 동포 입회 인허 훈시. 우리 국민회는 1부 헌장으로 성립된바, 회원 모집의 원칙인 헌장 제1조와 제59조와 및 동 12관은 연령 18세 이상의 대한국인을 개괄하였고, 남녀를 계한함이 없은즉, 일반 여 동포들도 원대한 목적 아래 함께 돌아감이 만 번 합당하고, 또 그 충심과 의력을 보더라도 깨끗한 천부가 결코 남자에게 미치지 못할 바 아니라. 간절히 생각건대, 우리 헌장은 자유 평등을 제창하여 남녀 동권을 포함하였거늘, 오직 우리의 습속이 남녀가 길을 나눔으로써 다수의 여 동포로 하여금 오래 천직을 잃게 하였으니, 말이 이에 미치매 깊히 개탄함을 말지 않노라. 이를 깨달은 우리는 기왕은 어찌하였던지 장래를 힘써 도모함이 가하기에, 이에 특히 발문노니, 귀 지방회장은 재류 여 동포 부인 여사를 물론하고, 무릇 입회하기에 상당한 나이에 있는 자는 일체로 입회를 인허하여, 그 권리를 누리고 그 의무를 밟아 행하여 일반 여 동포의 영예를 증진케 함이 마땅함. 기원 4251년 1월 21일. 대한인국민회 북미 지방 총회장 이대위. 각 지방회장 각하"

여성 동포들의 입회가 허락되자, 각 지방회에서 여성 동포들이 회원으로 가입하기 시작했고, 그 첫째는 멕시코 지방회였다. 『신한민보』 1918년 2월 21일자는 "묵경 한인 여자 농능권, 당당한 의부의 권리. 북미총회는 1월 21일 미묵 재류 한인 여자 동등권을 허락하여 주라는 훈시를 각 지방에 발표한바, 이제 묵경 지방회의 보고를 거한즉, 동 지방회는 2월 3일 통상회를 지나서, 여자 동등권을 허락하여 남자와 같은 권리를 누릴 것과, 의무를 행할 것을 발표하였다더라. 여자 동등권은 북미 총회 훈시 발표 후에, 묵경 지방회에서 제일 먼저 실시하였으므로, 이를 기록하여 각 지방의 소식을 기다리노라"고 전했다. 멕시코의 경우에는 한국인과 결혼한 외국인 여성도 국민회 회원이 되고자 했는데,[15] 이 경우에도 가입이 허용되었다.

파차파 캠프의 한인 여성들은 초기에는 주로 부군의 대한인국민회 활동을 지원하거나 기금 모금 활동에 참가하는 등의 간접적인 활동을 했으나, 1918년 이후부터는 여성들이 보다 적극적으로 행사에 참여하며 주도적인 역할을 했던 것이 확인되었다. 리버사이드 지방회에서 국민회 회원으로서 여성들의 의무를 공식화한 것은 1919년이다. 『신한민보』 1919년 2월 6일자는 "리버사이드지방회. 1월 5일 통상회를 경유한 일이 아래와 같으니, 一. 금년부터 본 지방 구역 안에 있는 아낙네(부인)들도 국민회 의무를 다하게 한 일. 一. 금년도 대의원의 경비를 지출케 한 일"이라고 보도했다.

『신한민보』 1919년 4월 22일자는 리버사이드 지방회에서 대한민국임시정부 경축 행사가 열렸던 일을 보도했다. "리버사이드 지방회의 경축. 리버사이드 지방회는 4월 15일에 거류 동포들이 국민회관에 회집하여 우리 신정부 조직에 대하여 경축 예식을 거행하였는데 그 순서는 아래와 같으니, 一. 개회, 二. 취지 설명, 三. 기도…박충섭, 四. 국기 경례, 五. 창가…학생, 六. 축사…박충섭, 七. 애국가…구정섭 부인, 八. 연설…박충섭 부인, 전락청, 九. 기도…이운경 모친, 十. 만세 3호 폐식." 이 행사에서 구정섭 부인, 박충섭 부인, 이운경 모친은 애국가와 기도는 물론 연설까지도 담당했다. 특히 신정부 조직 기념 연설을 박충섭 부인이 했다는 것은 여성들이 독립운동에 적극적으로 참여했다는 것을 보여준다.

또한 『신한민보』 1919년 9월 18일자는 리버사이드 지방 여성들

---

15 『신한민보』, 1918년 3월 28일자, "멕시코 4부인 입회 청원, 묵경 지방회에 제출"; 『신한민보』, 1918년 3월 28자, 일 "총회공독".

이 1919년 9월 16일 사회에 대한 의무를 남자와 같이하기로 했다고 보도했다. 또한 이운경의 모친이 어렵게 번 돈을 나라를 위해 기부하고, 여성들이 집에서 간장을 만들어 씀으로써 일본인의 양념이나 물건을 배척한다는 사실도 전했다. "리버사이드 지방 부인들의 열성. 리버사이드 지방 한인 부인들은 지난 9월 16일 일반 사회와 국가에 대한 의무를 남자들과 같이하기로 하였다 하니 참 장려할 만하고, 특히 이운경 씨의 대부인은 60당년에 병원에서 고역을 하여 버는 돈을 우리 사회와 국가에 다 쓴다 하니 참 그 열성은 모범할 만하더라. 또한 그 지방에서는 각각 한인들의 집에서 간장을 만들어 쓰는 고로 일인의 장을 쓰지 않고 일반 일인의 물화를 모두 배척한다더라." 이처럼 여성들이 리버사이드 한인타운 활동에 적극적으로 참여했고, 파차파 캠프에서 독립운동의 주도적 역할을 했다는 것은 역사의 한 부분으로 기록되어야 할 것이다.

헤멧 밸리 사건(1913)과 대한인국민회

1913년 리버사이드 카운티에 속한 헤멧(Hemet)이라는 조그만 마을의 살구 농장으로 일하러 갔던 리버사이드 거주 한인 11명이 백인 폭도들에 의해 일본인으로 오인받아 추방당하는 사건이 발생했다. 이 사건을 여러 주류 신문에서 보도했는데, 그 내용이 상당 부분 달라서 구체적인 상황을 정확하게 알 수 없었다.[16] 당시 이 사건을 보도한 영문 신문들의

---

16 San Jacinto Register, June 26, 1913, "15 Japs"; Riverside (Enterprise?), June 26, 1913, "About twenty Japanese and Koreans from Riverside"; Riverside Enterprise, June 30, 1913, "The spokesman then said, 'All right get our tickets and we will return to Los Angeles'"; Hemet News, June 27, 1913, "train from Riverside brought about twenty Korean laborers"; Hemet News, July 4, 1913, "11 Korean fruit pickers"; Hemet News,

보도는 각각 11명, 15명, 20명, 30명의 한인 노동자들이 헤멧 밸리에 기차로 도착한 직후 백인 폭도들에 의해 추방되었다고 보도했다. 또한 신문 보도는 제각각 한인 노동자들이 로스앤젤레스, 레드랜드, 또는 리버사이드에서 출발했다고 보도하여 그들이 어디서 왔는지를 정확히 알 수 없었다.

『신한민보』는 1913년 7월 4일자 신문에 "한인을 축출. 리버사이드 근방 헤멧 땅에 한인 30여 명이 살구 따러 갔다가 백인에게 축출을 당하였다니, 아직 그 자상한 소식을 알지 못하나 듣는 바에 심히 안 되었더라"라고 보도했다. 같은 날 다른 기사에서 『신한민보』는 "살구 따러 갔던 사건. 이상에 말한바 리버사이드 동포들이 헤멧 땅에 살구 따러 갔다가 축출당한 일은, 그 확보를 거한즉 30여 인이 아니오 11인인데, 비록 일을 못하고 돌아오기는 하였으나 최순성 씨의 주선으로 내왕 차비를 다 받아오고 특별한 손해는 없다 하니, 불행 중 다행이라 하노라"라고 정정 보도했다. 따라서 헤멧 밸리 사건은 노동 알선사 최순성의 주재로 리버사이드에서 출발한 한인 노동자 11명이 헤멧 밸리 살구 농장에 일하러 갔다가 추방당한 사건임이 밝혀진 것이다.

『신한민보』는 1913년 7월 4일자 "고병관씨의 서신에 왈"이라는 제목으로 헤멧 밸리 사건을 자세히 보도했다.

July 11, 1913, "'Korean laborers comes from Los Angeles' according to Korean spokesperson"; *Los Angeles Times*, June 27, 1913, "The noon train from Los Angeles brought twenty-five or thirty Japanese and Koreans, who had been employed by one of the Koreans to handle the apricot crop of the local rancher."; *Los Angeles Times*, June 28, 1913, "a party of Korean apricot pickers from Riverside"; *Riverside Enterprise*, June 30, 1913, "they were not wanted and should return to Los Angeles"; *San Francisco Call*, June 27, 1913, "15 Korean fruit pickers," "apricot picking crew of Koreans from Riverside"; *San Francisco Call*, 28 June 1913, "Korean apricot pickers from Riverside."

"고병관 씨의 서신에 왈, 본지 동포가 일체 태평한 중 이번 우리 동포 11사람이 헤밋이란 곳에서 봉변한 일은 의외의 일이나, 미국 각처 신문을 참조하건대 한 국제상으로 장행한 말이 많음은 아마 영자 신문을 보시고 아실 듯하외다. 본인도 그중에 가서 관경하였는데, 대봉변하던 일과 서양 사람에게 전후 사실은 왼쪽과 같아외다. 본월 17일에 헤멧 타운에 사는 농주 꼴셈손이라 하는 사람이 우리 처소에 와서 '살구 딸 사람 15를 달라' 하므로 뽀스 최순성 씨가 허락한 후에 부르기를 고대하는 차에, 전화로 '우선 11사람만 보내라' 한 고로, 본월 25일 밤 12시에 당지에 득달하여 농주에게 전화하고 마차 오기를 고대하던 차에, 그곳 상민과 노동자 600명가량이 회집하여 우리를 가운데 두고 겹겹이 돌아 싼 후에 한 사람이 묻기를, '어데서 무엇을 하러 왔나뇨?' 하기에, '리버사이드에서 샘손 농장에 살구 따러 왔노라' 하니 말하기를, '이 타운에는 한, 청, 일인을 물론하고 동양 사람을 원치 않으니 1시 30분 차로 돌아가라' 하는데, 마침 차가 득달하매 짐짝들을 차에 싣고 '굿빠이' 소리에 천지가 진동하옵데다. 그 후에 뽀스 최순성 씨가 그 농주를 만나 말하기를, '그대로 인연하여 100여 원 손해와 무수한 수욕을 당하였으니 우리의 내왕 부비와 전후 손해를 배상하라' 하니 그 농주가 대답하기를, '나도 영국에서 와서 산 지 오래지 아니하여 이곳 인심을 알지 못하여 이같이 되었으니 용서하라' 하매, 최씨 왈 '사세의 불행은 피차에 없으나 전후 부비는 불가불 요구하노라' 하매, 농주가 11사람의 내왕 차비를 받아가지고 무사히 환착하였더니, 그 후 27일 오후에 어떤 일인이 전화로 '한인을 좀 만나볼 일이 있다' 하기로, '무슨 일이냐' 한즉, 일인의 말이 '상항 일 영사가 보고자 한다' 하는 고로, 최순성 씨와 차정률 양 씨가 찾아가 만난즉 일인이 왈 '이번에 헤멧에서 무슨 일로 봉변을 당하였나뇨' 묻거늘, '왜 묻나냐' 한즉, '우리가 너희 부비를 받아주마' 함에, 양 씨는 점잖은 말로 '우리의 일은 우리가 처리할 터이니 너희의 일이나 잘 하라' 하니, 일인이 왈 '그러나 그렇듯 큰일을 당신네가 어떻게 조처하려 하나뇨' 양 씨 왈, '우리도 일인만치는 하니 그런 말은 그만두면 좋겠다' 하매, 일인은 수십 원 차비를 허비하고 왔다가 이런 광경을 당하매 무안한 생각이 있던지 아무 말 없으매, 양 씨는 곧 돌아왔더라. 다행히 불측한 변은 없었으니 불행 중 다행이나 이런 때를 당하여 허랑 방탕하야 주색잡기에 몸이 침물한 동포들에게 응당 경계가 될 줄 믿는다 하였더라."

『신한민보』 기사에 따르면 헤멧 사건은 한인을 일본인으로 오해해서 벌어진 일이 아니다. 최순성의 주선으로 헤멧으로 살구를 따러 간 한인들은 동양 사람이라는 이유로 내쫓겼다. 6월 25일 밤에 한인들이 헤멧에 도착했는데, 그곳의 상민과 노동자 600여 명은 "한인, 청인, 일인 노동자는 여기에서 일 못한다"고 위협했고, 곧이어 기차에 실려 내쫓긴 것이다. 이후에 최순성은 농주 샘손에게 항의하여 왕복 차비를 받아냈다. 며칠 후, 6월 27일 일본 영사로부터 연락이 왔고, 최순성과 차정률이 그곳으로 찾아갔는데, 그들은 헤멧에서 당한 일에 대해 한인을 도와주겠다고 했다. 한인들은 그런 큰일을 처리할 수 없으니 저희들이 대신 돈을 받아내주겠다고 한 것이다. 그러나 최와 차는 우리 스스로 이 일을 해결할 수 있다면서 도움을 거절했다. 『신한민보』 1913년 7월 11일자는 "일인들은 우리 동포들이 헤밋 땅에 일 못하고 온 일을 간섭하려다가 최순성 씨에게 수치를 당하고 갔다니 그놈들이 기회를 얻을 줄 알았다가 망신이로군"이라고 보도했다. 당시 한인들이 일인에게 도움을 받았더라면 이 사건을 빌미삼아서 계속 한인을 간섭할 수도 있으나, 한인들은 일본의 도움을 거절하여 그들의 개입을 차단할 수 있었다.

최순성은 1911년 리버사이드 지방회에 신입 회원으로 가입한 인물인데,[17] 1913년 말에는 타 지역으로 이주했다.『신한민보』1913년 12월 5일자는 "노동 주선 광고. 본인이 레드랜즈 안상학 씨 주선하던 노동소를 전매하여, 금년부터 노동을 널리 구하며 여러 동포를 잘 인도하겠사오며, 우선 귤 따는 일과 푸루닝 하는 일과 기타 여러 가지 노동하기를 시작하오니, 첨 동포는 이 아래 기록한 집 호수로 찾아오시옵소서. 노동 주선인 최순성 고백. S. S. Choy. 605. West Central Ave. Reb(d)lanbs. Cal."이라고 보도했다. 리버사이드 지방회에 속했던 최순성이 레드랜드로 이사한 것을 알 수 있다.

헤멧 밸리 사건은 단순히 기존 노동자들의 텃세와 동양인 차별로 인해 노동 기회를 상실한 사건이 아니었다. 이 일로 일본 영사는 미주 한인들을 자신들의 통제 아래 두고자 도움의 손길을 가장하여 접근했으며, 한인들은 이에 대응해야 했다. 한인들은 이 사태에 현명하게 대처하여 농주에게 보상금으로 차비를 받아냈고, 일본 영사의 도움을 거절했다. 헤멧 사건은 그렇게 마무리된 줄 알았으나, 이 일은 미국과 일본의 국가 간 문제로 확대된다.

일본 정부가 "미국 거주 한인들은 일본 식민국민"이라고 주장하면서, 헤멧 사건으로 피해를 본 한인들을 보호할 책임이 있다고 미국 정부에 공식 항의한 것이 그 시발이다. 이 사건으로 미국과 일본 사이에 외교 분쟁 조짐이 생겼는데, 대한인국민회는 한인들의 입장을 분명히 밝힘으로써 일본 정부의 간섭을 적극적으로 차단했다. 그래서 미국에 거주하는 한인들의 법적 지위도 확보되었다. 그러므로 이 사건은 초기 미주 한인사에서 매우 중요한 전환점이라 할 수 있다.

1913년 캘리포니아주는 일본계 미국인들이 토지를 구입하여 농장을 운영하는 것을 금지하는 외국인 토지 소유법을 통과시켰다. 그것은

---

[17] 『신한민보』, 1911년 11월 20일자, "하변 지방회보", "최순성 씨는 본회에 신입하다"

미국 시민이 될 자격이 없는 외국인들이 캘리포니아주에서 토지를 소유하거나 임대할 수 없다는 것을 명시한 법안이다. 일본 정부는 캘리포니아주의 이러한 조처에 항의했고, 그에 따라 미국과 일본의 관계는 악화되고 있었다. 이러한 시기에 헤멧 밸리 사건이 발생하자, 일본 정부는 이 사건을 미국과 일본의 관계를 보다 동등한 것으로 이끌기 위한 구실로 삼았다. 일본이 미국 정부에 항의하자, 당시 미국 국무장관이던 윌리엄 제닝스 브라이언(William Jennings Bryan)은 이 사건이 미국과 일본의 외교 분쟁으로 번지는 것을 우려하면서 사건의 진상조사를 지시했다.

그런데 대한인국민회에서 이 소식을 접했고, 북미지방 총회장 이대위가 미 국무장관 앞으로 전보를 보냈다. 『신한민보』 1913년 7월 4일자에 "가주 남방 하변에 헤밋 땅에서 우리 동포 11인이 지난 달 25일에 살구 따러 갔다가 백인에게 축출을 당한 일로 미국 정부에서 일본 공사와 교섭이 되는 고로, 본 총회에서 미국 정부에 그 사실을 들어 말한 후에 일인과 상관이 없게 하여 달라고 전보하였는데, 그 본문이 왼쪽과 같다. 미국 국무경 뿌라얀(브라이언) 씨 좌하. 워싱턴 디 씨. 우리가 존경히 귀하에게 말하기는, 근일에 한인 11명이 헤밋 지방에 살구 따러 갔다가 그곳 사람들에게 축출을 당하였으나, 그 일은 다 무사히 되었소이다. 또 귀하에게 청하옵기는, 우리 재미 한인은 일본이 한국을 합방하기 전에 미국에 왔고, 또한 해가 하늘에 달려있는 때까지는 일본에 복종치 아니할 터이니, 우리를 전시나 평시 간에 일인과 같이 보지 아니하기를 바라옵니다. 우리 한인들은 미국 법률 아래 복종하여 화평히 살기를 원하노라. 1913년 6월 30일. 국민회 북미지방 총회장 이대위"라고 보도했다.

대한인국민회와 리버사이드 한인들은 자신들은 "일본 식민국민"이 아니라 한국인임을 강조하면서, 일본 정부로부터 보호받기를 거부한다는 전보를 미 국무장관인 윌리엄 제닝스 브라이언에게 보냈다. 또한, 재미 한인은 일본인이 아니니 일본이 헤멧 사건에 관여하는 것을 원치 않는다는 입장을 전했다. 그는 이러한 한인들의 청원을 받아들여 "미국에 거주하는 한인들은 일본 식민국민이 아니다"라고 공표했으며, 일본 정부가 헤멧 사건에 개입할 근거가 없다면서 이 사건을 마무리 지었다.[18]

『신한민보』 1913년 7월 4일자에 이 사건이 마무리된 것을 다음과 같이 보도했다. "뿌라연의 명령으로 헤밋 한인의 사건을 정지. 국무경이 대한인국민회장의 '한인은 일인이 아니'라는 전보를 받다. 워싱턴 7월 1일 발. 근일에 한인이 캘리포니아 헤멧 땅에 실과 따러 갔다가 백인에게 축출당한 사건을 국무경 뿌라얀 씨의 명령으로 정지하다. 국무경 뿌라얀 씨는 대한인국회장 이대위의 전보를 본즉, 미주 한인들은 일본이 한국을 합병하기 전에 한국을 떠났으니 일본 백성이 아니라 한 고로, 한인은 일인과 상관이 없다 하여, 헤밋 사건을 일본 정부로 더불어 교섭지 말라 하였더라."

미 국무장관 브라이언은 미국에 거주하는 한인들이 '일본 식민국민이 아님'을 공표하면서 대한인국민회가 미국에 거주하는 한인들을 대표하는 기관임을 인정했다. 이로써 미주 한인들의 대표 기관은 일본 정부가 아닌 대한인국민회라는 것이 분명해지게 되었다. 이것은 미주 한인 독립운동사에 매우 중요한 역사적인 사건이다. 일본 정부는 한인들을 지켜준다는 명목으로 만주나 러시아 영토에 군대와 경찰을 파견해서 한인들을 압박하고 독립운동을 탄압했다. 그러나 만주나 러시아 거주 한인들과 달리, 미주 한인들은 일본 정부의 간섭을 받지 않고 독립운동을 지속적으로 전개할 수 있게 된 것이다.

즉, 이 사건은 미국에 거주하는 한인들에게 비공식적으로 한국인의 법적 지위를 부여해줌으로써 미주 한인들이 일본인이 아닌 한국인

---

18   *Los Angeles Times*, July 2, 1913; *The Hemet News*, July 4, 1913.

으로 살아갈 수 있도록 했다. 만주나 러시아 영토에서 독립운동을 하면서 일본 군대와 경찰의 탄압을 받았던 동포들과 달리 미주 한인들은 일본의 간섭 없이 독립운동을 적극적으로 전개할 수 있었던 것이다. 이는 초기 미주 한인사에서 가장 중요한 사건의 하나라고 생각된다.

　또한 헤멧 사건은 국민회가 한인의 대표로서, 한인의 상륙과 출국을 책임지는 단체가 되는 계기가 된다. 헤멧 사건이 일어난 10여 일 후, 1913년 7월 중순에 한인 학생 6명이 상해로부터 상항에 도착했다. 학생 가운데 일부는 105인 사건 관련자로 일인에게 피포되어 고문을 당했는데, 겨우 살아 도망하여온 것이다. 국민회는 상항 이민국과 교섭했던 경험이 없었고, 한인은 나라를 빼앗겼기 때문에 법률상 국적이 분명하지 못하므로 국민회 담보로 한인 학생을 상륙시키는 것은 어려운 일이었다. 그러나 미국 정부는 일찍이 헤멧 사건을 통해 한인의 상황을 알고 있었고, 대한인국민회가 미주 한인을 대표하는 단체라는 인식을 가졌기 때문에 국민회의 요청에 따라 일행의 상륙을 허락했다. 이때 국민회는 미국 정부에 청원하면서 상항에 상륙하는 한인의 신분과 생활 등 모든 것을 보증했다. 이후부터는 국민회가 한인의 책임자가 되어 한인의 북미 상륙과 출국을 담당했다. 그래서 북미 상항은 일본으로부터 도망하여온 한인 망명객들의 낙원이 되었고, 한인 홀아비들도 사진신부들과 결혼하여 생활할 수 있게 되었다.

　『신한민보』 1944년 11월 16일자는 "이 일(헤멧 사건)이 지난 후 불과 10여 일에 국민회로서 미국 정부를 향하여 한인은 일본 백성이 아니라는 이유를 가져 교섭할 일이 생겼으니, 이는 국민회로서 도미 한인 학생을 담보 상륙하는 일이오, 도미 한인 학생 담보 상륙은 이때로부터 비롯하였더라. 7월 중순에 한인 학생 6명이 상해로부터 미국 배 '딸라'선을 타고 와서 상항에 도착하였고, 그 가운데 4인은 105인 사건에 피포하여 왜적의 악형고문을 받고 겨우 살아나와 미국으로 도망하여오는 지사들이라. 국민회가 일찍이 미국 국내에서는 동포의 안녕을 보장한 일이 많았지만은 오직 이민국 교섭은 경험이 없고 더욱 한인은 국제 법률상 국적이 분명치 못하니, 한인 학생을 담보 상륙시키는 것이 그리 쉬운 일이 아니라. 그런 고로 북미 지방 총회장 이대위 선생이 이 일행의 담보 상륙을 위하여 자못 고려를 더하다가 문득 헤멧 사건의 교섭한 이유를 생각하고 드디어 미국 정부를 향하여 청원하기를, '이 사람들은 합병 전에 한국을 떠나서 일본 백성이 되지 않았으니, 이왕 한국이 독립할 때의 한인으로 인정하고 이 사람들의 입국을 허락하여 달라'는 이유가 헤멧 사건의 청원과 같고 이를 해석하면, 한국 백성이 일본 정부의 여행권을 휴대할 이치가 없으니 그들에게 일본 여행권을 묻지 말고 무애 상륙을 허락하여 달라는 간곡한 청원이다. 미국 정부는 일찍이 헤멧 사건에 한인에 대한 인식을 가졌고 또 국제 망명객을 보호하는 공의에 은전을 베풀어서 이 일행의 상륙을 허락하는 때에 그들의 신분과 생활에 관한 모든 문제를 국민회에서 담보하였고, 이때로부터 한번 전례를 얻노은 후 국민회는 동포의 입국과 출국 사무를 맡아서 처리하여 계속하여 오는 남녀동포를 담보 상륙시키고 가는 동포도 또한 무애 출국을 도와줌으로써, 북미 상항은 왜적의 기반을 도망하여오는 자의 '싱가랠라(Shangri-La, 이상향)'가 되었고 동시에 사진 결혼하여 오는 신부들을 담보 상륙하여 다수 홀애비들로 하여금 가정 생활의 행복을 가지게 한 것이 식민지 생식상에 큰 은혜를 끼쳤더라"라고 보도했다.

　　당시 미국 정부는 중국인 이민을 엄격하게 규제하고 있었는데, 한인들은 '정치 망명객'으로 취급되어 비교적 쉽게 미국에 입국할 수 있었다. 『신한민보』에 따르면 이미 1916년 이전에 대한인국민회는 미국 이민국으로부터 정식 허가장을 받아 본토로 이주하는 한인들이 쉽게 샌프란시스코에 정착할 수 있도록 했다. 당시 미국 이민국은 중국인의 이민을 억제하고 통제하기 위해 앤젤섬에 이민국을 설치하여 중국인의 이민을 엄격하게 심사하고 있었다. 그런데 본토로 이주한 한인들은 중국인에 비해 쉽게 샌프란시스코에 내리고 정착할 수 있었다. 1916년 3월 9일자 『신한민보』는 대한인국민회가 이민국으로부터 허가장을 갱신했다고 다음과 같이 보도했다. "이민국 허가장. 북미 총회장이 교체된 후, 동양으로부터 미주에 건너오는 동포 인도에 관한 특권을 계속 보유할 일을 상항 이민국에 교섭하였는데, 이민국 커미셔너는 왼쪽과 같은 허가장을 발급하였더라. '허가장. 해관 관리의 상당한 권리로써 각 선회사에 관계되는 일을 위하여, 북미 한인 국민회를 대표한 강영소는, 동양으로부터 상항에 도박하는 윤선에 올라감을 허락하는바, 해관 관리와 각 선회사 주무자들은 누구든지 강영소가 국민회 대표자로, 일본 정치 범위 밖에서 오는 한인은 어디로부터 오는 자든지 인도할 권한이 있음을 인함. 이 허가장은 1912년 1월 15일에 성립된 이민 조례에 의지하여 발급함. 1916년 2월 29일, 상항 이민국 위원 튜시, 해관 세무원 떼베스, 동양 기선회사 주무 홀리쓰, 중국인 우선회사 주무 토마스. (서명)'"

샌프란시스코 이민국에서 발급한 이 허가장은 국민회 북미 총회장이 상항에 도착하는 배에 올라가 한인을 인도하는 것을 허락하는 증서이다. 1916년 북미 총회장이 이대위에서 강영소로 교체된 후 이 허가장이 갱신되었으니, 그 이전부터 허가장이 발급되었던 것이다. 이 허가장은 1912년 1월 15일 성립된 이민 조례에 근거하여 받은 것으로 되어 있어, 1912년과 1916년 사이에 처음으로 허가장이 발급된 것으로 보인다. 이를 통해 대한인국민회가 지속적으로 한인들의 본토 이주를 위해 노력했다는 것을 알 수 있다. 또한 "일본 정치 범위 밖에서 오는 한인은 어디로부터 오든지 인도할 권한을 인정"한다는 문구는 미국 정부가 일본과의 외교 마찰을 피하기 위한 조치로 보인다. 대부분의 한인들은 중국이나 하와이에서 출발했기 때문에 대한인국민회의 협조를 얻어 비교적 쉽게 샌프란시스코에 도착한 후 상륙 허가를 받을 수 있었던 것이다.

리버사이드 파차파 캠프는 초기 한인 독립운동의 메카였다. 도산 안창호는 친목회를 발전시켜 1905년 리버사이드 한인들을 주축으로 공립협회를 설립했고, 1906년 리버사이드에서 신민회를 발기한 후, 1907년 한국으로 돌아가 1911년까지 신민회 활동을 했다. 나라를 빼앗긴 소식을 들은 파차파 캠프 한인들은 울분을 토하면서 일본을 성토하는 국치 기념일 행사를 치렀다. 1911년 도산이 리버사이드로 돌아온 직후 대한인국민회 북미총회 대의회는 부근의 지방회장 전원이 참석한 가운데 리버사이드 파차파 캠프에서 10여 일 밤샘 토론을 하면서 독립운동에 대한 중요한 정책 결정을 했다. 특히 중앙총회를 신설하여 '무형정부'를 설립했고, 삼권분립을 제도화하여 민주공화제의 기틀을 마련했다. 또한 리버사이드에서 오렌지를 따면서 1913년 창단된 홍사단 설립의 꿈을 키웠다.[19] 파차파 캠프 한인들은 헤멧 밸리 사건을 계기로 미국에 거주하는 한인들이 '일본 식민국민'이 아닌 한국인으로 미국 정부로부터 인정받는 쾌거를 이룩하여 지속적으로 독립운동을 전개할 수 있는 법적 발판도 마련했다. 이것은 만주에 거주하는 한인들이 '일본 식민국민'이라는 구실로 일본 군대와 경찰을 파견하여 독립운동에 대한 노골적인 탄압을 한 일본 군국주의 처사와는 비교되는 대목이다.

도산 안창호와 가족은 1913년 12월 로스앤젤레스로 이주했으나 파차파 캠프 한인타운은 1918년까지 지속되었다. 대한인국민회는 여성들도 남성들과 마찬가지로 동등한 책임과 의무를 지닌다면서 회원으로 정식 입회를 허락했고, 파차파 캠프 거주 한인 여성들이 독립운동의 보조 역할에서 주체로 적극 활동하게 된다. 1919년 3.1운동 소식에 고무된 리버사이드 한인들은 기념식, 회의, 모금 활동을 활발히 전개했는데, 단합된 한인사회의 모습을 파차파 캠프를 통해 볼 수 있다.

---

19 민병용(1985), 『미주이민 100년: 초기 인맥을 캔다』, 한국일보사출판국, 203.

1911년 대한인국민회 북미총회가 리버사이드에서 열렸다(사진 출처: 남가주대학교 동아시아도서관).

파차파 한인타운에서 찍은 한인들 사진(1911년으로 추정됨, 사진 출처: 김영옥재미동포연구소)

제4장 **한인장로선교회와 학교**

　　도산 안창호는 백인 선교사로부터 평양 장로교회에서 일해 달라는 부탁을 받았다고 이강은 밝히고 있다.[1] 그러나 도산 안창호는 제안을 거절하고 미국으로 온 것이다. 그 이유는 안창호는 현실을 무시하고 복음에만 치중하는 선교사들의 활동에 동의하지 않았으며, 현실 참여의 중요성을 강조했기 때문이다.[2] 도산은 교회로부터 경제적 도움 없이 일하고 활동하면서도, 동시에 신앙생활을 할 수 있다고 생각한 것이다.[3] 따라서 현실을 외면한다고 기독교를 비난한 도산 안창호를 선교사들이 싫어했다고 한다.[4] 도산은 기독교인으로서 민주주의 절차에 따른 공동체를 파차파 캠프에서 실현하고자 했다. 한인들은 리버사이드에 도착

1　　Arthur Leslie Gardner, *The Korean Nationalist Movement and An Chang-Ho, Advocate of Gradualism*, Ph.D. dissertation, University of Hawaii, 1979, 25.

2　　Ibid., quoted from *Dong-A Ilbo*, March 19, 1963.

3　　Arthur Leslie Gardner, *The Korean Nationalist Movement and An Chang-Ho, Advocate of Gradualism*, Ph.D. dissertation, University of Hawaii, 1979, 25.

4　　Ibid., quoted from *Dong-A Ilbo*, March 19, 1963.

한 직후 리버사이드 장로교회 소속으로 한인장로선교회를 설립하여 예배를 드렸고 동시에 성경 공부와 영어 공부도 함께했다.

『공립신보』(1908년 5월 20일자)는 세상 일을 멀리하고 오직 예수만을 믿어야 한다고 말한 모펫 목사를 비난했다. "한인을 시험함인지. 지난 21일 평양에서 전도하는 마 목사(魔牧師)가 강도하기를, '신문 잡지는 이 세상 학문인즉, 우리 교인의 볼 바가 아니라 일체 거절하고, 다만 예수만 믿어야 천당에 가고 상제의 아들이 된다'고 강도와 기도를 하였는 고로, 일반 교인은 이 말을 불복하는 감정이 생겼다 하니, 여차한 목사는 사람의 사상을 부패하게 만드는 마귀라. 우리나라 교인들은 하나님의 진리를 연구하여 이 세상에 있을 때에 이 세상일을 많이 하여야 될 줄로 생각하여, 여차한 망설을 듣고 부패하지 말기를 주의할지어다."

『신한민보』 1909년 4월 14일자는 "소위 종교가의 행위. 한국에서 다년간 전도하는 장로교 목사 마포 씨의 아내가 작동에 미국으로 올 때에 한국서 어떤 부인 한 명을 데리고 왔는데, 사역은 사역대로 시키고 월급은 한국 일례로 준다고 한 달에 미화 4원씩을 준다 하니, 미국 천지에 4원 받는 월급은 없을 뿐 아니라, 한국 여자를 압시하고 저저한 종과 같이 대우하는 것은 심히 통증한 일이니, 장차 그 사실을 다시 캐어보아 조처하려니와, 그 행위가 이러한 자들을 소위 종교가라고 구세주를 쳐다보듯이 믿고 지내는 한인은 심히 어리석은 물건이라 하겠더라"라고 전하며, 모펫 목사의 부인이 한인을 함부로 사역한 일에 대해 비난하고 이러한 종교인들을 믿는 한인의 어리석음을 지적했다. 공립협회가 비판적 거리를 두고 종교를 인식하고 있었음을 알 수 있다.

평양에서 선교사로 일했던 새뮤얼 모펫 목사가 리버사이드 장로교회와 파차파 캠프 한인들 간의 가교 역할을 해서 한인장로선교회가 설립된 것으로 추정된다. 모펫 목사가 브라운 박사에게 보낸 편지에 의하면 "현재 캘리포니아 리버사이드에 약 30명, 혹은 그 이상의 한인 기독교인들이 있는데, 이미 그곳에서 장로교 목사와 관계를 맺고 있고, 그들은 우리의 교회가 그들을 보살펴주기를 기대하고 있다"고 전했다.[5] 또한 "미스터 방이 로스앤젤레스, 리버사이드, 그리고 패서디나와 몇몇 다른 지역들을 방문했다"고 적고 있다.[6] 여기서 미스터 방은 방화중 목사로, 평양 장대현 교회에서 장로를 역임한 인물이자 방기창 목사의 아들이다. 방기창 목사는 1907년 평양 한인 장로회에서 안수를 받고 최초로 목사가 된 7명의 목사 가운데 한 명이다.

차의석은 자신의 자서전 『금산』에서 하와이에서 샌프란시스코로 이주한 직후 주일 예배를 주도한 방화중 장로를 다음과 같이 기억했다. "방 형제가 주일 예배를 주도했는데 찬송가, 기도, 그리고 설교를 모두 한국어로 했다. 나에게는 매우 인상적인 모습이었다. 그 이유는 그날이 내가 미국 본토에서 처음으로 예배에 참석한 날이었기 때문이다. 또한 내가 한국에서 알고 지냈던 분들을 비롯한 다른 한국인들과 함께, 선교사들의 나라 미국에서 한국어로 예배를 드렸기 때문이다."[7] 초기 한인사회에서 한인 교회가 매우 큰 역할을 했다는 것을 알 수 있는 대목이다. 리버사이드 파차파 캠프에서도 한인 교회는 매우 중요하고 큰 역할을 담당했다. "방화중은 하와이를 거쳐 대륙에 건너와 교회 전도사로 활동했다. 그는 1906년경 샌프란시스코와 로스앤젤레스에 한인 교회를 설립하기 위해 힘썼고 그 뒤, 나성 한인 장로교회를 세우고 초대 교역자가 되었다."[8]

---

5   Letters and Reports of the Korean Mission, the Board of Foreign Missions, the Presbyterian Church in USA (Presbyterian Historical Society, microfilm #281, Vol. 236, #94) August 1, 1906.

6   ibid., December 31, 1906.

7   Easurk Emsen Charr, *The Golden Mountain*, University of Chicago Press, 1961, 137.

8   이선주, 2003: 153(나성한인연합장로교회 편, 『나성 한인 연합 장로교회 70년사』, 나성

평양에서 선교 활동을 활발히 전개한 새뮤얼 모펫 목사와 리버사이드 한인장로선교회의 설립 관계는 리버사이드 갈보리 장로교회(Calvary Presbyterian Church)에서 발굴된 '한국인 명단'에서도 그 맥락을 찾을 수 있다. 그 명단에는 한국인 명단에 등록한 상당수의 교인들이 평양에서 이미 기독교인이 된 상태였다고 쓰여 있다. 리버사이드 파차파 캠프에 온 평양 출신의 한인 중 대다수는 이미 평양에서 교회를 다녔던 것이다.

차의석은 자신의 자서전 『금산』에서 평양에서 모펫 목사를 만난 상황을 다음과 같이 설명하고 있다. "한 명의 여성과 두 명의 남성이 있었는데, 모두 처음 보는 사람들이었다. 기억하건대 아마 여성은 미시즈였던 듯하다. 금발의 남성은 웰스 박사이고, 다른 남성은 마(모펫) 목사였다. 마 목사는 키가 크고 말랐으며, 젊어 보이는 미남이었다. 그는 머리칼이 갈색이고 눈동자는 푸른색이었으며 콧수염을 길렀다. 그는 한국어를 유창하게 잘했다."[9] 모펫 목사는 유창한 한국어로 설교하면서 평양에 있는 한국인들의 마음을 사로잡았다. 차의석은 자신이 미국에 오게 된 동기를 다음과 같이 설명하고 있다. "나는 언젠가 미국에 가길 원했다. 그리고 선교사가 되어 나의 조국인 한국에 돌아가길 희망했다."[10]

지역의 또 다른 신문도 한국에서 활동하고 있는 선교사들에 대해 보도했다. "한국에서의 선교 활동. 언어를 배우기 힘들고 사람들은 보수적이다. 그러나 기독교의 가르침을 받아들일 준비가 되어 있어 놀랍다. 이것은 한국에서 9년 동안 선교사로 활동했던 밤볼드(Wambold) 여사가 화요일에 리버사이드 여성 장로회(Women's Presbyterian Society) 오후

한인연합장로교회70년사편찬위원회, 1976, 33-35)에서 인용.

[9] Charr, 1961: 70-71.
[10] Charr, 1961: 71.

세션에서 발표한 내용이다."[11]

이번 연구에서는 한인들이 따로 모여 예배를 드렸던 리버사이드 갈보리 장로교회(Calvary Presbyterian Church) 소속의 한인장로선교회의 명단을 발굴하는 성과도 올렸다.[12] 1905년 6월 29일, 최초로 박선규, 김중삼, 그리고 오진국 3명의 한인이 교회에 등록한 것으로 기록되어 있고, 7월 2일에는 정재관이 등록했다. 1906년 4월 1일 5명, 1907년 1월 3일 5명이 등록했고, 그리고 1907년 4월 28일에는 22명이 대거 등록했는데, 모두 평양에서 이미 기독교인으로 등록한 상태였던 것으로 적혀있다.

1907년 한인들이 대거 리버사이드로 이주한 것은 미국과 일본 사이에 체결된 신사협정 때문이다. 이 협정이 발효되기 전에 미국 본토로 이주하고자 했던 것이다. 그래서 한꺼번에 22명이 한인장로선교회에 가입한 것이다. 1907년 리버사이드 지역 공립협회 회원이 150명이었으니, 많은 한인들이 교회에 등록하지 않았다는 설명도 가능하다. 이후 1920년 6월 19일까지 50여 명의 한인이 한인장로선교회에 등록했다. 같은 기록에서 다른 교회로 이적한 5명의 이름도 발굴되었다.

한편, 1918년 「미 장로교 연례 보고서」 178면에서는 리버사이드 한인 선교회는 "다른 곳과는 달리 여성들과 자녀들이 함께 예배를 드린다"고 적혀 있다. 즉, 리버사이드는 미혼 남성 중심의 다른 지역과 다르게 가족 중심의 한인타운을 형성하고 있었다는 직접적인 증거이기도

---

11 *Press and Horticulturalist*, March 24, 1905.

12 The Korean Mission was noted in the Minutes of Session record of the Calvary Presbyterian Church on page 20 dated December 4, 1906 that "on Sunday afternoon, December 2nd, 1906, an organization known as the 'The Presbyterian Korean Mission' under the care of Mr. Pang, representing on this Coast the Board of foreign Missions of our Church. At the meeting there were twenty-two (22) Koreans present: — Eighteen (18) men, and four (4) women—".

하다. 1907년 윌리엄 맥기건이 출판한 책에서도 한인 선교회에 대해 적고 있는데, 젊은이들이 한인들에게 일주일에 세 번 영어를 가르쳤다고 한다.¹³

『리버사이드 엔터프라이즈』도 한인 선교회에 대해 다음과 같이 보도했다. "설립된 지 약 1년밖에 되지 않았지만 약 50~60명 정도의 교인들이 아주 왕성한 활동을 하고 있다. 대부분은 이미 한국에서 기독교인이 된 사람들이며 갈보리 교회의 젊은이들이 거의 매일 한인들에게 영어를 가르치고 있다."¹⁴ 또 다른 신문인 『리버사이드 데일리 프레스』 (1906년 1월 8일자)도 "한인 세례. 갈보리 교회(Calvary church)의 성찬식에서 어제 오전에 알렉스 에이킨(Alex Eakin) 목사가 언(Onn) 씨 부부의 아기 팀 정호(Tim Chung Ho)에게 세례를 주었다. 언 씨는 교육받은 한인으로, 현재 이 도시의 한인 선교회(Korean mission)를 책임지고 있다. 약 50여 명의 소년들이 교회와 주일학교를 다니고 있다."

『리버사이드 데일리 프레스』에서 갈보리 장로교회의 외국 선교 활동에 대해 다음과 같이 보도했다. "외국 선교 활동의 주제는 '한국'이었다. 리버사이드 한인 선교회(Korean mission)에서 영어를 가르치는 선생님 중 한 명인 미시즈 루터포드(Mrs. Rutherford)가 4명의 한인 여성들을 대상으로 연습을 시켰는데, 한국 여성들은 매우 빨리 영어를 배우며, 매우 열심히 배우고자 한다고 전했다. 그 선교회의 또 다른 영어 선생인 미시즈 데이비드 어바인(Mrs. David Irvine)도 얼마 전에 그 선교회에서 한인들이 주최한 사교의 밤에 참석해 즐거운 시간을 보냈다고 말했다."¹⁵

---

13 William McGuigan, *Ventures in Faith: A Story of Calvary Presbyterian Church Riverside, California, 1887-1987*, self published.

14 *Riverside Enterprise*, Section Four, Pages 23-30; Sunday Morning, December 8, 1907, No. 65.

15 *Riverside Daily Press*, December 7, 1905, 2.

필자는 김용련의 막내딸 바이올렛 김이 소유하고 있던 찬송가와 성경책을 기증받았는데, 1916년 발행된 찬송가책의 발행인은 '조선 황해도 재령'에서 활동하고 있는 미국인 선교사 '베드로 목사'이다. 발행한 장소는 '조선 경성 종로'에 있는 '조선 예수교 서회'이며, 인쇄한 사람은 '일본 요코하마시'에 있는 '무라오카 헤이키치'로 밝혀졌다. 따라서 인쇄는 일본에서 한 것으로, 인쇄한 장소는 '일본 요코하마시'에 있는 '복음인쇄합자회사'이다. 베드로 목사는 '피득 목사'로 불렸는데, 구약 성서를 한글로 최초로 번역한 인물이다.

백광선도 한인장로선교회에 대해 다음과 같이 기억하고 있다. "리버사이드에는 큰 빌딩이 커뮤니티센터처럼 운영되고 있었는데, 그곳에서 일요일에는 예배를 드렸다. 목사님은 안 계셨지만 여러 사람들이 성경을 읽고 토론을 했다. 아버지도 시간이 있을 때마다 설교를 하셨다. 업랜드에 거주하고 있는 미국인 여성 미시즈 스튜어트는 한국에 관심이 매우 많아서 일요일에 우리 교회에 오곤 했다. 크리스마스 때는 모두에게 선물을 주었고 나는 그녀로부터 인형을 선물 받았다. 그러한 경험은 나에게 최초이자 유일한 것이었다."[16]

미시즈 스튜어트는 또한 '스튜어트 사건'으로 알려진 폭동의 주인공이기도 하다. "미시즈 메리 스튜어트(Mrs. Mary E. Steward)는 미주리 출신의 기독교인인데 업랜드에 오렌지 농장을 소유하고 있었다. 그녀는 한인 노동자들을 고용했고 그들은 그곳 농장 막사에서 거주하면서 일했다. 어느 날 밤 백인 농장주와 노동자들이 돌을 던지면서 한인 노동자들에게 나가지 않으면 죽이겠다고 위협했다. 위협을 느낀 한인 노동자들은 갈 곳도 없었고 다른 직장을 구하기도 어려운 상황이었다. 한인 노동자들은 생명의 위협을 느껴 다른 곳으로 이동하지 못하고 캠프에 계

---

16 Mary Paik Lee, *Quiet Odyssey*, University of Washington Press, 1990, 18.

속 있을 수밖에 없었다.

이 위급한 상황에서 스튜어트 여사는 경찰에 신고하여 한인 노동자들이 총으로 무장하고 자신들을 지킬 수 있도록 허락을 받았다. 스튜어트 여사는 한인 노동자들에게 '만약 누군가가 캠프에 침입하면 총을 쏘아도 좋다'고 했다. 또한 스튜어트 여사는 현지 신문에 연락하여 이 사건을 알리기도 했다. 백인 농장주들과 노동자들이 지속적으로 스튜어트 여사에게 한인 노동자들을 해고하고 내보내라고 요구했으나 거절했다. 이 사건 후 스튜어트 여사는 이웃 농장주들에게 한인 노동자들이 매우 일을 잘하니 고용하라고 하여 한인 노동자들은 더욱 쉽게 일자리를 구할 수 있었다."[17] 이처럼 스튜어트 여사는 한인들과 각별한 관계를 유지했고 리버사이드 한인타운을 방문하여 영어도 가르쳤다.

『신한민보』1909년 4월 28일자도 스튜어트 부인과 한인의 각별한 관계를 보도했다. "업플랜드 통신. 본 지방에 있는 미국 부인 스뚜 씨는 원래 신실한 교인으로 한인 동포를 특별히 친애하는데, 그 가세도 불빈하고 아는 친구가 허다하므로 한인을 위하여 한인의 신실함을 칭양하며 생업을 소개하는 고로, 황인 배척하는 이때에 그 지방에서는 모두 한인을 환영한다더라."

한국에서 선교회 의사로 있었던 화이팅이 1920년 리버사이드 장로교회에서 강연했을 때 페리 부인과 스튜어트 부인이 참석했다. 교회는 한인과 외국인들이 교류하며 당면한 한국 문제를 논하는 장소이기도 했다.『신한민보』1920년 7월 15일자에서 "화이팅 의사는 리버사이드에서. 적년 동안 한국에서 선교회 의사로 있다가 작년 가을에 귀국하여 인하여 한국 실정을 아메리카 사람에게 전파하는 일에 주야를 물론하고 골몰하여 많은 정의적 동정을 환기하는 화이팅 의사는 7월 4일에

---

17   Choy, 1919: 109.

캘리포니아주 리버사이드성 장로교회에서 한국 사정을 들어 강연하고 그곳 한인 교회에 와서 한국말로 전도하였는데, 장로교회에서 강도할 때에 박사는 말하였으되, '한국은 문화상과 정치상 혁혁한 역사가 있는 나라이며, 한국 민족은 평화적 민족이라. 한인들은 평화적 수단으로 자유를 부르짖는데, 일인들은 이를 포학과 잔혹으로 돈정시켰으니, 일본은 쩌메니(독일)을 효방하며, 일본이 한국인에 한 행동은 뻴지엄(벨기에)에서 쩌메니(독일)가 범한 죄악에 지나가나니라'" 했다.

화이팅 의사는 강연에서 일본과 한국을 비교하여 일본은 군국주의 제국이며, 한인은 문화를 숭상하는 민족이라고 했다. "'일본은 군국주의의 제국이며, 일본 인민은 무력을 숭상하여 병졸은 상등의 사회적 영예를 누리며, 강력이 정의를 만든다더라. 강력이 곧 정의라는 관념이 일인의 정신계를 관철하나니라. 그와 반대로 한인은 문화를 숭상하여 학자가 상등이오, 병졸이 하등이며, 정의가 강력이라 확신하는 민족이라. 한국은 지금 자유를 위하여 분투하고, 예술을 위하여 희생하고, 인도를 위하여 용진하니, 한국 교회와 한국 교인과 한국 민족과 한국 국가와 한국의 철저한 이상을 다 성취하게 하도록 기도하자' 하였더라. 한인 교당에서는 요한복음 14장을 읽고 '주께서 우리 있을 곳을 예비하신다'는 문제를 강도하였는데, 그때에 한국에 동정이 많은 뻬리 부인과 업풀랜드 사는 스투워트 부인도 참석하였으며, 화이팅 박사는 한국 문제로 강연하기 위하여 스투워트 부인과 동반하여 업쭐랜드로 향하였더라(리버사이드 7월 5일)."

미시즈 데이비드 스윔스가 이혜련 여사에게 1912년 1월 31일 편지를 보냈다. "나의 벗 미시즈 안에게. 미스터 안이 필선이 아프지만 나아지고 있다고 알려주었다. 그러나 그의 치아는 나빠질 수 있으므로 조심하고 아무것도 먹이면 안 된다. 그는 이제 크고 튼튼하기 때문에 모유만 먹여도 될 것이다. 건강한 모유만 먹이고 다른 것은 어느 것도 먹이면 안 된다. 나도 세실리아가 11개월 될 때까지 아무것도 먹이지 않았다. 나는 에미스가 5개월 때부터 먹이기 시작했는데 아이가 오랫동안 배탈 문제에 시달렸다. 몸을 잘 살피기를 바란다. 그리고 필립에게 그가 좋은 아이이며 그가 빨리 배울 것이라고 전해주었으면 좋겠다."

"날씨가 추웠었는데 몸을 따뜻하게 했는지 궁금하다. 나는 거의 일주일 동안 아파서 누워 있었고 세실리아도 며칠 동안 아팠다. 미시즈 김과 미시즈 임에게도 나의 사랑을 전해주면 좋겠다. 나는 신문에서 4살인 사라 이가 죽었다는 기사를 보았는데 한인 아기인지 아닌지 모르겠다. 내가 한인장로선교회를 무척 사랑한다고 알려주길 바란다. 나는 당신을 매일 기억하고 있고 기도를 드리고 있다. 나는 이곳에서 선교회를 다니고 있고 아는 사람 얼굴을 볼 수 있어 매우 행복하다. 피터 김이 이번 주 중앙 교회에서 설교를 했는데 한인들을 볼 수 없었다. 리버사이드 한인들 모두 이번 주 YMCA에 가서 설교를 들었으면 하는 바람이다." 미시즈 데이비드 스웜스가 이혜련 여사와 각별한 사이임을 알 수 있고, 한인장로선교회에 대한 그녀의 애착도 매우 강하게 느낄 수 있다.

또한 리버사이드 갈보리 장로교회의 장로 회의록과 기타 자료들이 발견되었는데, 그 기록들을 통해 한인장로선교회의 발자취를 찾아볼 수 있게 되었다. "1905년 6월 29일 박선균, 김중삼, 그리고 오진국 한인 3명이 교인으로 등록되었는데 이들은 1904년에 리버사이드에 왔으며 한국의 장로교회 소속의 다른 동료들도 다음에 더 많이 참석할 것이다"라고 했다. 따라서 도산 안창호를 비롯한 한인들이 1904년에는 리버사이드로 이주하여 정착한 것을 알 수 있다. 그리고 다음 달 1905년 7월 2일 정재관이 교인으로 등록했다."[18]

---

18 Calvary Presbyterian Church Minutes of Session, Inside the book it says on the

한인들이 리버사이드 갈보리 장로교회에 등록하고 한인장로선교회를 창립하여 예배를 드린 이유는 도산 안창호에게 1,500달러를 빌려주어 한인 노동국을 설립하도록 도와준 코넬리어스 럼지(Cornelius E. Rumsey)와 연관이 있는 듯하다. "럼지 부부는 1903년 1월 4일 피츠버그에서 리버사이드로 이주하고 이 교회에 등록했다. 1904년 4월 11일 럼지는 이 교회 장로이자 성가대 대장으로 임명되었고, 1905년 4월 11일에는 스패니시 선교회 일에 관계하기 시작했으며, 1905년 7월 23일에는 스패니시 선교회 회장으로 임명되었다"고 적혀 있다.[19] 또한 한인장로선교회에 대한 장로 회의에 럼지도 참석한 것으로 기록에 나와 있다. 따라서 럼지 부부는 한인 선교회 창립에도 직간접적 역할을 했을 것으로 추측된다.

이번 연구의 또 다른 성과는 1909년 10월 24일 리버사이드 갈보리 장로교회 주보에 한인 선교회(Korean mission)와 스패니시 선교회(Spanish mission)가 정식으로 리버사이드 갈보리 장로교회 소속으로 인정받고 있는 기록이 발견되었다는 것이다. 한인 선교회의 주소는 1532 파차파 애버뉴(1532 Pachappa Avenue)이고, 스패니시 선교회는 230 에잇쓰 스트리트(230 Eighth Street)이다.[20] 이 두 교회는 리버사이드 갈보리 장로교회 소속으로 나타난다. 리버사이드 갈보리 장로교회 창립 25주년 주보에도 여전히 한인 선교회가 예배 활동을 하고 있다고 적혀 있다.[21] 여기에 더해 아주 흥미로운 기록이 발견되었는데, 1914년 12월 6일 주보에 한인

---

cover page: Minutes of the Session of the Presbyterian Church, Presbyterian Board of Publication, No. 1334 Chestnut Street, Philadelphia. Date Range: 6/19/1887 – 4/2/1906: p. 265 and 267.

19 Ibid., p. 204, 256, and 270.
20 *Calvary Presbyterian Church Bulletin Records*, October 24, 1909. Vol. IV, No. 48.
21 Ibid., June 23, 1912.

선교회 담당 목사 이름이 S. H. Kim으로 적혀있다는 것이다.[22] 추후 자세히 설명하겠지만 그의 한국 이름은 김순학이고, 1914년 리버사이드 지방회장이었다. 그는 대한인국민회와 흥사단의 주요 회원으로도 활동했다.

『신한민보』 1915년 4월 22일자에 따르면, 1915년 초까지는 문영운이 리버사이드 한인 선교회의 영수였고, 그 자리는 곧 한국에서 장로로 일했던 하도원으로 대체되었으며, 집사는 최재덕이 맡았다. "하변교회에 신구 직임. 리버사이드 한인 교회 영수 문영운 씨는 업풀랜드로 이거하매, 그곳 일반 교우는 전별의 예식을 설행하고, 내지에서 다닌 교회일에 종사하여 성적이 많은 장로 하도원 씨로 대선 시무케 하고, 최재덕 씨는 집사의 직무를 맡았다 하며, 경비를 위하여 의연금 30원을 거두었다 하더라"고 보도했다.

1915년 3월 30일에는 서양 목사 락글린과 한인 목사 민찬호가 리버사이드에 와서 복음을 전하기도 했다. 『신한민보』 1915년 4월 22일자는 이에 대해 다음과 같이 보도했다. "하변교회와 락글린 목사. 리버사이드는 전일부터 교회로 인하여 좋은 일이 많이 생기는 곳이라 들은즉, 근일은 그곳 형제의 열심으로 교회가 더욱 발전하는 모양이라 하며, 3월 30일에는 남가주 한·청 양국인의 교회를 주관하는 서인 목사 락글린 씨가 한인 목사 민찬호 씨로 더불어 해지에 전왕하여 그곳 형제자매에게 복음을 전하였으며, 그곳 형제들은 비상한 정성을 다하여 성대한 환영회를 열었는데 다수한 교우가 진참하였고, 여흥으로 다과례를 필한 후에 락글린 목사는 청어로 창가하고, 여학생 송마리는 영어로 창가한 후에 폐회하였다더라." 또한 리버사이드는 근래에 교회로 인해 좋은 일이 많이 생기고 있으며, 그곳 신도들이 열심히 하여 교회가 발전하고

---

22 Ibid., December 6, 1914.

있다고 전한 것으로 보아, 이 무렵 리버사이드 한인 선교회는 활동이 매우 왕성했던 것으로 보인다.

1915년 4월 29일자 『신한민보』는 리버사이드 한인들이 성경 학교를 열고 성경을 가르친다고 전했다. 어른 15명을 담당하는 교사는 하도원이고, 아이 10명을 담당하는 교사는 정지영의 부인 이반석이라고 전했다. "하변 주일 학교. 리버사이드 한인들은 노동한 여가에 도덕을 숭상하기 위하여 매주일에 그곳 회당에 성경 학교를 열고 성경을 가르치는데 장년은 15인이 모이는데 근일 한국서 가제 건너온 온 하도원 씨가 가르치고, 아이들은 10인이 공부하는데 정지영 씨의 부인 이반석 씨가 가르친다 하더라"고 보도했다.

한인장로선교회 여성 교우들과 리버사이드 갈보리 장로교회 여성들과는 활발한 교류가 있었고 도움도 많이 준 듯하다. 『신한민보』 1918년 4월 18일자에 의하면 "리버사이드 한인 교회 애찬회, 맨 여사 동정을 감사. 리버사이드 한인 교회는 당지 미국인 교우와 한번 정답게 모이기 위하여 본월 6일 하오에 한인 예배당 안에 애찬회를 열었는데, 당일 미국인 교우는 약 20여 인, 우리 교우도 또한 20여 인이 모인지라. 예정한 예식 순서를 거행하고 애찬을 나누며 한미 양국 교인 사이에 두터운 감상을 교환하였더라. 당일 애찬회는 특히 미국인 맨 여사, 피어손 부인, 스테분쓰 부인 3씨를 정빈으로 청하였는데, 맨 여사는 집이 간난하고 나이 늙어 생활이 담박한 사람으로 연래 수고를 아끼지 않고 우리 청년을 모아 어학을 가르쳤으며 힘써 우리 교회를 도웁난 고로, 애찬회를 여는 당일에 더욱 이 여사를 향하여 감사한 정을 표하였다더라"라고 기록되었다.

그런데 1918년 11월 17일자 주보에는 한인 선교회 또는 스패니시 선교회에 대한 부분이 빠져 있다. 주보의 형식이 통째로 바뀌었는데, 그 이후 리버사이드 갈보리 장로교회 주보에는 한인 선교회와 스패니시 선교회에 대한 언급이 없다. 따라서 1905년 설립된 리버사이드 한인 장로선교회는 도산 안창호가 1913년 로스앤젤레스로 이주한 이후에도 1918년까지는 지속되었다고 할 수 있다. 1913년 한파로 일부 사람들이 타 지역으로 이주했고, 리버사이드에서도 근처의 바인 스트리트(Vine Street)로 이주한 사람도 있었다.

결정적으로 1918년 11월 대한인국민회 리버사이드 지방회가 근처 바인 스트리트로 이전하면서 파차파 캠프는 해체되거나 더 이상 한인 타운으로서의 활동을 할 수 없을 정도로 위축된 것으로 보인다. 그럼에도 한인 선교회는 지속된 것으로 보인다. 이선주가 1919년 찍은 한인장로선교회의 간판 사진에는 예배가 1주일에 두 번, 일요일(주일) 오후 2시 30분과 목요일 밤 8시에 열렸던 것으로 쓰여 있다.[23]

학교

차의석은 자서전 『금산』에서 자신이 리버사이드에 도착한 첫날 저녁 파차파 캠프에 영어를 가르치러 온 선생님들을 보았다고 다음과 같이 회상했다. "1532 파차파 애버뉴(1532 Pachappa Avenue)의 중심에 있는 빨간 빌딩 안에서 영어 공부를 했다. 나는 아직도 영어 선생님들의 이름을 생생히 기억하고 있다. 금발의 젊은 미녀 미스 화이트, 미스터 어바인과 미시즈 어바인, 어빙 초등학교 교장인 미스 패터슨, 그리고 갈보리 장로교회 담임 목사인 알렉산더 에이킨은 우리에게 정말 많은 조언과 도움을 주었다."[24]

1905년 리버사이드 지방에는 야학교가 있었는데, 지방회장 김성

---

23 이선주, 2003: 163.
24 Charr, 1961: 151.

무가 교장으로 있으면서 도덕과 질서 교육을 하며, 아울러 오후에는 산수 교사로 일했다. 그리고 미국 여교사가 와서 영어 교육도 실시했다. 야학교의 학생 수는 17, 8명이었다. 『공립신보』(1905년 12월 6일자)는 "공립협회 지방회장 김성무 씨가 지금 강변동에서 류하는데, 그곳 동포들을 대하여 충의의 사무친 말로 주야에 간절히 권면하므로 그곳 동포가 크게 유익함을 얻었고, 또 동시에 그곳 야학교에 교장이 되어 모든 학도의 질서를 문란치 않게 하며, 학도의 열심을 발하게 하고, 하오 6점부터 7시 반까지는 김씨가 산술을 가르치고, 7시 반부터 9시까지는 미국 여교사가 영어를 가르쳐주니, 학도들이 곤하고 어려운 것을 참고 다투어 학석에 참례하오며, 그 수가 17, 8인이 된다 하니, 김씨의 열성은 참 본받을 만하더라"라고 기록했다.

야학생들은 미국인 여교사들과 친밀한 관계를 유지했는데, 교사들을 청하여 회의를 열기도 했다. 『공립신보』(1907년 5월 31일자)는 "리버사이드 회관에서 야학생들이 연락회를 개하고 미국 여교사 2인을 청요하여 재미있게 연락하였다더라"라고 기록했다.

차의석은 자신이 야학교에서 영어를 배웠으며 스스로 영어를 잘한다고 생각했다고 하면서 자신이 겪은 일화를 전하고 있다. "한번은 신발을 사러 시내 가게에 갔다. 직원이 신발 사이즈를 묻자 나는 'half past five(다섯 지나서 반)'라고 답변했다. 직원이 웃으면서 'five and a half(다섯 하고 반)' 말이지? 영어로 'half past five'는 시간을 말할 때만 사용하지" 하고 직원은 친절히 알려주었다.[25] 영어가 미숙하여 한인 이민자들이 겪은 애환은 수없이 많을 것이다. 파차파 캠프의 한인들도 예외는 아니었다. 영어가 미숙했기 때문에 파차파 캠프 한인들은 낮에는 열심히 일했고 밤에는 영어를 열심히 배웠다.

---

25 Ibid., 152.

파차파 캠프 한인들은 자녀 교육에 특히 신경을 썼다. 아이들은 미국 학교를 다니면서 영어를 배우고 미국인화되어가고 있었다. 전낙청의 부인은 조카들, 즉 경부와 경무가 미국 학교를 다니면서 빠르게 미국인화되는 것을 걱정했다. "아이들이 너무 빨리 미국식 사고방식과 문화를 배운다. 자신이 한국인이라는 것을 잊어버리는 것은 아닌지 걱정인데 이것이 옳은가, 좋은 것인가. 경무는 나에게 영어로 말한다."[26] 차의석도 자신의 사촌인 차정석이 "내가 모든 것을 책임질 테니 더 이상 오렌지 따는 일을 하지 말고 학업에 전념하라"고 해서 학교에 다니기 시작했다.

리버사이드 한인들이 그 지역의 학교를 다녔다는 것은 『공립신보』나 『신한민보』를 통해서도 확인된다. 리버사이드 회원 계옥룡은 유학차 미주로 온 학생 김창률의 학비를 대주며 리버사이드에서 공부시켰다. 『공립신보』(1907년 5월 31일자)는 "리버사이드 공립협회 회원 계옥룡 씨가 그 지방 학생 김창률 씨의 학비를 전당하고 공부시키매, 김 씨가 더욱 열성으로 학업을 힘써 날로 진보한다더라"고 전했다. 김창률은 공부하기 위해 홀로 미국에 왔기 때문에 한국에 있는 그의 부친이 신한민보를 통해 계옥룡에게 감사하는 마음을 전했다. 『공립신보』(1908년 6월 10일자)는 "프레즈노에 있는 회원 계옥룡 씨가 회원 김창률 씨의 학비를 담당하여 리버사이드에서 공부시킨다고 본보에 여러 번 게재하였거니와 본국에 있는 김씨의 부친이 계옥룡 씨에게 치하하는 말로 본사에 기함하였더라"라고 기록했다.

한인들이 학교를 이동하는 경우도 보도되었다. 『공립신보』 1906년 10월 22일자에 의하면 "학계변동. 작년 힐스벅 칼리지에서 공부하던 위

---

[26] Ellen Thun, 「Heartwarmers: The New School at West Riverside」, *Korea Times*, October 29, 1996, 14.

영민 씨는 금추 개학 후에 로스앤젤레스 대학교 예비과에 입학하였고, 작년 상항 학교에서 공부하던 이성우 씨는 금추에 몬타나 도설 노쓰 중학교에 입학하였고, 작년 쌘퍼랜드 칼리지에서 공부하던 정등렵 씨는 금추에 리버사이드 학교에 입학하였고, 작년 상항 학교에서 공부하던 김관유 씨는 로스앤젤레스 학교에 입학하였더라"라고 기록되어 있다. 정등렵은 샌퍼랜드 대학에서 공부하다가 리버사이드 학교로 입학했다.

특히, 리버사이드 지방회 '학무보고' 기사에서, 리버사이드 지역 학생들의 이름과 학년이 구체적으로 나타난다. 차정석의 사촌인 차의석의 이름도 보인다. 『공립신보』는 1906년 11월 8일자에 "리버사이드 지방 학무 오진국 씨가 총회 학무부에 보고하기를, 금년 10월 개학시에 학생 정등렵 씨는 소학교 7반에 입학하고, 김관유 씨는 6반에 입학하고, 김영일, 차의석 양 씨는 4반에 입학이라 한다." 1907년 1월 12일자에는 "정오(正誤), 리버사이드 학생 김영일 씨가 소학교 4반에 입학하였다고 이왕 본보에 기재하였더니 지금 상보를 거한즉 6반에 입학이기로 이에 정오하노라"라고 보도했다. 당시 리버사이드에서 소학교를 다녔던 정등렵, 김관유, 김영일, 차의석은 모두 남성이다.

『공립신보』 1907년 2월 20일자는 "하변 학무보고"에 "리버사이드 학무 오진국 씨의 보고를 거한즉 소학교 7반에 정등렵 씨와 6반에 김영일 씨와 5반에 차의석·오대영 씨와 3반에 장문섭·김창률 씨 합 주학생이 6인이오, 그 여에 어린아이가 5명인데, 그중에 여아가 1명이오, 야학생은 합 18인이라 한다"라고 보도했다. 주학생이 6명이고 야학생은 18명인 것을 통해 볼 때, 낮 시간에 학교에 다니면서 공부에 전념하는 학생들은 소수였고, 대다수는 낮에 일하고 밤에 학교를 다녔던 것으로 보인다.

한인들은 자녀 교육을 위해 성금 모금 활동도 활발히 전개했는데, 특히 오진국이 학무를 담당하면서 재정적으로도 많은 도움을 주었다.

1907년 4월 26일자 『공립신보』는 "리버사이드 지방 공립협회 학무 오진국 씨는 본래 열심으로 학생을 인도하더니 금번에 또 그 지방 학생의 곤란함을 보고 미화 25원을 내어 다섯 학생에게 분급하였다 하니 오진국 씨의 의리는 참 칭찬할 만하더라"고 보도했다.

"미국에 온 지 3년 만에 처음으로 나는 학교를 다니게 되었다. 파차파 캠프에서 두 블록 떨어진 14번가 근처의 어빙 학교였는데 교장선생님은 파차파 캠프에서 영어를 가르치는 미스 패터슨이었다. 이 학교에는 한인 남학생 한 명과 여학생 한 명이 다니고 있었다."[27] 여학생은 바로 백신구의 딸이며, 『조용한 방랑』의 저자인 백광선이다. 백광선도 자신의 저서에서 어빙 소학교를 다녔다고 했고, 다른 백인 학생들과 함께 찍은 사진도 있다. 따라서 그 당시 어빙 소학교에는 최소 남학생 2명과 여학생 1명, 총 3명의 한인 학생들이 다니고 있었다.

1910년 1월 12일자 『신한민보』는 "하변 지방회보. … 학무 보고. 본 지방 소학생은 차의석, 김용찬, 임보패, 백명선, 백광선, 전장손, 전소자. 윤진오 씨는 한문을 야학함"이라고 보도했다. 이들은 차정석의 사촌, 김인수의 자녀, 임준기 자녀, 백신구 자녀, 전낙청 자녀로 추측된다. 이 가운데 임보패와 백광선은 여성이다. 윤진오는 특별히 한문을 야학했다고 전했다.

1913년 10월 31일자 『신한민보』는 지속적으로 리버사이드 지방의 학업 현황을 게재했다. "리버사이드 학생. 리버사이드에서 공부하는 우리 동포 학생은 왼쪽과 같다. 전경무 중학교 1년급, 전경유 소학교 2년급, 김달리 동 여학생 1년급"이라고 보도했다. 이들은 전낙청의 조카들과 김인수의 딸이다. 1914년 3월 26일자 『신한민보』에서도 "전경무 중

---

27   Charr, 1961: 153-154.

학 1년급, 김마태 중학 3년급, 전경유 소학 2년급, 김달리 소학 1년급"이라고 보도했다.

1916년 6월 22일자 『신한민보』는 "김씨는 중학을 졸업, 상업 전문과로 들어갈 준비, 리버사이드 관립 중학에서 수업하던 김용찬 씨는 15일에 본 학과를 졸업하였는데 추기 개학에는 상업 전문과로 들어가기로 준비한다더라"라고 했는데, 김용찬은 김인수의 자녀로, 그가 리버사이드 관립 중학을 졸업하고 상업 전문과 입학을 계획하고 있다고 전했다.

1917년 6월 21일자 『신한민보』는 "재미 한인 학생 조사표, …리버사이드. 소학교 공 9인. 그랜쓰 관립학교 6년 김창만, 그랜쓰 관립학교 4년 전오배, 그랜쓰 관립학교 3년 김삼손, 그랜쓰 관립학교 3년 김딸리, 그랜쓰 관립학교 1년 리월넘, 그랜쓰 관립학교 1년 전삼손, 로왤학교 3년 리순희, 린큰학교 1년 김맬리, 린큰학교 1년 전엘리사벳, 남학생 5인, 여학생 4인…"이라고 보도했다. 리버사이드에서 학교를 다녔던 이들은 전낙청의 자녀, 이운경의 자녀, 김인수의 자녀, 김용련의 자녀들이다. 이때는 학교에 다니는 남학생과 여학생 수가 거의 비슷하다.

미국 학교를 다니던 한인 학생들은 인종차별도 경험했다. 학교에서 백인 학생들이 경무와 경부를 쫓아다니면서 "칭 칭 차이나 맨"이라고 놀려댔다. 흔히 듣던 놀림이었기에 경무는 별로 신경 쓰지 않았고 그냥 놀고 있었다. 별다른 반응을 보이지 않자 백인 학생들의 놀림은 끝났다. 그때 경무가 백인 학생들에게 혓바닥을 밖으로 내보였다. 덩치가 큰 백인 학생이 "헤이 헤이 젭! 젭!(일본인 비하)"이라고 하면서 싸움이 시작되었다. 경무가 앞서 걸어가는데 백인 학생이 뒤에서 밀어서 경무는 얼굴을 땅바닥에 곤두박질하면서 넘어졌다. 그때 선생님이 뒤늦게 소리 지르며 "일어나, 사과해! 경무!"라고 말했다. 그러자 경무는 "내가 왜 사

과해요? 저들이 나를 때렸는데!"라고 했다.²⁸

백광선도 비슷한 경험을 했다고 자신의 자서전에 쓰고 있다. "리버사이드 워싱턴 어빙 학교의 첫날은 정말 무서웠다. 백인 학생들이 나를 둘러싸고 노래를 하면서 나의 목을 치면서 빙빙 돌았다. 정말 아프고 무서웠다." 역시 백인 학생들이 그를 "칭 칭 차이나 맨" "칭 칭 차이나 맨" 하고 놀려대면서 괴롭힌 것이다.²⁹ 이 노래의 마지막은 "And chopped his head off"로 끝나는데 "목을 베어버렸다"는 의미이다. 당시 많은 중국인 노동자들도 흑인 노예들처럼 백인 폭도들에 의해 목매달려 살해당하는 사건이 종종 발생했는데, 그것을 비유한 것이다. 초등학생이었던 백광선에게는 정말 끔찍하고 놀라운 경험이었다.

『리버사이드 데일리 프레스(Riverside Daily Press)』는 1906년 1월 6일 "아주 비열한 보복성의 행동"이라는 제목으로 다음과 같이 보도했다. "오늘 아침 아주 비열한 보복성의 범죄 행위가 저질러졌다. 5명의 한인 소년들이 브라이언 자전거 가게에 바퀴가 갈기갈기 찢어진 자전거를 가지고 왔다. 자전거 바퀴 5개의 가격은 족히 35달러인데 도저히 수리할 수 없을 정도로 칼로 찢어져 있었다. 이 행동은 한인과 일본인에게 원한을 품은 오렌지 농장 노동자에 의한 것으로 추정된다. 이 한인들은 루이스가 운영하는 튜틴 농장에서 일하고 있다." 이처럼 한인들은 노골적인 인종차별의 희생양이 되기도 했다.

파차파 캠프가 쇄락한 1918년 이후에도 리버사이드에 거주했던 한인 가족의 자녀들은 그 지방에서 계속 학교를 다녔다. 1923년 10월 4일자 『신한민보』는 박충섭의 남동생 박영섭이 리버사이드 중학에서 전

---

28   Ellen Thun, 「Heartwarmers: The New School at West Riverside」, *Korea Times*, August 31, 1996, 10.

29   Mary Paik Lee, *Quiet Odyssey: A Pioneer Korean American Woman in America*, University of Washington Press, 1990, 16.

기와 목공을 공부한다고 보도했다. "리버사이드에 있는 박충섭 씨의 계씨인 박영섭 씨는 당지 중학에서 전기과와 목공과를 힘써 공부한다는데 그 성적이 매우 좋다고 하였더라. …(리버사이드 통신)"

1931년 1월 15일자 『신한민보』에 의하면 이운경 자녀, 김용련 자녀, 박충섭 자녀들이 리버사이드에서 학교를 다니고 있음을 알 수 있다. 이때는 리버사이드 지방회가 사라졌기 때문에 나성 지방회에 부속되어 소식이 전해졌다. "지방회 사업보고, 나성 지방회, 리윌리엄(리버사이드 쭈니 대학 의과 2년), 리에스더(리버사이드 중학 4년), 리애디(리버사이드 중학 4년), 김요한(리버사이드 중학 3년), 김루시(리버사이드 중학 2년), 박운화(리버사이드 중학 1년)"의 소식이다. 1940년 7월 11일자 『신한민보』는 김용련의 막내딸이 리버사이드에서 중학교를 졸업했음을 보여준다. "나성과 부근의 한인학생 - 졸업생의 명독, 리버사이드 중학. 김바이올렛" 1942년 7월 2일자 『신한민보』에서는 김바이올렛이 리버사이드에서 대학교를 다녔음을 보여준다. "나성 한인 졸업생, 김바이올렛 리버사이드 예비대학" 여기에 나타나는 김바이올렛은 지금도 리버사이드에 거주하고 있다.

국어학교

파차파 캠프 한인들은 처음부터 자녀 교육에 특히 많은 노력을 기울였다. 한인 2세 자녀들은 미국 소학교도 다니고 또한 자신들이 '학교'를 다녔다고 기억하고 있다. 한인 부모들은 자녀들이 미국 학교를 다니면서 미국화되는 것을 우려했고 동시에 한국어와 한국 역사를 가르치는 '학교'를 세우고 한인으로서의 정체성을 잃지 않도록 노력했다. '국어학교'는 리버사이드 파차파 캠프가 더 이상 한인 공동체로 활동을 할 수 없었던 1918년 이후에도 줄곧 운영되었다. 학생 수가 급격히 줄었는데도 학교를 지속적으로 운영한 것을 보면, 당시 한인 학부모들의 교육열이 얼마나 강했는지를 알 수 있다.

『신한민보』 1918년 7월 4일자 보도를 보면, 국어학교는 갑·을·병 세 개의 반으로 나누어져 있고, 6월 21일 여름에는 방학을 했다. 학생 수는 14명이었다. "리버사이드 국어학교의 방학. 국어생도를 부쳐 기록. 리버사이드 지방회 보고를 거한즉 동 지방 국어학교는 6월 21일 하기 방학을 행하였는데, 국어생도는 갑·을·병 반에 나누어진 자가 14인이오, 국어 강습의 성적이 자못 양호하다더라. 갑반(김삼손, 김딸리, 이순회, 전오배), 을반(리월링, 전삼손, 김맬리, 리에디, 리이시다, 김놀놀이), 병반(김루시, 전쨱, 리계선, 전엘리사뻴)" 이곳 학교에 다닌 아이들은 김인수 자녀, 김용련 자녀, 이운경 자녀, 전낙청 자녀이다.

비슷한 시기인 『신한민보』 1917년 6월 21일자에 게재된 '재미 한인 학생 조사표'를 보면, 리버사이드 지방에서 학교를 다녔던 학생의 명단이 나타난다. 이 이름들은 국어학교 학생들의 이름과 거의 겹치기 때문에 리버사이드 아이들은 두 학교를 동시에 다녔던 것으로 보인다. 그 내용은 "리버사이드. 소학교 공 9인. 그랜쓰 관립학교 6년 김창만, 그랜쓰 관립학교 4년 전오배, 그랜쓰 관립학교 3년 김삼손·김딸리, 그랜쓰 관립학교 1년 리월넘·전삼손, 로왤학교 3년 리순희, 린큰학교 1년 김맬리·전엘리사벳(남학생 5인, 여학생 4인)"이다.

『신한민보』 1918년 12월 12일자는 리버사이드 지방회관을 이전한다는 소식을 전하며, 국어학교는 구역 안에서 연조를 청하여 운영하기로 했다. 교육금으로 편성할 재정이 없기 때문에 동포들의 기부로 운영하겠다는 의미이다. 지방회관을 이전했어도 국어학교는 폐지하지 않았다. "1. 회장(허승원), 부회장(최재덕), 총무(박충섭), 서기(김태진), 재무(구정섭), 학무원(최재덕), 법무원(구정섭), 구제원(김태진), 대의원(김순학), 2. 국어학교 경비를 구역 안에서 연조를 청하기로 함. 수전위원은 함(김)순학 씨로 선정, 3. 지방회관은 1532 파차파 애버뉴에서 1158 비니 스트리트로 옮긴 일"이라는 내용이다.

파차파 캠프 한인들은 자녀들을 한국어 학교에 등록시키고 한국어 교육을 한 것은 물론 반일 투쟁과 독립운동의 중요성을 가르쳤다. "준비해라, 앞으로 우리가 해야 할 독립 투쟁을 준비해야 한다." 안창호가 아이들에게 준엄하게 훈계했다.[30] 안창호는 아이들에게 또다시 "열심히 공부해라. 애국자처럼 행동하라. 너희 한명 한명이 한국을 대표하는 것이다. 너희들이 기독교인이라는 것을 행동으로 보여주어라. 너희들은 한국을 위해 투쟁할 것이라는 것을 나는 믿는다"[31]라고 역설했다.

"학교에서 학생들이 선생님을 기다리고 있었다. 그분은 최 선생님인데 선생님이 우선 애국가를 선창하면 학생들이 따라서 애국가를 불렀다. 우리는 한국에서 학교에 다니는 학생들과 똑같이 배웠다. 최 선생님은 학생들을 밖으로 데리고 나가 구보를 시켰다. 총 8명이 구보를 했는데 여학생 5명, 남학생 3명이었다."[32]

『신한민보』 1918년 4월 18일자에 "1. 국어학교 직원 선정(교장 박일우, 교사 최재덕, 재무 정인영), 2. 회관을 유지할 수 없으므로 교회방을 얻어 쓰기로 한 일"이라고 보도했다. 엘렌 전이 기억하는 최 선생님은 국어학교 교사 최재덕일 수 있다. 그는 1915년 리버사이드 교회에서 집사로 일했던 인물로 1916년 이후부터 리버사이드 지방회 총무, 부회장 등으로 활동했고, 1918년 국민회 창립 기념절에는 사현금(바이올린) 연주를

---

30 Ellen Thun, 「Heartwarmers」, *Korea Times*, December 9, 1994: 3.
31 Ibid.
32 Ellen Thun, 「Heartwarmers」, *Korea Times*, March 1, 1995, 3. 엘렌 전이 쓴 글을 통해, 3·1운동 이후 리버사이드 파차파 캠프 국어학교에서 수업이 이루어지는 모습을 살펴볼 수 있다. 이때는 파차파 캠프가 쇠락하기 시작했고, 1918년 대한인국민회 리버사이드 지방회도 파차파 캠프에서 근처에 있는 바인 스트리트로 이전한 후이다. 그러나 한글학교는 지속적으로 운영되었다.

했다.³³

 3·1운동 소식을 접한 전낙청 부인은 최 선생에게 아이들에게 아리랑을 가르치자고 제안했고, 자신이 직접 노래를 불렀다. 그 후 전낙청 부인은 자살을 시도하여 병원에 입원하게 되었고, 자녀들은 로스앤젤레스 고아원에서 자라나게 되었다. 그리고 전낙청 씨는 리버사이드의 맵스 카페테리아에서 일했다.³⁴ 엘렌 전은 자신의 글에서 1913년까지 전낙청은 리버사이드 서쪽의 오렌지 농장에서 일하다가 한파로 농장이 문을 닫게 되어 다시 리버사이드로 이주한 후 맵스 카페테리아에서 일하게 되었다고 밝혔다.

 『신한민보』 1919년 10월 11일자는 전낙청의 부인이 자살을 시도한 소식을 전하고 있다. "리버사이드에 재류하던 전낙청 씨 부인은 수삼 삭 동안 신병으로 고통하다가 지난 토요일에 정신없이 유리 조각과 망치로 전체를 쪼아 만신이 상처뿐인 고로 곧 의사를 청하여 응급 수술을 당하고 병원에 입원하여 치료 중이나 아직 생사를 알 수 없다 하더라"라는 내용이었다.

 같은 날 『신한민보』 다른 지면에는 "전낙천 씨 구제합시다"라는 제목으로 부인의 신병으로 어려움에 처한 전낙천 씨에게 구제금을 보내줄 것을 동포들에게 요청하고 있다. "본 지방에 다년 재류하던 전락천 씨는 다수한 가권을 거느리고 생활난으로 골몰하던바, 겸하여 씨의 부인은 신병으로 오랫동안 신음하다가 금월 삼일에 하일랜드 공립병원에 입원하온바, 그 병세가 참혹하옵고 또한 전락천 씨는 일곱 어린 아이들을 거느리고 곤란과 심로로 애쓰는 현상은 차마 볼 수가 없사와 본 지방에 재류하는 동포 수효대로 구제하기로 발기하고 이 사정을 여러 동

---

33 『신한민보』, 1918년 2월 14일자.

34 Ellen Thun, 「Heartwarmers」, *Korea Times*, March 1, 1995, 3.

포에게 고하옵나니, 동족을 사랑하고 자선심이 풍부한 동포는 전 씨를 위하여 다소간 구제금을 본 지방 수전위원 허승원, 박충섭 양 인에게로 부응하시면 감사하겠소."[35] 결국 아이들은 모두 고아원으로 보내져 그곳에서 성장하게 된다.

    1920년 하기 국어 강습소 설치에 대한 논의가 있었다. 즉 여름방학 기간 동안 국어학교를 운영하자는 것인데, 남방 캘리포니아의 경우 리버사이드와 로스앤젤레스가 후보에 올랐다. 재정은 지역 동포들의 의연으로 실행하며, 국어, 한국사, 한국지리를 교수할 예정이라고 했다.『신한민보』 1920년 5월 18일자에는 "하기 강습소 경영(논설). 작년 12월 말부터 금년 1월 초까지 샌프란시스코에 모였던 국민회 북미 지방 총회 정기 대의회에서 의결한 바를 의지한즉 금년 하기에 우리 한인 아이들을 위한 하기 국어 강습소를 설립하되 캘리포니아 안에 세 곳 학교를 두고 그 지방은 남방 캘리포니아와 중앙 캘리포니아와 북방 캘리포니아를 나누어, 리버사이드나 로스앤젤레스와 다뉴바와 새크라멘토 이 세 곳으로 정하고 그 재정은 그 각 구역에서 거두는 의연금으로 이를 실행하려 함이며 그 교과서는 국어와 한국 역사 지리 등을 교수하려 함이러라"라고 보도했다.

    그에 따라 리버사이드에 하기 국어학교가 열렸고, 8월 27일까지 교수하고 방학을 했다. 학생은 13명이었고, 반은 3개 반이었다.『신한민보』 1920년 9월 16일자는 리버사이드 하기 국어학교 방학 소식을 전했다. "리버사이드의 하기 국어학교는 8월 27일까지 교수하고 방학하였는데, 생도는 13인이오, 반수는 3반에 분하여 교수하였더라"라는 내용이다.

---

35 Ellen Thun이 바로 전낙청의 딸인데, 로스앤젤레스 고아원에서 자라났지만 글 쓰는 것을 매우 좋아해 혼자서 공부하여 로스앤젤레스에서 2년제 대학을 졸업했다.

한편, 국어학교는 적어도 1920년까지는 지속된 것으로 보인다. 『신한민보』는 1920년 9월 30일자에 리버사이드 국어학교에 다니는 학생들과 교사 사진을 게재했다. 이 사진을 보면 소년이나 소녀, 덩치가 작은 어린아이도 학교를 다녔음을 알 수 있다.

초기 한인사회는 독립운동과 교회, 두 단어로 요약할 수 있다. 그런데 한인 교회와 독립운동은 따로 구분되는 것이 아니고 한인 교회가 독립운동의 중심에 서 있었다고 볼 수 있다. 지금의 대부분 한인 교회는 신앙생활과 현실 참여를 상호 배타적인 것으로 구분하면서 성령과 기도, 그리고 구원에 초점을 맞추고 현실을 외면하고 있다. 그러나 안창호는 평양에서 선교사들이 현실을 무시하고 기도와 구원에만 치중하는 것에 동의하지 않았고 현실에 참여하는 한인 교회 활동을 전개했다. 즉, 한인 교회는 초기 한인 독립운동의 중심 역할을 한 것이다. 리버사이드 한인장로선교회도 열심히 신앙 활동을 함과 동시에 독립운동에 전념했다. 또한 리버사이드 한인장로선교회는 평양에서 선교 활동을 전개한 모펫 목사와 직접적인 관계가 있으며, 한인장로선교회에 등록한 상당수 교인들은 평양에서 이미 안수를 받았다고 한인 명단에 적혀있다.

가족 중심의 한인 공동체인 파차파 캠프에서 자녀 교육은 매우 중요한 사안이었다. 아이들은 미국 학교를 다니면서 '미국화'되고 있었지만, 파차파 캠프 한인들은 자녀들에게 한국인의 정체성을 심어주고 한인 정신을 잃지 않도록 한국 학교에 등록시켜 한국어와 독립운동의 중요성을 가르쳤다.

파차파 캠프가 한인타운으로서의 기능을 상실한 1918년 이후에도 파차파 캠프 한인들은 한국 학교를 지속적으로 운영하면서 자녀들에게 한국어를 가르쳤다. 파차파 캠프 한인들은 현실에 참여하는 신앙생활을 하면서 자녀들에게는 한국어를 가르치고 한국인의 긍지를 잃지 않도록 교육을 시키면서 독립운동 활동을 적극적으로 모색한 것이다.

『신한민보』1911년 3월 8일자는 리버사이드 근처의 클레어몬트에 예배당과 학생 양성소를 건축하는 취지문을 게재했다. 이 글은 이대위가 썼는데, "크도다, 클래몬트 예배당과 학생 양성소를 건축함이여"라는 제목의 장문이다. 요컨대 도덕과 학문을 동시에 배양하는 것이 중요하다는 점을 설파하며 클레어몬트 학생 양성소 겸 예배당 건축에 연조를 해줄 것을 부탁하는 글이다.

"국민의 진취라 하는 것은 한번 힘을 쓴 후에 쉬이는 것이 아니요, 날마다 힘을 다하여 앞으로 나아가며 일하는 것이니, 이는 세상 사람의 행할 바이요, 우리의 급무라. 그러므로 미국 사람들은 해마다 재정을 내어 회당과 학교를 설립하며, 또한 여력을 얻어 타국 사람을 위하여 교회도 설립하며 학교도 세우나니, 이는 다 쉬지 않고 나아가는 연고이라. 우리 한인 동포들도 이러한 항심을 본받아 광무 9년에 공립신보를 창간한 후로 밤낮을 쉬지 아니하고 연보하여 신한민보사 가옥을 건축하였으며, 애국의사를 위하여 의연한 것이 불소하며 빈곤한 학생을 도와준 것이 부지기수라.
이러한 열성과 의기로 작년에 신문사 가옥을 지은 후, 금일에 또한 새 정신과 새 열성으로 캘리포니아 남방 클래몬트에 한인 회당 겸 학생 양성소를 건축하기로 발기하였다 하니, 이는 진실로 치하할 만하고 참으로 찬성할 만하도다. 발기인의 공정한 마음은 의례히 사모하기를 주리고 목마른 것 같이 하는 자요, 토지와 재정으로 찬조하는 사람들은 재물을 천국에 저축하는 자니, 금일의 의리요 후일의 복락이라, 어찌 일거의 양득이 아니리요.
현금 20세기 국민은 도덕만 있고 학문이 없어도 일할 수 없고, 학문만 있고 도덕이 없어도 출세를 못 할지라. 그런 고로 유럽에 제왕들도 특별히 예배 보는 처소를 두고, 미국의 육해군도 목사를 데리고 다니며, 유명한 대학교는 다 예배 보는 집을 두었으며, 진실한 교회는 다 교육부를 두었으니, 이는 두 가지 중에 한 가지도 폐치 못할 연고이라. 이러한 도리와 이러한 이치를 우리 동포들이 깨달아 알고 지금 클래몬트에 예배당 겸 학생 양성소 하나를 건축하고 주일과 기도일에 하나님께 기도하여 도덕을 배양하며 평일에 학생의 기숙을 편리케 하여 학문을 힘쓰고저 하니, 세상에 이에서 더 큰 일이 어디 있으리오.

대저 일신을 화평케 하는 것도 도덕과 학문에서 지나는 것이 없고, 경제상에도 도덕과 학문에서 지나는 것이 없으며, 망한 나라를 회복하는 것도 도덕과 학문에 있으며, 일국을 부강케 하는 것도 도덕과 학문에 있으니, 우리 해외 동포는 이 일을 마음으로 달게 찬성하며 재정으로 반갑게 찬성할지로다. 우리 미주에 있는 동포가 각각 일 원씩만 내면 그 집에 기지를 닦을 터이오, 이 원씩만 내면 시작이 될 터이오, 삼 원 오 원씩만 다 내면 그 집이 완고히 성립되어 우리 동포로 하여금 임의로 예배 보고 영원히 기숙할 학생 양성소가 될지니, 우리는 각각 적은 돈으로 큰 일 되는 것을 생각하고 일제히 찬조하기를 바라노라."

1918년 대한인국민회는 버클리에서 학생 양성소를 설립한다는 학생모집 광고를 『신한민보』 1918년 1월 13일자에 게재했다. 도산 안창호가 한국에서 돌아온 직후 행한 연설에서 학식과 자본 축적을 강조했는데, 이처럼 학식을 양성하기 위해 클레어몬트와 버클리에 학생 양성소를 설립한 것이다.

리버사이드 파차파 캠프가 쇠락하면서 대다수의 한인들은 남가주 로스앤젤레스와 중가주 리들리, 델라노, 다뉴바 등으로 이주했다. 『신

『한민보』는 한인 자녀들이 우수한 성적으로 두각을 나타내고 있다는 기사를 보도했는데, 리버사이드에 거주하다가 로스앤젤레스로 이주한 박충섭과 전낙청의 자녀들에 관한 보도가 있다.

『신한민보』1934년 7월 5일자는 "팔리택릭 중학에 우리의 수재. 연년이 팔리택릭 중학에서는 한인 학생이 우등생으로 기록을 지어놓음은 누구나 다 아는 바라. 금년에도 역시 우리의 학생이 우등생으로 3인의 수재가 났다 한다. 첫째로, 박충섭 씨의 장남 운학 군은 스칼라쉽 금인장을 찍은 영예 졸업장을 받았고, 또 정지영 씨의 장남 짠 군과 전낙청 씨의 4남 오미스 군이 우승한 성적으로 졸업을 하였으며, 그중에 오미스 군은 수학에 능한 고로 그 학교 야학부에서 수학 교수까지 하였다 한다. 하여간 이 3인이 추후에 입학할 학교는 박운학 군은 가주대학 나성 분교이며, 전짠 군과 전오미스 군은 미국에 「엔지니어」학교로 가장 유명한 「캘택」으로 입학하리라 한다"라고 보도했다. 칼택 대학교는 미국 최고의 과학 전문 대학교로 수재들만 입학하는 것으로 유명하다. 칼택 대학교는 지금도 세계적인 명성을 유지하고 있는데, 정존과 전오미스가 칼택에 입학했다는 보도는 놀라울 뿐이다.

전낙청의 조카 전경무는 미시간 대학교를 졸업하고 탁월한 영어 실력과 웅변 실력으로 한인사회에서 큰 역할을 했다. 그는 다뉴바에서 미국 장로교의 청으로 예배당에서 연설을 했다. 연설 내용은 종교와 정치에 관한 것으로, 미국인 300여 명과 우리 동포들도 참석했다.『신한민보』는 1925년 4월 16일자에 "전경무 씨의 대연설. 3백여 명 청중의 환영받아. 미시간주 관립대학에서 우등한 성적으로 대학을 필한 전경무 씨는 현금 이곳 따뉴바에서 임시로 금전을 만들기로 노력 중인데 씨는 이곳 미국인 장로교의 청함을 받아 금월 5일 하오 8시에 동 교회 예배당 안에서 대연설을 하였었는데 씨는 영어에 매우 한숙하여 청산루수와 같이 '잉글니쉬'를 나여 뽑는 터이라. 당일 연설을 들으러 온 청중은 미국인만 약 3백여 명에 달하며 우리 동포들도 다수가 참석하였었다. 씨는 웅변을 기울니 도도 수만 언을 약 45분 동안 진술하였다. 씨의 연설 문제는 종교와 정치에 관한 것으로 명료히 설명하매 1반 청중은 열정을 기울여 손뼉을 쳤으며 우리 동포들도 그 연설을 듣고 우리 청년계에 전 씨와 같은 학생이 많이 나기를 바란다더라(따뉴바 통신)"라는 내용을 보도했다.

이러한 교육을 받고 자란 한인 2세들은 여러 분야에서 두각을 보였다. 먼저, 김영옥 대령은 1919년 로스앤젤레스에서 출생한 한인 2세이다. 그는 제2차 세계대전 중 일본계 미국인 병사들로 구성된 100대대의 장교로 부임하여 부하들을 이끌고 로마 해방 전선, 피사의 사탑 탈환 전선, 그리고 프랑스 전선에서 맹활약한 전쟁 영웅이다. 김영옥은 예편 후, 한국전쟁이 발발했다는 소식을 듣고 미군에 다시 입대하여 한국전쟁에 참전했다. 중부전선에서 60킬로미터 북상한 주역 부대가 바로 김영옥이 이끌던 부대이다. 김영옥은 이탈리아, 프랑스, 그리고 대한민국에서 최고 무공훈장을 받았고 미군에서도 20여 개의 훈장을 받았다. 김영옥은 전쟁 영웅일 뿐만 아니라 1972년 대령 예편 후, 소수자, 약자, 여성 등의 권익 신장을 위해 평생 봉사활동을 한 인도주의자이기도 하다. 제2차 세계대전에서 자신의 부하들이 목숨을 잃는 것을 목격한 김영옥은 "만약 내가 이 전쟁에서 살아남는다면 평생을 내가 속한 사회 발전을 위해 노력할 것이다"라고 했다. 그리고 김영옥은 2005년 이 세상을 떠날 때까지 그 약속을 지킨 인도주의자이다.

새미 이(Sammy Lee) 박사는 1948년과 1952년 올림픽 다이빙 종목에서 미국 대표로 출전하여 2회 연속 금메달을 획득하여 아시안-아메리칸 최초의 금메달리스트가 되었다. 1932년 로스앤젤레스에서 개최된 올림픽 때 만국기가 휘날리는 것을 보고 아버지에게 "나도 챔피언이 되겠다"고 약속했는데, 새미 이 박사는 인종차별을 극복하고 런던과 헬싱키 올림픽에서 2연패를 하면서 올림픽 챔피언이 되었으며 의사로서도 열정적인 활동을 펼쳤다. 미국아마추어연맹은 1년에 한 번 미국 최고의 아마추어 선수 1명을 선정하여 상을 수여한다. 박사는 1953년 바로 그 제임스 설리번상을 받았다. 당시 아시안-아메리칸은 공공 수영장에서 물을 갈기 전날 하루만 수영하는 것이 허락되었다. 이는 아시안-아메리칸이 물을 더럽힌다는 인종차별적 선입관 때문이었다. 새미 이 박사는 이러한 악조건과 편견, 그리고 인종차별을 이기고 피나는 연습과 노력으로 올림픽 챔피언으로 우뚝 선 자랑스러운 한인 2세이다. 박사는 1960년 미국 다이빙 대표팀 코치를 역임했고, 1984년 로스앤젤레스 올림픽에서 금메달을 획득한 그레고리 루가니스(Gregory Efthimios Louganis)도 지도했다.

필립 안(Philip Ahn)은 도산 안창호의 장남으로 아시안-아메리칸 최초로 할리우드 명성의 거리에 별을 새긴 간판스타급 영화배우이다. 총 200여 편의 영화와 드라마에 출연했고, 도산 안창호가 세계 방방곡곡을 다니면서 독립운동에 전념할 때 가족의 생계를 책임지기도 했다. 그는 1936년 풋볼팀 관련 영화 엑스트라 자리를 구하려고 파라마운트영화사에 찾아갔다가 길을 잃고 헤매게 되었다. 그러던 중 중국인 역을 해낼 동양인을 찾고 있던 루이스 마일스톤(Lewis Milestone) 감독과 마주쳐 배우가 되었다. 1970년 미국 안방극장을 휩쓴 「쿵푸」의 주연급으로 활약하면서 일약 스타덤에 올랐고 영화배우로서 널리 알려지게 되었다.

알프레드 송(Alfred Song)은 아시안-아메리칸 최초로 1962년 캘리포니아주 하원의원에 당선되었고, 1966년에는 상원의원에 당선되어 3선을 한 개척자 정치인이다. 동양인에 대한 차별이 가장 심했던 캘리포니아주에서 아시안-아메리칸으로는 첫 번째로 주 하원의원과 상원의원에 당선된 기록을 갖고 있다. 변호사 출신의 알프레드 송은 주로 법사위에서 활동했다. 하와이에서 출생한 그는 1952년 캘리포니아주 변호사 자격증을 획득한 후 몬트레이파크 지역에서 개업하여 인종차별과 싸운 정치인이었다. 어머니 김정윤 씨는 한국으로 돌아가 고아원을 세워 아이들을 돌보았는데, 그 고아원은 현재 정식 학교로 등록되었다.

데이빗 현(David Hyun)은 건축가이다. 로스앤젤레스 일본 타운인 리틀도쿄에 가면 재패니즈 빌리지 플라자(Japanese Village Plaza)가 있는데, 그것은 데이빗 현이 성공적으로 설계하고 세운 것이다. 데이빗 현은 독립지사 현순 목사의 아들이다. 현순 목사는 영어와 일어에 능통하여 초기 한인 이민자들을 모집하는 통역관으로 일했는데, 1903년 그도 부인과 함께 하와이로 이주했다. 데이빗 현은 하와이에서 출생했는데, 남가주 대학에서 건축학을 공부하고 건축가로서의 삶을 걸어왔다.

파차파 캠프와 초기 한인 이민자들은 도산 안창호가 역설한 단합, 교육, 그리고 자본 축적 중 특히 자녀 교육에 많은 노력과 투자를 했다. 학교를 세워 자녀들에게 한국어를 가르쳤으며 동시에 명문 대학교에 진학하여 성공할 수 있는 발판을 구축하는 데 노력을 아끼지 않았다. 이러한 노력이 있었기에 많은 젊은 한인 2세들이 미군에 입대할 수 있었다. 그들은 미군에 입대하는 것이 모국의 독립에 기여하는 것이라고 믿고 위험을 무릅쓰고 미군에 입대했다. 그들 중 일부는 제2차 세계대전과 일본과의 전쟁에 직접 참전했고 목숨까지 잃었다.[36]

---

36 필자는 2021년 개최된 독립기념관 주최 학술회의에서 「미주 한인전쟁 영웅들」이라는 논문을 발표했는데, 제2차 세계대전에 참전한 미주 한인 남녀 2세들에 대한 미발표 논문이다.

리버사이드 갈보리 장로교회의 1909년 10월 24일자 주보 (사진 출처: 김영옥재미동포연구소)

파차파 캠프에서 운영한 국어학교와 관련한 사진으로, 오른쪽에서 읽어야 한다. '리버사이드 대한인 국어학교의 교수와 학도'(사진 출처: 『신한민보』, 1920년 9월 20일자 보도)

제5장 파차파 캠프의 한인 가족들

　　이번 연구를 통해 캘리포니아 리버사이드에 세워진 파차파 캠프가 당시 미국 최초이자 최대의 한인타운이었다는 것이 새롭게 밝혀졌다. 특히 타 지역과 달리, 파차파 캠프는 가족 중심의 공동체로 형성되었다는 특징이 있다. 즉, 젊은 총각 중심으로 형성된 타 지역의 한인(아시안) 사회와 달리 여성과 아이들이 함께 거주하는 가족 중심의 한인타운이 형성된 것이다. 1910년 미국 인구조사에 의하면, 파차파 캠프에 24가구의 한인이 거주하고 있었는데, 그중 16세대는 여성과 아이들이 포함된 가족이었고, 총각은 단 6가구였다. 부모는 없고 아이들만 타인에게 맡긴 1세대도 있다. 총 101명 중 남성은 62명, 여성은 39명이었다.

　　이선주는 "1910년 인구 조사에 따르면, 리버사이드에 살고 있던 한인의 수는 65명에서 70명가량이었다. 그러나 실제 수는 2배가 넘을 만큼 더 많았다"고 밝히고 있다.[1] 그러나 1905년 12월 21일자 『공립신보』는 1905년 11월 실시한 공립협회 회원 조사에서 리버사이드 지역

1　이선주, 2003: 135.

회원이 70명이라고 밝히고 있다. 1907년 조사에서는 150명으로 확인되었다.² 여성들과 자녀들까지 합치면 최소 200명이 넘는다. 또한 오렌지 수확 시기인 크리스마스 직전부터 약 10주 동안은 타 지역에서 한인 노동자들이 리버사이드 오렌지 농장으로 일자리를 찾아온 시기였기 때문에 한인 인구가 급증했다. 오렌지 농장에서 일할 100명의 노동자를 구한다는『공립신보』광고를 고려하면, 파차파 캠프에 최대 300명 이상이 거주했다는 추측도 가능하다.³ 즉, 리버사이드 파차파 캠프의 규모가 지금까지 알려진 50~60명보다 4~5배 이상 큰 규모이며, 파차파 캠프가 최초이자 당시 최대의 한인타운을 형성하고 있었다는 것이 확인되었다.

필자가 1910년 미 연방 인구센서스에서 1532 파차파 애비뉴(1532 Pachappa Avenue)를 찾아본 결과, 근처에 살고 있던 한인들은 총 24가구로, 100여 명의 한인이 거주하고 있었다. 다만 11명이 거주한 하마히 멘킨(Hamahi Meynkin) 가족은 한국인으로 구분되어 있으나 한국인 이름이 아니어서 확인이 필요하다. 이 가족을 포함하면 총 106명이며, 그렇지 않으면 95명의 한인이 거주한 것으로 확인되었다. 한편, 헬렌 이 홍(Helen Lee Hong, 1911~2008)은 맬리 킴 가족, 운하 가족, 엘렌 가족, 미스터 구 가족, 순이리, 에스더리, 애디, 케이(슨), 윌리 등이 살고 있었다고 기억하고 있다.⁴ 헬렌 이 홍은 인터뷰에서 자신은 멘킨 가족이 아닌, "맬리 킴스 패밀리"라고 했다. 맬리 킴은 김용련의 딸이다. 그러므로 헬렌

---

2 『공립신보』, 1905년 12월 21일자.

3 『공립신보』, 1905년 12월 6일자에 의하면 "적귤방당. 전후에도 말하였거니와 리버사이드에 지금 귤 따기를 시작되었는데, 공가는 매일에 1원 70전씩이고, 그곳에 있는 김염수 씨가 귤 딸 사람 100명을 모집하는 중이라더라"라고 보도했다.

4 랄프 안이 헬렌 이 홍을 1999년 그녀의 집 캘리포니아 칼라베사스(Calabasas)에서 인터뷰했다. (East Asian Library, University of Southern California.)

이 홍은 김용런 가족이 있었다고 말한 것이다. 리버사이드에 살았던 당시 그녀는 어린아이였다. 그래서 그녀는 "맬리 김의 패밀리", "운하의 패밀리", "엘렌의 패밀리" 같은 또래인 친구들 이름으로 그들의 가족을 기억하고 있다.

그런데 제니 윌킨스(Jennie A. Wilkins, 57)가 세대주인 가정의 피보호자들은 바로 전낙청의 자녀들이었다. 피보호자는 엘리자베스 전 (Elizabeth Thun, 여, 9), 엘렌 전(Ellen Thun, 여, 7), 잭 전(Jack Thun, 남, 4), 아모스 전(Amos Thun, 남, 3), 에서 전(Esau Thun, 남, 1)이다. 전낙청 부부가 타 지역으로 잠시 일하러 간 사이에 아이들을 돌보아준 것으로 추측된다. 전낙청이 쓴 소설『구제적 강도』에 잭이 미세스 윌킨스 여사를 방문한다는 내용이 나온다. "잭이 씨씨 캠프에서 면역하고 집에 돌아온 지 4, 5일 후 리버사이드로 가서 미세스 윌킨스를 심방하고 집으로 오는 날은 즉 부활주일 전 안식일이라."[5]

또한 제니 켈리(Jenny Kelly, 38)가 세대주인 가정의 피세대주들은 10명의 한인 남성 총각들인데, 그들은 세를 들어 살고 있었다.[6] 1920년 인구조사통계에서는 한인의 숫자가 9가구 총 40명으로 줄어들었다. 역시 하마히 멘킨 가족이 거주하고 있어 그들의 숫자를 포함한다면 51명이다. 그러나 인구조사통계에서 빠진 한인들도 있을 수 있어 그 규모는 조금 더 컸던 것으로 추측된다. 또한 리버사이드 한인장로선교회의 한인 명단과 리버사이드시 거주자 명단, 그리고『신한민보』에 나오는 명단을 합치면 200여 명의 한인 이름을 찾을 수 있었다.

엘렌 전은 자신의 글에서 자신의 아버지와 가족이 하와이에서 남

---

5   전낙청의 소설『구제적 강도』는 남가주대학교(University of Southern California) 동아시아 도서관(East Asian Library)에 소장되어 있다.

6   Harry Ha(남, 21), Tom Hong(40), Albert Lee(20), Kyong Kim(27), S. Kim(24), D. Kim(28), Quon Kim(20), Quon Hong(55), N. W. Chun(24), C. S. Park(18)

가주로 이주한 후 리버사이드에 정착하기 전에는 샌버나디노사막에서 철도를 놓는 작업을 했다고 기록을 남겼다. 또한 여성들과 일부 남성들은 부유한 백인 가정에서 허드렛일을 하면서 생계를 유지했다. 또한 한인들은 당시 최고의 호텔이던 글렌우드 호텔에서 버스 보이 또는 베이커로 일했다는 기록들이 있다. 차의석은 자서전『금산』에서 "처음에는 리버사이드 글렌우드 호텔에서 버스 보이로 일하면서 일을 배웠다. 나중에는 다른 지역의 여러 호텔에서 버스 보이로 일했는데 전문가가 되었다"고 말했다.[7]

파차파 캠프 한인들은 백인사회로부터 고립되고 열악한 환경에서 한인타운을 형성했다. 그들은 조국의 독립을 위해 희생과 노력을 다했고, 노동자로서 생계를 유지하면서 공동체 생활을 했다. 파차파 캠프는 도산 안창호의 리더십으로 스스로 처음부터 엄격한 규율을 만들어 질서를 유지하는 자율 공동체였다.

이선주는 리버사이드의 파차파 캠프 거주자들이 누구인지 추적했다. 그에 따르면 리버사이드에는 전낙준과 전낙청 형제가 살고 있었는데, 이들은 1903년 하와이로 이주한 전채수의 장남과 차남이라고 밝혔다.[8] "그 밖에 1913년 5월 13일, 도산에 의해 창립된 흥사단의 단우가 된 인물로는 김순학(단우 번호 28번)을 비롯해서 정등엽(16번), 강영대(22번), 정영대(27번), 정상빈(108번), 차리석(134번), 차의석(227번), 한승인(280번) 등이 리버사이드 파차파 캠프에 거주하면서 활동했다"고 밝히고 있다.[9] 한승인, 강영대는『공립신보』나『신한민보』에 관련 기록이 보이지만 리버사이드에 살았던 인물인지는 확실하지 않다. 김순학, 정

---

7   Charr, 1961, 156.
8   Ibid, 2003, 151.
9   Ibid, 2003, 152.

등엽, 그리고 차의석은 기록을 통해 그들의 활동 모습을 확인할 수 있었다.

『공립신보』와 『신한민보』에 게재된 각종 기사와 광고를 분석하여 리버사이드 파차파 캠프에 거주했던 한인 가족들의 모습과 생활상을 살펴보기로 한다. 초기에는 안창호 부인 이혜련의 오촌 외숙인 김인수와 그의 장남 김용련이 파차파 캠프 한인 공동체 형성에 중요한 역할을 담당했다. 김용련의 딸 바이올렛은 마지막까지 리버사이드에 거주하고 있었다. 김순학과 아들 김태선은 리버사이드에 거주하다가 각각 마차 사고와 암으로 일찍 사망했다. 전낙청과 그의 딸 엘렌 그리고 조카인 전경무와 전경부는 리버사이드에 거주하면서 살았던 모습을 글로 남겼다. 따라서 전낙청의 글과 엘렌 전 그리고 전경무의 글들을 통해 당시의 리버사이드 파차파 캠프 모습을 알 수 있게 되었다. 차정석은 초기부터 공립협회 리버사이드 지방회 회장을 역임하면서 파차파 캠프 형성에 크게 기여했다. 차정석과 부인 차정성은 슬하에 자녀가 없었지만 교회와 독립운동에 적극적으로 참여했다. 백신구와 손광도 부부는 7남 3녀의 자녀가 있었는데, 장녀인 백광선은 자서전 『조용한 방랑』을 남겼다. 그 책에서 파차파 캠프의 생활 모습을 생생하게 전하고 있다. 박충섭과 박영섭 형제 가족도 파차파 캠프의 주요 구성원이었는데, 여동생 박애주는 구정섭과 결혼하여 리버사이드에서 함께 살았다. 후반기에는 이운경과 그의 모친이 파차파 캠프의 명맥을 이어가는 데 큰 역할을 했다.

김인수는 안창호 부인인 이혜련의 오촌 외숙으로, 이혜련의 어머니 김씨의 사촌 형제이고 이혜련과는 오촌 관계이다. 김인수의 가족은 디렉토리 명단에 따르면 김닌수(Kim Nin Soo) 아래에 샘 김(Sam Kim), 돌리 김(Dollie Kim), 체스터 Y. 김(Chester Y. Kim)이 있다. 샘 김은 김용련의 아들로 김인수와 함께 살았고, 『신한민보』에는 김삼손으로 나타난다.

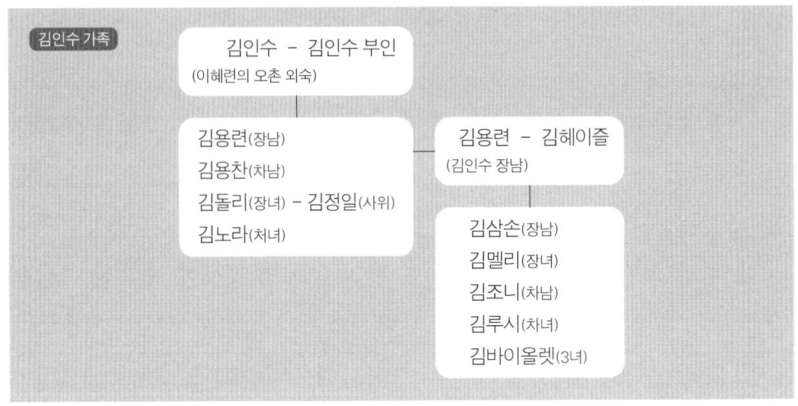

돌리 김(Dollie Kim)은 "김달리" 또는 "김딸리"라는 김인수의 맏딸이다. 체스터 Y. 김은 김돌리의 남편인데, 『신한민보』에는 김정일로 나타난다. 돌리와 체스터 사이에는 아들 도널드 한 명이 있다. 김인수는 1949년 사망했고, 차자 김용찬은 1925년, 차녀 김노라는 1935년 사망했다.

리버사이드시의 시립묘지인 올리브우드 묘지에서 헤이즐 김(Hazel Kim, 1889~1978)의 묘지가 발견되었는데, 말리(Mallie M. Kim), 조니(Johnny Kim), 루시(Lucy R. Kim), 그리고 바이올렛(Violet C. Kim)의 어머니이다. 말리는 리버사이드 갈보리 장로교회에서 세운 초등학교를 졸업했다는 기록도 있다. 영 N. 김(Young N. Kim, 1889~1954)의 묘지도 있는데, 그는 김인수의 아들인 김용련이다. 에버그린 묘지와 올리브우드 묘지에서 한인 6명의 묘지를 발굴했으며, 그들이 모두 한국인임을 확인할 수 있었다. 김용련의 3녀인 바이올렛은 교사로 근무하다가 은퇴했고 지금도 리버사이드에 거주하고 있다. 김용련의 자녀 중 유일하게 존 김만 결혼했다고 랄프 안이 알려주었다.

김인수는 1905년 미국으로 이주해 1909년까지 리버사이드에 거주했다. 1909년 잠깐 타 지역(델라노로 추측)으로 이주했다가 다시 1910년 리버사이드 파차파 캠프로 돌아와서 초기 한인타운 형성에 크게 기여했다. 아들 김용련도 초기 리버사이드 한인타운 설립 및 운영의 중심 역할을 했다. 특히 도산 안창호가 한국에서 신민회 활동을 하고 자주 타 지역을 순방하느라 정작 자신의 가족들을 돌보지 못했을 때 이혜련의 오촌 외숙 김인수가 큰 도움을 주었다고 막내아들 랄프가 증언해주었다. 김인수는 그 후 중가주의 델라노(Delano)로 이주하여 큰 농장을 운영했다.

김인수, 리버사이드 노동 주선사

김인수와 관련된 최초의 기사는 『공립신보』 1905년 12월 6일자 보도이다. 리버사이드에서 귤 따기 노동을 주선하던 김염수는 김인수일 수 있다. "적귤방당. 전호에도 말하였거니와 리버사이드에 지금 귤 따기를 시작되었는데 공가는 매일에 1원 17전씩이오, 그곳에 있는 김염수 씨가 귤 딸 사람 백 명을 모집하는 중이라더라." 당시 리버사이드 오렌지 농장이 호황을 맞아 100명의 노동자를 모집했고, 김인수가 노동 주선인으로 활동했다.

김인수는 1905년 리버사이드 지방회 회장으로 활동했는데, 공립협회 총회장 안창호를 맞이하기 위해 리버사이드에서 환영회를 열었다. 『공립신보』 1905년 12월 6일자에 의하면 "환영총회장. 지나간 예배 삼일 하오 7시 반에 리버사이드 지방회에서 총회장 안창호 씨를 위하여 환영회를 열었는데 송백과 화초로 회관 내외를 보기 좋게 단장하였고 지방회장 김인수 씨가 예식을 거행하였는데(…)"라고 기록되어 있다. 또한, 1905년 김인수가 리버사이드 지방회장으로 있었을 당시 리버사이드 지방회 회원이 60여 명에 달했으며, 회원들은 근검절약하고 공적인 일에 열성적으로 임하며, 위생과 제도를 경찰하고 있다고 『공립신보』 1905년 12월 21일자 "총장 순찰"이라는 제목으로 보도되었다.

1907년 김인수는 전낙청, 이치완과 더불어 네덜란드 헤이그에서 열린 제2회 만국평화회의에 대표인을 선정하여 보내자고 건의했는데 늦어서 기회를 놓쳤다고 『공립신보』 1907년 6월 21일자 "삼씨 제의"에서 보도했다.

　　1907년 김인수는 리버사이드 노동 주선사로 일했는데 정황이 매우 좋았다. 『공립신보』 1907년 9월 13일자는 "노동호황. 리버사이드 지방에서는 김인수 씨가 노동을 주선하여 동포를 인도하는데 정황이 매우 좋다 하더라"고 보도했다. 김인수는 『신한민보』 1909년 4월 7일자 및 14일자 "리버사이드 지방회 보고" 보도에서 각각 평의원과 법무로 나타나, 두 직을 겸하고 있었음을 확인할 수 있다. 『신한민보』 1909년 3월 24일자 보도에서 김인수는 클레어몬트 학생 양성소를 위해 5원을 연조한 것으로 나타나며, 또한 1909년 많은 리버사이드 지방 회원들이 위기에 처한 신한민보를 살리기 위해 의연금을 보냈는데 김인수의 장자 김용련이 5원을, 김인수가 1원을 냈다고 『신한민보』 1909년 6월 30일자 "감하의연"에서 보도했다.

　　『신한민보』 1909년 7월 7일자 "리버사이드 지방회 보고"에 따르면, 노동 주선사로 일하던 김인수는 1909년 7월 리버사이드를 떠나 다른 곳으로 이주했고, 총회에서는 김응규를 노동 주선사로 그 자리에 대신 파송하기로 했다. 『신한민보』 1909년 7월 7일자는 "리버사이드 지방회 보고. 7월 3일 리버사이드 지방회장 차정석 씨의 청원을 접한즉 본 지방에서 동포의 노동을 주선하던 김인수 씨가 타처로 이거하매 외인교제와 범백주선할 사람이 없사오니 총회에서 가감한 이를 파송하여 수다 동포를 환산하는 지경에 이르지 말게 하라 하였으므로 7월 6일에 북미 총회에서 답복하되, 귀청원의 사의는 듣기에 심히 민망하여 장차 김응규 씨를 파송하겠으되 해씨가 이왕 상관하던 철도회사에 매료한 일이 있는 고로 끝나기를 기다려 기송코저 하오니 우선 부근에 있는 동포 중에서 임시 간사케 하여 환산할 지경에 이르지 말게 하라 한다"라고 보도했다. 지방회장 차정석이 노동을 주선하고 외부인과 교제할 인물을 파견해달라고 총회에 따로 청원해야 했을 정도로, 김인수의 역할은 막중하여 대체하기 어려웠으며, 그의 부재가 지방회 운영에 중대한 문제였음을 확인할 수 있다.

『신한민보』1909년 7월 14일자 "레드랜드('리버사이드'의 오기) 지방회 보고"에서는 김인수가 맡았던 직무에 대한 대체 현황을 보도했다. 김인수가 맡았던 법무원 및 평의원 자리는 윤진오가 새로 담당했고, 김인수가 노동을 주선하던 가옥은 리버사이드 지방회관으로 삼아 노동 주선 일을 계속하게 했다. 회관의 간사는 임시로 김기만으로 정하되, 새로운 노동 주선인이 오면 모두 맡아 처리하게끔 했다.

김인수는 1909년 당시 네바다주 로간으로 이주한 것으로 보인다. 『신한민보』1909년 8월 25일자 "감하감하여한다우(感荷感荷如旱甘雨)"는 네바다주 로간 지방 동포들이 신한민보사를 위해 연조한 일에 대한 감사 보도인데, "김인수 1원"으로 나타난다. 후에 김인수는 네바다주 로간에서 참외농장을 경영하는데, 이미 1909년부터 실업 활동에 관심을 갖고 탐색한 것 같다.

1910년 김인수 가족은 다시 리버사이드로 돌아왔다.『신한민보』1910년 1월 12일자 "하변 지방회보"에 따르면, 김인수의 장자 김용련은 구제위원이었고, 차자 김용찬은 소학생이었으니, 1910년 1월쯤 리버사이드로 돌아온 것으로 보인다.『신한민보』1910년 10월 5일자 "안위원의 순행기"에서 "지금은 김인수 씨의 가족이 다시 이곳으로 와서 그 자제 용련 씨가 주무하여 동포를 인도할 터인데"라고 하여, 김인수와 장자 김용련이 돌아와 리버사이드 한인타운 운영에 힘을 쏟고 있음을 확인해준다.

1910년 김인수는 또다시 노동 주선인으로 활동했다. 신한민보에 광고를 내어 오렌지 노동의 시작일과 기한, 급료, 거리 등을 구체적으로 알려주고 있다. 『신한민보』 1910년 11월 16일자 내용은 다음과 같다. "광고. 본인이 본지에서 팩킹하우스의 귤 따는 도급을 많이 맡은바, 노동하기가 매우 편리하온 것은 일자리가 다 가까운 고로 자행거 없어도 능히 다니오며, 일 시작은 12월 초생부터 할 터이옵고 고가는 매시에 20전이오니 누구시든지 금전에 주의하시는 이는 12월 안으로 속속히 오시기를 바라오며, 일 한정은 명년 9, 10월까지옵고 해 길 때는 매일 2원씩이온데 11시 혹 12시 동안씩 하옵니다. 어떤 동포시든지 통신상으로 알아보실 일이 있사오면 이 번지대로 하시기를 바라옵내다. 하변 동거 김인수 고백. N. Kim. 1532 Pachappa Ave. Riverside, Cal, U.S.A." 1911년에도 김인수는 노동 주선 일을 했다. 리버사이드에서 50~60명의 동포가 과일 따는 일을 하는데 김인수가 그 일을 주도한다고 『신한민보』 1911년 6월 7일자 "남방 동포의 정형"에서 보도했다. 또한 1911년 신한민보사 집값을 갚기 위해 김인수가 자원하여 고본금을 담당했다고 『신한민보』 1911년 6월 14일자 "이것이 과연 뜨거운 열심"에서 보도했다.

『신한민보』 1911년 11월 20일자 "리버사이드 지방회보"에서 김인수는 1911년 리버사이드에서 개최된 대한인국민회 북미총회 대의회에서 대의원으로 선정되었음이 확인된다. 『신한민보』 1911년 11월 20일자에 의하면 "하변지방에 대의회 준비. 국민회 하변동 지방회는 금년도 대의회가 해 지방에서 소집이 되는 고로, 특별히 주인 되는 예수를 다할 뿐 아니라 각처 대의원에게 간친한 성의를 표하기 위하여 응접위원은 김인수 씨, 간사위원은 차정석 씨로 택정하여 일반 대의원을 편리토록 응접 주선할 터이라더라"라고 하며, 동시에 김인수는 응접위원으로도 선정되어 일반 대의원의 편리를 주선했다.

김인수의 실업 활동, 가족들은 리버사이드에 거주

김인수는 1912년 이후로 리버사이드 지방회 활동이 확인되지 않는다. 대신 북미실업주식회사 발기, 스톡턴에서 감자농사, 네바다주 로간에서 참외농사, 북가주에서 벼농사 등 실업 활동에 전념한 양상이 확인된다. 하지만 리버사이드 사택은 그대로 있었고 자녀들도 리버사이드에 그대로 살았다. 1918년 김인수는 리버사이드로 돌아와 벼농사를 짓기도 했다.

1912년 김인수는 안창호와 함께 북미실업주식회사를 발기했다. 그 이름이 가장 앞에 있는 것으로 보아 북미실업주식회사 창립에 가장 큰 역할을 했던 것으로 보인다. 그 목적은 농업을 주장하기 위한 것이었다. 『신한민보』 1912년 1월 29일자에 의하면 "북미실업주식회사 발기. 김인수 안창호 등 제씨가 발기한 북미실업주식회사는 본보 전항에 장황한 논술이 있거니와 그 규모를 듣건대 목적은 농업을 주장하며, 자본 총액은 4만 5천원이오, 주수는 1백 5십주에 정하야 매주 3백원을 3년으로 분배 모집한다는데 현금 응모한 주수가 1백 2십 인에 달한지라. 그런 고로 해 회사에서 만 원 이상 자본금의 수입을 기다려 영업을 시작할 터인데 회사 위치는 캘리포니아 로스앤젤레스로 정하고 영업 위치는 북미주 안에 어디든지 합당한 곳을 따라 설치한다더라"라고 보도되었다.

북미실업주식회사는 동포로부터 주식 출자를 끌어들이기 위해 신한민보에 광고했다. 한인이 해외에 온 지 10년이 되었으나 물질적으로 성공하지 못한 것은 재정 기관이 없기 때문이라고 했다. 그러므로 북미실업주식회사를 발기하여 동포 공동의 이익을 도모하고자 한다고 했다. 이때 김인수가 회사의 재무로서 재정 관리를 하고 있었다. 『신한민보』 1912년 12월 9일자에는 "우리가 해외에 표박한 지 근 10년에 물질적으로 성공한 것이 남과 같이 못함은 무삼 연고이뇨. 다만 재정 기관이 아직껏 서지 못하여 실업상에 남과 같이 활동함을 얻지 못함이라. 그런고로 우리 북미실업회사를 발기하여 동포의 공동한 이익을 도모코저 하니 앞을 내다보고 뜻이 같은 자 서로 응하여 이미 주금을 허락한 이가 1백 5십여 인에 달하였으니, (…) 바라건대 주금을 허락하신 제씨는 여러분의 한결같은 마음으로 제1회 주금을 판비하여 12월 그믐 안으로 본 회사 발기인회 재무 김인수 김기만 씨 등에게로 준수히 보내시기를 바라나이다"라고 기록되어 재무 김인수와 김기만은 리버사이드 파차파 캠프에 거주했던 주요 인물들로 파악된다.

    1913년 김인수는 스탁톤에서 감자 농사를 지었다. 농사가 잘 되었고 시세도 좋아서 매 박스에 1원씩 팔았다고 『신한민보』1913년 6월 23일자에 보도되었으며, 1915년 김인수는 네바다주 로간 지방에서 동포 13인과 함께 토지 188에이커를 세내어 농업을 시작했다고 『신한민보』1915년 6월 17일자에 보도되었다. 또한, 1915년 김인수는 네바다 지방 권업박람회에 참가했는데 그가 내놓은 농산물이 호평을 받았다. 1916년 김인수는 네바다주 로간에서 참외 농사를 했는데, 불이 나서 참외 박스(목함) 700여 개가 타버렸다. 1개에 가격이 16전 이상이라고 하니 최소 112달러의 금전적 손해를 본 것이다. 1916년에도 계속 네바다주 로간에서 참외 농사를 했는데, 김인수는 임준기, 박영순, 현숭렬 4명과 함께 100에이커를 합동 농작으로 경영했다.

    1918년 가을, 김인수는 북가주에서 벼농사를 지어 200에이커 토지에서 쌀 수확에 착수했다. 『신한민보』1918년 10월 10일자에 의하면 "북가주 깊은 가을, 동포 벼 농장은 일시 수확을 착수, 수확미 21만 뿌술을 예상. 공정 가격으로 쳐도 통계가 90만 7천여 원이로다. … 김종림, 박영순, 리진섭, 백신구, 김인수 제씨의 자농은 지난 월요일부터 빠인드를 들이고 대 베이기를 시작하며 … 김인수 200에카"라고 기록되어 있다.

그런데 1918년 12월 김인수는 "리버사이드 지방회" 보도 실업란에 "김인수(벼농사) (3인 합자) 100에이커 자본(?) 이익 3000석가량"으로 나타난다. 김인수는 리버사이드에서도 3인 합자로 벼농사 경영을 했다. 토지는 100에이커에 이익이 3천 석가량이었다. 『신한민보』 1921년 4월 7일자 "간도 참상 구제금"에서 리버사이드 "김씨 린수 2.00"으로 나타나, 이 시기에 리버사이드 지역에서 활동했음이 확인된다.

김인수는 1922년 가옥을 사서 샌타애나로 떠났다. 『신한민보』 1922년 1월 19일자에는 "김·허 양 씨의 이주. 리버사이드에 다년 우거하던 김인수 씨는 산타애나에 가옥일좌를 매득하여 이사하였고, 허승원 씨는 그곳에 셋집을 얻어 이사하였다더라"라는 기사가 실렸다. 『신한민보』 1923년 9월 27일자 "남가주 동포 심방"에 따르면, 1923년 김인수의 사택은 샌타애나에 있었으나, 델라노에서 합동농장을 운영하고 있었다. 또한 차자 김용찬의 실과상점도 샌타애나에 있었다. 『신한민보』 1923년 9월 27일자는 "남가주 동포 심방. 산타애나에 도착하여 송상대 김용찬 양 씨의 동업인 실과상점과 변기현 씨의 실과상점과 김관유 씨의 실과상점과 송원숙 씨의 실과상점을 차례로 심방하고 다시 허승원, 리원, 김인수 3씨의 사택을 일일히 심방하고 송상대 씨 숙소에 돌아와 방을 얻어 밤을 지나니 즉 30일이더라. … 델리로에 당도하여 리옹선 최석영 김인수 3씨의 동영인 농장과 박채묵 씨의 농장과 장봉석 씨의 사택을 차례로 다 심방하고…"라고 기록했다.

『신한민보』 1926년 5월 27일자에 장자 김용련과 장녀 김달리의 이름으로, 김인수 회갑연 초대장을 게재했다. 1411 웨스트 1번가 샌타애나 김인수의 집에서 잔치를 열었는데, 14번째 순서에서 이혜련이 답사를 했다. 『신한민보』 1926년 6월 10일자에는 "김인수 씨의 환갑연. (…) 1. 취석 정돈…주석 차정석, 2. 개식사…주석, 3. 자손들이 잔을 드림. 4. 기도…박일우, 5. 취식 음악…김락, 6. 노래…노라, 매리, 7. 역사담…

리암, 8. 피아노…리순희, 9. 축사…장리욱 리용신, 10. 수의 축사…김원택, 스트윌 부인, 김종옥 씨 부인, 11. 감상담…김린수, 계옥룡, 12. 음악(바요린)…김낙, 13. 선물…김정실, 14. 답사…안혜련, 15. 폐식"이라 기록되어 있다.

김인수는 델라노에서 포도농장을 운영했는데, 안혜련과 자녀들이 김인수를 방문했던 일도 확인된다. 『신한민보』 1938년 6월 2일자는 "하루 동안 차속에서"라는 제목으로 "…베이커스 필드를 지나 델라노 평원에 이르니 연하게 푸른 포도잎을 비추는 햇빛이 정히 정오 12시이다. 99호 신작로를 떠나 사잇길로 들어가니 살구나무와 복사나무의 녹음이 푸른 구름과 같은 속에 가리워 있는 수간초옥은 김인수 씨의 포도농원이다. 김인수 씨는 델라노 지방회 집행위원장이오, 안부인의 외오촌숙인데 우리 일행을 위하여 점심을 준비하더라. … 홀연히 도산의 옛 동산을 생각하여 '내명년 다시 오면 이나마 있을 게랴'를 읊으며 보니 백발이 소소한 김인수 씨가 꽃밭 속에 들어가 감두화를 꺾어 그 손녀 수산양을 주더라…." 또한 1944년 3월 8일 이혜련 회갑연이 열렸는데, "부인의 척숙 김인수 선생"이 참석했다고 『신한민보』 1944년 4월 27일자 "지방소식"에 보도했다.

1940년 김인수는 델라노 포도농장에서 건초를 싣다가 갈비뼈를 다쳤다. 그런데 『신한민보』 1940년 5월 23일자 "김인수 씨의 피상 치료, 리버사이드에 돌아와 정양"에 나타나는바, 델라노 병원에서 1주일간 치료를 받고 "리버사이드에 있는 자택"으로 돌아와 휴식한 것으로 볼 때, 비록 델라노에서 농장을 경영했지만, 리버사이드에 있는 사택은 팔지 않고 계속 소유하고 있었던 것으로 보인다.

김인수의 장자 김용련

김인수의 맏아들 김용련은 1906년 리버사이드 지방회에서 활동했다. 『공립신보』 1906년 12월 22일자 "하변회 보고"에서 "사찰"로 나타난다. 『신한민보』 1909년 6월 30일자 "감하의연"에 따르면, 1909년 리버사이드 동포들이 신한민보사를 위해 의연금을 모집하여 보냈는데 김용련이 5원을, 김인수가 1원을 냈다.

김인수는 1909년 7월 네바다주 로간 지방으로 이주했는데, 『신한민보』 1910년 1월 12일자 "하변 지방회보"에 1910년 1월 장자 김용련은 리버사이드 지방회 구제위원, 차자 김용찬은 리버사이드 소학생으로 나타나는 것을 보면, 1910년 초에는 다시 돌아온 것으로 보인다. 『신한민보』 1910년 10월 5일자에는 "지금은 김인수 씨의 가족이 다시 이곳으로 와서 그 자제 용련 씨가 주무하여 동포를 인도할 터인데"라며, 1910년 김인수가 아들 김용련과 함께 리버사이드 한인타운 운영과 유지를 위해 힘쓰고 있다고 보도했다. 1912년 김용련은 『신한민보』 1912년 3월 18일자 "하변 지방회보"에서 "의무금 수봉위원"으로 나타난다. 『신한민보』 1912년 7월 8일자 "하변 지방회보"에서는 "평의원"으로 나타난다.

한편, 1912년 김인수가 실업활동에 전념할 때 아들 김용련은 리버사이드에 남아 오렌지 노동 주선 일을 했다. 『신한민보』 1912년 12월 9일자에는 "광고. 경계자는 본인이 금년에 귤(오렌지) 따는 일을 많이 얻었으나 일꾼이 부족하오니 첨위 동포는 할 수 있는 대로 와서 제를 도와주시기를 바라나니다. 일꾼은 85명으로부터 100명까지 쓰겠으며, 공전은 9시에 2원씩이며 일은 이달부터 시작하오며 일 기한은 8달에 마치오니 금전에 주의하시는 동포는 속히들 오시옵소서. 12월 7일 김용년 고백. 1532 Pachappa Ave. Riverside, Cal."라고 기록되어 있다.

1920년 리버사이드에서 활동하던 김용련은 파인애플 사업을 하기 위해 하와이로 떠났다. 『신한민보』 1920년 4월 23일자는 "김용련 씨 하와이행. 남가주 리버사이드에 있던 김용련 씨는 연전에 하와이에 건너가서 파인애플 자농을 시작하여 동업인에게 의탁하여 대규모로 계속하여 오던 터이라, 그 사업을 더 확장할 계획으로 금월 21일 맷손의아 선편에 하와이에 내도하였다 하더라"고 보도했다. 또한 김용련은 파인애플 사업을 위해 매년 하와이로 내왕한다고 전했다. 『신한민보』 1921년 6월 30일자에는 "김용린 씨의 도미. 리버사이드 김용린은 파인애플 사업을 위하여 매년 하와이로 래왕하는데 본월 22일 마위 선편으로 본항에 안착하였다더라"라고 기록했다.

이처럼 김용련은 1920년을 전후로 하와이에서 파인애플 사업을 했는데, 김용련의 막내딸 바이올렛이 소장하고 있던 수첩에는 "호놀룰루" 관련 기록이 많이 확인된다. "5월 16일 1921년. 호놀룰루 경비. 차비 130, 생선 135, 봉투 50, 오두마 별세 50, 점심 70, 봉찬이 이 뽑는 것 250, 시계 고친 것 35, 신 닦는 데 30, 사진 찾는 데 127, 잉크 앤 봉투 55 합 932", "6월 1일 1921년. 호놀룰루. 차비 157, 껌 5, 점심 25, 수박 10, 전차비 5, 봉찬 영치 100, 신 닦는 데 15, 시계 175 합문이 502", "6월 2일 1921년. 호놀룰루. 전차비 5, 아이스크림 20, 부인의 자켓 75, 아침 75, 저녁 50" 수첩에는 사업 및 생활하는 데 들었던 경비들이 적혀 있다. 아이의 영치를 뽑고, 시계를 고치고, 신을 닦고, 부인의 옷을 사고, 아침이나 점심, 또는 아이스크림을 먹는 등 일상적인 생활에 들어가는 경비부터 잉크와 봉투 등을 사는 사업적인 경비가 적혀 있다. 수첩에는 필리핀인들과 거래한 흔적도 나타난다. "필립핀들의 물건값. 열니시그놀라 1425, 월넘 1400, 빡돌리아 150, 발리아노 1300, 쌕시모 8450, 웨손 50, 존네시오 1125, 초기오 300, 콤판니 585, 합 7150" 등의 기록이 남아 있다.

한편, 1922년 김인수는 샌타애나에 집을 사서 이주했으나, 아들 김용련은 리버사이드에서 계속 살았던 것으로 보인다. 『신한민보』 1923년 9월 27일자 "남가주 동포 심방"이라는 기사에서 리버사이드에 김용련, 이운경, 구정섭의 사택이 있다고 전했다. 또한 1923년 본국 수재 구제금으로 리버사이드 사람들이 기금을 모아 보냈는데, 김용련이 이때 5원을 냈다. 『신한민보』 1923년 10월 25일자에는 "내지 수재 구제 … 김용련 5원, 김달로 5원, 구정섭 5원, 박영섭 2원, 박충섭 3원, 리운경 씨 모친 1원. 이상 21원은 리버사이드에 재류 동포들이 수합하여 구정섭 씨 보낸 것…"이라 기록되어 있다.

1924년 리버사이드에 오래 체류하던 김용련은 샌타애나에 있는 실과 상점을 사서 동생 김용찬과 동업했다. 『신한민보』 1924년 1월 10일자에 의하면 "나성 우리 사회의 새해. 리버사이드에 다년 류하던 김용련 씨는 산타아나에 있는 송상대 씨의 실과 상점을 매수하여 그의 동생인 김용찬 씨와 동업하는데 여전히 잘 된다 하며…"라는 기록이 남아있다. 그러나 김용련은 샌타애나로 이주하지 않고 계속 리버사이드에 거주했다. 『신한민보』 1939년 2월 9일자 "고 최자남씨를 안장"에서는 "리버사이드에 재류하는 김용린 씨"가 장례식에 참석했다고 보도했다.

김인수 가족의 자녀들

『신한민보』 1910년 1월 12일자 "하변 지방회보"에 따르면, 1910년 김인수의 장자 김용련은 리버사이드 지방회 구제위원이었고, 차자 김용찬은 리버사이드 소학생이었다.

1912년 김인수가 리버사이드를 떠나 실업 활동에 전념하는 동안 김인수의 자녀들과 손자들은 계속 리버사이드에 남아서 학교를 다녔다. 장녀 김달리는 1913년, 1914년 리버사이드에서 공부했는데 '소학 1년급'이었다. 차남 김용찬은 클레어몬트 중학교 2년생이었는데, 달리기 경주를 잘 해서 학교의 이름을 높였다. 『신한민보』 1914년 4월 23일자 "김씨 경주 명예"라는 제목으로 이를 보도했다.

『신한민보』 1916년 6월 22일자에 기록된 "김 씨는 중학을 졸업" 내용에 따르면, 김인수의 차남 김용찬은 리버사이드 관립 중학을 졸업하고 상업전문과로 들어가기를 계획했다. 『신한민보』 1917년 6월 21일자 "재미 한인 학생 조사표"에서 김인수의 장녀 김달리는 리버사이드 그랜스 관립학교 3학년이며, 김용련의 장자 김삼손은 그랜스 관립학교 3학년, 장녀 김맬리는 린큰학교 1학년이다. 모두 소학교 학생이었다.

『신한민보』 1917년 9월 6일자 "여름에 열었던 유년국어강습소는 가을바람에 닫힘. 국어의 성적은 제법" 내용에서 1917년 여름 클레어몬트 학생양성소 안에 열렸던 유년국어강습소에서 1반의 김달리, 2반의 김삼손이 급제했다고 보도했다. 교사들이 어린 생도들의 콧물을 닦아 주며 국어교육을 시켰다고 한다. 또한 김달리와 김삼손은 행위 우등학생에 선정되었다.

1918년 7월 4일자 "리버사이드 국어학교의 방학"에 실린 학생 명단에는 김인수 장녀 김달리(갑반), 김용련의 장남 김삼손(갑반), 장녀 김맬리(을반), 차녀 김루시(병반)로 나타난다. 또한 『신한민보』 1918년 6월 6일자에서는 "리버사이드 지방(학무원 박일우 씨 보고)"에 김달리(소학교 4반), 김삼손(소학교 4반), 김매리아(소학교 2반)로 나타난다.

『신한민보』 1919년 7월 8일자 "북미총회 관하 유학생 조사표"에 따르면, 1919년 리버사이드에서 김삼손은 소학교 5학년, 김매리는 소학교 3학년이었다. 『신한민보』 1931년 1월 15일자 보도에서는 차녀인 "김루시(리버사이드 중학 2년)"로 나타난다. 한편, 김용련의 막내딸 김바이올렛은 1940년 리버사이드 중학을 졸업하고, 1942년 리버사이드 예비대학을 졸업했다.

김인수 가족의 혼례 소식도 나타난다. 1926년 김인수의 장녀 김달리는 플러튼에 거주하는 김정일(체스터)과 혼인했다. 혼례식은 샌타애나에 있는 김인수의 집에서 열렸다고 『신한민보』 1926년 12월 30일자로 보도했다.

『신한민보』 1925년 6월 11일자 "김용찬 씨 6월 2일 별세"에서는 1925년 김인수의 차남 김용찬이 병으로 세상을 떠났다고 보도했다. 『신한민보』 1935년 5월 9일자 "김노라 양의 별세"에서 1935년 김인수의 딸 김노라가 사망했다고 전했다.

김인수, 김용련 부인

1915년 김인수 부인의 모친이 임종했다.『신한민보』 1915년 4월 29일자에서는 "친상을 도상. 리버사이드에 있는 김인수 씨의 부인은 만리 해외에 나와서 고국 생각이 없지 않을 터인데 근일은 본국 있는 그의 모친께서 세상을 떠났다는 소식을 듣고 더욱 슬퍼한다 하니 우리는 멀리 위로함을 말지 않노라"라고 보도했다.

1918년 이후부터는 여성 동포의 활동이 활발하게 보도된다. 1918년 한국 동포를 위해 김용련 부인은 1원, 김용련 모친은 1원을 냈다. 이때 리버사이드의 여러 여성 동포들이 기금을 냈다.『신한민보』 1919년 6월 12일자 보도에 의하면 "구제합시다! 여러분도 이미 아시는바 우리 부모국에서는 자유를 위하여 피를 흘려 원수의 손에 죽고 상하고 갇히는 자가 부지기수인데 그 가족들은 누가 구호하오릿가? … 김진행 1원, 구정섭 5원, 박충섭 3원, 김용년 모친 1원, 김용년 부인 1원, 리운경 모친 1원, 허승원 10원, 허승원 부인 3원"이라 기록되어 있다.

1919년 적십자회에 김용련 모친은 5원을, 김용련의 아들 김삼손은 2원을 냈다.『신한민보』 1919년 9월 27일자 보도에서도 "동족을 사랑하면 우리 적십자회에 응모하시오. 위영민 3원, 류성(중국인) 3원, 리운경 모친 5원, 김용련 모친 5원, 관첨딩경(중국인) 2원, 장헝(중국인) 1원, 김삼손 2원, 리순희 2원 50전, 김단영 1원, 구정섭 부인 1원, 리왈넘 2원 50전, 최인순 5원…"이라는 사실을 알 수 있다.

1919년 리버사이드에 있는 김용련의 모친은 동포 전낙청 구제금으로 1원을 냈다. 이운경 모친, 허승원 부인도 기금을 냈다. 『신한민보』 1919년 10월 14일자 보도에서는 "전락천 씨 구제합시다…허승원 20원, 박충섭 5원, 박낙선 2원, 박영섭 5원, 김종학 1원, 구정섭 5원, 김용년 모친 2원, 리운경 모친 3원, 허승원 부인 5원 합 48원"이라는 내용이 확인되었다.

김인수와 장남 김용련 가족은 어려운 환경에서 파차파 캠프, 즉 최초의 한인 정착촌을 유지하는 데 매우 중요한 역할을 담당했다. 독립운동의 주축이었을 뿐만 아니라 경제적으로 파차파 캠프를 유지하는 데도 크게 기여했다. 또한 김인수와 김용련 가족은 마지막까지 리버사이드에 거주하면서 최초의 한인 정착촌의 명맥을 유지했다.

이선주는 "리버사이드 근처의 올리브우드와 에버그린 묘지에서 한인으로 추정되는 4개의 묘를 발견했지만 그들이 한인이라는 증거는 찾지 못했다"고 밝히고 있다. 같은 묘지에 있는 순 김(Soon Kim)은 1919년 2월 25일이라는 사망일자만 적혀 있고, 또 한 사람인 김씨 리(Kimpsie Lee)는 1926년 1월 21일 사망한 것으로 적혀 있다. 그러나 이 두 사람이 분명히 한인이라는 증거는 그들의 이름이 한국인의 것과 비슷하다는 것 외에는 아무것도 없다.

이선주가 밝힌 1919년 2월 25일 사망한 순 김(Soon Kim)은 김순학이다. 『신한민보』 1919년 2월 27일자에 "사망. 리버사이드 김순학 2월 23일 횡사"라고 나타나 있다. 김순학은 1907년부터 1919년 사망할 때까지 리버사이드 지방회에서 지속적으로 활동했던 인물이다. 그는 흥사단원이었으며, 리버사이드 한인장로선교회 목사였고, 1911년 대한인국민회 북미총회 당시 리버사이드 지방회장이었다. 리버사이드 에버그린 공동묘지에 안장되어 있는 김순학의 묘비는 다른 한인들의 비석보다 크고 생전 기록이 자세히 적혀 있다. 그것은 아마 김순학이 한인장로선교회 목사를 역임했고, 리버사이드 한인타운에서 리더 역할을 했기 때문으로 추측된다. 김순학은 "대한인국민회원이며 동시에 흥사단원이며 한국인"이라고 한국어로 적혀 있으며, "29살인 1904년 10월 12일에 도릭호를 타고 부인과 함께 하와이에 도착했는데, 작은 체구"라고 적혀 있다.

김순학이 리버사이드에 언제 도착했는지는 알 수 없으나 리버사이드 지방회에 처음 입회한 시기는 신문 기사에 나타난다. 김순학은 『공립신보』 1907년 5월 10일자 "하변 지방회보" 보도에 "위 총회 의연 제 씨. (…) 김순학 1원"이라고 처음 이름이 나타나는데, 리버사이드 동포로, 1907년 5월 총회를 위한 의연금 1원을 냈던 것이다. 그러니 적어도 1907년 5월 이전에 리버사이드 지역으로 이주했음을 알 수 있다. 또한 『공립신보』 1907년 6월 14일자 "하변 지방회보. 리버사이드 지방회장 김영일 씨의 보고를 거한즉 신입한 회원은 이근술, 김순학 양 씨오…"에서 김순학이 1907년 6월 새로 리버사이드 지방회원으로 입회했음을 명시했다.

특히, 김순학은 1911년 11월 22일 리버사이드에서 대한인국민회 북미총회 대의회가 열렸을 당시 지방회 임시 회장직을 수행하고 있었다. 김순학은 1911년 11월 임원 선거 통상회에서 1912년 지방회장으로 선정되었다. 그렇지만 1911년 말부터 임시로 회장직을 수행한 것으로 보인다.『신한민보』1911년 11월 20일자에 의하면 "리버사이드 지방회보. 본월 11일 체임 통상회에 새로 피선된 임원은 왼쪽과 같다. 회장 김순학, 부회장 이병억, 총무 이병억, 서기 마춘봉, 재무 박충섭, 법무 안리영, 구제 김용년, 대의원 김인수"로 기록되어 있다. 김순학은 1911년 11월 처음 리버사이드 지방회 회장으로 피선되었다.

1911년 김순학이 임시 회장으로 있었을 때 지방 자치 규칙 17조가 마련되었다. 리버사이드의 치안과 질서를 확립한 것이다.『신한민보』1911년 12월 4일자에는 "리버사이드 지방회 임시 회장 김순학 씨 보고를 거한즉, 11월 18일 특별회에서 지방 자치제도를 조직하고 응용 규칙 17조를 기초하였는데 그 요령은 거류지 질서를 정돈하며 패류를 숙청하여 전체 동포의 행복을 증진이라 함(가칙 전문은 래호에 기재함)"이라 기록되어 있다.

그리고 1913년 리버사이드 지방회 부회장으로, 1914년 다시 회장으로 선정되었다.『신한민보』1912년 12월 9일자에는 "하변 지방회보. 본월 2일 체임 통상회에 개선한 임원은 왼쪽과 같다. 회장 차정석, 부회장 김순학 …"이라 보도되었고,『신한민보』1913년 12월 19일자 "하변 지방회보. 동 회장 김순학 씨의 보고를 거한즉, 명년도에 시무할 새 임원은 여좌히 공선한 일. 회장 김순학, 부회장 리일…"이라 보도되었다.

1916년에는 법무원, 1917년 대의원과 실업부원 등을 역임한다.『신한민보』1916년 2월 8일자에는 "하변 지방회보. 회장 이학현, 부회장 정지영, 총무 안영일, 서기 최윤호, 재무 이성민, 학무원 조득린, 법무원 김순학, 구제원 박충섭, 대의원 문영운"이라는 기록이 있으며,『신한민보』1916년 12월 21일자 "리버사이드 지방회보"에 따르면 김순학은 명년도 대의원과 실업부원으로 선출되었다.

이 무렵 김순학은 경제 활동에도 참여한다. 김순학은 윌로우스에서 맹정희 등과 함께 합동농원을 경영했다. 130에이커 토지에서 6,350석을 수확해서 순이익 1,113원가량을 남겼다.『신한민보』1916년 12월 7일자에는 "윌로우쓰 벼농사의 수확, 임지성 순이익 4백여 원 맹정희 순이익 1천여 원. 윌로우쓰 한인 벼농사 맹정희 신광희 마춘봉 김순학 4인의 합동 농원과 임지성 이진섭 양인의 합동 농원의 수확 보고를 듣건대, 대체 이익을 본 것이 이하와 같으니, 맹정희 농원 1백 30에이커의 수확이 6,350석이라. 매석 1원 65전에 도매하여 총합 9,665원 94전을 가지고 경비금 8,552원 83전과 기타 고본을 제하니 순이익이 1,113원 11전이라 하고…"라는 기록이 남아있다.

1917년 8월 29일 리버사이드 국치 기념 행사에서 김순학은 국치기념사를 맡았다. 또한 그가 한인 선교회 목사였던 이력이 있는 만큼 기도 항목도 담당했다.『신한민보』1917년 9월 6일자 기록에는 "리버사이드 지방의 국치 기념. 참통한 예식의 순서. 리버사이드 지방회는 8월 29일 제8회 국치 기념을 거행하였는데 재류 동포의 전수 30여 명이 출석하여 참통한 예식을 거행함이 좌와 같더라. 1. 국가…일동, 2. 기도…김순학, 3. 취지 설명…주석 최윤호, 4. 창가…정부인, 5. 국치기념사…김순학 곽룡주, 6. 창가…아이들, 7. 국치를 셋을 준비…주석, 8. 총회관 가옥 채를 위한 연조, 9. 기도 폐식"으로 기록되어 있다.

또한『신한민보』1918년 1월 24일자 "리버사이드 지방회보"에 따르면 김순학은 재무로 나타난다. 또한 1918년 국민회 창립 기념절 행사에서 "우리 하변 지방회 역사"라는 주제로 강연했다. 김순학이 10년 이상 리버사이드에 머물면서 활동했기 때문에 하변 지방회 역사에 대해 강연하는 역할을 맡은 것 같다. 이 창립기념절 예식에서 아버지 김순학이 강연한 다음 순서에 아들 김태선이 창가를 불렀다.『신한민보』1918년 2월 14일자에는 "창립기념절 각 지방, 리버사이드 지방회. 재류 남녀 동포 23인이 당일 식장에 출석하여 동 지방회장 구정섭 씨 주례

하에 좌와 같은 예식을 순서로 거행하였다더라. 1. 개회…주석 구정섭, 2. 국가…일동, 3. 취지…주석, 4. 창가…아이들, 5. 축사…이운경, 6. 사현금…최재덕, 7. 축사…(누구나), 8. 우리 하변 지방회 역사…김순학, 9. 창가…김태선, 10. 애국가…일동, 11. 삼호만세, 12. 폐식 다과(이운경 씨 축사는 폭원이 없어서 생략함)"라 기록되어 있으며, 『신한민보』 1918년 6월 27일자에는 "김씨 입원. 리버사이드에 재류하는 김순학 씨는 속병을 치료하기 위하여 본월 19일 병원으로 들어갔다더라"라고 김순학이 속병으로 입원한 사실이 기록되어 있기도 하다.

1918년 말은 리버사이드 지방회관이 파차파 캠프에서 근처의 바인 스트리트로 이동한 시기이다. 이 시기에도 김순학은 리버사이드 지방회에서 활동했다. 『신한민보』 1918년 12월 12일자는 "11월 10일 통상회를 경유한 일이 좌와 같으니, 명년도 임원을 좌와 같이 선정한 일. 회장 허승원, 부회장 최재덕, 총무 박충섭, 서기 김태진, 재무 구정섭, 학무원 최재덕, 법무원 구정섭, 구제원 김태진, 대의원 김순학"이라 하며, 김순학이 1919년도 리버사이드 대의원으로 선정되었음을 보여준다.

『신한민보』 1918년 12월 26일자 "리버사이드 지방회보"는 김순학이 다시 재무로 선정되었다고 전했다. 또한 실업 현황도 보도했는데, 김순학은 다른 1명과 합자하여 리버사이드에서 감자 농사를 했다. 그 다른 1명은 박충섭으로 보인다. 이들의 토지는 30에이커이고 자본은 2,600원이었다. 자세한 내용은 "12월 11일 통상회를 경유한 일이 좌와 같으니, 새 임원 조직(회장 구정섭, 부회장 정인영, 총무 최재덕, 서기 김창만, 재무 김순학, 학무 박일우, 법무 박일우, 구제 박충섭, 대의원 이운경) (…) 실업. 허승원 채소농사, 18에이커, 자본총액 1,100원, 이익 1,000원, 김인수, 벼농사, 3인 합자 100에이커, 자본(?), 이익 3천 석가량, 김순학(감자 농사) (2인 합자) 30에이커, 자본 2,600원, 박충섭(감자 농사) (2인 합자) 30에이커, 자본 2,600원"이라 기록되어 있다.

또한 김순학이 1919년 마차 사고로 사망했다는 현지 신문 기사도 발굴되었다. 리버사이드 지역 신문인 『프레스 엔터프라이즈』 1919년 2월 24일자 보도에서 "한국인 김순학이 어제 마차 사고로 중상을 입었는데 42세의 나이로 사망했다"고 나와 있어 김순학이 한국인임을 확인할 수 있었다. 『리버사이드 디렉터리』에서 1914부터 1917년까지 김순학이 글렌우드(현재의 미션 인) 호텔에서 베이커로 일했다는 새로운 정보도 확인했다. 그는 마차 사고로 사망할 때까지 이 호텔에서 근무했다. 지역 신문인 『프레스 엔터프라이즈』 2월 26일자 기사에 "한인 장로교회에 있었던 김순학의 장례식에 참석한 분들에게 감사하다"는 광고도 실려 있다.

『신한민보』 1919년 2월 27일자 기사는 김순학의 마차 사고에 대해 다음과 같이 자세히 보도했다. "김순학 씨 비명횡사. 달리는 마차에서 떨어져 즉각 사망. 리버사이드 지방에서 이운경, 송종익 양 씨의 보고에 의하면, 지난 23일 오후 4시 그곳에 거류하는 김순학 씨는 박충섭 씨의 가족과 함께 마차를 타고 농장에 나가다가, 중도에서 마차에 매인 말이 부지중에 총알 같이 달아나는 바람에 마차 위에 앉아 있던 사람이 모두 떨어질 때, 김순학 씨는 두골이 깨어져 곧 정신을 잃었다. 병원에 입원시켜 의사의 수술을 받았으나 마침내 차도를 얻지 못하고 그날 오후 6시 10분에 세상을 떠났다. 그 이튿날 10시 30분에 에버그린 매장지에 안상하였다더라."

또한, 같은 지면에서 "박충섭 씨 가족은 중상. 그 마차에서 떨어지는 때에 박충섭 씨와 그 부인과 자녀가 다 중상하였으나 위태한 지경은 면하였고, 다만 박 부인은 잉태한 지 6, 7달이 된 가운데 마차에서 떨어질 때에 크게 놀랐고 조금 상처를 입어 마음과 신체가 강건치 못하므로 지금 그곳 병원에 입원하여 치료하는 중인데 수일 후면 차도를 얻어 퇴원할 듯하다더라"라고 보도했다. 김순학은 박충섭 부부와 함께 마차를 타고 농장으로 가다가 불행하게도 말이 갑자기 빠르게 내달리는 바람에 마차에서 떨어져 사망하고, 박충섭 가족은 중상을 입은 것이다. 아마도 리버사이드 감자 농장으로 가는 중에 벌어진 일이었던 듯하다.

또한 『신한민보』 1919년 3월 6일자 기사는 "고 김순학 씨의 장례. 호상자 내외국인 46명. 리버사이드에 다년 머물던 김순학 씨의 별세의 보도는 이미 기재되었거니와, 지난 25일 오전 10시에 그 장례식을 그곳의 윔 암쓰테즈 교당에서 거행하였다. 로스앤젤레스, 업랜드, 클리몬트 등지에서 호상으로 온 손님이 19인이오, 서양 손님이 14인이오, 본 지방 동포 13인과 더불어 46명이 호상하였다. 장례식은 민찬호 목사가 주장하여 슬픈 기도와 영결의 노래를 마친 후에 내외국인의 슬픈 눈물로 에버그린 매장지에 안장하였다. 후에 고 김 씨의 제일 믿는 셔양 친구 밀러 씨는 모든 손님을 '그린운' 여관으로 청하여 오찬을 대접하였더라"고 전하고 있다.

여기서 밀러 씨는 당시 김순학 씨가 일했던 글렌우드 호텔 주인이다. 그가 동양인 종업원의 장례식에 참석하고 문상객을 모두 호텔로 초대해 식사를 대접한 것은 매우 파격적인 행동이다. 그러므로 이 일은 김순학의 인품을 잘 보여준다고 할 수 있다. 1911년 대한인국민회 북미총회가 리버사이드에서 개최되었을 때 임시 회장을 역임했고, 한인장로선교회 목사로도 활동한 김순학은 글렌우드 호텔에서 일하면서 신임을 많이 얻었던 것으로 보인다. 그러나 애석하게도 마차 사고로 사망한 것이다.

아들 김태선

김태선(Joseph Kim)의 묘비에는 한글로 "김티션의 묘"라고 쓰여 있다. 김태선에 관한 새로운 신문 기사도 발굴되었다. 김태선은 현지 신문인

『프레스 엔터프라이즈』 1915년 11월 23일자에 자신이 주방장으로 일하고 싶다는 광고를 내기도 했다. 1925년 11월 24일에는 그가 사망했다는 신문 보도와 함께 1925년 11월 27일에는 장례식이 거행됐다는 보도도 발견되었다. 놀라운 사실은 김순학과 김태선은 부자지간이었다는 사실이다.

1918년 김태선은 대한인국민회 회원으로서 아버지 김순학과 함께 의무금을 납부했다. 『신한민보』 1918년 2월 7일자에는 "국민의무금. … 김순학 5원, 김태선 2원 50전…"으로 나타난다. 『신한민보』 1918년 2월 14일자에 따르면, 국민회 창립기념절 예식에서 아버지 김순학이 강연하고 아들 김태선이 노래를 불렀다.

1925년 12월 3일자 『신한민보』는 다음과 같이 사망 소식을 보도했다. "김태선 씨는 '캔서'로 불행 별세. 리버사이드에 거류하던 고 김순학 씨의 장남 김태선 씨는 불행히 '캔서'라는 중병을 얻어 그곳의 공립병원에 입원하여 치료하였었으나, 마침내 백약이 무효하여 24일 오후 12시에 별세하여 같은 달 27일 오후 2시 반에 그곳의 공동 매장지에 안장하였다. 김 씨는 금년이 28세 된 아주 젊은 청년 학생으로서 그 목적을 이루지 못하고 황천의 나그네가 된 고로 당지에 거류 동포들은 동정의 뜨거운 눈물을 뿌린다더라(리버사이드 통신)." 이로부터 김순학과 김순학의 장남인 김태선이 부자 사이이며, 그의 정확한 사망 원인도 밝혀진 것이다.

전낙청 가족의 스토리는 딸 엘렌 전이 남긴 글과 인터뷰를 통해 자세히 알 수 있다. 그녀는 1992년 6월 3일자 『미주한국일보』와의 인터뷰에서 자신의 가족 이야기를 들려주었다. 전낙청 가족은 하와이로 이주한 초기 이민자이다. 당시 한인들이 사탕수수 농장에서 힘겨운 이국 생활을 했던 것처럼 전 씨와 친척들도 이곳에서 어려운 생활을 해야 했다. 그녀의 이야기는 다음과 같다.

전낙청 씨는 아이들의 교육에 깊은 관심을 기울여왔으나 당시 하와이 지역에는 마땅한 교육기관이 없어 캘리포니아 이주를 결심하게 됐고, 당시 항일운동을 하고 있던 국민회의 도움으로 샌프란시스코 지역으로 이주할 수 있었다. 그러나 이곳에서도 생활이 어려워 결국 모하비사막에서 그곳을 관통하는 센타페 철도건설 사업에 종사하게 됐는데, 가족들도 철도 레일에 설치된 3개의 차량에서 약 10개월 동안 함께 살 수밖에 없었다.

뜨거운 사막에 더위 등 열악한 환경과 싸워야 했고, 2주마다 배달되는 음식과 채소 등으로 생활해 나가야 하는 고통스러운 날들이었다.

1908년 전낙청 씨는 가족들을 이끌고 도산 안창호 선생이 살고 있는 리버사이드로 들어오게 된다. 전 씨가 리버사이드로 이주할 당시 이 지역은 거의 다 오렌지 농장이었으며, 독립운동가 도산 안창호 선생은 이미 지금의 페드리 근처 한 오렌지 농장에서 일하며 항일운동을 하고 있었다. 전 씨는 치과 의사였던 마워 박사의 농장에서 일했는데, 열심히 일한 덕택에 신임을 받았지만 1913년 리버사이드 지역을 강타한 심한 한파로 대부분의 농장이 큰 피해를 보았고, 이로 인해 농장주들은 백인들만 고용해 이곳에 종사하던 한인들은 다시 거처를 옮겨야 했다.

당시 오렌지 농장에서 함께 일하던 안창호 선생과 임준기, 이강치 등은 숙소를 국민의 캠프로 사용하는 등 샌프란시스코 국민의 본부와 밀접한 연락을 주고받으며 항일운동을 추진했다. 1914년 리버사이드로 이주한 겨우 전 씨 가족은 새로운 생활을 개척하기 시작했는데 여자들은 병원에서, 남자들은 식당 등에서 잡일을 해가며 승계를 굴욕하게 됐으며, 나이가 어렸던 엘렌 여사는 1919년부터 1924년까지 알링턴 리버티 국민학교에 마련된 탁아소 신세를 져야 했다. 1921년 엘렌 여사의 큰오빠는 포도원에서 일하기 위해 임페리얼카운티로 떠났으며, 가족들은 오랫동안 가구도 없는 집에서 살아야 했다. 1924년 어머니가 암으로 사망하자 16세 이상 된 형제들은 모두 일해야 했으며 학업도 포기해야 하는 곤경에 처하기도 했으나 엘렌 여사는 마우어 박사 부인의 배려로 로스앤젤레스 존 애덤스 주니어 고교에 진학할 수 있었으며 2년제 대학을 졸업한 후 전화국에서 근무했다. 엘렌 전의 스토리를 전낙청 가족의 이야기를 들어보았는데, 전낙청은 많은 소설을 남겼고 조카 전경무는 대한민국 올림픽 부위원장직을 수행하다가 비행기 사고로 사망했다.

『공립신보』에 보도된 전낙청 관련 기록은 1906년이 처음이다. 『공립신보』 1906년 9월 7일자 보도에서 "하와이 가와이섬 막가울니에 류하는 전낙청·한재상 양 씨가 학생을 위하여 의연금 4원을 공립협회 교육부로 보내면서 기서한 대략이 좌와 같음"이라고 했는데, 1906년 전낙청은 하와이에 있었고 학생 교육을 위한 의연금 4원을 공립협회 교육부로 보냈다. 전낙청은 1907년 무렵에 하와이에서 리버사이드로 이주하여 공립협회에서 활동했고, 1908년 리버사이드 지방회 부회장으로 선출되었다. 『공립신보』 1907년 12월 20일자 보도에 의하면 "리버사이드 지방회 보고. 동일 하변 지방회장 차정석 씨의 통상 보고 내에 신구 교체한 임원은 여좌하니, 부회장 김영일 씨 대 전락청 씨오, 사법 오진국 씨 대에 김창률 씨오, 학무 오진국 씨 대에 전락청 씨오…"라고 기록되어 있다.

조카 전경부와 전경무

전경무는 전낙청의 형 전낙준의 아들이다. 하와이에 거주하던 전경부와 전경무 형제는 공부하기 위해 리버사이드에 왔다. 그리고 전낙청의 집에서 살면서 학교를 다녔다. 1910년 1월 12일자 『신한민보』는 "하변지방회보. (…) 학무 보고. 본 지방 소학생은 차의석, 김용찬, 임보패, 백명선, 백광선, 전장손, 전소자. 윤진오 씨는 한문을 야학함"이라고 보도했다. '전장손'과 '전소자'는 전 씨의 맏아들과 작은아들을 이르는 것으로 보인다. 즉, 전낙청의 조카 전경부와 전경무를 지칭하는 듯한데, 1910년 당시 소학생이었다. 『신한민보』 1913년 10월 31일자 기록에는 "리버사이드 학생. 리버사이드에서 공부하는 우리 동포 학생은 여좌. 전경무 중학교 1년급, 전경유 소학교 2년급, 김달리 동 여학생 1년급"이라 기록되어 있고 1913년에는 전경무가 중학교 1년급, 전경유가 소학교 2년급이었다.

이후에는 클레어몬트 지방에서 공부했다. 『신한민보』 1915년 9월 30일자 "클레몬트와 업플랜드의 우리 학생"에서 전경무는 중학 1반으로 나타난다. 『신한민보』 1916년 6월 22일자 "한인 학생 일람표"에서도 전경무는 클레어몬트 중학 1년생으로 나타난다.

전낙준과 전낙청 가족은 글 쓰는 재주가 많았는지, 전낙준의 아들 전경무는 자서전을 남겼다. 그러나 그것은 출판되지 않았다. 대신 사촌인 엘렌 전이 그것을 읽고 개인 메모, 즉 "퍼스널 노트(Personal Note)"를 썼는데, 거기에서 리버사이드에 관해 언급하고 있다. "판잣집의 마루는 여기저기 균열이 있었고 쪼개진 곳도 있었는데 돈이 없어 고칠 엄두도 내지 못했다. 어머니는 돗자리라도 짜서 마루에 덮으면 좋겠다는 생각을 했지만 시간이 없어 방치해두어야 했다. 이럴 때 경부와 경무의 어머니가 함께 있다면 돗자리를 함께 짤 수 있겠다고 생각했지만 곧 잊어버렸다."

　이선주도 전경무가 남긴 기록을 다음과 같이 소개하고 있다. "한인 커뮤니티는 두 줄의 철로 부근에 있었다. 그곳은 모두 스무 채가량의 빨간 주택들로 이루어져 있었는데 최근에 도착한 약 200명의 한인들이 살고 있었다. 그 가운데는 가정을 이룬 열 가족도 포함되어 있었다. 집이 좁은데다가 침대도 모자라서 한 방에서 네 명이 마룻바닥에서 자야 했다." 경부와 경무가 리버사이드 파차파 캠프에 머물 때 부모인 전낙준 부부는 하와이에 거주하고 있었다.

　전경무는 리버사이드와 클레어몬트 지역에서 학교를 마치고 미시간 대학에 진학하여 학창 시절에 미식축구 선수 및 웅변부장으로 활동했다. 1923년 열린 제1회 대한인유학생대회에서 전경무는 유창한 영어로 사회를 보았다. 이때 서재필이 유학생의 선진이요, 원로로서 연설했다. 1924년에는 미국 본토 미시간 대학에서 학업을 마치고 하와이에 있는 부모님에게 근친을 갔는데, 하와이 사회에서 큰 환영을 해주었다. 전경무는 영어 웅변가로서 명성이 자자했다. 졸업 후에는 워싱턴에서 활발한 독립운동을 전개했다. 그리고 전경무는 1925년 9월 12일 서매리아와 결혼했다.

　『신한민보』 1932년 8월 25일자 "올림픽 대회의 성황, 인종 관념 없는 스포츠"라는 제목의 기사가 실렸는데, 이 기사를 취재한 사람이 신한민보사 특파원 전경무이다. 1932년 전경무는 대한인국민회 외교원으로서 시카고로 가서 중일 관계, 만주 문제, 조선 문제 등에 대해 강연하기도 했다. 1945년 전경무가 중국공산당 신문의 통신원이 되었다는 소문이 돌았으나, 『신한민보』에서 헌정당과 그 기관지는 공산당이 아니라고 변호해주었다. 그는 1945년 11월 한국으로 귀국하여 올림픽대책위원회 부위원장으로 활동했다. 1947년 6월 스웨덴의 스톡홀름에서 개최되는 제40차 총회에 참석하기 위해 5월 29일 미군 전용기 편으로 출발했다. 그런데 일본 도쿄 비행장 근처에 있는 산정에서 탑승 비행기가 충돌하여 동승자 40명과 함께 참사했다.

부인의 병과 경제적 곤란

전낙청은 1918년 아들을 보았다. 『신한민보』 1918년 3월 7일자에 "국민 신적. 리버사이드 전낙청. 2월 5일 생남"이라고 보도했다. 그 아들의 이름은 전경상이다. 『신한민보』 1918년 12월 26일자에 "리버사이드지방회. 전낙청 아들 경상 2월 5일 생"으로 기록되어 있다. 그러나 부인은 1919년 병으로 고생하다가 유리와 망치로 스스로 몸을 해했다. 『신한민보』 1919년 10월 11일자는 "리버사이드에 재류하던 전낙청 씨 부인은 수삼 삭 동안 신병으로 고통하다가 지난 토요일에 정신없이 유리 조각과 망치로 전체를 쪼아 만신이 상처뿐인 고로 곧 의사를 청하여 응급수술을 당하고 병원에 입원하여 치료 중이나 아직 생사를 알 수 없다 하더라"라고 보도했다.

부인이 병원에 입원하게 되자 전낙청은 7명의 아이들을 돌보아야 하는 어려움에 처하게 되었고, 리버사이드 동포들이 신한민보를 통해 다른 동포들에게 구제금을 요청했다. 『신한민보』 1919년 10월 11일자에 의하면 "본 지방에 다년 재류하던 전낙천 씨는 다수한 가권을 거느리고 생활난으로 골몰하던바, 겸하여 씨의 부인은 신병으로 오랫동안 신음하다가 금월 3일에 하일랜드 공립병원에 입원하온바 그 병세가 참혹하옵고, 또한 전낙천 씨는 일곱 어린 아이들을 거느리고 곤란과 심로로 애쓰는 현상은 차마 볼 수가 없사와, 본 지방에 재류하는 동포 수효대로 구제하기로 발기하고 이 사정을 여러 동포에게 고하옵나니, 동족을 사랑하고 자선심이 풍부한 동포는 전 씨를 위하여 다소간 구제금을 본 지방 수전위원 허승원 박충섭 양인에게로 부응하시면 감사하겠소"라고 기록되어 있다. 따라서 엘렌 전과 아이들은 어린 시절 고아원에서 자라났다.

전낙청의 자녀들

1917년 6월 21일자 『신한민보』 "재미 한인 학생 조사표"에는 전낙청 자녀들 이름이 나타난다. 리버사이드 그랜스 관립학교 4학년에 전오배, 1학년에 전삼손, 링컨학교 1학년에 전엘리자벳이 재학 중이었다. 『신한민보』 1918년 7월 4일자 "리버사이드 국어학교 학생 명단"에 나타나는 갑반의 전오배, 을반의 전삼손, 전엘리사벳, 병반의 전잭도 모두 전낙청의 자녀들이다. 이들은 국어학교와 현지의 미국 학교를 함께 다닌 것으로 보인다. 『신한민보』 1929년 12월 26일자 "나성 지방회" 보고에 따르면, 전잭과 전아모스가 12세로부터 14세까지로, 로스앤젤레스 소학 8반이었다. 같은 기사에서 "전경무(딸)"라고 전경무가 딸을 낳은 사실을 보도하고 있다. 그러므로 전잭의 사촌 전경무는 1929년 당시 결혼한 상태였다. 한편, 전낙청의 딸 엘렌은 리버사이드에서 출생했는데, 자신의 경험을 「마음을 따뜻하게 하는 것들(Heartwarmers)」이라는 글로 남겼다.

전낙청의 넷째 아들 오미스는 우수한 성적으로 졸업했는데, 수학에 능해 칼텍 대학교에 입학한다고 했다. 전낙청의 아들 전오베트, 전아모스, 전이수, 전샘슨, 전잭 총 다섯 명이 제2차 세계대전에 참전했다. 『신한민보』 1942년 12월 10일자 "종군 한인 청년. 전오벨 군, 전엠오스 군, 전이수 군, 전쌤 군, 전쨕 군 이상은 전낙청 씨의 령윤" 전잭은 참전하여 실버스타, 퍼플하트 등의 훈장을 받았다고 『신한민보』 1945년 10월

4일자 "전잭 하사의 영용 전적"이라는 제목으로 보도했다.

한편, 『신한민보』 1943년 7월 15일자에 "전쌤 군과 황앨리스의 결혼. 현재 육군에 복무 중에 있는 소위 전쌤 군과 황성오 씨 부인의 딸 앨리스 양은 7월 17일 밤 8시에 씩스 스추리와 캄몬웰트에 있는 쉐토 채풀에서 결혼식을 거행할 예정인데…"라고 보도했다. 전샘슨의 부인은 황앨리스인데, 2017년 8월 13일 패서디나의 요양원에서 105번째 생일잔치를 열었다. 앨리스는 하와이 이화 농장에서 출생했고, 8세 때 로스앤젤레스 지역으로 이주했다. 대학교 재학 중 댄스파티에서 당시 미 공군에 입대하여 대위로 근무하던 전샘슨을 만나 결혼했다. 그녀는 대학 졸업 후 로스앤젤레스에서 수도 엔지니어로 일하다가 은퇴했다. 남편 전샘슨은 리버사이드에서 출생하여 어린 시절을 리버사이드에서 보냈다.

전낙청이 남긴 문학작품

전낙청은 『홍경래전』과 『부도』라는 소설을 남겼다. 또한 남가주대학교 동아시아도서관이 소장하고 있는 『구제적 강도』라는 제목의 전낙청의 또 다른 책이 있는데, 이 책에는 '잭 전'이라는 인물이 나온다. '잭 전'이 리버사이드에 있는 미시즈 윌킨스를 만났고, '잭 전'은 '에바 헤스팅'과 같은 고등학교를 나왔다는 내용이 언급되어 있다. 그런데 소설에 등장하는 '미시즈 윌킨스'는 실제로 '잭 전'을 돌보아주던 주인집 아주머니이다.

1920년도 파차파 캠프 인구센서스에 따르면, 제니 윌킨스(Jennie A. Wilkins, 57)가 세대주인 가정의 피보호자들은 "엘리자베스 전(Elizabeth Thun, 여, 9), 엘렌 전(Ellen Thun, 여, 7), 잭 전(Jack Thun, 남, 4), 아모스 전(Amos Thun, 남, 3), 에서 전(Esau Thun, 남, 1)"으로 나타나는데, 이들은 바로 전낙청의 자녀들이다. 전낙청 부부가 타 지역으로 일하러 간 사이에 윌킨스 부인이 자녀들을 돌봐준 것이다.

또한 『구제적 강도』는 잭 전이 종군했다가 돌아온 상황으로 설정되어 있는데, 이것도 실제 사실과 관련이 있다. 『신한민보』 1942년 12월 10일자 기사는 "종군 한인 청년. 전오벨 군, 전엠오스 군, 전이수 군, 전쌤 군, 전잭 군. 이상은 전략청 씨의 령윤"이라고 하며, 잭 전이 종군했던 사실을 확인해주고 있다. 하지만 무엇보다 이 소설에는 '잭 전'뿐 아니라 '리버사이드의 미세스 윌킨스'라는 이름이 정확히 실존 인물의 그것과 일치하기 때문에 『구제적 강도』가 실존 인물 잭 전과 관련된 것은 거의 확실해 보인다.

또 다른 소설 『오월화』에서는 "29년 가을 9월에 잭이 열여이 하이스쿨에 입학하니"라는 구절이 있다. 1929년 실제로 잭 전은 로스앤젤레스에서 소학 8반생으로 학교에 다니고 있었다. 『신한민보』 1929년 12월 26일자에 의하면 "나성 지방회. 지방 회장 석대원 씨의 보고. 학무 박경신 씨의 보고. 소학 8반생 리일천, 리매리, 윤영희, 김인, 박윤하, 전쨕, 전오마쓰, 김미순, 정대벽(12세로 14세까지)"이라 기록되어 있다.

그런데 『신한민보』 1909년 2월 24일자 "미국의 교육 제도"에 따르면, 소학교 8~9반 졸업 후 하이스쿨에 입학이므로 전잭의 소설 속 나이와 실제 나이는 크게 차이가 나지 않는다. "미국의 학교 계급은 소학교(그래머스쿨), 중학교(하이스쿨), 전문학교 혹 대학교(칼레지 혹 유니버시티)의 세 가지 계급으로 나뉘었으니, 소학교 중학교는 보통교육을 교수하고, 전문학교 혹 대학교는 전문교육을 교수하더라. 보통교육은 국민의 필요한 교육으로 주안을 삼는 고로, 각 주 지방정부에서 전담하여 공설하고, 전문교육을 각 주 지방정부가 반드시 공설제도로 설립함이 있으나, 사립하는 것이 도리혀 성하여, 미국에 저명한 대학교는 사설제도로 세운 것이 많더라. 대개 미국의 교육사항은 각 주 지방정부에서 각각 담임하고, 중앙정부는 토지와 재정을 기부하여 장려할 뿐이더라. 교수하는 연한은 소학교 외 심상 고등 양과를 합하여 8년 혹 9년이며, 중학교와 혹 고등학교는 3년 혹 4년이며, 대학교는 4년이니, 그 외에 전문학교와 직업학교의 연한은 대개 3년이더라."

또한 전낙청의 4자인 전오마스가 수학을 잘해 칼텍 대학교에 진학했다는 것과 소설 속 잭 전이 수학을 잘해서 여성들에게 인기를 끌었던 것도 어느 정도 관련성이 있는 것으로 보인다.

차정석 가족　　차정석 - 차정성　—　차의석 - 차영선(김영선)

차정석 가족은 『신한민보』에 많은 기록들이 나타난다. 먼저, 리버사이드 거주 기록이 있는 인물은 차정석과 차의석으로, 이들은 사촌 관계이다. 이 밖에 『신한민보』에 나타나는 남성 친족으로는 차원석, 차리석, 차광석이 있고, 여성 친족으로는 차락희, 차보석이 있다.

차원석은 차정석의 친형으로 본국에 거주했다. 조카인 차영천이 중국 남경 금릉대학에서 공부하다가 1923년 미국 유학차 북미에 왔는데, 1932년 차영천과 최에다의 약혼식 때 숙모인 차정성과 당숙인 차의석이 참석했다.

차리석도 차정석의 친형이다. 평양에서 숭실중학 및 숭실대학을 졸업하고 숭실대학의 교수가 되었다. 1919년 4월 상해임시정부가 설립된 후 상해로 가서 임시정부를 위해 활동하다가 1945년 사망했다. 가족으로는 부인과 1남 2녀가 있었고, 친제 차정석은 미국 나성에 있었으며, 백씨와 중씨는 본국에 있었다.

차광석은 평양의 숭실대학과 신학교를 나와 함북 운기 지방의 야소교회에서 6년간 목사로 일했다. 1935년 미국에 들어왔고 나성 침례교 신학교에서 신학을 공부하여 학위 취득 후 1937년 귀국했다. 조카가 차영천이고, 나성의 김강과 남매간이라고 한다.

차락희(백락희)는 차정석의 친동생으로, 백일규와 혼인했다. 차락희는 정신여학교 출신으로, 여성 교육을 위해 모금한 금액을 학교로 보냈다. 올케언니 차정성, 여자 형제인 차보석, 차락희 자신과 남편 백일규가 모두 기부금을 냈다.

차보석(황보석)도 차정석의 친동생으로, 1925년 황사선과 혼인했다. 차보석은 본국인 한국에서 종교계와 교육계에 종사하다가 미국으로 와서 30세의 처녀로서 황사선 목사와 결혼했는데, 결혼 후에도 교회 일에 전념했다. 뇌출혈로 40세도 채 못 된 젊은 나이로 사망했는데, 차정성은 설움에 북받쳐 차보석의 장례식에서 기절했다.

차정석의 리버사이드 지방회 활동

차정석은 리버사이드에서 1907년부터 1913년까지 활동했다. 가장 초기의 기록은 1907년 5월 『공립신보』이다. 『공립신보』 1907년 5월 10일자 "하변회 보고"에 연환회에서 총회를 위한 의연금 1원을 낸 것으로 나타난다. 차정석은 1907년 말, 1908년, 1909년, 1910년 초까지 리버사이드 지방회에서 회장으로 활동했다. 1913년까지 리버사이드 관련 행적이 나타난다.

차정석은 신한민보사를 위해 10원을 연조했다고 『공립신보』 1908년 8월 5일자에 보도했다. 그리고 1909년 5월 리버사이드 지방회에서는 본국 함경남도 문천군 기근에 연조했는데, 이때 차정석은 1원을 냈고, 이응호와 더불어 수전위원으로서 34원 50전의 의연금을 수합했다고 『신한민보』 1909년 5월 19일자에 보도하고 있다. 1909년 리버사이드 지방 회원들이 지식을 교환하기 위해 토론회를 조직했는데, 이때 차정석은 서기로 선정되었다. 또한 1910년 신한민보사 가옥 창건을 위한 동맹원 모집과 기금 모금 활동에서 차정석은 백신구, 이석원과 더불어 리버사이드 대표였다.

차정석은 1910년 자동차에 목을 부딪치는 큰 사고를 당했다.『신한민보』1910년 10월 26일자에 의하면 "차정석 씨 낙상. 리버사이드 차정석 씨는 일전에 길로 지나다가 우연히 자동차에 부딪쳐 목을 다친 고로, 즉시 병원에로 가서 치료하는 중인데 처음에는 목이 부어 언어를 통하지 못하더니 지금에는 적이 차효가 있어 간신히 어음을 발한다더라"라고 보도했다.

1911년 리버사이드에서 있었던 대한인국민회 북미총회 준비를 위해 차정석은 간사위원으로 역할을 담당했다.『신한민보』1911년 11월 20일자에 "하변 지방에 대의회 준비. 국민회 하변동 지방회는 금년도 대의회가 해 지방에서 소집이 되는 고로, 특별히 주인 되는 예수를 다할 뿐 아니라 각처 대의원에게 간친한 성의를 표하기 위하여 응접위원은 김인수 씨 간사위원은 차정석 씨로 택정하여 일반 대의원을 편리토록 응접 주선할 터이라더라"라고 보도했다. 또한 1911년 리버사이드에서 열린 대의회에 차정석은 김인수와 더불어 리버사이드 대의원 자격으로 참석했다.『신한민보』1912년 3월 18일자 "하변 지방회보"에 따르면, 차정석은 자치위원 및 의무금 수봉위원으로 활동했고,『신한민보』1912년 7월 8일자 "하변 지방회보"에서는 학무로도 나타난다.『신한민보』1913년 6월 23일자 "하변 지방회 현임 임원"에 회장으로 나타나는 것으로 보아 1913년 중반까지도 리버사이드에서 활동한 것으로 보인다.

차정석은 1917년 신한민보사 가옥을 유지하기 위해 모금운동을 전개하는 논설을 썼는데, "패서디나로 차정석"이라 쓰고 있어 패서디나로 이거했음을 알 수 있다. 그는 이 논설에서 신한민보사 가옥이 동포들을 지켜주는 의지처라는 것을 강조했다.

1919년 본국에서 3·1운동이 일어난 이후 차정석은『신한민보』에

"바다 밖에 나온 동포에게 경고"라는 논설을 게재하며, 본국 동포와 해외 동포의 긴밀한 협력과 단합을 주장했다. 『신한민보』 1919년 3월 25일자에는 "우리 민족이 나라의 주권과 민족의 행복을 저 원수에게 빼앗긴 이후, 저 원수의 한량할 수 없는 압제와 학대를 당하는 중에, 그중 더욱이 우리의 경애하는 지사를 포박하여 악형을 그 몸에 심히 하여 살해하였으며, 점점 우심하며 우리 전체 민족을 잔멸코저하는 악독한 정책을 쓰니, 우리 해외에 재류하는 동포는 이를 살펴 맹성할지어다.

지난 10년 동안에 이 압제와 학대를 받은 자 그 누구며, 악형과 학살을 당한 자 그 누구요. 해외에 있는 우리들의 부형이오, 자질이며, 친척이오, 친구며, 아울러 또한 우리의 혈족이니, 참으로 볼진대, 저 원수는 우리 각 개인의 원수요, 온통 민족의 공통한 원수올시다. 그러나 외양에 재류하는 우리 동포 중에 아직도 원수를 원수로 알지 못하며, 동족을 동족으로 깨닫지 못하는 자 있으니, 가통할 일이올시다. 지나간 일은 다 말씀 않으려니와, 오늘날 당한 피치 못할 담책이 온통 민족에게 이르렀으니, 이는 곧 본월 1일에 내지 동포들이 원수의 강제 밑에서 협심 단결하고 일시에 각처에서 이러나 대한 독립을 선언함이라.

장쾌하도다. 내지 동포의 애국성이여. 담대하고 용맹하도다, 내자 청년의 모험적 대활동이여! 과연 훼와에 있는 자로 하여금 잠을 깨게 하며 기뻐 미칠 듯 뛰놀게 하였도다. 그러나 독립을 선언하였다고 기뻐만 힘은 아닐지니, 반드시 우리가 독립을 회복하기까지 온통 민속이 굳게 단합하여 전심 성력으로 재주와 재정을 아끼지 말고 중로에 끊임없이 진력하여야 될 바니, 우리 일반 동포는 단합하여 인도자의 지휘 아래 의무를 사양치 말고 백절불굴하는 성의로 싸워 나아가다가 독립을 회복하옵시다. 또는 내지 동포의 오늘 당하는 참상을 살피는바, 비극 참극이 형언할 수 없겠으리니, 첫째로 내지 동포의 생명을 하루 바삐 구원하여야 될지라. 이 구원은 외양에 있는 우리의 원조와 운동이 아니면

할 길이 없으니 한량할 수 없는 참혹한 살육 속에 있는 우리 동족을 빨리 구원하는 일에 혈성을 다하여 진력하시기를 절원하옵고 감히 두어 말로 해외에 계신 모든 동포 앞에 경고를 올리나이다"라고 기록되어 있다. 『신한민보』 1922년 12월 14일자 "로스앤젤레스 지방회보"에 따르면 차정석은 부회장으로 나타난다. 차정석은 1945년 12월까지도 『신한민보』에 이름이 나타난다. 차정석은 계속 의무금 납부, 동포 연조 활동에 참여했고, 국민회 활동과 독립운동을 지원했다.

차정석 부인 차정성

차정석은 부인 차정성과의 슬하에 자녀를 보지 못했다. 대신 차정성은 시누이와 시동생들이 있는 샌프란시스코를 빈번하게 내왕하며 가족들과 소통하고 활동을 지지해주었다. 시누이 동생 부부들은 미주 한인사회에서 활발하게 활동한 인물들로, 황사선-황보석(차보석) 부부와 백일규-백락희(차락희) 부부이다.

『신한민보』 1925년 7월 16일자는 "차부인 정성 내상"이라는 제목으로, 차정성이 샌프란시스코에 있는 시누이 백락희(차락희) 집에서 유숙하고, 조카 매리를 데리고 로스앤젤레스에 돌아왔다는 소식을 전했다. 『신한민보』 1928년 7월 26일자 "황부인 보석 씨와 차부인 정성 씨"에 따르면, 차정성은 1928년 7월 로스앤젤레스 주일학교 대회에서 시누이 황보석(차보석)을 만났다. 이처럼 차정성은 친족들과 적극적으로 소통하며 시누이들과 매우 친밀하게 지냈다. 1930년 차정성이 패서디나에 살았을 때도 샌프란시스코에 있는 동생들을 방문했다. 『신한민보』 1930년 7월 10일자에는 "차부인 상항 심방. 패사데나에 다년 거류하는 차정석 씨의 부인 정성 씨는 상항에 있는 동생들을 심방차로 지난 토요일 저녁에 안착하였더라"라는 기록이 있다.

『신한민보』 1924년 6월 19일자 "유덕 학생 구제금" 명단에는 차보석, 차부인 정성, 차정석이 나란히 나타나고 있는데, 각각 1원씩 기부했다. 차정석 부부는 미혼인 차보석과 함께 활동했던 것으로 보인다. 한편, 차정성은 시누이 보석(차보석)과 각별하게 지냈던 만큼 황보석(차보석)이 죽기 전에 3주간 간호했다. 『신한민보』 1932년 3월 31일자에는 "차정석 씨 내외분 장례 후 회정. 3주일 동안 고 황부인의 병을 간호하고 있던 차부인 정성 씨와 그의 남편 차정석 씨는 누이동생의 장례를 지나고 재작일 아침차로 떠날 때에 처남 매부가 눈물 속에서 서로 작별하였다더라"라고 보도되었다.

　1918년부터 여성의 대한인국민회 입회가 허락된 만큼 여성들의 활동상도 『신한민보』에 보도되었다. 『신한민보』 1919년 3월 27일자 "부인 독립 의연"에서 "차정성 10원"으로 나타나고, 『신한민보』 1919년 3월 29일자 "대한 부인 애국단"에서 "차정성 10원"으로 나타난다. 이처럼 차정성은 부인 단체에 의연했고 기근 구제, 학생 원조 등을 했다. 차정성은 1926년 1월 신년에 남편과 함께 국민회 의무금을 냈다. 의무금을 냈으므로 국민회 회원 활동을 한 것인데, 이후부터 매년 남편과 함께 의무금을 냈다. 『신한민보』 1926년 1월 7일자 "의무금. (본회의 목적: 교육 실업 진발, 자유평등 주창, 조국광복 원조) 차정석 10딸라, 차부인 정성 10딸라 (…)"라는 기록이 있다.

　『신한민보』 1931년 2월 5일자 "국민회 제22회 창립기념일에 대성황"이라는 보도에서 1931년 2월 1일 부인들이 국민회에 입회했다고 보도했다. 이날은 제22회 국민회 창립 기념일이었는데, 로스앤젤레스에서는 80명이 참석했고 차정성의 시누이들인 황보석(차보석), 백락희(차락희)가 입회했고 차정성은 남편 차정석과 함께 각각 1원씩 연조했다. 황보석(차보석)의 남편 황사선이 이 행사에서 기도했고, 백락희(차락희)의 남편 백일규는 연설했다.

차정성은 1944년 사망했다. 『신한민보』 1944년 3월 30일자에는 "사망. 상항 차부인 정성 씨가 3월 26일 별세"했다고 다음과 같이 자세히 보도했다. 『신한민보』 1944년 4월 6일자 기록에는 지방 소식. 차부인 정성 씨의 장의 후문, 상항에 재류하는 차정석 씨의 부인 정성 씨의 별세는 일찍이 본보에 보도한바 장의 거행에 관한 상항 통신이 아래와 같다. "부인은 반생을 미국에 있는 동안 그 남편과 분투 생활을 같이하는 동시 교회와 사회를 위하여 노력을 더하였고, 아울러 처세가 평화로워 인리의 경의를 받고 있다가 이제 세상을 떠나매, 친척 친우가 다 같이 애도하고, 남편 차정석 씨는 부인과 청년에 결혼하여 멀리 바다를 건너와서 같이 늙는 가운데 다만 한 가지 유감 되는 것은 자녀가 없어 슬하가 비인 것이오, 이로 말미암아 쓸쓸한 백발이 서로 의지하고 있다가 외로운 남편을 두고 먼저 가매, 내조를 잃어버린 차정석 씨는 다시 마음을 둘 곳이 없고 그 경상을 보는 친척 친우는 씨를 위하여 더욱 부인의 서세를 슬퍼한다더라. 상항 통신"이라 기록되어있다. 이 장례식에는 차의석과 백일규 부부는 물론, 안혜련과 차녀 안수라, 그리고 김인수도 참석했다. 『신한민보』 1944년 4월 6일자에 의하면 "지방소식. 포틀랜드에 재류하는 차의석 씨와 나성에 재류하는 백일규 씨 동부인과 안부인 혜련 씨와 그 차녀 수라 여사와 뗄레노에 재류하는 김린수 씨는 상항에 와서 차부인 정성 씨의 장례에 참여하고 각해 본 지방으로 회환하였다더라"라고 보도되었다.

차정석의 사촌 형제, 차의석

차의석은 겨울 오렌지 농장 시즌인 크리스마스 직전부터 봄까지 10주 정도 리버사이드로 와서 농장일을 했다고 자서전 『금산』에서 밝히고 있다. 또한 자신의 사촌인 차정석과 그의 부인도 하와이에서 리버사이드로 이주했는데, 공교롭게 샌프란시스코에 도착한 직후 1906년 대지진이 발생하여 걱정을 많이 했다. 다행히 드루 박사의 도움을 얻어 샌프란시스코에 정착한 후 리버사이드로 무사히 이주했다고 했다. "사촌과 부인은 다행히 리버사이드에서의 생활에 만족했는데 특히 기후, 일, 그리고 생활 환경 등을 좋아했다. 리버사이드가 미국에서 가장 큰 최초의 한인타운이 된 것은 결코 우연이 아닌 듯하다."

차의석은 『공립신보』 1906년 11월 8일자 "학무보고"에서 1906년 10월 리버사이드에서 소학교 4반에 입학할 예정이라고 보도했다. 1907년 2월에는 리버사이드에서 소학교 5반이었다. 정등엽, 김영일, 김창률 등도 같은 시기에 리버사이드에서 소학교를 다녔다. 1907년 6월에는 리버사이드 지방회 통신원으로 임명되었다고 『공립신보』 1906년 11월 8일자 "학무보고"에서 밝히고 있다.

『공립신보』 1907년 11월 15일자 "염호 회보"에서 차의석은 솔트레이크 지방회 서기로 나타난다. 차의석은 솔트레이크로 이주한 후 공부를 하면서 독립운동에 전념한 듯하다. 많은 사람들이 차의석이 공부할 수 있도록 도움을 주었는데, 『공립신보』 1907년 12월 27일자 "숨은 증정"에 따르면, 솔트레이크에서 방건초에게 매달 3원씩을 보조받았다. 또한 『공립신보』 1908년 1월 15일자 "량씨 의거"에서 안리용과 윤진오에게 각각 매달 2원씩 보조받았다고 보도했다. 1910년에는 다시 리버사이드에서 공부했는데, 『신한민보』 1910년 1월 12일자 "하변 지방회보" 보도의 소학생 명단에 차의석의 이름이 보이는데, 백신구의 자녀들인 백명선, 백광선도 나타난다. 이때 당시 차정석은 리버사이드 지방회 회장이었다.

1911년 차의석은 신한민보사에서 활자 조판일을 했다. 『신한민보』 1911년 8월 9일자 "차씨 헌신. 재미 한인 청년계에 샛별 같은 차의석 씨는 본사에 헌신하여 식자에 고역을 담임한 고로 사무가 점점 정돈되더라"라는 기록이 있다. 그리고 차의석은 1913년 미주리주에 있는 팍칼리지 중학교에서 공부하면서도 조국의 상황을 학생들에게 적극 알리는 데 앞장섰다. 그가 학생회에 입회하여 우리나라 정형을 연설했다고『신한민보』 1913년 9월 19일자에 다음과 같이 보도했다.『신한민보』 1914년 5월 21일자는 "차 씨 서인 교섭. 칼니포니아에서 여러 해 류하던 차의석 씨는 지금 미쥬리 팍별 땅에 있는 파악칼네지에서 공부하는데, 본래 명민하고 재지 있음으로 서양 학생들과 교섭이 빈번하고 교정이 친절하므로 특별히 사랑을 많이 받는 중에, 그 학교에 있는 각국인 학생회 '코스모풀니단 클럽'에 입회하여 때때로 본국 정형을 통지하는 중에, 금월 5일 특별 대회석에서 본국 정형으로 강개 격절한 연설을 하매, 회중이 박수갈채하기를 오래하였으며 또한 하기 방학 전에 다시 그와 같은 대회를 모일 기회가 있는 고로, 차 씨는 다시 그 기회를 타서 본국 형편을 말하고자 하는 중이라더라"라고 보도했다.

차의석은 미 육군에 자원입대했다가 제대했다고『신한민보』 1919년 3월 13일자는 "미시시피 통신을 거한즉, 우리 학생 차의석 씨는 작년 4월 15일에 자원 종군하여 버지니아 미국 육군부 군의대에 복무하다가 휴전 조약 이후에 작년 12월 28일 미국 육군부의 명령으로 영광스러운 조희를 얻어가지고 군무에서 해방하였다더라"라고 보도했다.

차의석 부인 차영선(김영선)

1928년 차의석이 시카고에 재류하던 때에 김영선(차영선)과 결혼했다. 차영선(김영선)은 의주에 원적을 두었고 이화학교 출신이었다. 간호부를 졸업하고 유학을 위해 1926년 6월 미국으로 건너왔고, 듀북 대학에 입학할 예정이었다.『신한민보』 1926년 7월 1일자에는 "김영선 여사 유학차 도미. 본국 의주에 원적을 둔 김영선 여사는 이화학교 출신으로 통천

능암포에 있는 병원에서 간호부 졸업을 한 후 미주 유학을 목적하고 지난 28일에 입항한 천요마루 선편에 도미하여 이민국에서 하룻밤을 지나고 재작일에 상륙하였는데, 김 여사는 장차 뜌북 대학에 입학할 예정이라더라"라고 기록되었다.

『신한민보』 1928년 6월 14일자는 "차·김 양 씨의 백년가약. 6월 10일 쉬카고에서 거행. 쉬카고에 다년 거류하는 차의석 씨와 김영선 양은 6월 10일 하오 1시에 혼인 예식을 성대히 거행하였다는데 그 혼례식은 파울구드 교수가 주장"했다고 보도했다. 차의석은 랜드 맥랠니라는 미국 회사에 근무했고, 차영선(김영선)은 듀북 대학에서 공부했다. 차영선(김영선)은 결혼 이후에도 킨우드로링 여자대학에서 공부했는데 성적이 매우 우수했으며, 교감인 머리필드 여사가 학비를 면제해주었다고 『신한민보』 1929년 10월 17일자 "가정 생활하는 여학생들의 소식"으로 보도했다.

백신구는 1906년 하와이에서 리버사이드로 이주했고, 1909년 4월 리버사이드 지방회 신입 회원으로 가입하면서 파차파 캠프에서 활동했

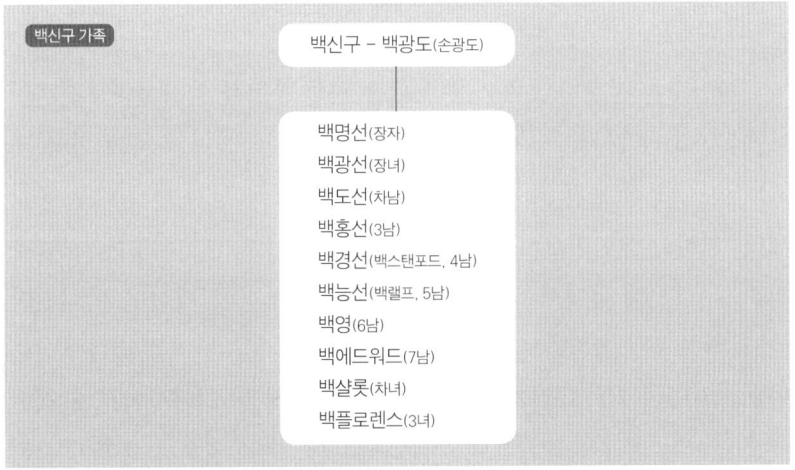

다. 1909년 4월 7일자 『신한민보』는 "리버사이드 지방 회장 차정석 씨의 보고를 거한즉, 본월 3일 통상회에 결안은 여좌하니, 신입회원은 백신구 씨오…"라고 기록되어 있으며, 1909년 4월 14일자 『신한민보』에서는 백신구가 대한인국민회 리버사이드 지방회 부회장 및 서기로 임명됐다고 보도했다. 또한 백신구는 리버사이드에서 1909년 조직된 토론회의 학무로도 활동했다.

1909년 5월 12일자 『신한민보』에는 백신구 명의로 "본 지방회에서 여러분에게 긴요하고 절박한 통신이 있사오니 그 머물러 사는 곳을 아시는 동포는 밑에 기록한 번지대로 시급히 소식을 전하여 주시기를 간절히 바랍니다"라는 사람을 찾는 광고가 실렸다. 이 광고에는 40명의 이름이 실려 있는데, 이들의 거주지를 아는 사람은 1532 파차파 애비뉴 주소로 연락을 달라고 하고 있다. 이것이 '회원 찾는 광고'라는 점에 비추어 이들 40명의 회원이 현재 어디서 거주하면서 일하고 있는지 확인하고자 하는 광고인 듯하다. 당시 계절노동자로 일하며 생계를 유지하던 한인 노동자들은 타 지역으로 잠시 이주했다가 다시 본거지인 리버사이드로 돌아오는 경우가 많았다. 명단에 있는 사람들은 리버사이드 지방 회원으로 등록되어 있으나 거주지를 옮긴 사람들의 명단인 것으로 보인다.

백신구는 신한민보사 가옥 구매를 위한 운동에 앞장섰다. 『신한민보』에 1910년 1월 12일자부터 1910년 3월 9일자까지 수차례 반복 게재되었던 "창건 보관 가옥 취지서. 분발하라 애국 남자, 찬성하오 동지 제군" 기사는 신한민보사 가옥 창건을 위한 동맹원 모집과 기금 모금을 위한 글이다. 이 글에서 리버사이드 대표원은 차정석, 백신구, 이석원이었고, 백신구는 신한민보사 가옥 창건을 위한 기금 30원을 냈다. 『신한민보』 1910년 7월 27일자에는 "백신구 씨의 성심. 리버사이드에 있던 백신구 씨는 현금 클래몬트에 이주하였는데, 수다 권솔의 생활이 곤란하고 사채가 불소함을 돌아보지 아니하고 타인에게 빚을 얻어 신문사 가옥 고본금 30원을 판출하였으니, 과연 지극한 성심이더라"라는 기사가 실렸다. 백신구와 가족은 1910년 근처의 클레어몬트 지역으로 이주한 것을 알 수 있다. 1911년 백신구는 클레어몬트 학생양성소 건축위원으로 모금 활동을 펼쳤고, 1912년 클레어몬트 지방회장으로 일했다.

북가주에서 쌀농사

그 후 백신구와 가족은 북가주로 이주한 후 쌀농사에 종사했다. 백신구는 '백미 대왕'으로 알려진 김종림과 함께 쌀농사에 성공했다. 『신한민보』 1916년 8월 3일자는 "한인 벼농사의 큰 경영. 2085에이커. 가주 한인 농작계에 가장 범위가 크고 또 유망한 경영은 근년 이래 벼농사를 첫째로 치는 것이라. 이 벼농사의 세력을 잡은 김종림 씨는 작년에 큰 이익을 얻었으므로 금년에 와서는 그 계획을 일층 더 확장하며 기타의 뗄라밴, 윌로우쓰 각 농원들도 또한 큰 자본을 던져 에이커 수량을 늘림으로 양 처 경영이 2085에이커에 달하였더라. 이제 각 농원 토지의 에이커 수량을 나누어 보건대 왼쪽과 같으니, 뗄라밴(김종림 1030에이커, 박영순 240에이커, 이진섭 150에이커, 황명선 80에이커, 임지성 80에이커, 백신구 75에이커). 윌로우쓰(맹정희 250에이커, 신광희 100에이커, 김두호 80에이커)"라고 보도했다. 당시는 제1차 세계대전으로 쌀값이 폭등하여 쌀 재배 한인 농장주들이 큰 이윤을 얻을 수 있었다. 또한 백신구를 비롯한 한인이 벼농사에 성공한 이유는 한인들이 벼농사 경험이 많았기 때문이다. 북가주의 백인들이 한인을 데려다가 감농을 시킬 정도로 한인은 벼농사에 일가견이 있었다.

1918년 가을 벼농사도 크게 성공했다. 김종림이 1,800에이커, 백신구는 500에이커를 농사지었고, 파인드라는 기계로 벼 베기를 시작했다. 한편, 비가 온 후 기계를 쓸 수 없게 되자, 벼농사에 능한 한인을 일꾼으로 쓰려는 백인이 많아서 노동의 호황이었고, 한인의 농원에서는 어쩔 수 없이 필리핀인을 노동자로 쓰는 일도 있었다고 보도했다. 『신한민보』 1918년 10월 10일자 "북가주 깊은 가을, 동포 벼 농장은 일시 수확을 착수, 수확미 21만 뿌술을 예상. 공정 가격으로 쳐도 통계가 90만 7천여 원이로다"라는 제목으로 긴 기사를 보도했다.

백신구의 자녀들

『신한민보』 1910년 1월 12일자 "하변 지방회보. (…) 대의원 백신구 (…) 학무보고. 본 지방 소학생은 차의석, 김용찬, 림보패, 백명선, 백광선, 전장손, 전소자"에 따르면, 1910년 백신구가 리버사이드에서 대의원으로 활동했을 때, 장자 백명선과 딸 백광선은 소학교에 다니고 있었다. 그 후 백신구는 1911년 업랜드로 이주했다. 이때 업랜드에서는 백명선(소학교 6학년), 백광선(소학교 5학년), 백도선(소학교 1학년)이 재학 중이었다. 백신구 가족은 동족 구호 모금에도 적극 참여했는데, 『신한민보』 1919년 8월 16일자 "동족을 사랑하면 우리 적십자회에 응모하시오" 기사를 보면 '백신구, 백신구 부인, 백명선, 백도선, 백흔섭'의 이름으로 각각 5원을 냈다. 모두 백신구의 가족이다.

리버사이드에서 출생한 백신구의 딸 백광선(Mary Paik Lee)은 『조용한 방랑 여행: 미국의 한국인 여성 개척자(Quiet Odyssey: A Pioneer Korean Woman in America)』(1990)라는 자서전에 자신의 경험을 서술하고 있다. 그 책에는 리버사이드에 거주했던 가족의 모습과 이주 노동자로서 여기저기 이주하면서 살았던 모습이 담겨 있다. 이 책에 의하면 백신구의 아내 손광도는 파차파 캠프 내에 거주하고 있던 30여 총각의 하루 세 끼를 책임졌다고 한다. 백광선은 리버사이드 파차파 캠프의 열악했던 판자촌 생활을 설명하고 있다. 백광선은 또한 자신의 이웃에는 도산 안창호 부인과 필립이 살고 있었다고 전했다. 필립 안은 나중에 영화배우가 되어 아시안-아메리칸 최초로 할리우드 명예의 거리에 이름을 새겼다. 도산 안창호와 그녀의 아버지 백신구는 한국에서부터 알고 지냈던 사이인데, 리버사이드에서 다시 이웃으로 살게 되어 기뻐했다고 했다.

그녀는 또한 리버사이드에서의 생활은 매우 가난했지만 기쁜 순간도 있었다고 기억했다. "나는 아버지에게 '학교에 입고 갈 코트가 필요하다'고 말했는데 아버지는 '내가 방법을 찾아볼게'라고 대답했다. 아버지는 자전거를 타고 시내에 가서 필요한 재료를 사서 코트를 만들어주었다. 당시에는 재봉틀이 없었기 때문에 아버지는 저녁 내내 손수 코트를 만든 것이다. 그 옷은 아름다운 빨간 코트였는데 그 옷을 입는 것이 행복했다. 학교에 가니 다른 아이들이 예쁜 코트를 어디서 샀는지 물어보았다. 아버지가 직접 만들어주셨다고 하자 모두들 믿지 못하는 표정을 지었다."

아들들의 종군 활동

특히 『신한민보』 1941년 12월 25일자는 백씨 5형제 모두가 제2차 세계대전 때 미군에 입대했다는 소식을 전하고 있다. "백씨 5형제 전부가 종군. 전시 재미 한인의 진화. 휘티어에 재류하는 백신구 씨 동부인은 일즉 아들 5형제 및 딸을 길러 거의 다 장성하였고 미국이 선전하고 중한국이 또한 선전 후 백 씨 5형제 중 엘월, 아더, 스탠폴, 우라운 4군은 벌써 자원 종군하였고 (…)"

특히 백영은 전투에서 영웅으로 활약했다고 『신한민보』 1945년 6월 14일자는 다음과 같이 보도했다. "한인 청년 영웅록. 백영 군은 백전영웅. 휘티어에 재류하는 백신구 씨 동부인의 6자 영 군은 4년 동안 남

태평양 전선에서 미국 비행대의 작격수로 110차를 전투하고 최근 휴가를 얻어 돌아왔고, 이는 백전 영웅의 진화이다. 백영 군은 당년 35세 장년이오, 1940년에 자원 종군하여 비행대 작격수로 뉴기니 각지에서 전투하고, 1945년에 필리핀 해방전에 참가하여 전후 폭탄을 던진 수효가 85차요, 전투 통계가 110점에 달하여 해대를 얻을 공적이었고, 이로 말미암아 4개 '오리본'과 3개 '스타'의 표창을 받았고, 최근 45일 휴가를 얻어 휘티어로 돌아왔는데, 휴가가 만기되면 다시 다른 전장으로 가게 될 여부는 아직 자세히 모를 일이나 많이는 해대를 얻게 될 터이오, 110차를 전투한 가운데 한 번도 상해본 적이 없는 것은 진실로 행운의 군인이며, 그는 말하기를, '지금에 원하는 것은 미군이 왜적을 때려잡는 것을 보면 그에서 더 상쾌한 일이 없겠다.' (…)" 당시 미주 한인들은 미군에 입대하는 것이 조국의 독립에 이바지한다고 생각했으며, 많은 청년들이 미군에 입대했다. 제2차 세계대전 중 미군에 입대한 한인은 본토에서만 최소 200여 명으로 알려져 있고, 하와이 출신 한인의 미군 입대는 더 많았다.

자녀들의 결혼

백신구 자녀들의 결혼 소식도 보도되었다. 백신구의 장녀 백광선은 1919년 1월 이홍만과 결혼했다. 『신한민보』 1918년 12월 12일자 "윌로우쓰 통신을 거한즉, 당지에 재류하는 리홍만 씨는 맥스웰 백신구 씨의 영애로 더불어 백년의 인연을 맺었는데 명년 1월 1일에 대례를 행할 예정이라더라"라고 보도했다. 이홍만의 부인이 백광선이고, 백광선이 결혼 후 남편의 성을 따라 이광선이 된 것이다.

백신구의 장남 백명선은 박영순과 1929년 결혼했다. 결혼식은 2월 27일 신부의 고향인 아이다호에 있는 미미교 예배당에서 열렸다. 다음 날 신랑의 본가인 트레몬톤 지방으로 돌아와 3월 3일 주일에 함께 모여 잔치를 벌였다.『신한민보』1942년 6월 18일자에 의하면, 백에드워드는 1942년 임정구 목사의 딸인 임캐트린과 6월 21일 혼인한다고 보도되었다. 백신구의 5남 백능선(백랠프)은 김옥자와 1938년 결혼했다. 백능선은 형제들과 동업하여 휘티어 시내에서 과채 상점을 운영하고 신한민보 관련 일도 활발히 했다.『신한민보』1938년 8월 11일자에 "백, 김 양 씨의 약혼. 나성에 재류하는 김필권 씨의 장녀 옥자(에스터)양과 휘티어에 재류하는 백신구 씨의 5남 능성(랠푸) 군 사이에 일찍이 로맨스의 꽃이 피어 사랑을 속삭인 지 이미 일 년이 넘었는데, 근일 양가 부모의 동의를 얻어 드디어 약혼을 정식으로 발표하였다더라"라고 보도했다. 백랠프의 결혼식에는 빈객이 매우 많았고, 이때 전낙청의 조카인 전경무가 사회를 보았다.

부인 백광도(손광도)

백광선(이광선)은 부인애국단으로 활동하며 기금을 4원 냈다. 나란히 이름이 있는 백광도도 4원을 냈는데, 백광도는 백광선의 어머니이다.『신한민보』1919년 7월 26일자 "부인 애국단"에 "백광도 4원, 이광선 4원"으로 나타난다. 딸인 백광선(이광선)은 어머니인 백광도(손광도)와 함께 1919년 여자 애국단으로서 기금을 냈다. 백광선은 결혼 후에도 친정어머니와의 관계를 유지하면서 독립운동에 기여했다.『신한민보』1919년 10월 9일자에는 "여자 애국단. 백광도 4원, 리광선 4원, 윤우로사 3원 50전, 손원선 2원, 박혜은 2원, 리신화 3원 50전, 리영애 3원, 량제은 2원 50전, 김자혜 1원 50전, 김식은 4원 50전"으로 기록되어 있다.

백광도는 1937년 남편 백신구와 나란히 임시정부 후원금, 항일전쟁 동정금을 냈다.『신한민보』1937년 10월 7일자에 "각지 의연록. 나성 임시정부 후원금. …백신구 1원, 백광도 1원…"이라는 기록이 있으며, 『신한민보』 1937년 10월 7일자에도 "각지 의연록. 라성 중국 항일 전쟁 동정금. …백신구 1원, 백광도 1원…"이라는 기록이 있다.

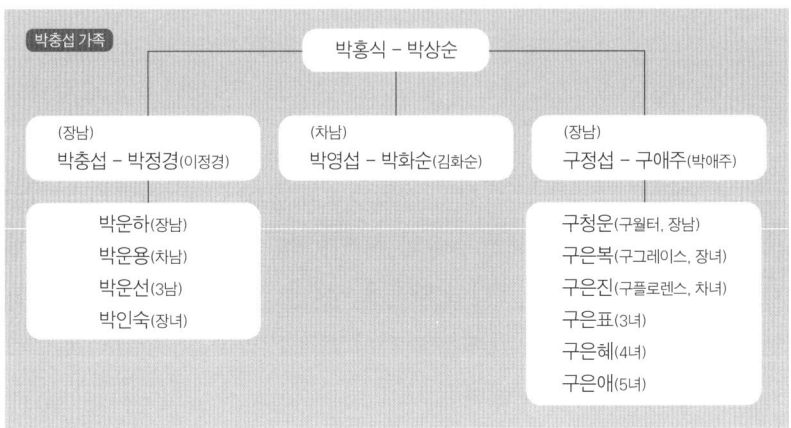

박충섭에 대한 최초의 기사는 『공립신보』 1907년 5월 10일자 "하변회 보고"이다. 『공립신보』 1907년 5월 10일자 "하변회 보고"에서 "위 총회 의연 제씨" 명단에 박충섭이 1원을 냈다고 되어 있다. 또한 『공립신보』 1907년 6월 14일자에 "하변회 보고. 리버사이드 지방회장 김영일 씨의 보고를 거한즉 신입한 회원은 이근술·김순학 양 씨오, 상항회에서 이래한 회원은 김달노·마춘봉·박충섭 3씨오…"라 되어 있다. 박충섭은 샌프란시스코에 있었다가 리버사이드로 이주했다.

이후 박충섭은 핸포드 지방 재류 회원으로서 핸포드 지방회 신설 청원에 참여했다. 그가 근처의 프레즈노에서 일했을 때는 신한민보사에 포도를 기증했다. 『공립신보』 1908년 8월 19일자에 "프레스노에 있는 계옥룡, 박충섭, 마춘봉 3씨가 상품 포도 한 상자를 본사에 증여하였으므로 일층 감사함을 마지 아니하노라"라고 보도되었다. 또한 박충섭은 핸포드에 있는 동안 그곳 지방회에서 회관 간사로 활동했으며, 아세

아실업주식회사 활동에 참여했다. 1909년 초 박충섭은 레드랜드로 이주했는데, 흥업주식회사 활동에 참여했다. 1910년 무렵 다시 리버사이드로 이주했고, 『신한민보』 1910년 5월 11일자 "광고. 화재에 구제한 여러분 하변" 기사에서 레드랜드 화재에 리버사이드 지방회에서 연조를 모금했는데 박충섭은 기부자 중 가장 많은 금액인 10원을 기부한 것으로 나타난다. 그는 클레어몬트 학생양성소에 풍금을 기부하기도 했다. 박충섭은 1931년 나성으로 이주할 때까지 리버사이드에 거주한다. 1913년부터는 파차파 캠프에서 노동 주선사로 활동했다. 『신한민보』는 박충섭이 노동 주선사로 일하고 있다는 소식을 다음과 같이 전하고 있다. 『신한민보』 1913년 11월 28일자 "노동 주선 광고. 본인이 금년부터 리버사이드에서 노동 주선을 하는바 숙식도 편리하옵고 일도 많이 얻을 터이오니, 노동에 주의하시는 동포들은 다 오시기를 바라나이다. 리버사이드 노동 주선인 박충섭 고백"을 보도했다.

리버사이드 지방회는 1915년 신한민보의 재정이 궁핍하여 정간할 위기에 처하자 공동회를 열고 그 일에 대해 의논했다. 1913년 한파 이후로 리버사이드 동포들은 일자리가 줄어 경제적으로 매우 어려운 상황이었다. 그래서 의무금 내기가 어려웠는데, 노동 주선인 박충섭이 동포들에게 의무금 낼 돈을 빌려주겠다고 선언했다. 박충섭이 파차파 캠프 노동 주선사로서, 단순히 개인이나 지역 동포에 국한된 이익만을 배려한 것이 아니라, 국민회 전체의 공동 이익을 위해 일했다는 것을 알 수 있다. 『신한민보』 1915년 4월 29일자는 박충섭을 칭찬하는 보도를 냈다. 보도 내용은 다음과 같다. "사람마다 자기의 이익을 위하는 마음은 일반인 고로, 누구든지 빚을 많이 진 사람에게 돈을 더 많이 취하여 주고저 하지 아니하거늘, 지금 박 씨는 공익을 자기의 일보다 더욱 중히 여기므로 이와 같이 선언하였으니, 우리는 곤경에 있는 동포들이 열심으로 의무금을 내는 것을 치하하는 동시에, 박 씨에게 더욱 감사하노라."

박충섭은 1923년 리버사이드에서 채소 농원을 경영했다.『신한민보』1923년 6월 14일자에 의하면 "남캘리포니아 우리 동포의 영업 발달. 농업…리버사이드 박충섭(채소 농원) 약 15에이커…"라고 기록되어 있다. 1927년 박충섭은 매부인 구정섭과 동업하여 리버사이드에서 식료품 상점을 크게 운영했는데,『신한민보』1927년 8월 11일자에 "리버사이드에 다년 거류하는 구정섭·박충섭·박상섭 3씨의 동업인 그로셔리 상점은 만근 수년 이래에 사업이 크게 발전되어 금년 3, 4월경에는 매삭 1만여 원어치 사업을 하였다는데, 그 상점이 동 시내에서도 몇 째로 가지 않는 큰 상점이 된다더라"라고 보도했다.

한편, 박충섭·박영섭·박애주(구애주) 남매의 어머니는 전주 사람으로, 이름은 박상순이다. 박충섭은 모친을 1922년 한국에서 리버사이드로 모셔오기도 했다.『신한민보』1922년 10월 19일자는 "박충섭 씨 모친 도미. 리버사이드에 다년 류하며 농업을 하는 박충섭 씨의 모친은 거월에 상항에 무사히 상륙하여 수일 본항에서 류하다가 리버사이드로 나아갔더라. 씨의 모친은 당년이 60여라. 그 노친을 모셔 오기로 다년 뇌심하며 재정을 소비하며 여러 방편으로 주선하였고, 그 모친도 십여 년 동안 이별한 자제를 만나기를 일구월심에 생각하던바 월전에야 비로소 여행권을 얻어 도미하게 되었더라"라고 보도했다. 박충섭의 모친은 박상순으로 1926년 리버사이드에서 찍은 생일잔치 사진이 로스앤젤레스 중앙도서관에 보관되어 있다.『신한민보』1943년 11월 11일자에 박상순의 장례 소식을 전했는데, "박부인은 전주 사람이오, 18세에 고 박홍식 씨와 결혼하여 2남 3녀를 두고 중년에 과거하여 예수를 믿고 간독한 신앙심을 가지고 자녀를 교양하고 처세를 사랑하였으니, 박부인의 신앙과 절개는 우리의 모범이오, 이 예배당의 영원한 기념은 선한 목자의 유리창이올시다"라고 생평이 요약되었다. 박상순 여사의 장례는 "장로교 예배당으로부터 발인하여 수십 대 자동차와 백여 인 호상"

속에서 이루어졌고, 관은 "로스데일" 묘지에 묻혔다.

『신한민보』 1931년 8월 20일자 "박충섭 씨 나성으로 이거" 보도에서 박충섭이 1931년 로스앤젤레스로 이주했음이 나타난다. 로스앤젤레스에서도 과채 상점을 운영했다.『신한민보』 1931년 9월 17일자 기사는 "나성 동포들의 신설 사업. 박충섭 씨는 시내 뻬블리 뿔루바에 과채 상점을 신설하였고…"라고 기록하며 박충섭이 이주하면서 노동한 상황을 통해 당시 한인 노동자들의 삶을 살펴볼 수 있다. 대부분의 한인 노동자들은 계절 이주 노동자들로서 일이 몰리는 곳을 따라 이주하면서 노동했다. 박충섭은 1908년 리버사이드에서 핸포드로 이주했다가 잠깐 프레즈노에서 포도를 땄다. 그리고 다시 핸포드에서 실업회사를 설립했다. 또다시 레드랜드로 이주했다가 1910년 리버사이드에 정착했다. 그리고 또다시 1931년 로스앤젤레스로 이주해서 과채 상점을 운영했다. 1938년에는 농장 경영을 하기 위해 중가주 델라노로 이거했다. 1941년 델라노에서 박충섭은 여관을 운영했으며, 델라노 지방회 총무를 맡았고, 일인 상점의 보이콧에 앞장서기도 했다.

아내 이정경(박정경)

1915년 박충섭은 이정경과 결혼하는데, 사진신부가 아닌가 추측된다. 이정경이 만추리아호를 타고 미국에 도착했다는 『신한민보』 1915년 7월 22일자 "신도 학생" 보도에서 "이정경(박충섭 신인)", 즉 박충섭의 '새색시'라고 쓰여 있다. 『신한민보』 1915년 8월 5일자는 박충섭과 이정경의 결혼식과 신혼여행 소식을 전하고 있다. "박 씨의 신혼과 여행. 리버사이드에서 다년 노동 주선에 종사하는 박충섭 씨는 내지로써 신도한 이정경 여사로 더불어 7월 28일에 본항 한인 예배당에서 혼례식을 행하고, 그 밤에는 본항 일반 부인 신사를 청하여 연회를 성대히 열었으며,

본월 1일에는 그 신부를 대동하고 본항을 떠나 남방으로 행하여 리버사이드에 가서 본월 7일에 당지 동포와 외국 빈객을 청하여 다시 성대한 잔치를 할 예정이라더라." 결혼식은 샌프란시스코 한인 예배당에서 했고, 본거지인 리버사이드에서 다시 한번 잔치를 열 예정이라고 전했다. 한편, 1923년 10월 4일자 『신한민보』에서는 박충섭의 부인이 해산 후 별증과 맹장염으로 병원에 입원했다고 전했다.

박정경은 1930~1940년대에 대한독립을 위한 여성단체에서 활동하고 기금을 연조했다. 1933년에는 나성 여자청년회가 만둣국을 비롯한 한국식의 성대한 만찬을 차리고 국제여자청년회 임원과 장로교회에 도움을 주는 부인들을 초대하여 식사했다. 이때 박정경은 안혜련을 비롯한 부인들과 더불어 음식을 손수 장만했다. 1934년 박정경은 여자애국단 나성 지부에서 재무를 맡았다. 또한 박정경은 1936년 대한여자기독청년회에서 서기를 맡았다. 박정경은 장병들의 겨울 솜옷을 위해 1원 50전을 의연했다는 『신한민보』 1939년 12월 7일자 보도도 보인다.

남동생 박영섭

박충섭의 남동생 박영섭은 1917년 차이나 선편을 타고 입항했다. 1923년 박영섭은 리버사이드에 있는 중학교에서 전기과와 목공과를 공부했는데, 『신한민보』는 성적이 좋았다고 보도했다. 『신한민보』 1923년 10월 4일자에 의하면 "박영섭 씨는 전기와 목공과를. 리버사이드에 있는 박충섭 씨의 계씨인 박영섭 씨는 당지 중학에서 전기과와 목공과를 힘써 공부한다는데 그 성적이 매우 좋다고 하였더라…(리버사이드 통신)"라고 보도되었다. 1924년 로스앤젤레스로 이주하여 공부를 계속했다. 한편, 1927년 로스앤젤레스에서 있었던 박영섭과 김화순의 결혼식은 『신한민보』 1927년 12월 1일자 "박·김 양 씨의 혼례식. 11월 24일 감사절에"

라는 제목으로 상세하게 보도되었다. 이 결혼식 때 박영섭의 형인 박충섭이 내빈에게 감사말을 드렸고, 박충섭의 부인 박정경은 신부를 돕는 보모 역할을 했다. 결혼식이 추수감사절에 있어서 칠면조를 저녁으로 먹었다고 한다.

박영섭은 리버사이드에서 1928년 딸을 보고, 1930년 아들을 보았다.『신한민보』1928년 9월 6일자에 "박영섭 씨의 농와지경. 리버사이드에 거류하는 박영섭 씨는 그의 귀로운 첫딸을 보았다더라"라는 기사가 실렸다.『신한민보』1930년 12월 25일자에는 "리버사이드 박영섭 씨 득남"이라고 보도했다.

박충섭의 자녀들

『신한민보』1943년 3월 11일자 "박운하 군과 동부인의 신가" 기사에서 박충섭의 장자 박운하는 1943년 한시대의 딸 한유희와 혼인했다고 보도했다.『신한민보』1943년 3월 18일자 "박운하 군 동부인의 신혼 피로연"에서는 아들 박운하의 결혼으로, 박충섭과 박정경은 델라노에 사는 이웃 전체에 큰 잔치를 베풀고 사람들에게 한국 음식을 대접했다고 전했다.『신한민보』1943년 3월 18일자 "박운선 군의 귀성"에서 1943년 박충섭의 셋째 아들 박운선은 징병에 뽑혀갔다가 휴가를 얻어서 델라노에 돌아왔다는 소식을 전했다. 박충섭의 첫째 아들 박운하와 둘째 아들 박운용도 모두 군에 복무했다.『신한민보』1942년 5월 14일자에 의하면 "박운하 군 형제의 귀상. 델라노에 재류하는 박충섭 씨 동부인의 차자 운영 군은 종군한 지 1년 만에 휴가를 얻어 돌아왔고 그 장자 운하 군도 또한 자모일에 휴가를 얻어 돌아와 부모님을 뵈옵고 동생들을 반기고 각 해군영으로 돌아갔다더라"라고 기록되어 있다.

박충섭의 둘째 아들 박운용과 딸 박인숙이 자동차 사고를 입었던 소식도 나타난다.『신한민보』1941년 2월 13일자는 "박충섭 씨 동부인 염려. 델레로에 재류하는 박충섭 씨 동부인의 차자 운용 군과 영애 인숙 여사의 자동차 충돌의 피상은 일찍이 보도한바, 운용 군은 그동안 완치를 얻어 퇴원하였고 인숙 여사는 아직도 위경에 있으므로 박충섭 씨 동부인은 염려를 말지 않는다더라(델레노 통신). 전하는 것은 점점 차도가 있으므로 불원간 퇴원할 터이라고 한다"라고 보도했다.

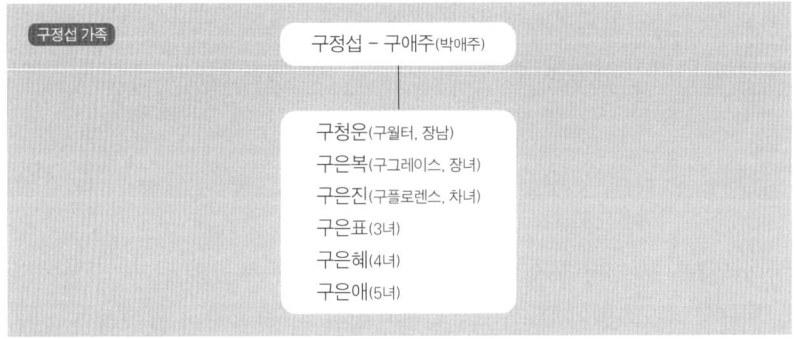

구정섭은 처음에 그린리버에서 살았다. 『공립신보』1906년 5월 20일자 "석천동 연보 제씨" 기사에서 구정섭이 1909년에는 그린리버 지방에 있었는데, 이때 이대위의 학비를 보조했다. 그린리버는 리버사이드에서 서쪽으로 약 30킬로미터 떨어진 곳에 위치한 동네이다. 『신한민보』1909년 3월 10일자는 "연금권학. 그린리버 지방에 있는 구정섭 씨는 금 20원을 특연하여 대학생 리대위 씨의 학비를 보조하였다니 (…)"라고 보도했다.

구정섭은 1912년 무렵부터 리버사이드에서 활동한 것으로 나타난다. 1913년 구제원, 1914년 법무원, 1917년에는 구제원, 의무금 수봉위원으로 일했다. 구정섭은 1918년, 1919년 리버사이드 지방회 회장으로 선출되었다. 『신한민보』1917년 11월 29일자는 "리버사이드 지방회. 11월 2일 체임회에 본 지방회 명년도 임원을 좌 같이 투표 선정하였으니, 회장 구정섭…"이라 보도했고, 『신한민보』 1918년 12월 26일자는 "리버사이드 지방회. 12월 11일 통상회를 경유한 일이 좌와 같으니, 새임원 조직, 회장 구정섭…"이라 보도했다.

구정섭은 1923년 리버사이드에서 과일과 채소 상점을 열었다. 상점이 있는 자리는 관광객이 많이 왕래하는 곳으로 위치가 매우 좋았다. 자본금은 1,200달러에 달하고, 매일 수입이 최대 100달러에 달했다고 하니 사업에 성공한 듯하다. 『신한민보』 1923년 7월 19일자 기사는 "리버사이드에 구정섭 씨는 새로히 채소 및 실과 상점을 설립. 리버사이드에 다년 거류한 구정섭 씨는 무슨 영업을 하려고 몇 달을 두고 두루 주선한 결과 당지 마켓 큰거리에 한 상점을 열고 과실 및 채소를 판매하기로 하였는데 그 자본금은 약 1,200달라에 달하며 그 위치가 심히 적합한 가운데 그곳은 동서양 사람의 유람객들이 많이 래왕하는 고로 흥정이 매우 좋다 하며, 매일 수입이 70달라 80달라 내지 100달라까지 된다 하였다. 지금 시작한 때에 흥정이 이만한즉 장차 자리가 잡히고 사람들이 다 알게 되면 대발전의 희망이 있다고 하였더라(리버사이드)"고 보도했다.

1945년 구정섭의 회갑연이 열렸다. 기자는 구정섭 부부가 재미 한인 개척자이자 국민회의 충실 동지이며 거류지 산업과 공동 사업을 위해 노력했다고 평생을 요약했다. 『신한민보』 1945년 7월 26일자 기사는 "지방소식. 구정섭 회갑연의 성황, 서현루에서 축배를 드려. 재미한인 개척자 중 1인이오 국민회 노동지 구정섭 씨의 회갑일은 7월 19일이오, 이날 하오 9시에 그 가족으로부터 나성 중국인 신시가에 있는 서현루에 수연잔치를 열었다. (…) '구정섭 씨는 평북 사람이오, 1884년 6월 4일에 출세하였고, 1905년에 하와이로 왔고, 6년에 상항에 상륙하였습니다. 때는 공립협회의 초창시대요, 공립협회의 첫 지방회가 리버사이드에 설시되었습니다. 구정섭 씨는 이때로부터 공립회원이 되었고, 그 후 국민회원이 되었으며 1917년에 박애주 여사와 결혼하여 1남 4녀를 두었고, 두 분이 같이 늙어 재미 한인계의 향복하는 가정이 되었습니다. 구정섭 동부인은 재미 한인 개척자 중 1인이오, 국민회 충실 동지요, 일생을 거류지 산업과 공동 사업을 위하여 노력하였습니다. 우리는 다 같이 구정섭 씨 동부인을 위하여 축하합시다"라고 보도했다.

한편, 남편 구정섭의 친어머니는 한국에 있었고 1918년 돌아가셨다. 당시 구정섭은 리버사이드 지방 회장이었다.『신한민보』는 어머니의 임종을 곁에서 지키지 못하고 타지에서 부고를 듣게 된 구정섭의 근심을 보도했다.『신한민보』1918년 8월 15일자 "구정섭 씨의 모친상, 만리 현해에 느낌이 많아. 리버사이드 지방 회장 구정섭 씨는 금월 7일에 고국에 계신 모친 장서의 부음을 받았는데 씨는 만리 이역에 리측의 근심을 끼치던 바에 이제 별세의 흉보까지 받고 심히 고통함을 금치 못하는 고로 그 지방 동포들은 위로함을 준다더라"라고 보도했다.

아내 구애주(박애주)

구정섭은 1917년 박애주와 결혼한다. 박애주는 1917년 차이나 선편으로 상해로부터 건너왔다.『신한민보』1917년 5월 10일자 기사는 "차이나 선편 동포 11인 안착, 전후 9인의 상륙. … 송원숙 씨와 약혼한 한국희 여사, 구정섭 씨와 약혼한 박애주 여사, 서학빈 씨와 약혼한 리명옥 여사…"를 보도했다. 박애주, 한국희, 이명옥 모두 이미 약혼한 상태에서 결혼을 위해 샌프란시스코로 건너온 것이다.

『신한민보』는 차이나 선편을 타고 상항에 온 여성들의 결혼 소식을 알렸다.『신한민보』1917년 5월 17일자 기사에서 "3씨의 백년가연 … 상해루의 화촉연. 우래들랜드 송원숙 씨는 이번 '차이나' 선편에 건너온 한국회 여사로 더불어 5월 11일에 결혼하였고, 리버사이드 구정섭 씨는 박애주 여사로, 로스앤젤레스 서학빈 씨는 리명옥 여사로 더불어 동 12일 하오 9시에 본항 1053 옥슈튜릿트 한인 예배당에서 목사 이대위 씨의 주례로 결혼 예식을 행하고 상해루에 화촉연을 열어 백년가연의 첫날을 기념하였다더라"라고 보도했다. 구정섭과 박애주, 서학빈과 이명옥은 목사 이대위의 주례로 샌프란시스코 한인 예배당에서 합동결혼식을 올렸다. 그리고 상해루라는 곳에서 화촉연을 열었다. 박애주는 1917년 5월 9일 상항에 상륙해서 5월 12일 결혼했으니 거의 상항에 오자마자 결혼한 것이다.

구정섭과 박애주는 5월 23일 따로 리버사이드에서 신혼잔치를 열었다. 구정섭의 본거지에서 다시 한번 잔치를 연 것이다. 『신한민보』 1917년 6월 7일자 기사는 "양 씨의 신혼연. 류성숙 씨는 19일에, 구정섭 씨는 23일. 구정섭 씨와 박국희 여사, 류성숙 씨와 방희중 여사의 결혼은 이미 본보에 보도한 바 이제 지방 통신에 의지하건대 류성숙 씨는 5월 19일에 나성에서, 구정섭 씨는 동 23일 하변에서 내외국인 친구를 청요하여 신혼 잔치를 열었다더라"라고 보도했다. 박애주는 이름이 박국희로 신한민보 기사에 잘못 나왔다.

박애주는 박충섭·박영섭 형제와 남매지간이다. 박애주는 결혼 후에는 남편의 성씨를 따라 '구애주'라는 이름을 사용한다. 하지만 구애주는 결혼 후에도 친정 식구들과의 관계를 계속 유지했고, 친정의 여성 식구들과 독립운동 단체에서 활동했다. 1940년 그녀는 친어머니, 올케언니 박정경과 함께 대한여자애국단으로 활동했다. 이들은 공금 기부자 명단에 이름이 나란히 쓰여 있다. 『신한민보』1940년 8월 29일자 기사는 "각지 공금 … 식자 기계 의연. … 박정경 1원, 구애주 1원, 박충섭 씨 모친 1원 … 이상 63원 50전은 대한여자애국단 나성 지부로서 보낸 것 …"을 보도했다. 대한여자애국단 창립 기념 의연에서 구애주는 10원이라는 큰 금액을 냈는데, 아들 구청운도 5원을 의연했다. 『신한민보』 1945년 8월 16일자 기사에서도 "대한여자애국단 창립 기념 의연. … 구애주 10원, 김종옥 2원, 구청운 5원…"을 보도했다.

또한 구정섭·구애주 부부는 구애주의 어머니 장례식에 함께 참석했다. 장례 후에 "장자 박충섭, 차자 박영섭, 3녀 구애주, 장자부 박경정, 차자부 박화순, 여서 구정섭"의 이름으로 『신한민보』 지면을 빌려 감사장을 냈다.

구정섭의 자녀

『신한민보』 1943년 1월 28일자 기사 "각지 공금. 인구세. … 구정섭 1원, 구애주 1원, 구은표 1원, 구청운 1원…"을 보면 구정섭, 구애주, 구은표, 구청운이 한 가족이다. 또한 『신한민보』 1943년 1월 21일자 "한인 승리 공채 총계"에서 "구은표 5백 25원, 구은진 25원, 구은애 35원"과 『신한민보』 1944년 5월 11일자 "한인승리공채 총계"에서 "구애주 3백원, 구은진 5백원, 구은혜 5백원, 구은애 5백원"으로 나타나므로 한 가족임을 알 수 있다.

구정섭의 첫아들과 딸은 리버사이드에서 출생했다. 리버사이드 지방회보에서 '생산표'라는 소제목 아래에 리버사이드 거주 한인의 자녀 생산에 대해 보도했다. 이때 전낙청의 아들 '경상'과 더불어 구정섭의 아들 '청운'이라는 이름이 나타나 있다. 구청운은 1918년 리버사이드에서 태어났다. 『신한민보』 1918년 12월 26일자 기사에 "리버사이드 지방회. 12월 11일 통상회를 경유한 일이 좌와 같으니, … 생산표. 전낙청 아들 경상 2월 5일 생, 구정섭 아들 청운…"이라고 기록되어 있다.

또한 구정섭의 딸은 1921년 5월 리버사이드에서 태어났다. 『신한민보』 1921년 1월 20일자 기사는 "구정섭 씨의 생녀. 리버사이드에 류하는 구정섭 씨는 금월 5일에 생녀하였는데 산모가 후환이 없으며 겸하여 어린 아이가 충실하다더라"라고 보도했다. 구정섭이 로스앤젤레스에 거주했던 1930년 1월 12일 딸을 낳았다. 『신한민보』 1930년 1월 23일자 기사는 "구정섭 씨의 농와지경. 나성에 다년 거류하며 상업하는 구정섭 씨는 금월 12일에 득녀하였다는데 산모와 유아가 아울러 건강하다더라. 1935년에도 구정섭이 딸을 얻었다는 기사가 실렸다. 이때 그는 알함브라에서 채소 상점을 하고 있었다. 『신한민보』 1935년 5월 16일자 "구정섭 씨 내외분의 득녀. 앨함브라에서 교류하며 채소 상점을 경영하는 구정섭 씨와 동부인은 지난 4월 22일에 귀여운 따님을 보았으며 해산 후에 산모와 애기가 다 무양하다더라"라고 기록했다.

구정섭이 알함브라에서 채소상을 했던 1934년 딸 구은복이 맹장염으로 수술을 받았다. 구은복이 알함브라 중학교를 졸업했다는 소식을 『신한민보』 1939년 1월 26일자로 다음과 같이 보도했다. "구그레스 양의 중학 졸업. 알함부라에 재류하는 구정섭 씨 동부인의 딸 그레이스 양은 본월 26일에 알함브라 시립 중학을 우수한 성적으로 졸업하였으므로 그 부모 된 이와 일반 동포들은 기뻐하며 치하하기 마지 않는다더라." 차녀 구은진의 샌타애나 중학 졸업 소식도 전했다. 『신한민보』 1944년 6월 8일자는 "지방소식. 구은진 양 중학 졸업. 산타아나에 재류하는 구정섭 씨 동부인의 차녀 은진 '플로렌스' 양은 6월 8일 산타아나 중학을 우수한 성적으로 졸업하였다더라"라고 보도했다.

구정섭의 장남 구청운(구월터)은 미국의 징병 추첨에 당선되어 워싱턴주에서 군사 훈련을 받는 중에 편지로 부모님과 할머님을 위로했다고 『신한민보』 1941년 2월 13일자 기사에서 보도했다. 또한 구청운이 군대에 갔다가 근친하기 위해 로스앤젤레스에 왔을 때 박충섭의 부인 박정경이 조카를 만나러 왔다. 구청운은 외가 친척과도 친밀한 교류가 많았다. 『신한민보』 1941년 7월 3일자는 "구청운 군은 와싱톤으로.

나성 부근 알함부라에 재류하는 구정섭 씨 동부인의 장자 청운 군의 징병 복무는 일찍이 보도한바, 군은 그동안 가주 킹 씨티에서 훈련을 받다가 7월 1일 와싱톤주로 옮겨 가게 되므로 근친을 위하여 전기 27일 나성으로 왔고 그 외숙 박충섭 씨 동부인은 멀리 가는 생질을 만나보기 위하여 29일 맥팔랜드 자택으로부터 나성에 와서 하루를 지내고 이튿날 맥팔랜드로 회환하였다"라고 보도했다.

『신한민보』는 구청운이 유고슬라비아 전선에서 실종되었다가 농민에게 구조되어 생존했다고 전했다. 이때 구 씨 가족과 친척, 친구들이 모두 기뻐했다. 『신한민보』 1944년 10월 5일자는 "구주 전선에서 실종을 전하던 구월도 중위 생존. 산타아나에 재류하는 구정섭 씨 동부인의 장자 륙군 중위 월도 군은 구주 전선에 출전한 지 수개월에 불행하게 유고슬라비아 전선에서 실종되었다는 보도가 육군성으로부터 전달되어 부모와 친척은 매우 불안 중에 있더니 수일 전 륙군성은 다시 통지하기를, 구 중위는 낙하산을 타고 내려 당지 농민에게 구원되어 생존하였다고 하였다. 이 소식을 받은 구 씨 가정은 물론 친척과 친우 일반은 매우 기뻐한다더라"라고 보도했다.

이운경의 본명은 이원길인데, 1910년 개명했다. 『신한민보』 1910년 1월 12일자 기사에 "개명 광고. 본인의 성명 이원길(李元吉)을 고쳐

이운경(李雲卿)이라 행세하오니 동포들께서는 조량하시압. 1월 10일 이운경 고백"이라고 보도되었다. 1910년 인구센서스 파차파 캠프 거주자 명단에 따르면 W. K. 리(W. K. Lee) 아래에 총 6명이 있다. 미시즈 W. K. 리(Mrs. W. K. Lee), 슘니 리(Shumney Lee), 윌리엄 리(William Lee), 에스더 리(Esther Lee), 에디 리(Addie Lee), 캐더린 리(Kathrine Lee), 김씨 리(Kimpsi Lee)이다. 김씨 리는 이운경의 어머니이고, 미시즈 W. K. 리는 이운경의 부인이다. 나머지는 이운경의 자녀들인데, 리버사이드 국어학교를 다녔던 리순희, 리윌링, 리이시다, 리에디, 리계선이다.

1905년 이원길(이운경)은 샌라파엘에 있었는데, 공립신보사를 위해 5원을 연보했다. 1906년에는 샌프란시스코에 거주했는데, 1906년 3월 샌프란시스코 학생회에서 이원길이 영어로 연설했다. 연설의 주제는 죽은 학문이 아닌 산 학문에 힘쓰라는 것이었다. 1906년 4월 5일 공립협회 창립 기념 제1차 연환회가 열렸다. 이 행사에서 이원길은 애국가를 노래했다. 1906년 4월 안창호가 샌프란시스코에 오자, 이원길은 샌프란시스코 학생회 서기로서 안창호에 대한 감사 연설을 했다. 1906년 4월에는 샌프란시스코에 지진이 나서 공립관이 소화되었다. 『공립신보』 1906년 4월 25일자 "화재혹어지진(火災酷於地震)"에 따르면, 이원길은 한인들이 무사한지 각처를 조사하는 역할을 맡았다.

1906년부터 1917년까지 이원길은 레드랜드에서 살았다. 1906년 레드랜드 지방회에서 서기로 일했고, 1907년 대리 회장으로도 일했다. 1910년에는 레드랜드의 흥업주식회사에서 서기를 맡았으며, 같은 해 레드랜드에서 이원석·이무경과 함께 3,300원 가치의 전토를 매입했다. 1912년 이운경은 권업주식회사 사장이었다. 1912년 6월 9일 2시간 동안 계속 내린 소나기로 이운경의 딸기밭이 1,500원 정도의 손해를 입었다.

한편, 이운경은 1910년 1월 27일 레드랜드에서 아들을 얻었고, 1911년 1월 17일 레드랜드에서 딸을 얻었다. 이운경이 레드랜드에 살

앉을 때 이순희라는 딸이 소학교 1반에서 공부했다. 『신한민보』 1913년 11월 7일자 기사는 "레드랜드 학생. 가주 남방 레드랜드에 있는 이운경 씨의 영량 순희는 그곳 소학교 1반에서 공부를 성실히 한다더라"라고 보도했다.

리버사이드 지방회 활동(1918~1919)

이운경은 1918년부터 1919년까지 리버사이드에서 활동한 것이 확인된다. 부인과 모친도 리버사이드에서 활동했고, 자녀들도 리버사이드에서 학교를 다녔다. 이운경은 『신한민보』 1918년 1월 24일자 "리버사이드 지방회 보고"에서 대의원으로 나타난다. 또한 이운경은 1918년 2월 국민회 창립기념절 행사에서 축사를 했다. 이운경은 1919년도 리버사이드 지방회 대의원으로 선출되었고, 1919년 2월 리버사이드에서 열린 대한인국민회 창립 축하 행사에서 연설했다.

이운경이 리버사이드에 거주했던 1918년과 1919년 여성 가족인 이운경 모친, 이운경 부인이 활동했다. 이운경과 이운경 모친은 파차파 캠프의 명맥을 유지하는 데 상당한 공헌을 한 것으로 보인다. 특히 파차파 캠프 여성들의 참여가 활발한 시기였던 1918년 이후 헌신적으로 독립운동에 참여한 기록들을 『신한민보』 보도를 통해 알 수 있었다.

1919년 한인 교회 공의회에서 본국 동포를 돕기 위한 기금을 모금했을 때 이운경의 모친이 1원을 기부했다. 그리고 1919년 6월 14일자 기사에서 이운경 모친의 기부금액이 3원으로 정정되었다. 1919년 4월 이운경 부인은 이운경 모친과 함께 각각 10원씩 부인애국단에 연조했다. 『신한민보』 1919년 4월 19일자에 의하면 "부인애국단. 허승원 부인 10원, 구정섭 부인 10원, 이운경 모친 10원, 이운경 부인 10원"이 기록되어 있다. 1919년 4월 리버사이드 지방회에서 신정부 조직 경축 행사를 열었다. 구정섭 부인이 애국가를 불렀고, 박충섭 부인과 전낙청이 연설했으며, 이운경 모친이 기도했다.

이운경의 모친은 나이 60세에 병원일을 하여 번 돈을 사회와 국가에 쓴다고 했다. 1919년 9월 18일자 『신한민보』는 "9월 16일 리버사이드 지방 한인 부인들은 일반 사회와 국가에 대한 의무를 남자들과 같이 하기로 하였다 하니 참 장려할 만하고, 특히 이운경 씨의 대부인은 60 당년에 병원에서 고역을 하여 버는 돈을 우리 사회와 국가에 다 쓴다 하니 참 그 열성은 모범할 만하더라. 또한 그 지방에서는 각각 한인들의 집에서 간장을 만들어 쓰는 고로 일인의 장을 쓰지 않고 일반 일인의 물화를 모두 배척한다더라"라고 보도했다.

이운경 모친이 바로 1926년 1월 21일 사망한 김씨리(Kimpsie Lee)이다. 『신한민보』 1926년 1월 28일자에 "사망. 이운경 씨 모친(나성). 1월 19일 별세"라고 나타나 있다. 그런데 기사에서는 거주지가 '나성'으로 나타나는데, 실제로는 리버사이드 에버그린 묘지에서 "이운경 모친 묘"가 발견되었다. 1926년 당시 이운경이 로스앤젤레스에 있었지만, 딸 이순희는 1925년 리버사이드에서 중학교를 다니고 있었던 것을 생각해 볼 때, 이운경 가족의 본거지는 리버사이드였던 것 같다. 아버지를 비롯한 일부 가족은 사회활동이나 노동을 위해 주거지인 리버사이드를 떠나 다른 곳으로 이동하면서 살았던 것 같다.

일터와 가족 거주지의 분리

이운경은 1920년 새크라멘토, 1923년 로스앤젤레스로 이주했는데, 1943년 또다시 리버사이드 거주 관련 기록이 보인다. 이운경은 1920년 북가주 새크라멘토에서 1,400에이커의 농원을 류명선 등 6인 공동으로 운영했다. 1923년에는 로스앤젤레스로 이주하여 이영수와 합자하여 식물 상점을 경영했다. 『신한민보』 1923년 7월 5일자 기사에 의하면 "이영수, 이운경 두 분의 합자 사업. 로스앤젤레스에 거류하는 리영수, 리운경 양 씨는 합자하여 약 2천 5백 달라의 자본을 가지고 당지 5894호에 있는 식물 상점을 매수하여 현금 영업에 착수중인바 위치가 매우 적당하므로 장차 잘될 희망이 많다고 하였더라(로스앤젤레스 통신)"라고 기록되어 있다.

1923년 9월 27일자 "남가주 동포 심방"이라는 기사에서 이운경의 일터와 사택이 각각 다른 도시에 있었음이 나타난다. 이운경은 로스앤젤레스에서 식료품점을 운영했고, 사택은 리버사이드에 있었다. 『신한민보』 1923년 9월 27일자 기사는 "남가주 동포 심방. (제2면에서 이어옴) 박기란 씨의 그로셰리와 홍치범 씨의 그로셰리와 이운경 씨의 그로셰리와 차정석 한승은 양 씨의 동업인 실과 상점과 송현주 씨의 자사업인 그로셰리를 차례로 심방하니 이곳이 28일의 심방의 마지막이오, 상업 처소의 심방도 마지막이라. 느즉하여 처소에 돌아와 밤을 지나고 그 익일 즉 29일 아침에 박일우 씨와 동반하여 스테지를 잡아타고 나성에서 약 30마일가량 되는 횟들리어에 당도하니 이곳은 윤필건 리전 량 씨의 실과 상점이라. … 리버사이드에 당도하여 구정섭 씨의 실과 상점 김용련 이운경 구정섭 씨의 사택을 일일이 심방하고 김태선 씨의 유숙처를 심방하였으며 박영섭 씨의 유숙처도 심방하고 동일 하오 7시 30분에 스테지를 잡아타고 로스앤젤레스에 돌아와서 밤을 지나니 이날은 즉 초2일 예뱃날이라"라고 보도했다.

1924년 로스앤젤레스에 있는 이운경의 요릿집에서 중앙총회장 최진하 씨를 위한 만찬회가 개최되었고, 특별히 청요리를 대접했다. 또한 이운경은 1934년 로스앤젤레스에 있는 여자애국단 신임원 취임식에서 축사를 하기도 했다.

1943년 이운경 부부는 리버사이드 바인 스트리트에 거주한 것으로 나타난다. 장자 이윌리엄은 포병대 소위로 승직하여 고향으로 돌아오리라고 전했다.『신한민보』1943년 6월 10일자는 "이윌리암 군의 승직. 리버사이드 바인 스추리에 거류하는 이운경 씨와 동부인의 영윤 윌리암 군은 그간 오드 캐롤니나주 떼비스 영문에 있는 항공포병학교에서 공부하더니 지난 5월 13일 그 학교를 졸업하는 동시에 연안 포병대 소위로 승직하였다. 그는 잠깐 동안 휴가를 얻어 귀성하였다가 새로 임명을 받은 곳으로 가서 새로운 직무에 복무한다더라"라고 보도했다. 1918년 11월 대한인국민회 리버사이드 지방회가 파차파 캠프에서 바인 스트리트로 이전했는데, 이운경은 그 시기에 리버사이드 지방회에서 대의원으로 일했던 이력이 있다. 이운경이 로스앤젤레스에서 활동했지만, 1943년까지도 리버사이드 사택은 그대로 소유하고 있었던 것으로 보인다.

1943년 이운경은 워싱턴 주립대학에서 군인들에게 한국어를 가르쳤는데, 그 임무를 마치고 로스앤젤레스로 돌아왔다.『신한민보』1943년 10월 7일자 기사는 "지방 통신. 와싱톤 주립대학에서 군인들에게 한어를 교수하던 리운경 씨는 그 임무를 마치고 지난 2일에 나성에 래도하여 체류 중이라더라"라고 보도했다.

이운경의 자녀들

이운경이 리버사이드에 살았던 1918년 딸 이순희는 리버사이드 국어학교 갑반이었다. 또한 을반의 리윌링, 리에디, 리이시다, 병반의 리계선 모두 이운경의 자녀들이다. 1917년 리윌리엄은 리버사이드 그랜스 관립학교 1학년을 다녔고, 리순희는 리버사이드 로웰학교 3학년을 다녔다. 모두 소학교이다.

딸 이순희는 1925년 리버사이드 중학 4년생으로 나타난다.『신한민보』 1925년 5월 21일자 기사에 "미주 한인 대중소 학생. 리순희 하변 중학…4년생"이라 기록되어 있다. 1925년 아버지 이운경이 로스앤젤레스에 있었으나, 이순희는 리버사이드에서 중학교를 다니고 있었다. 리버사이드가 본거지였기 때문이다. 1927년 이순희는 나성 중학교에 다녔고, 리웰리는 팔리 중학에 다녔는데, 리웰리는 이운경의 아들 리윌리엄일 수도 있다.

1931년에도 이운경 자녀들이 리버사이드에서 대학과 중학 과정을 수학했음이 나타난다. 『신한민보』 1931년 1월 8일자 기사에 "지방회 사업보고. 리윌리엄(리버사이드 쭈니 대학 의과 2년), 리에스더(리버사이드 중학 4년), 리애디(리버사이드 중학 4년)"라고 보도되었다.

한편, 이운경의 아들 이윌리엄은 1943년 종군했다. 『신한민보』 1943년 1일 14일자 기사에는 "종군 한인 청년회. 본보는 재미 한인 제2세들이 미한 양국 동원령하에 무장을 떨치고 북미 대륙에 종군한 '청년 용사록'을 만들기 위하여 나성으로부터 각지에서 종군한 제2세의 방명을 차례로 게재하겠고, 재미한족연합위원회 집행부 사무과에서는 이 기록에 근거하여 '종군기'를 만들어 국민 총회관 벽상에 걸고 용사 '스타—'를 부처 광영의 숫자를 표시합니다. 리윌리암 군(이운경 씨 동부인의 령윤), 손폴(손숭조 씨의 령윤), 현재호(현승길 씨 동부인의 3자), 현재윤(현승걸 씨 동부인의 4자), 김쪼(김영근 씨 동부인의 령윤) 이상 1백 10인"이라고 보도되었다.

파차파 캠프는 가족 중심의 한인 공동체로 한인 여성과 자녀들이 함께 거주하면서 독립운동을 전개한 독특한 역사가 있는 지역이다. 당시 한인을 포함한 아시안(중국, 일본, 필리핀) 커뮤니티는 총각사회로 불렸는데, 차이나타운의 90% 이상이 총각이었고 여성은 극소수에 불과했다. 필리핀 커뮤니티도 남성과 여성 비율이 15:1로 총각 비율이 압도적으로 많았다. 다만 일본계의 경우 1907년 신사협정 체결 이후 사진신부

제도를 도입하여 결혼한 총각의 비율이 타 아시안 커뮤니티에 비해 높았다. 그러나 파차파 캠프는 가족 중심의 한인 공동체로 당시 남가주 한인사회의 베이스캠프 역할을 담당했다. 여성들의 노력과 희생이 파차파 캠프가 민주주의 제도를 도입하고 여성들도 남성들과 동등한 위치에서 독립운동을 전개할 수 있는 발판을 구축한 것도 역사에 기억되야 할 것이다.

2016년 한인 2세의 모임인 Korean American Pioneer Council 연례 오찬에서 안창호의 유복자 막내아들인 안필영이 한인 2세 모임에서 연설하고 있다.

백신구 가족사진

김인수로 추정되는
인물 사진

바이올렛 캐서린 김의 젊은 시절 모습
(김옹련의 막내딸)

김태선의 묘
(김순학의 장남)

김순학의 비석

제6장 도산 안창호 추방(1924~1926)

공산주의자?

도산 안창호는 이승만, 박용만, 서재필 등과 함께 초기 미주 한인 사회의 독립운동을 주도한 대표적인 지도자 중 한 사람이다. 친목회, 공립협회, 대한인국민회, 그리고 흥사단 등을 조직하고 미국, 중국, 멕시코, 러시아 그리고 다른 여러 국가들을 순방하고, 동포들과 함께하면서 독립운동을 주도했다. 도산 안창호의 영문 전기 저자 김형찬은 안창호에 대해 다음과 같이 설명한다. "안창호는 일제가 식민화의 야욕을 드러내던 시기인 1895년부터 해방을 맞은 1945년 사이에 활동했던 한국 민족주의 인물 중 근대 민족주의를 발전시킨 가장 위대한 역사적 인물이다."[1] 안병욱은 "안도산은 위대한 애국자, 교육자, 철학자, 개척자, 그리고 독립운동의 지도자"라고 표현했다.[2] 인도의 간디와 중국의 쑨원에 버금가는 안창호는 정신적 지도자이며 공화국 혁명가이다. 안창호는

---

1 Hyung-Chan Kim, *Tosan Ahn Chang-Ho: A Profile of a Prophetic Patriot*, Tosan Memorial Foundation, 1996, XV (preface).

2 Ibid., Forward.

헌법 민주주의를 추구했을 뿐만 아니라, 독립전쟁도 이끈 인물이다.[3] 이처럼 학계에서 안창호는 대한민국 역사상 공로가 큰 인물로 평가받고 있으며, 일반 대중에게도 매우 친숙한 위인이다. 그럼에도 안창호에 대해 잘못 알려진 역사적 사실들이 많이 있다.

이 장에서는 1926년 안창호가 미국 이민국에 의해 강제로 추방된 과정에 대해 밝히고자 한다.[4] 안창호 추방과 관련된 역사적 사실을 알리는 미국 이민국 파일은 2002년 『주간조선』에 보도되었는데, 왜 그 사실이 일반인들에게 잘 알려지지 않았는지 의문이다. 2017년 필자도 이러한 사실을 몰랐기 때문에 안창호 파일을 공개하면서 "최초"라고 잘못 보도했다. 대부분의 사람들이 안창호 파일이 2002년 『주간조선』에 보도되었다는 사실을 인지하지 못하고 있었다.

다만 이준식이 「도산 안창호와 사회주의」라는 논문을 발표했는데, 안창호가 사회주의자는 아니었지만 사회주의자로 평가받을 수 있는 소지가 있다는 주장을 했다. 이준식은 논문에서 도산 안창호에 대한 몇 가지 오해가 있다고 밝히고 있는데,[5] 첫째는 안창호를 자본주의 근대화론의 대표적인 인물로 규정하는 것, 둘째는 반공주의자였다고 보는 것, 셋째는 교육, 인격 개조를 중시하는 실력 양성론자나 준비론자로 규정하고 있다는 것, 그리고 마지막은 친미 외교론자라고 보는 것이다. 논자는 안창호가 반공주의자도 아니고 사회주의자도 아니었지만, 사회주의관에는 공감하면서 그 세력도 포용하여 독립을 쟁취하려고 노력했다고 평가하고 있다.

---

3   Jacqueline Pak, *An Ch'angho and the Nationalist Origins of Korean Democracy*, Ph.D. dissertation, School of Oriental and African Studies, University of London, 1999.
4   김지현(2002.09.05), 「안창호 선생 미국서 '공산주의자' 의심 받아」, 『주간조선』 1719, 68-69.
5   이준식(2010), 「도산 안창호와 사회주의」, 『도산학 연구』 13, 도산학회, 227-231.

도산 안창호는 세 차례 미국을 왕래하면서 약 13년 동안 미국에 거주했는데, 첫 번째 시기는 1902년부터 1907년까지, 두 번째 시기는 1911년부터 1919까지, 그리고 마지막 세 번째 시기는 1924년부터 1926년까지이다. 이 장에서는 도산 안창호의 마지막 체류 기간인 1924년부터 1926년까지를 조명하고자 한다. 특히, 도산 안창호는 1926년 마지막으로 샌프란시스코를 떠나 하와이에서 오스트레일리아로 추방되면서 가족과 영영 이별하게 되고 윤봉길 폭탄 투하 사건에 연루되어 일본 경찰에 체포된 후 1938년 생을 마감한다. 이 장에서는 특히 무슨 이유로, 누구에 의해, 도산 안창호가 1926년 미국에서 추방되었는지를 검토해보고자 한다.

도산 안창호는 한국에서 3·1운동이 있었던 1919년 3월 1일을 기점으로 임시정부 활동을 위해 상해로 떠났다. 그리고 대한 독립의 꿈을 이루지 못한 채, 6년 만인 1924년 11월 22일 배를 타고 다시 미국으로 향했다. 『신한민보』 1924년 12월 4일자는 "안창호 씨 도미설"이라는 제목으로 "1919년 3월 1일에 내지에서 독립을 선언한 이후에, 광복 사업의 일비지력을 돕고저 상해에 전왕하였던 안도산 선생은, 지난 달 22일 상해에서 출발하는 배를 타고 발정하였다는 해저 저신이 로스앤젤레스에 있는 씨의 본택에 도달하였다는데, 오는 주일 금요일에 상항에 도착할 듯하다더라. 씨는 국민회 원동 특파원의 사명을 맡아가지고 상해에 건너간 지가 우금 6개 성상(해)에, 광복 사업의 성취됨을 보지 못하고 다시 회정하여 오게 되매, 그의 회포는 가히 상상할 바이더라"라고 보도했다.

상해를 떠난 안창호는 하와이를 경유하여 1924년 12월 16일 상항에 도착했다. 그를 맞이하기 위해 가족들과 동포들이 상항에서 기다렸고, 안창호는 별다른 어려움 없이 상항에 발을 내디딜 수 있었다. 『신한민보』 1924년 12월 18일자 기사에 따르면 이민국 관리는 안창호가 하와이에서 동포에게 선물받은 지팡이에 독이 있을까 잠시 의심했을 뿐, 안창호를 점잖은 신사로 생각하여 검열을 매우 간단하게 진행했다고 다음과 같이 전했다.

"안도산 선생이 도미한다 함은 누차 보도하였거니와, 씨는 금 16일에 입항한 매소니아 선편에 하와이로부터 건너와 무사 상륙하였었다. 로스앤젤레스에서 그의 부인과 종제 안영호 씨와 영윤 필립과 및 이암 씨는 안도산을 영접하기 위하여 금 14일에 자동차를 타고 떠나서 머나먼 길에 추우나 추운 것을 무릅쓰고, 일주야의 찬바람의 여행을 기쁘게 하여, 동 15일에 상항에 도착하였고, 또한 홍언 씨는 기차로 동일에 도착하였다. (…) 안도산이 부두에 내리면서 이민국 관리의 행리 검열을 받을 때에, 그 행장 속에 있는 물건을 하와이에 계신 남녀 동포 중에서 선생에게 준 예물들이라. 그 예물의 종류들은 하와이에 유명한 꽃타래로부터 그중에 제일 특색은 개화장 한 개가 있는데, 이는 하와이에서 생장한 나무와 비슷한데 그 표면이 울쌍으로 되었는데, 이것을 이민국 관원 중 한 사람이 무슨 트집을 잡기를, '이 나무에 무슨 독이 있으니, 검사하여 볼 필요가 있다' 한다. 그러나 선생이 웃으며, '그러시오' 한 즉, 관리 중 한 사람이 행장 검속을 필한 후에 저희끼리 말하기를, '이 양반과 같이 친구의 선사물을 많이 가지고 오는 사람은 우리 처음 보는바, 응당 저 개화장도 독기 있는 나무는 아닌 듯한즉, 점잖은 쩬틀맨의 행리를 더 검열할 필요가 없다' 하고 기타 행리는 보지도 않고 인지를 턱턱 붙여주더라."

그런데 안창호가 상해로부터 하와이를 거쳐 무사히 상항에 착륙하기 전날, 1924년 12월 15일 이민국으로 한 장의 투서가 날아왔다. 그 투서는 안창호를 사회주의자로 모함하는 내용이었다. 미국 연방정부 노동부 산하에 속했던 이민국 자료(1926)에 의하면, 투서는 콩 왕(Kong Wong)과 찰스 홍 이(Charles Hong Lee) 두 사람의 이름으로 접수되었다. 투서에는 "안창호가 상해를 출발하여 하와이를 거쳐 곧 미국에 도착할 예정인데, 그는 볼셰비스트, 즉 사회주의자이니 그를 유심히 잘 지켜보아야 할 것이다. 따라서 이민국이 대한인국민회를 특별히 조사하고 안창호를 중국으로 조속히 추방하길 희망한다"[6]라고 썼다. 이 투서로 인해 미국 이민국이 도산 안창호에 대한 조사를 시작했다. 그래서 도산 안창호는 1925년 6월 시카고에서 이민국으로부터 대질심문을 받았고, 줄곧 이민국으로부터 감시를 당하다가 결국 1926년 3월 초 샌프란시스코에서 하와이를 거쳐 오스트레일리아로 추방되었다.

콩 왕과 찰스 홍 이의 투서

여기에서는 도산 안창호가 마지막으로 미국에 입국하고 체류한 1924년부터 1926년까지의 행적을 검토하는 것이 주목적이다. 먼저 도산 안창호를 볼셰비스트로 모함한 투서의 내용을 분석하고, 이민국에서 안창호를 조사하고 추방했던 과정과 의미를 조명할 것이다. 도산 안창호를 볼셰비스트로 모함한 투서의 내용부터 살펴보기로 하자.

---

6   U.S Department of Labor, Immigration Service District No. 30. Document No. 23880/1-6. Office of the Commissioner Angel Island Station San Francisco, California, February 6, 1926. Investigation Arrival Case Files, San Francisco, Records of the U.S. Immigration and Naturalization Service, RG 85, National Archives, Pacific Region, San Bruno, Ca. (이 논문에 나오는 모든 미국 이민국 문서는 이 인용을 참조. 이 파일에는 투서, 심문 문답, 그리고 이민국 감시 자료들이 있다. 이 자료는 파차파 캠프에 거주했던 한인들의 입국 과정을 추적하는 과정에서 발굴되었다.)

"볼셰비스트 안창호"

미국 노동부 산하 샌프란시스코 이민국에 1924년 12월 15일 콩 왕과 찰스 홍 이 이름으로 서명한 투서가 전달되었다.[7] 도산 안창호가 1924년 12월 16일 샌프란시스코에 도착하기 하루 전날 투서가 접수된 것이다. 다행히 이민국 담당자에게는 미처 전달되지 못했다. 그렇기 때문에 이민국의 검열은 간단히 끝났고, 도산 안창호의 입국이 허락되었던 것이다.

이 투서는 캘리포니아주 산타바바라시의 알링턴 호텔(Arlington Hotel) 전용 편지지에 썼는데, 총 4장의 장문이다. 영어 문법이 정확하지 않아서 뜻을 번역하기가 약간 애매했다. 여기서 콩 왕과 찰스 홍 이는 동명이인인지 아니면 다른 두 사람인지 확인되지 않았으며, 이민국에서도 그들의 신원을 확인하려고 했으나 실패했다고 이민국 자료는 설명하고 있다. 이 투서는 먼저 "안창호가 상해를 출발하여 하와이를 거쳐 곧 미국에 도착할 예정인데 그는 볼셰비스트, 즉 사회주의자이니 그를 유심히 잘 지켜보아야 할 것이다. 그는 호놀룰루를 경유하여 곧 도착할 것이다. 그는 미국에 여러 해 살았으며 그의 가족은 로스앤젤레스에 거주하고 있다. 그 후 중국으로 건너가 6년간 체류하면서 볼셰비스트 정부 관계자들과 친분관계를 유지했는데 그가 지금 미국으로 오고 있다. 그는 볼셰비스트 정책에 관한 책을 많이 읽었으며, 로스앤젤레스에 본부를 둔 대한인국민회와 또 다른 조직인 흥사단에서 활동하고 있으며, 미국 전역과 멕시코에서 회원들이 활동하고 있다. 따라서 이민국에서 대한인국민회를 특별히 조사하고 그를 중국으로 조속히 추방하길 희망한다. 아마 대한인국민회는 자신들의 지도자인 그를 보호하려 할 것이다. 볼셰비스트 정책을 널리 전파하려고 하는 도산 안창호를 속히

---

[7] 별첨 자료 6 참조.

중국으로 보내야 할 것이다."⁸ 샌프란시스코 이민국에서는 로스앤젤레스 이민국에 서신을 보내면서 "이 투서 내용의 진위를 현재로서는 파악하기 힘들기 때문에 현지에서 조사를 해야 할 것이다"⁹라며 공식 조사를 지시했다.

투서에서는 도산 안창호가 볼셰비스트이며, 그가 조직한 대한인국민회와 흥사단 역시 볼셰비스트 조직으로, 이들은 사회주의를 적극 전파하기 때문에 미국에 위협이 된다는 점을 시종 강조하고 있다. 여기서 주목해야 할 대목은 투서가 단순히 안창호 개인만을 모함한 것이 아니고 흥사단과 대한인국민회도 볼셰비스트, 즉 과격한 사회주의 단체로 모함했다는 것이다. 투서는 "그는 미국에 여러 해 살았으며 그의 가족은 로스앤젤레스에 거주하고 있다. 그 후 중국으로 건너가 6년간 체류하면서 볼셰비스트 정부 관계자들과 친분관계를 유지했는데 그가 지금 미국으로 오고 있다"라고 이민국 관계자들에게 경고하고 있다. 또한 "이민국에서 대한인국민회를 특별히 조사하고 그(안창호)를 중국으로 조속히 추방하길 희망한다"고 말하며, 도산 안창호가 볼셰비스트로 미국에서 활동할 수 없도록 조치를 취해달라는 내용을 담고 있다.

필자는 콩 왕과 찰스 홍 이에 관한 자료를 수개월 동안 추적했으나 찾을 수 없었다. 가명일 가능성이 매우 크다고 생각된다. 그러나 대한인국민회와 대립관계에 있던 대한인동지회, 즉 이승만의 대리인이나 이승만 추종 세력이 투서를 보냈을 가능성이 매우 크다고 생각된다. 당

---

8   Ahn Chang Ho Immigration File No. 23880/1-6.
9   U.S Department of Labor, Immigration Service, Office of the Commissioner Angel Island Station Via Ferry Post Office, December 24, 1924. Document No. 238880/1-6. Investigation Arrival Case Files, San Francisco, Records of the U.S. Immigration and Naturalization Service, RG 85, National Archives, Pacific Region, San Bruno, Ca. All Immigration Service document in this paper are referrd to this reference.

시 미주 한인사회는 안창호 지지 세력인 대한인국민회와 이승만 지지 세력인 대한인동지회 세력, 그리고 박용만의 군사력 증진 세력 등으로 분열되어 불신과 대립이 심각한 상황이었다. 이승만은 1921년 동지회를 설립했는데, 그 목적은 자신이 '대통령'으로 재직하고 있었던 상해임시정부를 재정적으로 돕기 위해서였다. 이승만은 추후 영구 총재로 추대되었으며, 동지회 회원은 총재에 대한 절대적 충성을 서약해야 했다. 따라서 동지회와 대한인국민회는 세를 확장하고 회원을 영입하기 위해 서로 반목이 심했던 것이다.

그러한 정황을 고려할 때, 이 투서의 의도는 안창호를 비롯한 대한인국민회와 흥사단을 공산주의 단체로 모함하여 안창호의 미국 입국을 원천적으로 봉쇄하기 위한 것이었다. 그래서 대한인국민회와 흥사단을 미국 정부의 견제와 감시 대상이 되도록 하여 안창호의 세력을 와해시키고, 동지회 세력을 확장하여 동지회를 미주 한인사회의 대표 단체로 발전시키려는 것이었다. 『도산 안창호: 예언자적 애국자의 일대기(*Tosan Ahn Chang-Ho: A Profile of a Prophetic Patriot*)』의 저자인 김형찬은 "1926년 도산 안창호가 하와이에 도착했을 때 이민국 관계자가 '흥사단은 나쁜 일을 하는 단체'라고 말했다고 전하고 있다"고 하며, "이 문제에 대한 정확한 자료가 없기 때문에 누가 흥사단에 대한 모함을 했는지는 알 수 없다"고 전했다.

다만, 김산은 도산 안창호가 1924년 로스앤젤레스 집에 공산주의 서적이 있다는 혐의로 체포된 적이 있다고 했다.[10] "곽림대가 1924년 뉴욕의 조그만 가게에서 우연히 서재필을 만났는데 그때 나눈 대화를 기

---

10 Hyung-Chan Kim, *Tosan Ahn Chang-Ho: A Profile of a Prophetic Patriot*, Tosan Memorial Foundation, 1996, 225. 김산에 관한 내용은 Nym Wales and Kim San, *Song of Arirang: A Korean Community in Chinese Revolution*, Ramparts Press, 1941, 120에서 인용.

억하고 있었다. 서재필이 '워싱턴에 있는 한인 지도자가 도산을 공산주의자로 모함했다'고 하자, 곽은 서재필에게 '그가 누군가?'라고 물었고, 서재필은 화를 내듯이 '정녕 그 사람이 누군지 모른단 말인가?'라고 답했다. 곽은 서재필이 이승만을 지칭한다고 생각했다."[11] 고정휴도 이승만이 안창호를 공산주의자로 모함했다고 밝히고 있다. "1920년대 후반 구미위원부의 위원으로 활동했던 김현규의 회고에 따르면, '이 박사는 자신이 객거국에 대한 충성심에서 안창호, 박용만, 김규식을 과격파 공산주의자라고 미군 정보기관과 정부의 반간첩 기관에 통고했다고 자랑하곤 했다.'"[12]

이처럼 이승만 자신이 안창호, 박용만, 김규식 등 자신을 지지하지 않는 한인 지도자들을 공산주의자로 미 정보기관에 모함했다는 것을 증명하는 진술들이 많이 있다. 따라서 미국 이민국에 도산 안창호와 홍사단 그리고 대한인국민회를 볼셰비스트로 모함한 투서도 이승만이나 그의 추종자의 소행일 가능성이 매우 크다.

당시, 이승만과 안창호 그리고 박용만의 갈등은 한인사회를 분열시켰다. 특히 이승만은 자신이 주도권을 갖기 위해 수단과 방법을 가리지 않았다. 그 한 예를 살펴보자. 이승만은 1919년 1월 15일 샌프란시스코에 도착하여 국민회 임원들의 환영을 받았다. 국민회 임원들이 샌프란시스코에 도착한 이승만을 환영했지만 이승만은 장문의 '비밀편지'를 하와이에 있는 측근들에게 보냈다. "첫째, 안창호는 목전의 외교운동비 모집 건으로 근일 하와이에 갈 예정인데 이미 미주 본토에서 모집한 의연금 1만 달러로도 충분하다. 따라서 성공 가능성이 없는 사업

11　Kim, 1996: 212.
12　고정휴(1995), 「독립운동기 이승만의 외교 노선과 제국주의」, 『역사 비평』 31, 역사문제연구소, 169.

을 빙자하여 하와이에서 다시 모금하려는 것은 절대 반대이니 동포들과 은밀히 연락하여 될 수 있는 한 이 모금에 응하지 않도록 하라."[13] 이승만은 미주 한인사회에서 주도권을 장악하기 위해 자신을 지지하지 않는 사람과 단체에 대한 공격을 서슴지 않았으며 그러한 사례는 많다.[14] 안창호에 대한 모함 투서도 당시의 이러한 상황에 따라 이승만 또는 이승만 계열 추종 세력이 미국 이민국에 보냈을 가능성이 매우 크다고 볼 수 있다. 조국의 독립을 위해 단합해서 투쟁해도 힘든 상황에서 '종북 프레임의 원조'가 될 수 있는 이러한 투서를 보내 모함하고 분열을 조장했다는 것은 역사적으로 안타까운 일이다.

시카고 대질심문

1925년 5월 21일자 『신한민보』는 안창호와 이승만 세력의 갈등을 기사화했다. 대한인국민회와 구미위원회 두 단체는 임시정부 운영과 관련한 공채표 발행과 애국금 처리에 대한 입장이 달랐다. 국민회는 공채표에 대해 공채 발행권을 임시정부 재무부에 주며, 그 공채표에 재무총장의 서명을 받아 발매하는 것이 옳다고 했으나, 위원부는 대통령의 서명이면 충분할 뿐 재무총장의 서명을 요구할 필요가 없다는 입장이었다. 이러한 입장 차로 인해 이승만 세력은 안창호 주변 인물들을 죽이려고 위협하는 등 갈등이 매우 심했다. 기사의 내용은 다음과 같다. "구미위원부와 대한인국민회. 최근에 국민회가 위원부를 반대하던 이유는 대략 두 가지였습니다. 하나는 공채표에 대하여 국민회가 주장하기는 그 공채 발행권을 임시정부 재무부에 주며, 그 공채표에 재무총장의 서명

13　위의 글, 142 참조.

14　Bong-youn Choy, *Koreans in America*, Nelson Hall Press, 1979.

을 얻어 가지고 발매하는 것이 가하다 하는 동시에, 위원부의 주장은 대통령의 서명이면 그만이지 언제 재무총장의 서명을 요구할 여가가 있는가 하였고 (…) 어떤 동포들이 말하기를, 백일규는 안창호의 정신 가지고 사는 놈인 고로, 정부도 모르고 대통령도 모르고 단지 안창호 군의 시키는 대로 하는 것뿐이라고 함이외다. (…) 위원부의 공채 발행이 옳지 못하다고 주장하던 백일규는 위협도 많이 받았었고, 최근에 와서는 죽인다는 위협장까지 받았습니다. 그 위협서의 우체 도장을 보아서 어느 지방에서 온 것도 알며, 어떤 동포가 한 것도 짐작하지만, 나는 그 동포가 무슨 의미로 백일규를 죽이려는지 심히 아혹합니다. (…) 그러나 백일규를 죽여서 우리 독립운동에 유익이 무엇인가? 또는 이 박사에게 영광될 것은 무엇일까요? 이 박사 반대자를 다 죽여 없이 해야만 된다 할진대, 적어도 여러 천 명을 죽여야만 될 터인즉, 독립운동은 누구로 더불어 하려는가?"

　　1925년 6월 무렵에는 안창호가 공산주의자이며 그 때문에 미국에서 쫓겨나게 될 것이라는 풍설이 하와이에서 돌았다.『신한민보』1925년 6월 25일자는 "안창호 씨도 소련주의자라고"라는 제목으로 "하와이 일부 인사들은 임시정부를 조직하려고 비밀회의를 빈번히 한다는 풍설이 있는 동시에, 안창호 씨는 미국에서 쫓겨 나아가게 되었다고 선전한다는데, 그 이유는 안 씨가 미국에서 뽈스빅기주의를 선전하므로 미국 법률에 범하였다고 선전한다더라. 하와이 통신. (부기) 최근에 믿을만한 인도자의 말을 듣건대 어떤 한인이 영문으로 미국 국무성에 편지하기를 안창호 씨가 주의 선전자라고 하였으나 그 편지에 성명도 쓰지 않고 한 익명서와 비슷하다고 하더라"고 보도했다. 기자가 언급한 '익명서'는 1924년 12월 15일에 '콩 왕'과 '찰스 홍 이'의 이름으로 접수된 편지일 것인데, 그 내용이 어떤 인도자의 제보로 인해『신한민보』에 게재될 만큼, 일부 동포들 사이에서 익명서의 존재가 알려져 있었던 것으로 보인다"라고 보도했다.

또한 김형찬은 "1925년 6월 24일자 도산 편지에, '누가 나를 공산주의자로 모함하여 정부 관계자가 흥사단 본부에 나를 찾아왔었다'고 쓰여 있었다"고 했다. 그러나 이번에 발굴된 이민국 자료에 의하면, 안창호를 만나기 위해 이민국 관계자가 흥사단 본부에 찾아왔으나 만나지 못했고, 결국 안창호는 1925년 6월 3일 시카고 노동부 산하 이민국에서 대질심문을 받았다. 시카고에서 있었던 대질심문은 도산 안창호 추방 사건의 핵심 부분이기 때문에 전문을 번역한다. 이 대질심문은 브레케(J. B. Brekke) 이민국 검사관이 담당했으며, 버나드 김이 통역을 맡았다. 1925년 6월 3일 시카고 이민국에서 조사가 이루어졌다.

질문: 이름이 무엇인가?
답변: 안창호.
질문: 언제 미국에 도착했나?
답변: 샌프란시스코에 1924년 12월 16일에 도착했다.
질문: 어떤 자격으로 미국 입국이 허락되었나?
답변: 나는 중국 상해에서 발행한 섹션 6의 여행자 증서를 소지하고 있으며, 여행자 신분으로 입국했다.
질문: 나이는?
답변: 47세.
질문: 어디서 출생했는가?
답변: 한국 평양.
질문: 어디서 출발했는가?
답변: 상해.
질문: 상해에는 얼마 동안 거주했는가?
답변: 약 3년 정도.

질문: 상해에서 직업은 무엇이었는가?

답변: 대한민국 상해 임시정부 회원이었다.

질문: 아직도 상해 임시정부 회원인가?

답변: 아니다.

질문: 현재 직업은 무엇인가?

답변: 현재는 여행 중이다.

질문: 샌프란시스코 도착 후 어디를 방문했는가?

답변: 샌프란시스코에서 로스앤젤레스로 가서 약 두 달간 머물렀다. 그리고 로스앤젤레스를 떠나 스톡턴, 새크라멘토, 다뉴바, 리들리, 샌디에이고, 리버사이드, 그리고 베이커스필드를 방문하였다. 이후 캘리포니아에서 시카고로 향하던 중 덴버에 잠시 체류하였다가 시카고에 도착했다. 그리고 시카고에서 필라델피아, 뉴욕, 코네티컷주의 뉴헤븐, 보스턴, 폴 리버, 워싱턴 DC, 뉴저지주의 패터슨을 방문하고 다시 뉴욕에 갔다가 시카고에 도착했다.

질문: 이렇게 많은 지역을 방문하는 목적이 무엇인가?

답변: 친구들을 만나기 위해서인데, 특히 학생들을 많이 만났다. 그들이 나를 초청해서 만난 것이다.

질문: 단순히 친구로 만난 것인가, 아니면 강연을 부탁받은 것인가? 아니면 무엇인가?

답변: 개인적인 만남도 있었고, 강연을 하기도 했다.

질문: 강연 주제는 무엇인가?

답변: 일반적으로 나는 대한민국의 독립과 자유를 준비하는 것에 대해 조언을 많이 했다. 학생들에게는 정직하게 일하고 기회가 있는 만큼 열심히 배우고 서로 도움을 주라고 했다.

질문: 당신은 소련 정부나 러시아에 관심이 있는가?

답변: 나는 직간접적으로 전혀 관심이 없다.

질문: 미국 정부에 대해 학생들과 대화를 나누었는가?

답변: 아니다.

질문: 미국 정부에 대해 어떻게 생각하나? 미국 정부가 바뀌어야 한다고 생각하나?

답변: 나는 미국 정부에 대해서는 어떤 결점도 없다고 생각한다.

질문: 강연 내용 중에 미국 정부가 급진적으로 바뀌어야 한다고 주장한 것이 있나?

답변: 절대 아니다. 그럴 이유가 없다.

질문: 대한인국민회라는 단체가 있는가?

답변: 그렇다.

질문: 어떤 목적으로 조직이 만들어졌나?

답변: 한국인들이 서로 협력하기 위해서이다.

질문: 대한인국민회가 미국 정부에 영향력을 행사하도록 노력을 했는가?

답변: 아니다.

질문: 미국에 적들이 있는가?

답변: 내가 아는 한 나에게 적은 없고, 나의 행동을 싫어하는 사람들은 있을 수 있다.

질문: 미국에 입국한 진짜 목적이 무엇인가?

답변: 세 가지 목적이 있다. 첫째는 가족과 만나기 위해서이다. 둘째는 가난한 학생들이 일하면서 교육을 받을 수 있도록 방법을 강구하기 위해서인데, 나는 교육에 관심이 많고 한국에서 교장도 역임했다. 셋째는 옛 친구들을 만나기 위해서이다.

질문: 여기에 가족이 있는가?

답변: 아내, 형제 한 명, 아들 두 명, 딸 두 명이 있다.

질문: 아내와 아이들은 현재 어디에 있는가?
답변: 로스앤젤레스, 106 피규어로아 스트리트.
질문: 상해로 돌아가기 전 얼마 동안 미국에 체류 예정인가?
답변: 원래 8개월 체류 예정이었는데, 비자를 연장해준다면 내년 1월 까지 더 체류하길 원한다.

1925년 6월 3일, 이때는 이미 이민국에서 도산 안창호의 신분에 관해 본격적인 조사에 착수한 시기이다. 이민국은 로스앤젤레스에서 도산을 만나려는 시도가 실패하자, 당시 도산이 머물러 있던 시카고에서 그가 공산주의자나 과격한 사회주의자가 아닌지를 직접 확인하는 대질심문을 진행한 것이다. 이 대질심문에서 안창호는 가족과 옛 친구들을 만나고, 가난한 한국 유학생들이 학업을 마칠 수 있도록 방법을 강구하기 위해 미국에 왔다고 밝히고 있다. 또한 이 심문에서 조국의 독립을 위해 모든 노력을 다하는 도산의 투철한 애국심과 의연함을 엿볼 수 있다. 이 대질심문에 의하면, 도산 안창호는 원래 8개월간 체류할 수 있는 비자를 받아 미국에 입국했다. 그러나 마지막 질문들에 대한 답변에서 보이는 것처럼, 한인 유학생들과 한인사회 순방을 위해 6개월 더 체류 연장 신청을 한 것이다. 이에 이민국은 한 달쯤 후인 7월에 안창호의 연장 신청을 받아들인다. 그러나 안창호에 대한 감시는 계속했고, 비자가 만기되자 더 이상 체류 연장을 허락하지 않고 1926년 3월 강제로 추방했다.

당시 안창호는 대질심문에서 밝힌 바와 같이, 필라델피아, 뉴욕, 워싱턴 등지의 동부를 심방하고 시카고에 머물고 있었다. 그곳에 머물면서 시카고 대학의 학생들을 방문하고 강연 등을 했다.『신한민보』1925년 6월 11일자 기사에 의하면 "안도산 시카코에. 안도산 선생은 필라델피아, 뉴욕, 와싱톤, 보스턴, 뉴헤븐, 폴우리버 등지를 서차로 심방하고

5월 27일 하오 6시에 뉴욕으로부터 출발하는 '뉴욕 샌추랠' 직행차로 동 28일 하오 9시에 '라쌜' 정거장에 무사 안착하였습니다. 당일 저녁은 와싱톤 호텔에서 류하고, 그 이튿날 즉, 5월 29일에는 시카고 대학이 있는 부근 '뚜랙셀' 호텔로 주소를 정하였습니다. 이유는 시카고 대학에서 수업하는 학생들로 더불어 시간을 많이 쓰기로 예정함이외다. 날마다 심방오는 인사들로 더불어 사석 담화를 많이 하고, 동 29일 학생회에 말씀하고, 30일에는 여러분의 주선으로 오찬을 예비하여, '쨕손' 공원 소창회를 하였고, 그 이튿날 즉, 일요일에는 한인 예배당에서 '단합'이란 대의로 약 2시간 동안 연설하였습니다"라고 보도되었다.

대질심문 이후, 안창호는 디트로이트, 클리블랜드 등지를 방문하기 위해 6월 8일 시카고를 떠나 서방으로 향했다. 『신한민보』 1925년 7월 16일자 기사는 "동방을 여행 중인 안도산 선생은, 시카고에서 서방을 향하여 발정. 시카고 대학 연구과에서 학업을 연구하는 학생의 통신에 의하건대, 안도산 선생은 동방 각처 재류 동포의 심방을 필하고 금월 8일 시카고에서 서방을 향하여 발정하였었다는데, 안도산 선생은 디트로이트와 클리블랜드와 싸우드밴드와 캔사스씨티에 산재한 동포를 심방할 예정이라더라"라고 보도했다.

이민국 문서를 통해 도산 안창호의 추방 과정을 상세히 살펴보자.[15] 1924년 12월 24일자 앤젤섬 이민국 자료(23880/1-6)는 "도산 안창호 가족 관계를 확인하고, 그가 미국에 입국한 목적이 무엇이며, 얼마 동안 체류할 예정인지를 직접 확인하라"는 내용이 적혀 있다. 이 문서에는 '콩 왕'과 '찰스 홍 이' 이름으로 이민국에 제출된 투서로 인해 조

---

15 이민국 간에 자료를 주고받기 때문에 각 지역 이민국 문서는 내용이 겹치거나 중복될 수 있다.

사가 시작되었다는 사실이 명시되어 있다. 즉, 미국 이민국은 안창호를 모함하는 투서가 제출된 1924년 12월 15일 이후부터 안창호에 대한 공식 조사를 시작했다.

몇 개월 뒤인 1925년 4월 28일자 시카고 이민국 문서(2008/967)에 의하면, 이민국 직원이 도산 안창호를 만나기 위해 106 피규어로아 스트리트(106 Figueroa Street)에 있는 흥사단을 방문했으나 당시 안창호는 동부를 여행 중이어서 만날 수 없었다. 그런데 워싱턴 카페테리아의 버나드 김 매니저가 도산이 30일 안으로 돌아올 것이라고 말해주었고, 그는 안창호가 도착하는 즉시 이민국 직원에게 알리기로 했다고 한다.

열흘 뒤인 1925년 5월 8일자 샌프란시스코 이민국 문서(23880/1-6)는 안창호의 신분 확인을 재차 주문하고 있다. "안창호는 106 노스 피규어로아 스트리트(106 North Figueroa Street)에 거주하고 있으니 확인을 부탁한다"는 내용이다. 1925일 5월 11일 로스앤젤레스 이민국 문서(25140/24)는 "안창호 조사 중"이라는 제목으로 "안창호는 현재 동부를 방문 중인데 30일 안에 시카고에 도착할 것이다. 현재 모든 문서는 시카고로 보냈다. 그리고 산타바바라 (알링턴 호텔) 편지지로 투서를 보낸 사람들을 찾으려고 노력했으나 찾지 못했다. 현재 안창호는 시카고로 출발했으니, 시카고에서 보고서가 작성되는 대로 추후 대책을 논의하면 될 것이다. 현재로서는 도산 안창호의 부인과 접촉하지 말도록 권유한다." 이처럼 이민국은 흥사단에서 안창호를 만나려고 몇 번씩 시도했으나 안창호가 동부에 있어서 무산되었다. 그런데 안창호가 시카고를 방문한다는 소식을 접하고 시카고에서 대질심문을 진행한 것이다.

이러한 과정을 거쳐 1925년 6월 3일 시카고 이민국에서 도산 안창호에 대한 직접심문이 이루어졌다. 심문 3일 후인 1925년 6월 6일 시카고 이민국 문서(2008/967)는 1925년 4월 28일자 로스앤젤레스 이민국 문서(25140/24)와 1924년 12월 24일 투서가 접수된 직후 샌프란시스코에서 작성된 도산 안창호에 관한 문서(23880/1-6), 그리고 시카고에서 있었던 도산 안창호 대질심문 파일 3장 및 복사본을 모두 로스앤젤레스로 돌려보낸다. 1925년 6월 9일 로스앤젤레스 이민국은 "안창호 조사 중"이라는 제목으로, 시카고 이민국의 브레케 검사관이 1925년 6월 3일 심문하여 작성한 문서와 샌프란시스코 이민국 문서(23880/1-6)를 샌프란시스코 이민국으로 다시 보낸다. 이것으로 안창호에 대한 조사는 끝난 것이다.

대질심문을 마친 후인 1925년 6월 24일 미 연방 노동부 이민국에서는 안창호의 신상 기록을 다시 작성했다. 이 문서에 의하면 "안창호는 매소니아호(S. S. Matsonia)를 타고 1924년 12월 16일 샌프란시스코에 도착했다. 그는 47세이고, 결혼했으며, 직업은 교육자이고, 영문을 읽고 쓸 수 있다. 그는 한국인이지만 중국인 여권을 소유하고 있는데 중국으로 다시 돌아갈 예정이다. 당시 80달러를 소지하고 있었고, 여비는 자비로 충당했으며, 1908년부터 1919년까지 미국에 체류한 기록이 있다." 그러나 실제로 안창호는 1902년부터 1907년까지, 그리고 1911년부터 1919년까지 미국에 체류한 적이 있다. 이 문서는 안창호가 8개월간 미국에 체류할 수 있다고 명시하고 있다.

1925년 6월 26일 샌프란시스코의 앤젤섬 이민국 문서(12025/02)는 안창호의 체류 연장 신청 처분에 대해 언급하고 있다. "안창호는 원래 8개월 체류 허가를 받고 1924년 12월 16일 미국에 입국했다. 안창호는 미국 전역을 여행했는데 콩 왕과 찰스 홍 이가 제출한 투서(1925년 12월 15일 접수) 내용을 부인했다. 현재로서는 그 투서 내용의 진위를 판단할 수 없다. 따라서 최종 결정은 모든 정보를 분석한 후 내리는 것이 옳다고 생각한다." 1925년 7월 11일 노동부 샌프란시스코 이민국 문서(55466/466)에는 안창호의 체류 연장 신청을 허락한다고 적혀 있다. 1925년 7월 22일 샌프란시스코 앤젤섬 이민국 문서는 안창호에게 체류 연장이 허가되었음을 명시했다. 1925년 8월 16일부터 6개월간 체류가 연장되었으니, 1926년 2월 16일까지 미국에 합법적으로 체류하는 것이 가능해진 것이다. 그러나 그 기간이 지나자, 가차 없이 추방해버린 것이다.

안창호는 이민국에 체류 연장 허가를 해준 것에 대해 감사 편지를 보냈다. 이 편지는 흥사단 편지지에 1926년 8월 6일자로 샌프란시스코 이민국의 임시 커미셔너에게 보냈다. "내가 신청한 임시 체류 기간 연장을 허락해준 것을 감사드립니다. 당신이 보여준 친절과 배려에 깊은 사의를 표합니다. 아쉽게도 체류 기간을 연장하는 것을 허락한다는 편지가 늦게 도착해서 동부로 가려던 계획은 연기하게 되었습니다."

『신한민보』는 도산 안창호가 시카고를 포함한 동부 방문을 마치고 샌프란시스코에 도착한 소식을 1925년 7월 30일자 "안도산 상항 착"이라는 제목으로 보도했다. "동방 각처에 산재한 동포들을 심방하던 안창호 씨는 재작일에 상항에 무사 안착하였는데, 선생의 말씀을 들은즉, 이번 동방 여행에 많은 취미를 보았으나, 한 가지 유감되는 것은 미주 각처에 계신 동포들을 일일이 다 심방하지 못함이라. 특별히 미국 중부와 서부에 우리 동포들이 많이 계신 곳을 제제 심방코저 예정하였으나, 두 가지 사정상 관계로 인하여 심중에 먹었던 바를 진행하지 못함이 실로 유감이라 한다. 그 사정상 관계 중의 하나는 원동으로 다시 회환할 여행권의 기한이 찼으므로, 미국 국무성에 연기 청원을 제출하였으나 가부간 회답이 없으므로 여행권에 대한 법률상 관계로 동포 심방을 계속할 수 없음이오, 또 하나는 여비 문제로 인하여 사세 부득이 여행을 정지하게 되매, 다수 동포가 거류하는 곳에도 제제히 심방하지 못함이 일대 유감이라 하더라." 이것은 안창호가 이민국에 감사 편지를 보낸 내용과 일치한다. 즉, 안창호는 동부의 여러 곳을 방문하려고 했으나 여행 허가증이 늦게 도착해서 동포 심방을 계속할 수 없었다는 사실이다. 안창호는 여행 허가증을 받은 후 계속 동포사회를 방문했다.

안창호는 체류 연장 허가를 받은 후 활발한 활동을 지속했다. 『신한민보』 1925년 11월 12일자는 "안도산 선생의 북가주 순행" 보도에서 "안도산 선생은 현금 다뉴바와 태프트 등지에 있는 여러 동포들을 심방 중에 있다는데, 불일간에 상항에 도착할 듯하다더라"라고 보도했다. 또한 『신한민보』 1926년 2월 4일자는 "안도산 북방 동포 심방 중"이라는 제목으로 도산 안창호가 곧 원동으로 돌아갈 예정이라고 보도했다. "믿을만한 통신에 의지하면, 도산 안창호 선생은 불원간에 원동으로 다시 갈 계획인바, 현금 북가주 몇몇 곳에 거류하는 동포를 심방하는 중이라더라." 그리고 『신한민보』 1926년 2월 11일자는 "안도산은 태프트를 다녀서"라는 제목으로 북가주 방문 소식을 알리고 있다. "도산 안창호 씨가 북방에 순행한다 함은 기보하였거니와, 씨는 지난 토요일에 상항을 떠나 태프트에 있는 동포들을 심방한 후 나성 본택으로 회환할 예정이라더라"라고 보도했다.

오스트레일리아로 추방

이민국은 안창호에 대한 조사와 심문을 실시하고 일단 안창호의 체류 기간 연장 신청을 허락했다. 그러나 안창호가 공산주의자나 볼셰비스트인지에 대한 최종 판단은 유보한 상태에서 요주의 인물로 분류한 것으로 보인다. 따라서 미국 이민국은 안창호가 미국 땅을 떠날 때까지 철저히 감시했다. 샌프란시스코 앤젤섬 이민국의 1926년 2월 6일자 문서(12025/14120)에는 "안창호가 오스트레일리아로 떠나는 배에 타는 것을 확인하라"고 적혀 있다. "안창호는 2월 23일이나 24일에 소노마호(S. S. Sonoma)로 떠날 예정이다. 23일인지 24일인지는 정확하지 않다. 안창호의 체류 기간은 1926년 2월 16일까지이니, 안창호가 미국을 떠나는 것을 꼭 확인하라." 안창호가 소노마호에 승선한 기록에는 필기체로 다음과 같이 적혀 있다. "Continued journey on Sonoma to Australia(소노마 호를 타고 오스트레일리아로 계속 항해)" 그리고 그 문서에는 그 글을 작성한 사람의 서명과 문서 번호도 적혀 있다.

즉, 도산 안창호가 샌프란시스코에서 소노마호에 탑승할 무렵, 아직 하와이에 도착하지도 않았을 때, 미국 이민국은 이미 안창호의 하와이 체류를 불허하고 있었던 것이다. 1923년 2월 23일자 샌프란시스코 엔젤섬 이민국 문서(12025/14120)는 "안창호가 소노마호를 타고 떠나는 것을 확인했고, 사진과 대조해서 확인했다"라고 쓰고 있다. 그런데 이 문서 밑에 "1926년 3월 2일에 소노마호로 떠났다. 이 배는 1926년 2월 23일 고장 나서 되돌아왔었다"고 적혀 있다. 이민국에서 미국 체류를 허락하지 않은 것을 모른 채, 안창호는 하와이에 2주간 체류하면서 동포들과 만난 후 상해로 갈 예정이었다.

『신한민보』1926년 2월 25일자는 안창호가 미국을 떠나는 소식을 전했다. "안도산 송별회"라는 제목으로 송별회 소식을 자세히 전하고 있다. "1년 전에 아메리카 대륙에 건너왔던 도산 안창호 선생의 송별회를 상항 한인 예배당 안에서 22일 저녁에 개최하였는데, 그 순서를 대략 소개하자면, 국민회 총회장 백일규 씨의 사회 하에 개회하고, 애국가 1, 2절을 병창한 후에 사회자의 간단한 취지 설명이 있고, 인하야 이대위 목사의 송별 기도가 있었다. 그리고 여학도 하소정, 김코렌의 병창 창가가 끝나자, 사회자의 소개로 정빈 안도산 선생이 등단하여, 40분 동안 도도 수천 언의 간곡한 연설을 하야, 청중 중에 감정이 연약한 남녀의 눈물을 쏟아내었다. 그 연설의 상편을 필한 후에 황사선 씨의 독창 창가와 황보식 부인의 피아노 화창이 있은 후에, 정빈이 연설을 다시 계속하야 약 40분 동안 열정의 권설이 있은 후에 '우리 다시 만날 때'라는 찬미 제 236장을 병창한 뒤에 정빈의 요청으로 애국가 3, 4절을 병창하고 임정구 목사의 기도로 폐회하다. 안도산의 연설 대지는 당신 스스로가 무슨 영웅이 되어서 우리 광복 사업을 하루 이틀에 성취하겠다고 담보는 할 수 없으나, 우리 대한 혁명가 중의 한 분자의 자격을 가지고 우리 광복 사업을 위하야 최후의 일각까지 노력할 결심을 가지고 떠나시노라 하며, 우리 일반에게 권고하신 말씀은 누구나 자포자기하지 말고 모두 철저한 대한민국의 혁명가야 되자 하였다. 안도산이 기자에게 잠시 전하는 말씀에 의하면 '이번 떠날 때에 태푸트, 산타애나, 나성, 스탁톤, 상항 등지를 심방할 시에 사랑의 송별회와 접대와 또한 예물을 많이 받았는데, 무엇으로써 보답할는지 참말 알 수 없다' 하더라. 그리고 떠나시며 나중 말씀이 재미 일반 동포들의 건강과 행복을 축사하노라고 하더라"라는 내용이다.

또한 『신한민보』 기자는 안도산이 떠나는 길이 안전하기를 기도하면서, 안창호를 옹호하는 발언을 했다. 즉, 안창호에게 반대자가 많이 있지만, 도산은 비록 정적이라도 동족을 사랑하는 미덕이 있어 적을 공박하지 않는다고 전했다. 기자는 안창호를 떠나 보내며, 도산을 둘러싼 소문과 반대자들의 오해에 대해 해명하고 싶었던 것이 아닐까 생각된다. 『신한민보』 1926년 2월 25일자는 "안도산을 보내면서"라는 제목으로, "본보가 일찍 도산 안창호 선생에게 대하여 이 지면 이 자리에 붓을 나리어 본 적이 없다. 간혹 사실이 없는 일에 협박받는 때에 간접적 변호는 한 적이 있었으나, 직접으로 문제삼아 칭찬하여 본 일도 없고, 또한 비평하여 본 적도 없었다. 그러나 오늘 선생이 멀리로 떠나시는 그 길이 그의 개인 행복을 희생하고, 우리 민족의 활로를 개척하는데, 일반 우국지사들과 협심 동력하려고, 그의 사랑하는 가족, 그와 인연 깊은 제2고향, 그의 안전 지점인 아메리카 대륙을 떠나시는 때에, 선생을 보내는 본보는 '거평안, 래평안'을 기도하는 동시에 일언을 첨부한다. (…) 우리 인류는 백분지백의 완전한 사람이 없기 때문에, 형산백옥에도 티가 있기 때문에, 동서양 고금 역사적 인물을 다 보아도, 한두 가지 결점이 다 있기 때문에, 선생에게도 결점이 없지 않다. 그러나 공부자의 '산수장질(山藪藏疾, 산과 숲은 독충을 끌어안음)'이란 말같이, 선생의 미덕이 모든 결점을 감추어 버릴 수 있다 한다. 보통 우리 인도자들은 그 정적에 대하여 원수 보듯 하며, 어디까지든지 대항책으로 무소불위하되, 선생은 그렇지 아니하여 정적이라도 동족이면 사랑하리라는 미덕이 있음으로, 연설로나 저술로써 그 반대자를 공박하는 일이 없다. 이 미덕이 있기 때문에 과거 6, 7년간에 선생을 공격하는 선전 서류는 수레에 싣고 말로 되더라도 너무 많아서 셀 수가 없을 지경이었지만, 선생을 위하여 남을 공박한 글은 없었다. 만일 있었다면, 오직 본보일 듯하나, 그 역시 선생의 본뜻이 아닌 본보 기자의 자발적 언론이다. 지면상 관계로 더 말하지 못하고, 최종으로 본보는 떠나신 선생의 건강과 그의 안전을 하느님께 청탁한다"라고 보도했다.

안도산은 1926년 2월 23일 소노마호를 타고 샌프란시스코를 떠나 하와이로 출발했다. 김형찬은 안도산이 로스앤젤레스 해안에 위치한 샌페드로항을 떠났는데, 배가 고장 나서 샌프란시스코로 회항했다고 밝혔다.[16] 그러나 소노마호는 샌프란시스코항을 떠났다가 고장 나서 다시 샌프란시스코로 회항한 것으로 확인되었다.[17] 『신한민보』에서 안창호의 송별회가 샌프란시스코에서 성대히 거행되었다고 보도했기 때문에 그가 로스앤젤레스에 있는 샌페드로항에서 출발한 것이 아니라는

---

16 Hyung-Chan Kim, *Tosan Ahn Chang-Ho: A Profile of a Prophetic Patriot*, Tosan Memorial Foundation, 1996, 215.

17 U.S Department of Labor, Immigration Service District No. 30. Document No. 12025/14120. Office of the Commissioner Angel Island Station San Francisco, California, February 6, 1926. Investigation Arrival Case Files, San Francisco, Records of the U.S. Immigration and Naturalization Service, RG 85, National Archives, Pacific Region, San Bruno, Ca. 이 논문에 나오는 모든 미국 이민국 문서는 이 인용을 참조.

것이 확인되었다. 또한 소노마호 승선 기록(1926년 3월 2일)에 의하면 안창호는 샌프란시스코에서 1926년 2월 23일 탑승했다고 적혀 있다. 또한 샌프란시스코 앤젤섬 1926년 2월 23일자 이민국 문서(12025/14120) 역시 "중국인 도산 안창호가 소노마호에 승선한 것을 사진과 함께 확인했다"고 기록했다. 또한 같은 문서 밑에 "1926년 2월 23일에 이 항구를 출발했다가 배를 수리하기 위해 돌아왔으며 1926년 3월 2일에 떠났다"라고 확인해주고 있다. 따라서 안창호는 샌프란시스코에서 1926년 2월 23일 소노마호를 타고 출항했다가 배가 고장 나서 회항했고, 1926년 3월 2일 다시 출발하여 1926년 3월 8일 하와이에 도착한 것이다.

『신한민보』 1926년 3월 4일자에서는 "안도산 또다시 발정, 기선의 프로펠러가 상하여서"라는 제목으로 그의 귀항 소식을 전하고 있다.

"도산 안창호 씨는 그 선편으로 떠난 후, 약 600마일의 항해를 한 뒤에 그 배의 프로펠러 한 개가 상하여 물속으로 떨어진바, 오직 남아있는 한 개의 프로펠러로써 중양 만 리의 항해를 계속하기 불능인 고로, 다시 회정하여 상항 만에 도착하여 그 프로펠러를 수선하여 가지고 떠나셨다. 안도산이 600해리의 여행을 하고 회환하게 됨은 이상과 같거니와, 그 소식을 들은 안 부인 혜련 씨는 원래 상항까지 와서 그 가장을 전송하려고 하였으나, 안도산의 권고로 인하여 문 앞에서 멀리 떠나시는 이에게 '굿바이'를 고한 후 항상 서운한 마음이 산같이 쌓였든 차에, 기선의 무엇이 상하여 회환하였다는 소식을 듣고, 금 2일에 상항에 안착하여 동양으로 떠나는 배 머리에서 전별을 고하게 되었다. 때는 정히 달밤이었다. 전기등과 달빛이 휘황한 부두에서 가시는 이와 보내는 이들이 서로 서로 이별을 아쉬워하매, 수십 줄기의 색종이 실을 맞쥐고 사랑의 정을 전하였다. 그러나 사정없는 기적 소리를 좇아 그 종이 줄이 툭툭 끊어지며, 뱃머리가 금문 만 어구를 향할 때에, 송별인 일동의 오직 행동은 갓 벗어내어 두르기와 손수건 흔드는 것인데 그중 안 부인은 섭섭한 정에 못 이기는 목소리로 '평안히 가십시오! 평안히 가십시오!' 하매 가시는 안 선생은 들었는지 못 들었는지 보이지 않을 때까지 쉴 새 없이 햇(모자)만 두르더라."

이처럼 『신한민보』는 안창호와 부인 이혜련 여사의 마지막 송별 모습을 자세히 전하고 있다. 이혜련 여사의 목 메이는 "평안히 가십시오"가 안창호와 부인 이혜련 여사의 마지막 대화이며 이제 영영 다시 보지 못하는 이별의 순간이었던 것이다.

여기서 중요한 것은 안창호는 원래 샌프란시스코를 떠나 하와이에 도착한 후, 약 2주간 체류하면서 그곳 동포들을 만날 계획이었다는 것이다. 그리고 그 이후에 상해로 출발할 예정이었다. 김형찬은 "안창호는 오스트레일리아로 갈 의사가 전혀 없었다. 그러나 이민국 직원이 '흥사단은 나쁜 조직이고 나쁜 일을 하는 곳이기 때문에 하와이에 체류하는 것을 허락하지 않는다'고 했다. 이민국 직원이 그런 이야기를 한 이유는 증빙 서류가 없기 때문에 알 수 없다."[18] 그러나 하와이에서 안창호가 체류를 거절당한 이유는 콩 왕(Kong Wong)과 찰스 홍 이(Charles Hong Lee)가 이민국에 제출한 투서 때문이다. 그 투서로 인해 이민국에서 안창호에 대한 조사를 시작했다. 그에 따라 안창호의 신분은 최종적으로 '유보'되었고, 안창호는 비자가 만기되자 추방당한 것임이 이번 연구로 밝혀진 것이다.

『신한민보』 또한 도산 안창호가 하와이에 도착한 후 동포들과 만날 예정이었지만 이민국에서 2주간의 체류 허가를 내주지 않아 부득이 그 날 바로 떠나게 되었다는 기사를 보도했다. 『신한민보』 1926년 3월 25

---

18 Hyung-Chan Kim, 1996, 225.

일자 기사에 의하면 "안도산 6시간 호항에 하륙 후"라는 제목으로 "안창호 씨는 금월 8일 하오 4시경에 호항(하와이 호놀룰루항)에 안착하였는데, (안창호) 씨의 도착한다는 소식을 들은 당지 독립단에서는 만찬회와 환영회를 준비하였으나, 불행히 당지 이민국에서 씨의 예정하였던 2주 동안 체류하려는 것을 허락지 아니하므로 사세 부득이 당일로 떠나게 된 바, 그날 저녁에 호항 감리교 예배당에서 약 150명이 모인 청중에게 약 한 시간 반 동안 연설한 후에 섭섭히 작별하였다는데, 그때는 시간은 동 하오 10시라 하였더라"라고 보도되었다. 소노마호 승선 기록에도 "소노마호를 타고 오스트레일리아로 계속 항해"라는 문구가 필기체로 적혀 있다. 즉, 샌프란시스코 이민국에서 안창호가 하와이에 체류하는 것을 불허하고 같은 배로 미국 영토를 떠나야 한다고 명시했던 것이다.[19]

『신한민보』1926년 4월 29일자는 도산 안창호가 1926년 3월 25일 오스트레일리아에 도착했다고 보도했다. "도산 안창호 선생은 3월 25일에 오스트레일리아에 무사 안착하였다는 통신이 있는데, 거기에서 동양 양반에게 좀 관대함인지 상륙할 때에 이민국에서 '빤'도 요구하지 않으며, 또한 관리의 검사도 심하지 아니하여 차별적 대우의 태도가 미국에 비하야 적은 듯하다고 하였고, 선생은 금월 14일 선편으로나, 28일 선편으로 중국에 건너갈 예정이라 하였더라." 미국 이민국에서 조사를 받은 것에 비할 때, 호주의 관리들은 상대적으로 차별이 심하지 않았다는 보도는 안창호가 미국 이민국으로부터 부당한 대우를 받았다는 것을 간접적으로 보여주고 있다.

안창호는 4월 14일 호주를 떠나 5월 20일쯤 상해에 도착했다. 『신한민보』 1926년 5월 6일자 기사에 의하면 "안도산의 소식. 4월 14일에

---

19   1926년 3월 2일 소노마호(S. S. Sonoma) 승선 기록. 이민국 문서(4387/263) "Continued Journey on Sonoma to Australia" Office file 4387/269.

호주를 떠나 안창호 선생이 오스트레일리아에 안착하였다 함은 기보하였거니와, 선생의 최근 통신에 의하면, 4월 14일에 다시 그곳을 떠나 홍콩으로 발정하여 약 20일 후에 당지에 도착할 예정이라 하였다. 그리고 선생은 '아메리카 계신 동포들의 두터운 정의를 생각하며 여러 동포의 행복을 비나이다'라고 하였더라"라고 기록되었다.『신한민보』1926년 6월 24일자 기사는 상해에서 도산 안창호 환영회가 1926년 5월 22일 개최되었다고 보도했다. "안도산 환영회. 5월 22일 밤 여덟 시에 상해에 있는 동포들은 3·1당에 모여서, 민단장 조상섭 씨의 사회로, 도산 안 선생의 환영회를 열었는데, 꽃다운 어린 학생들의 환영가 속에서 화환을 드렸으며, 이어 선생의 열열한 연설이 잇따르니 만장한 청중은 모두 쾌한 느낌이 있었다더라. 5월 23일 상해서"라는 내용이다.

안도산은 상해에 체류하면서 임시정부에서 발생한 불미스러운 일들을 처리하고 이상촌 건설을 위해 필리핀을 순방했다.『신한민보』는 도산 안창호의 필리핀 순방을 여러 번 보도했다.『신한민보』1929년 2월 21일자 기사는 "도산 안창호 선생은 지난 달 그믐께 필리핀 마닐라에 거류하는 동포들의 청요함을 받고, 당지에 전왕하였다가 약 1주 후에 중국 모처로 회정할 예정이라더라"라고 보도했으며,『신한민보』1929년 5월 16일자 "안도산은 중국 모방면으로"라는 제목의 기사에서 필리핀 순방을 마치고 중국으로 돌아오고 있다는 소식을 전했다. 기사 내용은 다음과 같다. "안도산 선생께서는 이곳에 오신 지 50여 일 동안 그 섬 북부에 거류하는 동포들을 심방하는 동시에 이곳 사람들의 사는 정황도 대강 시찰하고 그 경비 문제로 동포에게 손해가 될까 근심하시고 3월 30일 출발하는 선편으로 일반 재류 동포들의 뜨거운 송별 속에서 떠나 중국 모방면을 향하셨다더라. 본사 필리핀 통신."[20]

---

20 이 기사에 3·1절 기념사진이 있음. 사진은 우편으로부터 상열에 강진주, 박홍래, 조상

도산 안창호는 1932년 가족이 있는 미국을 방문할 예정이었으나[21] 1932년 4월 29일 윤봉길 의사의 홍커우공원 폭탄 투척 사건으로 일본 경찰에 체포되어 뜻을 이루지 못했다.『신한민보』는 도산이 일본 경찰에 체포된 후 한국으로 송환된 소식을 자세히 전하고 있다.『신한민보』 1932년 6월 30일자 기사에 의하면 "안도산 선생 조선으로"라는 제목으로, "동아일보에 기재된 6월 2일 상해 전보에 의하면 도산 안창호 선생은 5월 30일에 상해에서 떠나는 안경환으로 조선에 들어가게 되었다 한다. 동 안경환은 동 4일에 청도를 거쳐서 7일에 인천항에 도착하리라 하였다. 선생의 이 길은 그립고 그립던 고국 강산에 돌아가시지마는 첨사 주사로 결박한 몸으로써 원수의 핍박 학대 아래에서 헤매이는 백의 동포들을 인천항에서 처음 대하실 때 자연 뜻하지 아니한 눈물이 용솟음칠 것이다"라고 보도했다.

도산은 1935년 2월 가출옥되었으나, 1937년 6월 28일 수양동우회 사건으로 다시 일본경찰에 체포되었다. 이후 1937년 12월 24일 병보석으로 나왔으나, 경성대학 병원에 입원해 있다가 이듬해 3월 10일 사망했다.『신한민보』1938년 3월 17일자 기사는 "고 도산 안창호 선생 추도 특별호"에서 "안도산 선생 경성에서 별세, 위국위족의 60년 혁명생애, 3월 10일 마침 저 원수 옥중에서 순국"이라는 제목으로 안창호의 서세를 보도했다. "도산 안창호 선생이 본국 경성에서 별세하였다는 전보가 3월 10일 오전 3시 30분에 선생의 나성 본택에 도달하였음은 본보 전호의 호외로 이미 발표하였거니와, 그 후 또 받은 전보에 의지하건대, 선생의 장례는 3월 12일에 경성에서 거행하여, 당지 묘지에 안장하였다고 한다. 원래 선생의 생전에 희망도 그러하였거니와, 국내 국외의

복, 최명준, 이칠규, 하열에 최명집, 김창세 박사, 안창호 선생, 김성도.

21 Hyung-Chan Kim, 1996, 244.

동지들이 선생의 뜻을 받아, 평양 대보산 선생의 초당 부근에 모시려 하였는데, 이 일조차 악착 저 원수의 저희로 이루지 못하였다. 지금 전모는 비상하여 선생의 영면의 일시와 장일을 몰라 다시 타전하였더니 이상의 장례 일자와 장지와 및 선생이 돌아가신 일자는 3월 10일이라 하였다. 10일 새벽에 부음을 받고 선생의 가족은 호천망극하며, 동지와 친우들도 깊은 애도 중에 경황없다가, 동일 하오 8시에 흥사단소에서 선생의 유족과 흥사단 3부 부장과 기타 친우들이 모여 정식 발상식을 행하니, 임종에 영결치 못한 그들은 더욱 애통하고 망극하였다." 결국 도산 안창호는 사회주의자라는 투서에 의해 1926년 3월 미국에서 강제 추방된 후, 영영 다시는 가족을 보지 못하고 1938년 3월 10일 경성에서 사망했다. 유복자 막내아들 안필영(랄프)은 아버지 얼굴을 한 번도 볼 수 없었던 것이다.

도산 안창호는 "볼셰비스트"라는 모함 투서로, 미국 이민국에 의해 1926년 3월 강제로 추방되었다. 그러한 역사적 사실이 『주간조선』에 의해 2002년 보도되었다. 그런데 이 사실은 학계 또는 일반인에게 제대로 전달되지 못했고 잊히고 말았다. 이준식은 논문에서 안창호에 대한 네 가지 오해가 있다고 했는데, 그것은 진보와 보수로 나누어진 학계의 시각 차이와 도산학 연구자들이 안창호를 준비론자 또는 계몽주의자로 무각시키는 데 치중한 결과일 수도 있다. 안창호는 한국의 진보와 보수 학계에서 모두 배제된 인물이라고 생각된다. 보수 학계에서는 이승만 전 대통령을 건국 대통령으로 부각시키기 위해 이승만과 대립 관계에 있었던 안창호를 중요한 인물로 취급하지 않았다. 진보 학계에서는 안창호를 자본주의 근대화론의 대표적인 인물, 반공주의자, 또는 준비론자로 규정하는 한편, 무장 독립운동이나 무장 투쟁에 대한 정당성을 추구했다. 그러한 논의 아래에서 안창호는 학계의 관심 대상에서 배제되었다. 또한 도산학회와 흥사단 등 도산 관련 학계에서는 안창호를 "교육가, 계몽주의자, 또는 실력양성론자"로 부각시키는 데 주력했는데, 이것이 안창호에 대한 오해와 왜곡된 인식을 생산하는 데 일조한 것이 아닌가 생각된다.

　　안창호는 1905년 공립협회 설립부터 민주주의 제도를 도입한 혁신주의적 사고방식을 가졌던 인물이라고 생각한다. 안창호는 반공주의자가 전혀 아니며 사회주의자도 포용하면서 독립전쟁의 목표를 위해 실력양성론을 주창했다. 안창호 연구는 진행형이라고 생각된다. 안창호에 대한 오해와 편견을 바로잡는 연구가 필요하며, 이 책이 안창호에 대한 새로운 연구의 초석이 되길 바란다.

자료 1: 대한인국민회 북미총회에서 통과된 21조 의안
(신한민보, 국민회의 신서광 대의회 결안을 치하함, 1911년 12월 4일자)

1. 신한민보의 출판권을 중앙총회에 양여할 일

    이유: 중앙총회의 기관보를 아직껏 발간하지 못함은 전체 활동상에 유감이 없지 아니할뿐더러 중앙총회의 위망을 보유하는 데 대하여 또한 관계가 없지 아니하기 때문에 우선 북미 지방총회의 기관지 신한민보를 중앙총회에 부쳐 우리 회의 전체 기관보를 삼게 하되, 중앙총회의 명의로 기관보 발행할 준비가 완전히 되기 전까지는 그 명의를 인구하여 신한민보로 발행함

2. 신한민보사에 소속한 활판제구의 일습을 아직 일 년간 중앙총회에 차여할 일

    이유: 현금형세로는 중앙총회에서 새로 활판제구를 준비할 여력을 믿을 수 없기 때문에 활자틀 두 틀 중에 한 틀을 아직 빌렸다가 명년 대의회의 확실한 작정이 있게 함

3. 본 총회에서 수봉하는 의무금 중 오백 원을 중앙총회에 수납할 일

    이유: 중앙총회의 각항 설비에 관한 경비를 보용케 하기 위하야 우선 오백 원을 기부하고 장정의 개정을 기다려 확정한 예납이 있게 함

4. 원동 각 지방회를 중앙총회의 직접 관할 밑으로 옮길 일

    이유: 중앙회부를 확장한 이상에는 미주 외에 있는 각 지방회를 북미 지방 총회에서 관할할 필요가 없기 때문에 장정 제42조에 의지하여 중

앙총회에 이속케 함

5. 상항에 있는 북미지방총회 위치는 로스앤젤레스 지방으로 옮길 일

   이유: 지방총회가 중앙총회와 신문사와 한 곳에 있는 것은 복잡함이 있을뿐더러 중앙총회의 체면을 보유하는 데 관계가 없지 아니하기 때문에 지방총회의 위치를 미주 각 지방회의 중심이 되는 로스앤젤레스로 이설하게 함

6. 의무금과 회금을 합병하여 년에 5원으로 정할 일

   이유: 의무금과 회금을 각각 받게 되면 동포의 짐이 무거울 것이기 때문에 특히 의무금의 성질을 고쳐 "교육과 구제와 회무 확장에 관한 경비를 보용케 함"으로 정함

7. 각 지방회의 자치 경비는 매 회원에게 월 연금 10전씩 받을 일

   이유: 총회의 예납과 교육금 구제금은 임의 의무금 중에 포함하였으나 지방회를 자치하는 데 관한 경비가 없을 수 없기 때문에 월 연금만 인구하여 지방회로 직접 받아서 경비에 보충하게 함

8. 특별 순행원 1인을 총회에서 책정하여 때때로 각 지방을 순행하게 할 일

   이유: 각 지방의 물정을 살피지 못하면 총회에서 적당한 정사를 행할 수 없기 때문에 특히 순행원을 두어 지방 동포의 정황을 총회에 전달하며 회무의 내정을 모든 회원에게 설명하여 정신을 관통하게 하는 것이 필요하고, 또한 타락하는 지경으로 향하는 동포를 건져 대한민족의 가치를 보존하게 함

9. 재정 조사 위원 3인을 책정하여 각 문부를 조사하여 공표할 일

    이유: 각항으로 수입되는 재정은 일반 동포가 기억하기 쉬우나, 쓰는 명목도 확실히 알게 함이 필요하기 때문에 본회가 열린 이후에 각 년 문부를 조사하여 재정 출입을 명백히 하여 널리 알리게 함

10. 본 총회 실업부에 실업 기본금을 세워 본회의 목적을 실행할 일

    ① 기본금은 공채의 성질로 정하여 모집할 일

    ② 공채권의 액면 가격은 미화 25원과 상당한 가격으로 정할 일

    ③ 공채 모집에 관한 연구위원 3인을 책정하여 지금부터 6개월 내로 조례를 제정하게 할 일

    이유: 본회의 원대한 목적을 실행하는 날에 준비한 재정이 없으면 실력을 나타내기가 쉽지 않을 뿐만 아니라, 이러한 기본금을 세워 동포의 실업 발전을 조력함은 본회 목적의 근본이기 때문에 이 조목을 세우는 것이다. 혹은 일정한 동맹금이나 의연금을 행하자는 의론이 있었으나, 본 의회에서 특히 공채의 성질로 의론을 정함은 이 공채권을 가진 당사자나 혹은 그 유족에게 후일 상당한 표창을 행하기로 주된 뜻을 정함

11. 애국 동맹단 재정은 본 총회 실업부에 임시로 보관할 일

    이유: 본 총회의 항정한 경비 이외에 무슨 명목이든지 적립하는 금액은 모두 실입부에 두는 것이 마땅함

12. 이범진 공의 기부금 도합 3500원은 이범진 공이 남기신 명목대로 나누어 줄 일

    ① 신한민보사에 1000원

    ② 본 지방 총회에 1500원

    ③ 본 총회 교육부에 1000원

이유: 이 금액은 전토를 사는 일로 이미 총회 임원회의 의론이 있었으나 이범진 공의 뜻을 어김이 불가하다고 생각하기 때문에 이상과 같이 분배하게 함

13. 하묵 공채의 이미 모집된 금액은 본 주인에게 도로 나누어 줄 일

이유: 미주 각처에서 수금한 금액 229원과 아경리 씨 또 271원 36전과의 양합은 500원 36전이요, 이근영 씨 등 4인 완환부비 264원 81전과 이근영 씨 등의 멕시코 보채 또 310원과의 양합은 574원 82전이니 오히려 부족이 74원 46전이라. 이는 하와이 지방 총회로 더불어 방편을 의정한 후에 공채주에게 환파(?)하기로 정함

14. 클레몬트 학생 양성소 건축비 부족액은 본 총회에서 지출할 일

이유: 이 집에 대한 건축비는 모두 동포의 연조금으로 되었고, 다만 미세스 스튜엇의 연조금 350원밖에는 외국인의 재정이 들지 않았는데 이제 그 건축비 부족액 700여 원은 이 집의 소유주를 확정한 연후에야 담당할 자가 생길 터이기 때문에 건축 위원들로 하여금 그 집의 문권을 국민회 명의로 관청에 등록케 한 후에 본 총회는 그 소유주가 되어 부족액을 지출하고 이 집을 그 지방에 둘 때까지는 예배 보는 처소만 한인 교회에 세 없이 빌려주기로 정함

15. 전 총회장으로 작고한 송석준 씨의 기념장을 만들어 팔아 그 유족에게 보낼 일

송석준 공은 우리 회에 몸을 바쳐 초창할 때부터 여러 해 동안에 공적이 높으며 훈도가 많을 뿐만 아니라, 마침내 돌아가지 못하고 만리 밖에 외로운 혼이 되어 그 유족의 정경이 참혹하니 동으로 오는 소식은 모두 우리의 무한한 감개를 자아내는지라. 총회의 재정이 넉넉하면 마

땅히 유족을 건지는 일이 있을 것이지만, 현재 상황이 그렇지 못하기 때문에 아직 공의 사진으로 기념장을 만들어 동정을 표하는 제 동포들에게 팔아, 그 금액을 송 씨의 유족에게 보내서 일시적으로 구급을 행하게 함

16. 본 총회 세칙 기초위원 2인을 정하여 현행 장정 범위 내로 세칙을 제정할 일

    이유: 현행 장정에 대하여 사무 처리에 필요한 조건을 들어 세칙을 제정함은 아무쪼록 규칙에 위반이 없게 하고자 함

17. 실업부장은 그 임무를 아직 계속할 일

    이유: 공채 모집의 실행을 기다려 실업기관이 완전히 성립되기 전까지는 그 임원을 개선할 필요가 없음

18. 매년 대의회 처소는 총회장의 지휘에 전속할 일

    이유: 명년 대의회 처소를 매양 금년 대의회에서 미리 정하던 관례가 있으나, 이제 총회 위치를 옮긴 이상에는 미리 정할 필요가 없고, 의례대로 총회의 위치된 지방으로 소집함이 올바른고로, 이 일은 총회장의 권한 내에 전속하게 함

19. 각 임원을 투표하여 뽑음이 아래에 기록함과 같음

    북미지방총회 각 임원

      총무, 이일
      서기, 송종익
      재무, 송종익
      법무원, 강번

학무원, 조성환
　　　구제원, 류성숙
　　　외교원, 이일
　　각년 재정문부 조사위원
　　　강번
　　　이병익
　　　김홍균
　　실업기본공채 연구위원
　　　안창호
　　　황사용
　　　강번
　　세칙 제정 기초위원
　　　안창호
　　　강번

20. 4245년(1912년)도 예산안을 아래와 같이 승인함
　　이유: ① 국고의 예산 편제하는 법을 참조하여 특히 관(款)·항(項)·목(目)을 세워 부분을 구별함
　　　　② 중앙총회와 신문사의 예산은 마땅히 지방총회의 이상에 있을 것이므로 본 총회 소관 경비는 제3관으로 정함
　　　　③ 일년 경비액은 매양 전년도의 적립한 금액으로써 후년도 예산을 편제함이 떳떳한 법칙이라. 그렇기 때문에 4244년도의 의무금 미수액과 4245년도의 예산액 이외에 들어오는 금액은 마땅히 적립하여 내년도의 예산 편제를 준비하게 함

예산안

건국기원 4245년도

세입경상부(歲入經常部)

국민회 소관 경상 수입 예산서

제3관 북미지방총회

    제1항 의무금 1600원

        제1목 교육금 160원

        제2목 구제금 160원

        제3목 회금 1280원

항 계 1600원

건국기원 4245년도

세출경상부(歲出經常部)

국민회 소관 경상지출 예산서

제3관 북미지방총회

    제1항 예납금 500원

        제1목 중앙총회납 500원

    제2항 교육비 160원

        제1목 학생상여금 40원

        제2목 적립금 120원

    제3항 구제비 160원

        제1목 구휼금 60원

        제2목 부의금 20원

        제3원 적립금 80원

    제3항 여비 180원

        제1목 총회장 순행비 50원

        제2목 순행원 여비 80원

            제3목 임시과원비 50원
    제4항 봉급 420원
            제1목 사무원 420원(1인 월급 35원)
    제5항 사무소비 180원
            제1목 사무소 방세 60원
            제2목 통신우비 30원
            제3목 전보비 5원
            제4목 전화비 25원
            제5목 지필묵 24원
            제6목 운반비 5원
            제7목 전등비 12원
            제8목 예물비 5원
            제9목 비품비 10원
            제10목 잡비 4원
항 합계 1600원

건국기원 4245년도

세입임시부(歲入臨時部)

국민회 소관 임시 수입 예산서

제3관 북미 지방 총회
    제1항 상년 이래 3500원
            제1목 이공 기부금 3500원
항 계 3500원

건국기원 4245년

세출임시부(歲出臨時部)

국민회 소관 임시 지출 예산서

제3관 북미 총회

　　　　제1항 교육 기본금 1000원

　　　　　　제1목 교육기본적립금 1000원

　　　　제2항 학생양성소 800원

　　　　　　제1목 학생소 집값 부족 750원

　　　　　　제2목 결산 부족 준비금 50원

　　　　제3항 예비금 700원

　　　　　　제1목 예산 외 지출처 700원

　　　　제4항 신한민보사 1000원

　　　　　　제1목 상년도가하보상 1000원

　　항 합계 3500원

21. 대의회에서 총회에 권고하는 통첩을 보낼 사건은 아래와 같음

① 각 지방 동포 중 타락한 지경에 빠져 후주잡기(*술주정과 노름을 아울러 말함)와 아편쟁투 등의 일을 문란히 범하는 폐가 있으니 마땅히 장명 제27조에 의지하여 금단하기를 권고할 일

② 총회 공비학생 정등렵 씨의 자퇴하는 청원을 총회에서 상당히 처리할 일

③ 본 총회 사무소를 로스앤젤레스로 옮겨올 기한은 본년 12월 30일 안으로 행할 일

④ 신한민보사 재정 문부는 중앙총회 기관보 출간하기 전날까지 마감하여 중앙총회에 넘겨줄 것

⑤ 본 총회와 몇 소관 각 지방의 각종 서류 중에 다수의 인원이 공동으로 볼 문서는 한문으로 쓰지 말고 순 국문으로 쓸 일

본 대의회는 총회장 각하의 명령으로 원래 정한 일자에서 한 달 일찍 소집됨

11월 23일 하오 2시 개회

12월 4일 상오 2시 반 폐회

참석한 대의원은 다음과 같음(ㄱㄴㄷ 순서)

의장, 강명화(총회부회장)

대의원, 강번(시카고)

　　　김종혁(클레몬트)

　　　김인수(리버사이드)

　　　이치완(레들랜쓰)

　　　이병익(새크라멘토)

　　　박재형(로스앤젤레스)

　　　안창호(샌프란시스코)

　　　조성환(로스앤젤레스)

　　　차정석(리버사이드)

『신한민보』 1911년 12월 11일자, 3면 "금번 대의회 의결안"

자료 2: 리버사이드 파차파 캠프 자치규정

약장

제1조 본 지방에 거류하는 조국 동포의 타락함을 건져 공동한 행복을 구하며 지방 자치를 실행하기 위하여 왼쪽에 기록한 약장을 정한 일

제2조 술을 금지할 일

제3조 노름을 금지할 일

제4조 아편을 금지할 일

제5조 쟁투를 금지할 일

제6조 이상에 약정한 규정을 범하는 자가 있으면 자치부 벌칙에 처할 일

벌칙

제7조 (술) 처음 범하는 자에게는 권유하고 벌금 50전, 두 번 범하면 견책하고 벌금 1원, 세 번 범하면 견책하고 벌금 3원을 증수할지오, 3차 이상은 엄중한 벌에 처할 일

제8조 (노름) 처음 범하는 자에게는 견책하고 벌금 2원 50전, 두 번 범하면 벌금 5원, 세 번 범하면 벌금 10원을 증수할지오, 3차 이상은 엄중한 벌에 처할 일

제9조 (아편) 이왕부터 아편을 빨던 자이면 본 지방에 들어오는 날부터 1개월 약정하고 아편을 끊게 하며 기한이 넘도록 짐즛 범하면 엄중한 벌에 처할 일

제10조 (쟁투) 말로 싸우는 자에게는 권유와 견책을 행하며, 구타하기까지 이르면 손을 걸은(손찌검을 한) 자에게는 견책하고 벌금 5원, 체면을 보유하여 이를 피치 않고 마주 달려드는 자에게는 견책

하고 벌금 2원 50전을 증수할지오, 심한 지경에는 엄중한 벌에 처할 일

(쟁투에 대한 중벌은 축출하거나 혹 지방 경무서에 교섭함)

직원

제11조 본 규정을 실행하기 위하여 본 지방 국민회 평의회로써 자치 위원 3인을 선정하여 자치부 사무를 집행케 할 일

(자치 위원은 어느 지방회원을 물론하고 상당한 자격을 취하여 선거함)

제12조 일반 동포를 단속하며 자치 위원을 협찬하기 위하여 동포의 선택으로 경찰 2인을 둘 일

제13조 자치 위원의 임기는 2개월, 경찰의 임기는 1개월로 정할 일

제14조 임원이 범법한 자를 사사로 용서하여 은휘하는 자에게는 범죄자 해당한 벌에 갑절 되는 벌에 처할 일

준행방법

제15조 자치 위원과 경찰이 사무를 집행하되 본 지방 동포의 전체가 합동 처리할 일

제16조 본 규정을 일반 동포가 힘써 지키기 위하여 규정 동맹 안에 각히 친수로 이름을 적어 넣을 일

제17조 본 지방에 노동 주선인은 자치 위원의 조사와 승낙을 얻은 자에게만 노동을 허락할 일

제18조 본 지방에 새로 들어온 동포는 자치 위원을 면회하여 동중 규례를 자세히 물어보고 이를 준행할 일

제19조 벌금은 자치 위원이 증수하여 본 지방 국민회 재무에게 전수할 일

제20조 본 규정은 11월 18일에 발포하여 동월 20일부터 시행할 일

부칙

제21조 자치 기관이 완전히 설립된 후에는 본 규정에 가감이 있을지니 자치 위원이 이를 본 지방 평의회에 제정하여 수시 반포할 일

건국 4244년 11월 8일
대한인국민회 하변동 지방회
자치 위원 김인수 김성삼 이상규
경찰 안리영 조갑석

『신한민보』 1911년 12월 11일자, "하변동의 자치 규정"

자료 3: 『샌프란시스코 크로니클』 안창호 부부 인터뷰 기사

San Francisco Chronicle, 1902년 12월 7일자 "Corea The Sleeping Land: Its Queer People. Strange Customs and Coming Awakening"

자료 4: 한인 노동국 광고(Korean Labor Bureau)

Riverside Daily Press, 1905년 10월 20일자

자료 5: 헤멧 밸리 사건 보도

NUMBER 27

KOREAN FRUIT PICKERS NOT JAPAN'S SUBJECTS

HEMET INQUIRY IS DROPPED BY STATE DEPARTMENT AT WASHINGTON

An Associated Press telegram yesterday said that the investigation by agents of the state department of the recent expulsion of Korean fruit pickers from Hemet was ordered discontinued today, and the incident is considered closed.

Secretary Bryan, who had ordered the inquiry on his own initiative, particularly on account of the pending negotiations between the United States and Japan over the California alien land legislation, received a telegram from the president of the Davin Lee Korea National association, informing him that the Koreans involved were not Japanese subjects, because they had left their native land before it was annexed by Japan.

Will Ask Damages

From Los Angeles comes the report that the United States government will be asked to indemnify the financial loss of the 11 Korean fruit pickers who were expelled from Hemet by residents of that colony last week, according to Y. Wakatsuyama, secretary of the Japanese association of Southern California.

They claim a $70 loss on the trip to Hemet, not including their claim for damage to their personal dignity which will be filed by the Japanese consul general at San Francisco and forwarded to Washington.

UNION MEETINGS COMMENCE NEXT SUNDAY EVENING

Union meetings of the Methodist, Presbyterian, Christian and Baptist churches will be held at the Baptist church every Sunday evening until September 1. The first service will be held the coming Sunday evening, and Rev. A. E. Weston, pastor of the Presbyterian church, will deliver the sermon.

A union choir, under direction of George E. Lunt, has been organized. Three hundred copies of the latest edition of the Gospel Hymns have been ordered for congregational singing.

The Hemet News, 1913년 7월 4일

자료 6: Ahn Chang Ho Immigration file

Immigration Superintendent Office, San Francisco, California: 12023, 1924 December 15. Investigation Arrival Case Files, San Francisco, Records of the U.S. Immigration and Naturalization Service, RG 85, National Archives, Pacific Region, San Bruno, Ca.

Dear Sir – Hereby I enclosed photo of Bolshevist leader your office look out for him. Understand his coming via Honolulu with few day to your harbor.

I want to advised your office this is very important proposition for you. Gentlemen better look out for the B. [olshevist] leader. The person name is C.H. Ahn or Chang Ho Ahn who is due in your city with in few day he is from Shanghai, China via Honolulu. He was over stop Honolulu thence to your city. The person was in this country number of years and he had family in Los Angeles. But he went China for six years and connected with Bolshevist Government all this years he is coming to U.S. now. Widely or Wisely read Bolshevist policies among the oriental in US also Mexico, the headquarter in your city under name Korean National Association also other one is under name Young Korean Academy in Los Angeles. This man leader of both society and he have over five member in San Francisco and other city through the United States and Mexico and Hawaii.

I hoping that you will have special attention with this matter your officer need not make any investigation with Korean National Association or any other person best the way to sending back to China quite as possible without question him. Probably Korean National Association will take the matter because he is leader their society and responsibility. The person which I mention about by KNA. Do not any further investigation the person sending back where he belong so he can spread more Bolshevist policies.

Yours truly,
Kong Wong
Charles Hong Lee

U. S. DEPARTMENT OF LABOR
IMMIGRATION SERVICE
DISTRICT No. 30

IN ANSWERING REFER TO
No. 12025/14120

OFFICE OF THE COMMISSIONER
ANGEL ISLAND STATION
VIA FERRY POST OFFICE
SAN FRANCISCO, CALIF.

February 23, 1926

Inspector In Charge,
(City Office)
U.S. Immigration Service,
San Francisco, California.

    I hereby certify that I this day checked out on the S.S.Sonoma, a certain Chinese named "AHN CHANG HO" and identified him by his photograph on his certificate which with file is hereto enclosed.

3 CC

                                                  Immigrant Inspector.

Checked out on the S.S. Sonoma March 2, 1926

This vessel sailed from this port Febuary 23, 1926 and returned for repairs.

                John A Robinson
                Immigrant Inspector

사진 출처: USC Korean American Digital Archive

Sworn statement of AHN CHANG HO,
taken before   J.B. Brekke, Immigrant Inspector,
                  K. Bernard Kim, Interpreter,
                  Veta J. Victor, Stenographer.
at the United States Immigration Office, 608 So.
Dearborn Street, Chicago, Illinois, this 3rd day
of June, 1925.

Q. What is your name?
A. Ahn Chang Ho.
Q. When did you come to the United States last?
A. Landed here December 16, 1924, at San Francisco.
Q. Under what status were you admitted?
A. I was admitted as a Section 6 Traveler. I have a Section 6 certificate issued by the Commissioner of Foreign Affairs at Shanghai, China.
Q. How old are you?
A. 47 years old.
Q. Where were you born?
A. Pyeng-Yang, Korea.
Q. Where did you embark?
A. Shanghai.
Q. Had you resided in Shanghai a long time?
A. About 5 years.
Q. What was your occupation in Shanghai?
A. I was one of the members of the Korean Provisional Government.
Q. Are you still a member of that Provisional Government?
A. No.
Q. What is your present status of occupation?
A. Just traveling.
Q. Where have you traveled since you were admitted at San Francisco?
A. From San Francisco I went to Los Angeles, remained there about two months. From Los Angeles I went to Stockton, Sacramento, Dinuba, Reedley, San Diego, Riverside, Bakersville. On my way from California to Chicago I stopped at Denver then came to Chicago. From Chicago I went to Philadelphia and New York, New Haven, Conn., Boston, Mass., Fall River, Washington, D.C., Patterson, N.J., Princeton, then back to New York, then back to Chicago.
Q. What was your object in visiting these different places?
A. For the purpose of visiting friends and among these friends the majority are students. I visited them on their own request.
Q. Did they request that you just visit them or was it for the purpose of talking to them, making speeches or addresses, or what?
A. I have talked to them both privately and made public addresses among them.
Q. What has been the subject of your addresses?
A. In general I advised them to make a proper preparation for the future freedom and independence of Korea. Among the students I advised them they should work honestly and learn all they can while they had the opportunity and co-operate among the students.
Q. Are you interested in the Soviet Government of Russia?
A. I am not interested directly or indirectly.
Q. Did your talks to the students at these different places in any way involve

- 1 -

2008/267

Q. (continued)
   questions regarding the government of the United States?
A. No.
Q. Are you at all interested in the Government of the United States - that is do you think it is all right as it is or should it be changed in any way.
A. As far as I can see about the American Government I could find no fault.
Q. In the addresses which you have made did you at any time advocate radical changes in the Government of the United States?
A. Never - I know no reason for it.
Q. Is there an association called the Korean National Association?
A. Yes.
Q. For what purpose was that organized.
A. To help the Koreans to help each other.
Q. Is this Korean National Association at any time endeavoring to influence the policy of the Government of the United States?
A. No.
Q. Have you any enemies in the United States that you know of?
A. So far as I know I have no enemies. There might be some Koreans who dislike my activities.
Q. What was your real purpose in coming to the United States this last time?
A. It could be covered in three different ways; First, to see my family; Second, to investigate educational work of this country (For the poor students - so they could work part time and go to school part time) I have always been interested in education work. I had been principal of schools in Korea; Third, visiting old friends.
Q. What family have you here?
A. Wife, one brother, two sons and two daughters.
Q. Where are your wife and children at the present time?
A. Los Angeles, 106 Figueroa.
Q. How long do you intend to stay in the United States before returning to Shanghai?
A. Originally I intended to stay for eight months but I would like to stay until next January, providing I get an extension of time granted. (I have permission to remain eight months).

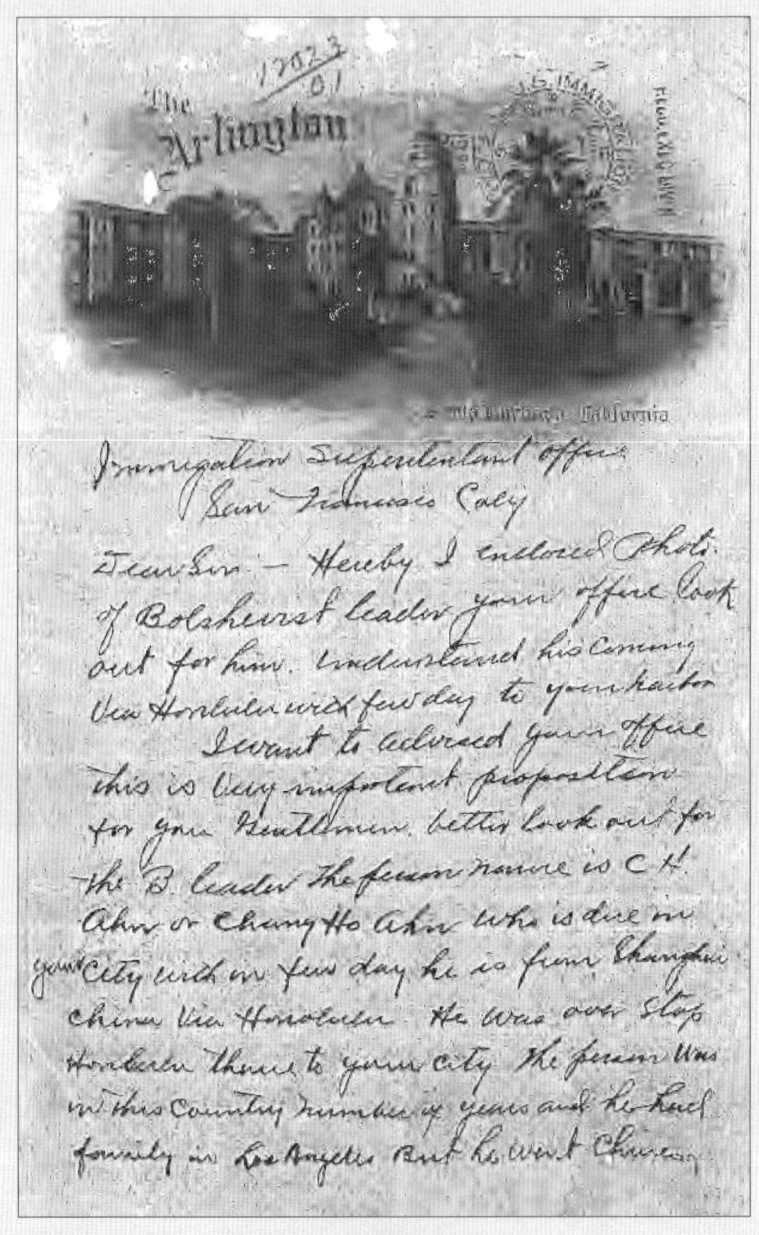

사진 출처: USC Korean American Digital Archive

for six years and connected with Bolshevist Government all this years he is coming to U.S. now wide-spread Bolshevist Policies among the Oriental in U.S. also Mexico. The headquarters in your city under name Korean National Ass'n also other one is under name Young Korean Academy in Los Angeles. This man leader of both society and he have over five member in San Francisco & other city through the United States and Mexico and Hawaii.

I hoping that you will have special attention in to this matter your officer need not make any investigation with Korean National Ass'n or

사진 출처: USC Korean American Digital Archive

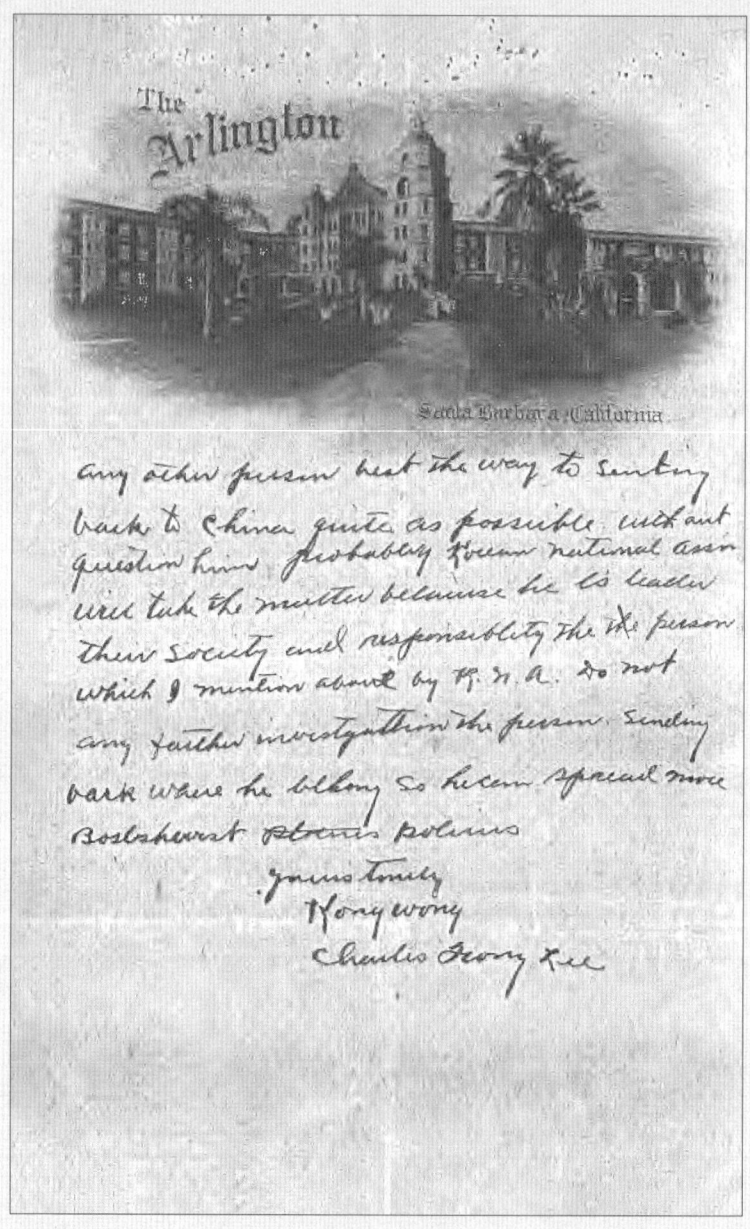

사진 출처: USC Korean American Digital Archive

맺는말

　이 책에서는 캘리포니아주 리버사이드시에 세워졌던 파차파 캠프가 미국 최초이자 최대의 한인 정착촌이었음을 밝혀냈다. 동시에 도산 공화국이 세워진 과정 그리고 1911년 파차파 캠프에서 개최된 제3차 대한인국민회 북미총회에서 통과된 21개 의안을 분석하여 민주주의 제도를 도입한 과정을 상세히 설명했다. 도산 안창호는 대한인국민회 리더였으며 동시에 상해임시정부의 핵심 역할을 담당했던 인물로 대한민국 민주공화제를 도입하여 실험하고 선포하는 데 결정적 역할을 담당했다. 특히, 도산 안창호는 파차파 캠프에서 민주주의 제도를 도입하여 실험했고 성공하면서 자연스럽게 '대세'를 이어갔고, 이러한 성과를 바탕으로 상해임시정부에서 민주공화제를 선포하는 데 매우 중요한 역할을 담당했다.
　또한 그 가운데 파차파 캠프가 도산 안창호의 초기 미주 활동의 중심이었으며, 독립운동의 메카 역할을 했다는 점을 강조했다. 더 나아가 파차파 캠프는 미국 최초의 한인타운으로 미주에서 코리아타운의 효시로 인정받아야 한다는 점을 부각했다. 파차파 캠프는 '도산 공화국'으로 불릴 만큼 규율과 질서 체계를 갖추어 민주주의적 절차에 의해 자치적으로 운영되었다. 파차파 캠프는 대한민국 민주주의의 씨앗이 뿌려진 역사적으로 매우 중요한 장소이다. 특히, 도산 안창호의 리더십 아래, 1904년 또는 1905년 한인 노동국을 설립하여 본토로 이주해온 한인 이민자들에게 취업 문호를 열어주었다. 또한 공립협회에서 조직적으로 하와이-샌프란시스코-리버사이드 이주를 계획하고 실행하여 한인들이 리버사이드 파차파 캠프로 몰려들면서 결과적으로 한인타운이 형성될 수 있었다.

    리버사이드에 거주하던 한인들은 도산 안창호에게 샌프란시스코로 이주하여 공립협회 본부를 설립할 것을 조언했다. 이에 따라 그는 샌프란시스코로 이주하여 공립협회를 세우고 샌프란시스코에 도착하는 한인들에게 일자리를 주선하고 본토에 정착하는 역할을 맡았다. 공립협회는 근처의 새크라멘토, 멀리는 유타 또는 와이오밍 지역으로도 한인들에게 취업을 알선했다. 그중 리버사이드에 정착한 한인들은 주로 가족 중심이었다는 점에서 타 지역과 다른 특징이 있다. 즉, 리버사이드 한인타운은 총각 중심으로 형성된 타 지역의 한인 거주지와 달리, 가족 중심으로 부인들과 아이들이 함께 커뮤니티를 형성했다. 안창호는 힘이 세고 경험이 풍부한 한인 노동자들을 리버사이드 오렌지 농장에 보내 백인 농장주의 신임을 얻도록 했고, 이를 통해 다른 한인들도 쉽게 취업할 수 있었으며, 파차파 캠프는 자연스럽게 한인 공동체로 자리 잡을 수 있었다. 도산 안창호는 한인 노동자들에게 정직하고 성실하게 오렌지를 수확하는 것이 바로 애국이요, 다른 한인들에게도 일자리를 마련해주는 길이라고 강조했다. 샌프란시스코 공립협회에서는 기차표, 점심 등을 제공하면서 조직적으로 한인들을 리버사이드로 이주시켰다. 특히, 가족 단위의 한인들은 대거 리버사이드로 이주시키고 미혼 남성들은 타 지역으로 취업을 알선했을 가능성이 있다.

    이처럼 안창호와 공립협회는 조직적으로 한인들이 리버사이드로 이주할 수 있도록 도왔으며, 파차파 캠프의 한인 공동체 형성을 위한 계획을 세우고 실행에 옮겼다. 그 결과, 파차파 캠프 한인들은 자치적으로 규율과 질서를 유지하면서 민주주의의 씨앗을 뿌릴 수 있었다. 리버사이드 파차파 캠프는 도산 안창호가 구상하고 강조한 단합, 교육, 그리고 자본 형성을 실행에 옮긴 최초의 한인 공동체였다. 이곳은 한인사회 활동의 중심지로서 각종 행사가 열렸고, 일요일에는 예배도 드렸다. 공립협회와 신민회 역시 리버사이드의 파차파 캠프에서 창립되었거나 발기되었다. 안창호는 오렌지를 따는 노동 속에 흥사단 설립의 꿈도 키워 나갔다. 민주주의의 씨앗이 뿌려진 '도산 공화국'은 민주적 절차에 따라 엄격한 규율과 질서를 바탕으로 운영된 한인 공동체였다.

1904년 3월부터 1913년 12월까지 리버사이드 한인타운은 도산 안창호의 리더십으로 공동체를 형성하면서 독립운동의 메카 역할을 담당했다. 리버사이드의 파차파 캠프는 미국에서 최초로 한인 동네가 생긴 곳이며, 최대 200명 이상의 규모로 한인들이 한 지역에 함께 모여 살았던 곳이다. 동시에 북미총회가 관할한 지역 가운데 가장 먼저 지방회가 생긴 지역이며, 북미 지역 국민회 활동의 시초적 공간이라는 의미에서 리버사이드가 북미총회의 발상지라고 『신한민보』는 밝히고 있다. 여러 문헌과 『신한민보』 보도를 통해 리버사이드 파차파 캠프가 미국 최초의 한인타운이자 최대의 한인 밀집 거주 지역임을 확인할 수 있었다. 당시 많은 한인들이 계절노동자로 일하며 수시로 타 지역으로 이수했지만, 리버사이드 파차파 캠프는 항상 일정 규모의 한인들이 거주하면서 한인들에게 제2의 고향 역할을 했다. 파차파 캠프에는 200여 명 이상이 거주한 것으로 추산된다.

그러나 1913년 1월 리버사이드에 몰아친 한파로 오렌지 산업이 직격탄을 맞으면서 파차파 캠프도 위기를 맞이했다. 1913년 한파로 오렌지와 과일 나무들이 얼어 엄청난 손실을 가져왔고, 1911년에는 220만

상자를 생산했으나, 1913년에는 불과 33만 4,800상자밖에 생산하지 못했다.[1] 리버사이드 농장이 대규모로 피해를 입었고 많은 노동자들이 직장을 잃게 되면서 한인 노동자들도 리버사이드 지역을 떠나기 시작했다. 그러나 1913년 한인 공동체의 중심인 도산 안창호가 로스앤젤레스로 이주한 뒤에도 리버사이드 한인타운은 유지되었다. 이는 리버사이드 한인장로선교회가 1918년까지 파차파 캠프에서 예배를 드린 기록을 통해 확인할 수 있다. 또한 학교도 1920년대까지 지속적으로 운영되었다. 하지만 이후 한인들이 다뉴바, 리들리 그리고 기타 지역으로 지속적으로 이주하면서 공동체는 점차 흩어지게 된 것으로 보인다. 1936년 보험 지도에는 파차파 캠프가 멕시칸 거주 지역으로 표기되어 있다.

파차파 캠프에 관한 연구를 마치면서 다음과 같은 결론을 내릴 수 있었다. 첫째, 파차파 캠프는 1900년대 초반 미국 최초 그리고 최대의 한인타운이었다. 둘째, 파차파 캠프는 도산 안창호와 공립협회의 조직적 계획 수립과 실행으로 형성된 한인 공동체였다. 셋째, 파차파 캠프 한인들과 샌프란시스코 한인들이 1905년 공립협회 설립의 주체 세력이었다. 넷째, 도산 안창호는 파차파 캠프 거주 한인들과 1906년 신민회를 발기했다. 다섯째, 대한인국민회 북미총회의 발상지가 파차파 캠프였다. 여섯째, 파차파 캠프는 타 지역과 달리 가족 중심의 한인 공동체였다. 일곱째, 파차파 캠프는 초기 미주 한인들의 베이스캠프 역할을 함과 동시에 독립운동의 메카였다.

이처럼 리버사이드 파차파 캠프, 곧 '도산 공화국'은 도산 안창호의 미주 생활과 활동에서 역사적으로 가장 중요한 장소이자 미국 최초의

---

1   Kim Jarrell Johnson, 「Back in the Day: Recalling the Big Freeze of 1913」, *Press Enterprise*, January 7, 2015.

한인타운으로서 독립운동의 메카로 인정받아야 한다. 다행히 리버사이드시 문화위원회는 2016년 6월 15일 파차파 캠프를 리버사이드시 문화 관심지(City Point of Cultural Interest)로 지정하는 것을 승인했고, 약 6개월간의 심사를 거쳐 같은 해 12월 6일 리버사이드 시의회에서 만장일치로 통과시켰다. 당시 리버사이드시에는 "문화 관심지"라는 사적지 조항이 없었으나 파차파 캠프에 남아 있는 건물이나 유물이 없었기 때문에 리버사이드시는 "문화 관심지"라는 새로운 시 조례를 제정하여 파차파 캠프를 리버사이드시 문화 관심지 1호로 지정했다.

리버사이드시 문화 관심지 지정을 추진하는 과정은 순탄치 않았다. 예상치 못한 반대가 있었기 때문이다. 도산 안창호의 외손자 필립 커디는 파차파 캠프를 시 문화 관심지로 지정하는 것을 강하게 반대하며 수십 통의 이메일 의견서를 리버사이드시에 제출했다. 그는 2016년 한국의 유명 예능 프로그램 「무한도전」에 출연하여 한국에 얼굴을 알린 장본인이기도 하다. 필립 커디는 "샌프란시스코가 최초의 한인타운이다", "리들리와 다뉴바가 최초의 한인타운이다"라는 주장과 함께 장태한 교수가 역사를 왜곡하고 있다는 비판을 제기했다. 필립 커디는 파차파 캠프의 존재를 알지 못했고, "유령타운(ghost town)"이라고 평가하기도 했다. 나아가 그는 장태한 교수가 한국 여행객들을 리버사이드에 유치해 경제적 이익을 얻기 위해 역사를 왜곡하고 있다는 등의 진정서를 수십 차례 제출했다.

도산 안창호의 업적을 기리고 후세들에게 알리려는 사업에 정작 도산 안창호의 외손자가 반대하면서 난관에 부딪혔다. 리버사이드시 관계자들은 시간을 두고 재검토하기로 하며 7월에 통과시키려던 계획을 수정하여 12월로 연기했고 철저한 검증 작업을 진행했다. 조그만 의문 사항에도 필자에게 질문을 던지면서 확인하고 재확인했으며, 6개월간의 외부 검증 절차를 거쳐 최종적으로 리버사이드시에서 통과되었다.² 한편, 2016년 12월 6일 시 문화 관심지를 최종으로 결정하는 리버사이드 시의회가 개최되었고, 70여 명의 한인이 참석했다. 필자는 새로 발굴한 각종 자료와 사료를 리버사이드시에 제출했으며, 마침내 2016년 12월 6일 리버사이드 시의회는 만장일치로 시 문화 관심지 지정을 통과시켰다.

도산 안창호의 업적을 기리는 사업을 외손자인 필립 커디는 왜 반대했을까? 그의 행동은 지난 수년간 지속되었는데, 필립 커디는 자신만이 도산 안창호 가족의 대표로서 도산 관련 기념사업에 관계해야 한다고 주장하며, 본인이 참여하지 않는 도산에 대한 사업은 모두 반대해왔다. 이는 자신이 도산 안창호 가족의 대표임을 강조하고 실권을 유지하려는 의도에서 비롯된 것으로 보인다. 필립 커디는 심지어 필자가 영리 목적으로 파차파 캠프 사적지 지정을 추진하고 있다는 주장을 리버사이드시에 제출하기도 했다. 영문 저서가 출판된 후에는 출판사에 책의 내용이 거짓이라는 편지를 보내 출판사에서 재조사를 하기도 했다. 그러나 도산 안창호의 막내아들 랄프 안(안필영)이 시의회에 참석해서 시 문화 관심지 지정을 요청하는 감동적인 연설을 해서 약간 주저하던 시의원들 모두 찬성표를 던졌다. 랄프 안의 3분 연설 시간이 초과되자 시장이 마이크를 껐는데, 오히려 시의원들이 발언 시간을 더 주자고 해서 연설을 마칠 수 있었다. 리버사이드 시의원들은 추후 랄프 안을 초청해서 파차파 캠프와 도산 안창호에 대한 특강을 듣자고 즉석에서 제안하

---

2 Jennifer Mermilliod, M.A. Contract Historic Preservation Senior Planner City of Riverside Community and Economic Development Department. 제니퍼 머밀리오드는 필자가 보낸 문화 관심지 신청 파일을 검증한 장본인으로 필자에게 2017년 4월 10일 다음과 같은 이메일을 보내왔다. "나는 언제라도 누군가와 만나서 문화 관심지 지정에 대해 설명하고 질문에 답변할 준비가 되어 있다. 필요하면 리버사이드시 고위 관리와도 면담을 주선해줄 수 있다."

기도 했다.

또한 필립 커디는 필자가 2016년 11월 도산학회에서 발표하려던 파차파 캠프 논문 발표를 자신이 취소시켰다면서 리버사이드시에 압력을 행사했다. 필자는 앞서 1902년 『샌프란시스코 크로니클』지에 실린 도산 안창호의 전면 인터뷰 기사를 발굴하고, 2016년 3월 6~7일자 『중앙선데이』에서 이를 보도한 바 있다. 당시 보도에는 11월 도산학회에서 해당 논문을 발표할 것이라는 전제가 되어 있었고, 도산학회에서도 이를 승인하여 필자를 초청한 것이다.

어쨌든 파차파 캠프는 건물이나 유물들이 보존되지 않아서 역사 유적지로는 인정받지 못했지만, 리버사이드시는 파차파 캠프를 미주 한인 최초의 한인타운으로 인정하고 '문화 관심지(City Point of Cultural Interest)'로 지정하는 시 조례 법안을 만장일치로 통과시켰다. 그러므로 이것은 미주 한인사와 도산 안창호의 독립운동사를 다시 쓰는 계기가 될 것으로 확신한다.

도산 안창호의 두 번째 미국 거주 시기인 1911~1919년은 대한인국민회와 흥사단 활동을 활발히 전개한 전성기였다고 볼 수 있다. 자세한 활동은 여러 책과 논문을 통해 이미 발표되었기 때문에 다시 언급하지 않는다. 이 책에서는 도산의 미국 거주 세 번째이자 마지막 시기인 1924~1926년까지 도산 안창호의 활동과 추방에 대해 자세히 다루고 있다. 필자는 이것으로 도산 안창호 활동의 공백을 메우는 작업을 했다고 자부한다. 도산의 미주 활동 시기에서 그동안 잘 알려지지 않았던 리버사이드 파차파 캠프와 마지막 시기인 1926년 추방 과정을 상세히 밝히는 것이 이 책의 또 다른 주요 목적이다.

도산 안창호가 샌프란시스코에 도착하기 하루 전인 1926년 12월 15일 도산 안창호를 볼셰비스트로 모함하는 투서가 미국 이민국에 도착했다. 미 이민국은 이 투서가 접수된 직후 안창호에 대한 본격적인 조사와 감시를 실시했다. 콩 왕과 찰스 홍 이 이름으로 접수된 이 투서는 단순히 도산 안창호를 볼셰비스트로 모함했을 뿐만 아니라 흥사단과 대한인국민회도 공산주의 조직으로 모함했다. 이는 당시 회원 확보와 영향력 행사를 위해 경쟁하던 대한인국민회와 대한인동지회의 알력으로 번진 모함 투서 사건으로 추정된다. 대한인동지회 총재인 이승만 전 대통령이 직접 안창호와 박용만을 공산주의자로 미 정보국에 고발했다고 하는 논문들이 있을 뿐 아니라 당시의 여러 정황으로 보아 이승만 지지 세력이 모함 투서를 미 이민국에 제출한 것으로 추정된다. 물론 확증은 확보되지 않았으나, 여러 간접 자료들과 당시의 상황을 고려한다면 이승만 추종 세력이 미 이민국에 투서를 보낸 것이 가장 유력하다고 볼 수 있다.

이처럼 도산 안창호는 근대 한국사의 이념 투쟁에서 일종의 희생양이 된 것이다. 이승만 초대 대통령 당선 이후 대한인국민회 회원들과 추종 세력은 한국 입국이 불허되거나 입국 후 많은 불이익과 탄압을 당해 다시 미국으로 돌아올 수밖에 없었다. 동시에 한국의 진보 학계에서는 안창호를 "점진적 개량주의자" 또는 "계몽주의자"로 분류하면서 관심의 대상에서조차 제외했다. 한편, 일부 도산학회와 흥사단 회원들이 도산 안창호 전기와 논문들을 지속적으로 발표했으나 대중의 큰 관심을 얻지는 못했다. 그러나 미주 도산기념사업회 홍명기 회장은 "도산 안창호는 남한과 북한에서 동시에 존경받는 몇 안 되는 지도자"임을 강조하고 있다.

이번 연구를 통해 그동안 잘 알려지지 않았거나 왜곡되었던 사실들을 바로잡고 연구의 공백을 메우는 의미 있는 역사적 작업을 수행했다고 자부한다. 도산 안창호는 조국의 독립을 위해 전쟁을 선포한 지도자였다. 다만 그는 당시 조선의 역량 부족을 냉정히 인식하고, 단합을 바탕으로 학식과 자본을 축적하여 일본을 압도해야 한다는 실력양성론을 제기했다. 이는 총칼 들기를 두려워하지 않고 피를 무릅쓰는 저항정신을 기본으로 하면서도 흩어져 있는 한인사회의 단합과 개인의 학업, 경제적 성취를 통한 독립 기여를 강조한 것이다.

필자는 파차파 캠프 연구를 진행하며 도산 안창호가 대한민국 근현대사의 영웅이며 지도자라는 사실을 새삼 확인하게 되었다. 그는 "민주주의 혁명가"로 불려야 마땅하다. 도산은 남녀평등을 실천했으며, 왕정을 부정하고 민주주의를 도입하여 실험하고 제도화한 혁신적 지도자였다.

이 책은 도산 안창호 일대기에서 제대로 알려지지 않았거나 잘못 알려진 사실을 바로잡아 도산 안창호 연구의 공백을 메우려는 시도의 출발점이다. 나아가 진보와 보수의 이론 대립으로 얼룩진 20세기 근대 한국사 연구와 미주 한인사 연구에 새로운 활력을 불어넣고, 역사를 재정립하는 계기가 되기를 기대한다.